HISTOIRE

DES MINES DE HOUILLE

DU NORD DE LA FRANCE.

HISTOIRE

DE LA RECHERCHE, DE LA DÉCOUVERTE
ET DE L'EXPLOITATION

DE LA HOUILLE

DANS LE HAINAUT FRANÇAIS, DANS LA FLANDRE FRANÇAISE
ET DANS L'ARTOIS.

1716 — 1791.

Par Edouard GRAR.

TOME TROISIÈME.

VALENCIENNES,
IMPRIMERIE TYPOGRAPHIQUE ET LITHOGRAPHIQUE DE A. PRIGNET, RUE DE MONS, 9.
— 1850. —

INTRODUCTION.

ous avons vu que la découverte de la houille, dans le Hainaut, était due à une Compagnie composée de Jacques et Pierre Desandrouin, de Pierre Taffin, de Jacques et plus tard de Pierre Mathieu, de Nicolas Désaubois, de Jacques Richard, de François et de Dumont. — Nous eussions désiré pouvoir donner quelques renseignements sur ces hommes qui tous prirent plus ou moins de part à cette glorieuse entreprise, mais cela nous a été impossible. — Nous n'avons absolument rien pu apprendre, ni de François, ni de Dumont. Nous ne savons rien de Richard, si ce n'est qu'il était receveur des domaines à Condé. — Nicolas Désaubois, qui aussi habitait

Condé, et au nom de qui la première concession fut accordée, était receveur du prince de Croy, trésorier massart de la ville de Condé ; cette dernière charge, qu'il avait achetée en 1694, il avait dû l'abandonner en 1702 parcequ'il ne pût en payer la finance (1). C'est tout ce que nous savons de lui.

Nous avons été plus heureux à l'égard de la famille Desandrouin, de Pierre Taffin, et des Mathieu. Les renseignements que nous avons recueillis à grand peine, bien qu'incomplets, nous ont cependant permis de faire connaître ces auteurs de la prospérité de notre beau pays. — Nous avons cru devoir aussi parler du marquis de Cernay, qui donna son nom à la Compagnie de Raismes et de St.-Vast ; de l'ingénieur Laurent, membre de cette compagnie, plus tard l'un des régisseurs les plus actifs de la Compagnie d'Anzin ; enfin, du duc de Croy, fondateur de cette dernière Compagnie (2).

Notre troisième volume comprend donc, avec les pièces justificatives de l'ensemble de notre travail, les notices biographiques de ces principaux acteurs du drame industriel que nous avons raconté (3).

---

(1) Registres des résolutions et des œuvres de loi. (Archives de la ville de Condé).

(2) Nous prions toutes les personnes qui ont bien voulu nous fournir des renseignements, et notamment les membres des familles à qui nous avons eu recours, de vouloir bien recevoir ici nos sincères remerciements.

(3) Dans notre premier volume, nous exprimions le regret que rien ne rappelât le souvenir de la houille et des hommes qui ont le plus contribué à en faire, pour le pays, un instrument de richesse et de bien-être. Depuis, la Compagnie d'Anzin a fait placer, dans le salon de la Régie, à St.-Vast-là-Haut, les portraits de Désandrouin, de Cernay, de Croy et de Casimir Périer. C'est un bon commencement dont il faut tenir compte à la Compagnie.

JACQUES ET PIERRE DÉSANDROUIN.

2

SOMMAIRE.

JACQUES DESANTROUX

Le V.te Desantroux

JACQUES ET PIERRE DÉSANDROUIN.

Ancêtres de
Jacques et de
Pierre
Désandrouin.

ean-Jacques Désandrouin descendait en ligne directe, à la huitième génération, de Jean Warin Désandrouin, gentilhomme du baillage de Clermont, au duché de Bar, qui vivait vers 1500, et de Nicole de Guibour (1). — Jacques était fils de Gédéon Désandrouin, seigneur d'Heppignies, de Lodelinsart et de Longbois, et de Marie de Condé, l'un et l'autre morts à Lodelinsart près Charleroy (Belgique) (2).

---

(1) A. Dinaux. *Archives du Nord (les Hommes et les choses)*, 1re série p. 1.— Notes de Madame de Cunchy.

(2) *Idem. — Idem. —* Dosart. *Recueil de généalogies, etc.*, (supplément) p. 332. — Etat-civil de Lodelinsart.

Gédéon avait été créé vicomte par l'empereur d'Autriche, le 14 novembre 1733, et fait membre de l'État noble de Namur (1).

Jacques Désandrouin est né à Lodelinsart, le 25 mai 1682 (2); vicomte, après son père, bailli héréditaire de Charleroi (3), seigneur d'Heppignies, de Lodelinsart, de Castillon, de Longbois, et de Villers-sur-Lesse (4), membre de l'État noble de Namur (5), Jacques Désandrouin servait cependant en France en qualité de capitaine de dragons dans le régiment de Flavacour (6), et postérieurement, comme capitaine *à la suite de Valenciennes* (7).

A la même époque, son frère Pierre, dont nous allons parler, avait une verrerie à Fresnes. Jacques, propriétaire du château de ce village, l'habitait pendant l'été. — Nous devons, sans doute, à ces circonstances, et à des relations de bon voisinage avec Pierre Taffin (8), la détermination que prit Jacques de rechercher, dans nos pays, le combustible qu'il fesait exploiter, comme déjà nous l'avons dit, dans ses domaines de Belgique (9).

Pierre et Christophe Mathieu, fils de Jacques Mathieu, premier directeur des mines de Fresnes, et, après eux le subdélégué de l'intendant, à Valenciennes, nous montrent Désandrouin obtenant une concession *sous le nom de Désaubois*, et se *mettant* à la tête d'une Compagnie qui vint chercher la houille dans le

---

(1) A. Dinaux. *Archives du Nord. (les Hommes et les Choses)*, 1re série p. 1. — D'après les notes de Madame la comtesse de Cunchy, ce serait à Jacques que l'empereur aurait donné le titre de vicomte. Nous préférons la version de M. Dinaux, parce que nous avons vu, par les actes qui nous sont passés par les mains (*Voir* aux pièces justificatives) que Jacques n'est qualifié de vicomte qu'après la mort de son père. (1er décembre 1755).

(2) Etat-civil de Lodelinsart.

(3) *Mémoire de Cernay contre Désandrouin*, p. 1.

(4) Etat-civil de Lodelinsart. — Desart. Supplément p. 352.

(5) Desart. Supplément p. 352. — A. Dinaux. *Archives du Nord.*

(6) *Mémoire pour Désandrouin contre de Cernay*, p. 1.

(7) Arrêt du 29 mars 1755. (Pièces justificatives).

(8) Voir ci-après la notice sur Taffin.

(9) Voir t. 2 p. 24.

Hainaut français (1). — Les mémoires de sa Compagnie, et tous les auteurs après eux, nous disent qu'il fut l'auteur du projet de cet établissement, dans lequel il a mis plus de 100,000 écus (2).

Il avait, disent les mémoires du tems, « une connaissance particulière des mines et la manière de les exploiter, et la prudence de ne prendre avec lui que des personnes intelligentes et expérimentées.... il a été présent aux opérations nuit et jour, il s'y est adonné avec une application singulière » (3).

Il était « aussi expérimenté qu'intelligent dans la recherche, la découverte et l'exploitation des mines de charbon de terre » (4).

Le vicomte Désandrouin, dit Morand, qui l'a personnellement connu, « vieillard aimable et respectable, n'a besoin que d'être nommé. L'avantage qu'a retiré, une de nos provinces entières de son expérience consommée dans tout ce qui concerne la houillerie est assez frappant pour lui mériter le titre de *Bienfaiteur du Hainaut français* (5). » — « On peut voir, dans le journal économique de 1752, les détails » des travaux de la fosse du *pavé* « qui doivent rendre la mémoire de M. Désandrouin immortelle dans le Hainaut » (6).

« Il joignait, dit Pajot Descharmes, à une grande fortune, des connaissances très étendues sur l'art des mines » ; « le zèle qui l'animait pour le bonheur de son pays était bien connu » (7). — Il atteignit son but, dit M. de Bonnard, « après avoir été plusieurs fois abandonné par ses associés et obligé de former de

---

(1) Pierre Mathieu. *Mémoire sur l'établissement de l'entreprise*, 1752. — Christophe Mathieu. *Projet d'une seconde entreprise*, 1758. — *Mémoire sur les mines et minières de la subdélégation de Valenciennes*, 1765.

(2) *Mémoire de Désandrouin contre de Cernay*, p. 2, 5 et 73.

(3) *Mémoire par demandes et réponses*, p. 8 et aussi p. 58.

(4) *Mémoire par demandes et réponses*, p. 48.

(5) Morand. *Introduction* p. III.

(6) Idem. 1re partie p. 145.

(7) Pajot Descharmes. p. 507.

nouvelles compagnies, après avoir lui-même sacrifié à cette entreprise une grande partie de sa fortune » (1).

Tel était Jacques Désandrouin, en quelque sorte et pour ainsi dire chef et moteur de la Compagnie qui fit la découverte de la houille à Fresnes et à Anzin (2), Jacques Désandrouin à qui l'on doit aussi la découverte du charbon à Vieux-Condé, (3), qui lutta, avec tant de vigueur, contre les concurrens que lui suscitèrent ses succès, (4), qui fut placé le premier sur la liste des régisseurs de la Compagnie d'Anzin (5).— On doit, en faveur des services signalés qu'il rendit au pays, lui pardonner cet esprit d'envahissement et de monopole que nous lui avons vu parfois déployer (6). La rare persévérance, le courage à toute épreuve dont il était doué, joints à un incontestable mérite, sont en quelque sorte inséparable d'un esprit d'autant plus dominateur qu'il a le sentiment de sa force et de sa supériorité.

Sa mort.

C'est en novembre 1757 que fut créée la Compagnie d'Anzin par la fusion des intérêts rivaux. Sa première concession lui fut accordée en mai 1759 (7). — Jacques Désandrouin, comme s'il eût alors accompli sa tâche, mourut deux ans après, le 16 novembre 1761, à Lodelinsart où était né et où il fut enterré, dans le chœur de l'église de la paroisse. Un tombeau, qui n'existe plus, y avait été élevé à sa mémoire (8). — Il avait épousé, le 12 août 1736, Jourdaine-Magdeleine-Julie Letiran (9), fille du marquis de Villers, chevalier de St.-Louis et capitaine d'infanterie (10). Elle mourut, le 27 mars 1805 (11).

---

(1) *Notice sur les diverses recherches de houille entreprises dans le département du Pas-de-Calais.* (*Journal des mines.* 1809. t. 26 p. 426).

(2) Voir t. 2. p. 23.

(3) *Idem.* p. 77 et suiv.

(4) *Idem.* p. 99 et suivantes.

(5) *Idem.* p. 127.

(6) *Idem.* p. 58, 93 et suivantes, 121 et 238.

(7) *Idem.* p. 137. — Arrêt du 1er mai 1759.

(8) Notes de M. de Ghertemps.

(9) Notes de M. Séguin.

(10) Desart. Supplément p. 332.

(11) Notes de M. Séguin.

Ses enfants. De ce mariage sont nés sept enfants : quatre fils, — Jean-Marie Stanislas, — Alexandre, — François-Théodore, — Pierre-Benoit, — et trois filles : — Magdeleine-Sophie, morte baronne de Briffeuil, — Françoise-Joseph, morte comtesse d'Espinois, — et Joseph-Emilie, morte baronne d'Osquercq (1).

Jean-Marie Stanislas fils de Jacques. Jean-Marie Stanislas, plus tard marquis Désandrouin, seigneur d'Heppignies, de Lodelinsart et de Castillon, membre de l'État noble de Namur (2), naquit à Charleroy, le 7 mai 1738 (3), — Stanislas succéda à son père dans ses intérêts et sa position aux mines d'Anzin (4). Cette circonstance lui fit abandonner la Cour de Vienne où il avait été fait chambellan de l'empereur (5). — Fixé dès-lors en France, il fut fait chevalier de Malte, et plus tard, sous l'empire, Membre du Grand Collége électoral du département du Nord (6). — Il avait épousé Joséphine Walkiers, avec laquelle il ne vécut point. Après la révolution il y eut divorce entre eux.

Stanislas eut, d'une des filles de Servandoni, deux filles, connues sous le nom de mesdemoiselles de Fontenelle, honorées et bénies de ceux qui les ont approchées, à cause des bienfaits qu'elles répandirent autour d'elles durant toute leur vie qu'elles passèrent à Paris. — Leur mère, qui se fesait appeler madame Denveterre, refusa, à cause de la différence de leur position respective, la main du marquis Désandrouin (7), qui, en l'an XI, épousa en secondes noces

---

(1) Notes de Madame de Cunchy.

(2) Dinaux. *Archives du Nord (les Hommes et les Choses).*

(3) Notes de M. Séguin.

(4) Contrat de société de la Compagnie d'Anzin, art. 9.

(5) Dinaux. *Archives du Nord.*

(6) Lettre de faire part de la mort de Désandrouin.

(7) Servandoni, architecte de l'église de St.-Sulpice, avait deux filles, dont l'une épousa le célèbre acteur Larive, l'autre était actrice à l'opéra de Bruxelles ; par son talent et son caractère elle s'était fait une position telle qu'elle fréquentait et recevait la meilleure société. (Renseignements particuliers).

Louise-Joseph Chalgrin, fille de l'illustre architecte Chalgrin, et femme divorcée du libraire Saugrain (1).

Stanislas mourut, sans enfans légitimes, dans son château de Fresnes, le 3 août 1821, âgé de 83 ans, et repose dans le cimetière de la commune où un mausolé lui a été élevé. — On y lit, sur la face de gauche : « il fut le conservateur des mines que son père avait découvertes, le soutien et le père de leurs nombreux ouvriers. Son nom est l'éloge de sa vie, son souvenir est dans tous les cœurs » (2).

Ce fut en effet Stanislas Désandrouin qui releva l'établissement créé par son père et détruit par les autrichiens en 1792 (3). — Par une coïncidence bizarre, le jour de ses obsèques était aussi le jour de la fête du village où il avait fait tant de bien ; cette commune, par un juste sentiment des convenances, ajourna ses réjouissances publiques (4). — Stanislas laissa les débris de son immense fortune, dissipée par la prodigalité de sa seconde femme, aux enfans que madame Désandrouin avait eu de M. Saugrain, son premier mari ; ils n'ont conservé aucun intérêt dans les mines d'Anzin ; — Stanislas avait donné précédemment 6 deniers d'intérêts dans ces mines à ses deux filles qui, à leur mort, les léguèrent aux héritiers légitimes de leur père.

Autres descendants de Jacques Désandrouin.
Des autres enfants de Jacques Désandrouin, quatre moururent, comme Jean-Marie Stanislas, sans postérité : Alexandre, François-Théodore, dont nous reparlerons tout-à-l'heure, Magdeleine-Sophie, et Joseph-Emilie, baronne d'Osquercq (5). — Françoise-Charlotte, mariée au comte d'Espinois, eût un fils mort aussi sans postérité.

Pierre Benoit, dont nous aurons aussi à reparler dans un instant, épousa Caroline de Nenny, dont il eût une fille, la dernière du nom Désandrouin ; elle

---

(1) Notes de M. Clément.

(2) Notes de M. Séguin.

(3) M. Dinaux (*Archives du Nord*) dit bien que ce fut après les troubles de la révolution, mais il n'indique pas la cause de la ruine des établissements de la Compagnie. Ce furent les Autrichiens qui les dévastèrent, comme nous le dirons dans la suite de cette histoire, si nous publions une suite.

(4) Dinaux. *Archives du Nord*.

(5) Notes de Madame de Cunchy.

épousa le comte de Liédekerke Beaufort, lieutenant-colonel au service de France, plus tard conservateur des eaux et forêts, puis membre de la première chambre des Etats-généraux, Maréchal du palais et Intendant des bâtiments royaux dans les Pays-Bas. — De ce mariage naquirent deux enfants encore vivants : l'un, M. le comte de Liédekerke Beaufort, sous-préfet sous l'Empire, et successivement ambassadeur du Roi des Pays-Bas près la Confédération Helvétique, le Saint-Siège et la Cour de Sardaigne, membre de plusieurs ordres, retiré actuellement à Namur; — l'autre, madame Ermeline-Maximilienne-Sophie comtesse de Liédekerke, veuve de M. le comte de Cunchy; cette dame habite la terre de Villers-sur-Lesse, province de Namur, à laquelle a été attaché le titre de vicomte accordé à Gédéon Désandrouin (1).

M. de Liédekerke a un fils, membre de la Chambre des représentants de Belgique, et une fille, madame la baronne de Béeckman. — Madame de Cunchy, dont le mari était officier supérieur de cavalerie de l'ex-garde royale de France, a trois fils dont deux nés à Hardinghen.

Pierre Désandrouin Desnoëlles frère de Jacques.

Jacques Désandrouin avait trois sœurs et un frère, Pierre Désandrouin Desnoëlles, écuyer (3), dont il a été question au commencement de cette histoire (4); il est né à Lodelinsart et, paraitrait-il, en 1710 (5).

Ses travaux dans le Hainaut français.

Pierre était établi dans le Hainaut français antérieurement à la formation de la Compagnie qui y trouva la houille. — Nous venons de dire qu'il avait une verrerie à Fresnes; c'était la première connue dans l'arrondissement de Valenciennes (6). Un arrêt du Conseil du 18 mars 1717, confirmé par un autre du

---

(1) Notes de Madame de Cunchy. — Notes de M. Tilliez. — Notes de M. de Liédekerke.

(2) Idem.

(3) Arrêt du 27 août 1726. (Pièces justificatives).

(4) Voir t. 2. p. 24.

(5) Nous ne sommes pas sûr de ce renseignement.

(6) M. A. Dinaux, dans les Archives du Nord, et M. Dupont, avocat, dans le discours qu'il prononça sur la tombe de J. M. Désandrouin, attribuent à ce dernier la création des premières verreries. C'est une erreur dont la preuve va suivre.

5

11 juillet 1724, lui accorde des privilèges et exemptions en qualité de maitre de verrerie (1).

Après avoir coopéré à la découverte de la houille à Fresnes, et à Anzin, Pierre Désandrouin se retira de la société (2). Plus tard, il fut momentanément associé à son frère Jacques pour les recherches à Vieux-Condé (3).

Il quitte le Hainaut pour le Boulonnois.

Pierre Désandrouin ne quitta toutefois les mines du Hainaut que pour s'occuper de celles du Boulonnois. — François-Joseph Désandrouin, seigneur du Longbois, probablement aussi originaire de Lodelinsart, et parent des frères Désandrouin dont il est ici question, avait acquis, du duc d'Aumont, les mines de houille d'Ardinghen (4). Il était mort dans ce village, qu'il habitait, le 7 mai 1731, à l'âge

Sa mort.

de 35 ans (5). — Pierre vint lui succéder, fit prospérer ces mines (6) et mourut aussi à Hardinghen, le 29 mai 1764 (7). — Il avait épousé à Fresnes, en 1732, mademoiselle Carondelet de Noyelles (8), et n'eut point d'enfant. — Il légua ses mines et ses autres propriétés d'Hardinghen à François Théodore Désandrouin, son neveu (9).

Théodore Désandrouin neveu de Jacques et de Pierre.

François-Théodore, Chambellan de l'empereur d'Autriche, chevalier de Malte (10), vicomte et baron d'Ardres (11), fut, en 1789, député aux États-

---

(1) *Recueil des édits, etc., enregistrés au parlement de Flandre*, t. 10. p. 161.

(2) Voir t. 2 p. 58.

(3) *Idem.* p. 77.

(4) *Notes* de M. Tilliez. — *Mémorial* de Dumont. — Voir sur ces mines le t. 2. p. 333.

(5) *Notes* de M. Tilliez.

(6) *Notes* de Madame de Cunchy.

(7) *Notes* de M. Tilliez.

(8) *Notes* de M. Séguin.

(9) *Notes* de Madame de Cunchy.

(10) *Idem.*

(11) Notes de M. Tilliez.

généraux, par la noblesse du *Baillage de Calais et Ardres* (1). Il fut l'un de
ceux qui se joignirent les premiers au tiers-état. Il y suivit le duc d'Orléans avec
le duc d'Aiguillon, le marquis de la Tour Maubourg, le comte de Montmorency,
Alexandre Lameth, etc (2). — Théodore mourut célibataire à Hardinghen,
le 28 juillet 1802. Il fut inhumé dans le cimetière de la paroisse. — Désandrouin de Longbois dont il vient d'être parlé, repose dans l'église, — et Pierre
Désandrouin-Desnoëlles, qui lui succéda, dans la chapelle de la Vierge qu'il
avait fait construire et qui avait été achevée en 1752 (3).

Pierre-Benoit
Désandrouin
autre neveu
de Jacques et
de Pierre.

La comtesse
de Liédekerke
fille de Benoit;
dernière du
nom
Désandrouin.

Les mines d'Hardinghen, à la mort de Théodore Désandrouin, passèrent aux
mains de son frère Pierre-Benoit, et de ses sœurs (4). — Pierre-Benoit
Désandrouin, Chambellan de l'empereur d'Autriche, avait épousé Caroline de
Nenny, fille du comte de Nenny secrétaire intime de Marie-Thérèse. — Une fille
naquit de ce mariage ; elle épousa le comte de Liédekerke Beaufort (5). —
Pierre-Benoit mourut à Venise en 1811. — Le comte de Liédekerke, son
gendre, acheta toutes les parts qui n'étaient point dévolues à sa femme, en qui,
comme déjà nous l'avons dit, finit le nom de Désandrouin. — Leurs enfans, le
comte de Liédekerke et madame de Cunchy, vendirent, en janvier 1838, leurs
intérêts dans les mines d'Hardinghen, à la société houillère de Fiennes, dans
laquelle ils s'intéressèrent pour un assez grand nombre d'actions (6).

Le beau château d'Hardinghen, bâti par un Désandrouin, on croit en 1720,
appartient toujours à la famille (7). — Il n'en est pas de même de celui de
Fresnes qu'habitèrent successivement Jacques Désandrouin et son fils Stanislas.
Il a été vendu en deux lots et acheté, l'un par M. J. Lenglé dont la femme

---

(1) *Introduction aux Mémoires de la Révolution Française.* T. 2. p. 484.

(2) *Histoire de la Conjuration d'Orléans,* t. 1. p. 299.

(3) *Notes* de M. Tilliez.

(4) *Idem.*

(5) *Notes* de Madame de Cunchy.

(6) *Notes* de M. Tilliez.

(7) *Idem.*

descend de Jacques Mathieu qui aida Jacques Désandrouin à créer l'exploitation des mines du Hainaut , et l'autre moitié par M. Renard , fils du premier agent-général de la Compagnie d'Auzin, après la révolution de 1789, qui aida Stanislas Désandrouin à rétablir cette même exploitation , dans laquelle les derniers descendants des Désandrouin sont de nouveau intéressés , depuis quelques années , ainsi que nous l'avons dit plus haut.

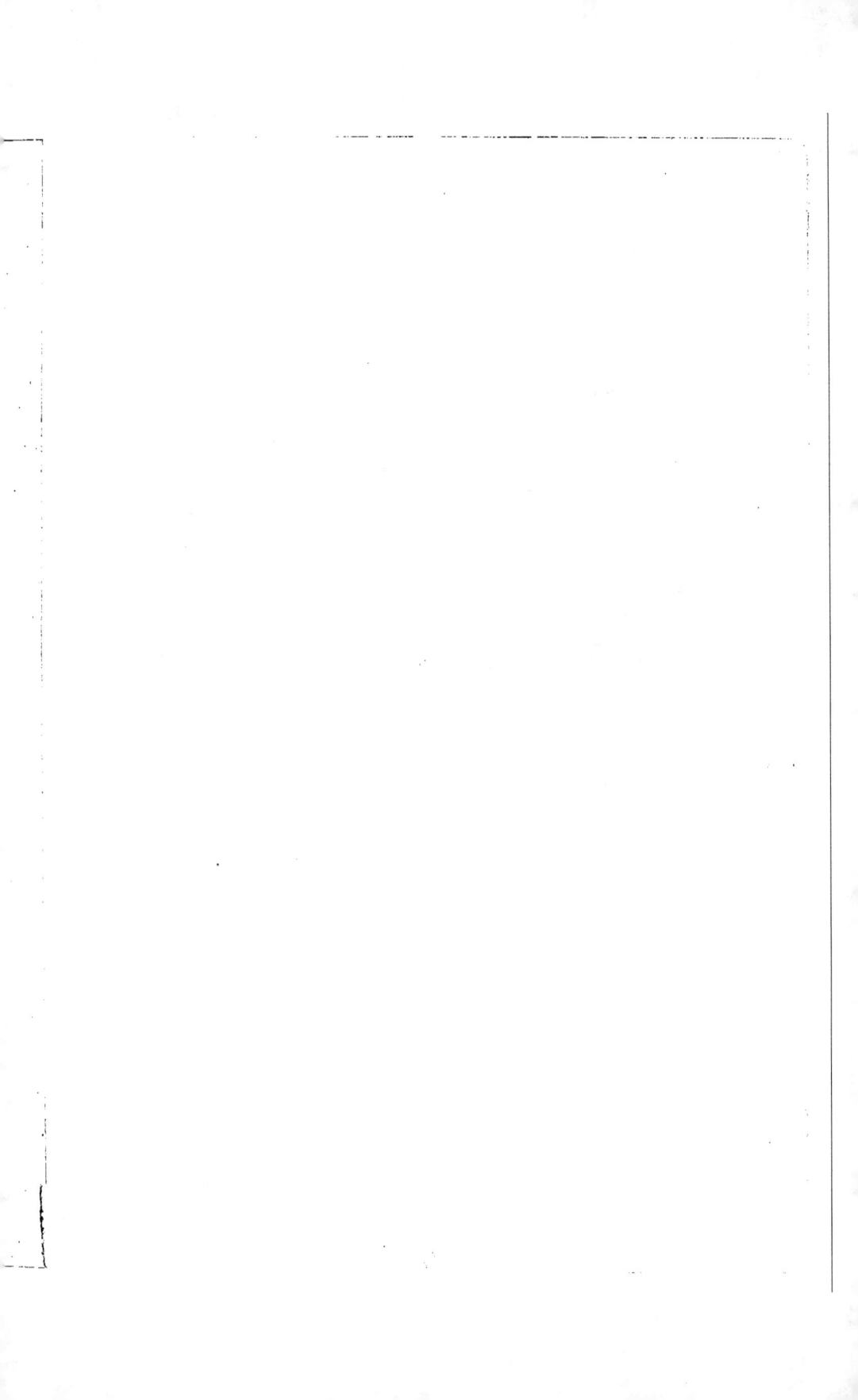

Généalogie n° 1.

Gédéon Désandrouin, né à Lodel
marié, le 2 juillet 1680, à M

JACQUES,
ne à Lodelinsart, le 25 mai 1681,
mort au même lieu,
le 16 novembre 1761,
marié le 12 août 1736,
à Jourdaine-Magdeleine-Julie
le tiran de Villers,
née à Fontenet,
morte le 6 germinal an XIII.

Marie-Joseph,
née à Lodelinsart, le 18 octobre
1682.

Magdeleine-Sophie,
née à Lodelinsart,
morte à Fenal, en 1822,
mariée
1° au comte de Fenal,
2° au baron de Briffeuil.

JEAN-MARIE-STANISLAS,
né à Charleroy, le 7 mai 1738,
mort à Fresnes, le 3 août 1821,
mariée
1° à Caroline-Joséphine Walkiers,
divorcé le 24 thermidor an XI :
2° le 14 octobre 1806,
à Louise-Joseph Chalgrin,
née à Versailles, le 24 janvier 1777,
morte à Chateau-Thierry, le 16
avril 1826,
femme divorcée de Claude-Marie
Saugrain.

Joseph-Alexandre,
né à Lodelinsart,
mort à Avesnes, en 1757.

Une fille morte en bas-àge.

Hadelin-Stanislas
de Liédekerke-Beaufort.

C

elgique), en 1640, mort au même lieu le 2 juillet 1735,
ondé, morte à Lodelinsart le 1ᵉʳ décembre 1741.

T. 3, p. 12.

oise-Marguerite,
linsart, le 12 juin 1696,
a au même lieu,
décembre 1731.

Marie-Anne-Joseph,
née à Lodelinsart, le 12 novembre
1698, morte au même lieu,
le 8 mars 1723.

PIERRE,
né à Lodelinsart, en 1710,
mort à Hardinghen,
le 29 mai 1764,
marié le 14 décembre 1732,
à mademoiselle Carondelet
de Noyelles.

Joseph-Théodore,
lelinsart, en 1743,
à Hardinghen,
en 1802.

Françoise-Charlotte,
née à Lodelinsart, en 1745,
morte à Bruxelles,
en 1810,
mariée au comte d'Espinois.

Pierre-Benoit,
né à Lodelinsart, en 1752,
mort à Venise,
en 1811,
marié à Caroline de Nenny.

Joseph Emilie,
née à Lodelinsart,
morte à Versailles,
en 1823,
mariée au baron d'Osquercq.

Charles-Léopold d'Espinois,
mort à Bruxelles,
en 1796.

Julie-Caroline,
née à Villers-sur Lesse (Belgique),
en 1771,
morte au même lieu en 1856,
mariée au comte
Hilarion de Liédekerke-Beaufort,
mort en octobre 1848.

Florent-Charles-Auguste
de Liédekerke-Beaufort,
né à Villers-sur-Lesse, en 1789,
marié à Alix – Charlotte
de Latour-Dupin Gouvernet,
morte en 1822 ou 23.

Ermeline-Maximilienne-Sophie
de Liédekerke-Beaufort,
née à Villers-sur-Lesse, en 1791,
mariée au comte
Alphonse-Guislain de Cunchy.

Claire de Liédekerke-Beaufort,
morte en 1822.

Liédekerke-Beaufort
ée à Ferdinand
a de Beeckman.

Auguste de Cunchy,
né à Meiun,
le 13 juin 1828.

Ferdinand de Cunchy,
né à Hardinghen,
le 30 septembre 1830.

Félix de Cunchy,
né à Hardinghen,
le 26 septembre 1833.

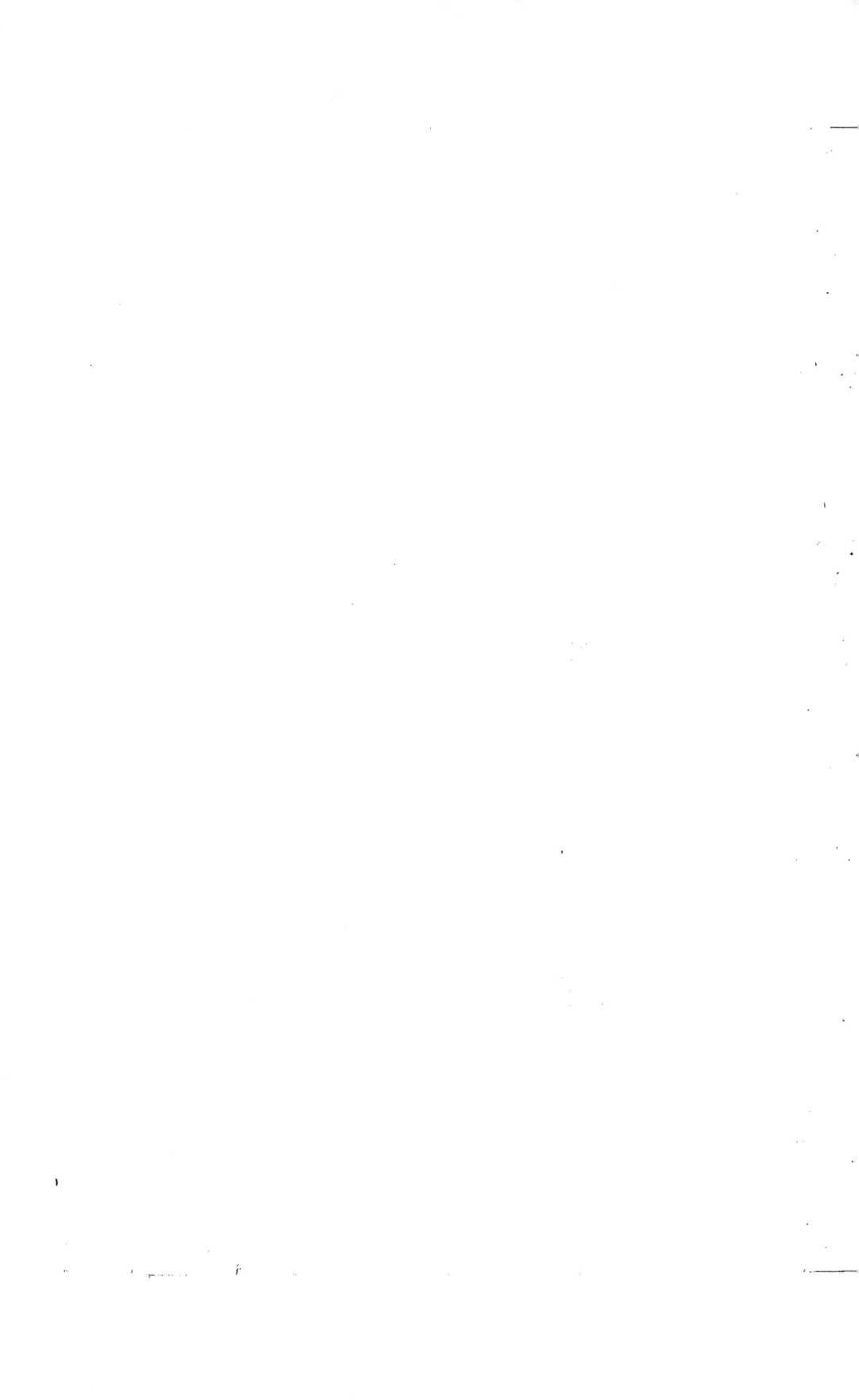

PIERRE TAFFIN.

SOMMAIRE.

PIERRE TAFFIN,

Lith. de A. Prignet, à Valenciennes.

PIERRE TAFFIN. [1]

Vers le milieu du XVIIe siècle, deux frères du nom Taffin, d'une famille de l'Artois (2), Jean et Michel-Joseph étaient attachés au corps diplomatique de l'électeur de Bavière.

Les descendants de Michel-Joseph Taffin, connus sous le nom de Taffin de Sarny, sont aujourd'hui fixés en Allemagne. Son fils, envoyé de la cour de

---

(1) Ce qui dans cette notice est sans indication d'une autre source, nous vient des renseignements qu'a bien voulu nous donner M. Taffin de Givenchy, secrétaire perpétuel des Antiquaires de la Morinie, à Saint-Omer.

(2) L'Advocat. (Dictionnaire historique à l'article *Taffin*.)

Bavière à Madrid, y avait épousé une espagnole. Un fils, issu de ce mariage, était, en 1806 et 1808, chef de bataillon d'un régiment bavarois; l'une des sœurs de ce fils était, à cette époque, veuve du comte de Nesselrode-Hugenpoet, et son autre sœur chanoinesse d'un chapitre de Munster. — A la même époque, le fils de madame de Nesselrode était page du roi de Bavière.

Quant à Jean, l'aîné des deux frères Taffin, il fut, vers 1655, chargé d'une mission importante à La Haye, où il mourut en 1670. — Il avait épousé Jeanne Raux (1), dont il eût quatre fils: — Jean-Baptiste, — Pierre, — Michel, — et Eugène. — Jean-Baptiste se fixa à Gand. — Michel, croit-on, habitait l'Artois. — Eugène entra dans l'ordre des Carmes.

Pierre Taffin.

Sa naissance.

Il entre dans la magistrature.

Pierre Taffin, qui fut le seul des quatre frères qui laissât postérité, naquit accidentellement à Gand, le 6 mars 1664, pendant un voyage qu'y fit sa mère (2). — Il entra jeune dans la magistrature, après avoir débuté comme avocat au conseil souverain de Tournai.

En 1698, il acheta une charge de substitut du procureur-général près le même conseil, devenu, à cette époque, le parlement de Flandre (3). Il fut installé le 7 juin (4).

Sa femme.

Cette même année 1698, le 24 décembre (5), Pierre épousa Marie-Claire Duhamel, de Valenciennes, fille unique de M. Duhamel, seigneur moyen et basjusticier de Vieux-Condé, au château de qui le mariage fut célébré (6).

---

(1) L'advocat. (Dictionnaire historique).

(2) Dieudonné (t. 1 p. 158) le fait naître à Douai. — M. Dutilleul (*Galerie Douaisienne* p. 556) et M. Dinaux (*Nomenclature des personnages qui se sont fait remarquer dans l'arrondissement de Valenciennes*. — Mémoires de la Société d'Agriculture t 9. p. 94,) le font naître à Valenciennes. — Les renseignements de M. de Givenchy sont d'accord avec le dictionnaire de l'Advocat pour fixer à Gand le lieu de sa naissance.

(3) Voir t. 1. p. 25.

(4) Histoire du Parlement de Tournai, p. 240.

(5) Les bancs furent publiés à Valenciennes, le 21. (Etat-civil de Valenciennes).

(6) Ce château est la maison actuellement habitée par M. de Gheugnies. La maison et le jardin sont dans le même état que lorsque Pierre Taffin y habitait.

Pierre Taffin se défit de sa charge au parlement, en 1708, à la mort de son beau-père, qui le laissa, du chef de sa femme, seigneur de Vieux-Condé, Gœlzin, Hordain, Heursel, Beaudignies, Legonfour et autres lieux. — Plus tard il fut promu aux fonctions de procureur-général près le Conseil provincial du Hainaut français, siégeant à Valenciennes ; il exerça ces fonctions jusqu'en 1721, époque à laquelle ce conseil fut supprimé (1).

Il est fait procureur-général.

Il est, à cette époque, qualifié d'écuyer, conseiller secrétaire du roi en la chancellerie près le parlement de Flandre (2). — A sa mort, on le qualifiait de conseiller du roi, audiencier vétéran en la chancellerie près la cour du parlement de Flandre (3).

Cause de sa participation à la recherche de la houille.

Pierre Taffin habitait Valenciennes, où il avait son domicile, pendant l'hiver, et passait une partie de l'été à son château de Vieux-Condé. — Ce fut pendant ses séjours à Vieux-Condé, qu'il se lia intimement avec le vicomte Désandrouin qui habitait le château de Fresnes. C'est à ces relations qu'est due la création de la compagnie houillère dont nous avons écrit l'histoire. P. Taffin consacra toute sa fortune à cette entreprise qui le mit à deux doigts de sa ruine. — Sa femme en mourut de chagrin en 1729.

Après la réussite, Louis XV, pour récompenser Taffin, le fit chevalier de ses ordres et lui envoya la croix de St.-Michel.

Sa mort.

Pierre Taffin mourut à Valenciennes, le 12 décembre 1745, agé de 81 ans (4). — S'il n'eut point les soucis et les chagrins de la lutte que soutint son associé contre la compagnie de Cernay, il n'eut point non plus la satisfaction de voir consolider son œuvre par la création de la compagnie d'Anzin.

Ses enfans.

Pierre Taffin eut de sa femme, Marie Duhamel, dix-huit enfants, dont onze garçons et sept filles, le premier, né le 3 février 1700, et le dernier, le 24 mars

(1) Voir t. 1 p. 26 et 27.
(2) Contrat de société du 10 septembre 1721 (pièces justificatives).
(3) Etat-civil de Valenciennes.
(4) *Idem.*

4

1721. — Des onze garçons, sept moururent avant leur vingtième année, et quatre seulement lui survécurent, dont un avait embrassé l'état ecclésiastique. — Des sept filles, il n'en éleva que cinq ; quatre prirent le voile. — Nous avons vu que, dans le contrat constitutif de la compagnie d'Anzin, les héritiers de P. Taffin se réduisaient à quatre : — M. Taffin, conseiller au parlement, — M. Taffin de Gœlzin, — M. Taffin de Troisville, — et M. de Benazet, pour sa femme (1).

Madame de Benazet (Jeanne-Marie-Alexandrine Taffin), mourut sans postérité ; elle avait épousé en premières noces M. de Fourmestraux, gentilhomme du Hainaut français, et, en deuxièmes noces, M. de Benazeth gentilhomme Languedocien, qui mourut aussi avant elle.

Trois branches de Taffin. La famille de P. Taffin se trouva ainsi réduite à trois branches, connues sous le nom de Givenchy, — Gœlzin, — et Troisville.

Branche des Taffin de Givenchy. Jules-César de Taffin, conseiller au parlement de Flandre, seigneur de Beaudignies, dont il prit le nom après la mort de son frère aîné, (Pierre-Joseph-Thomas, seigneur aussi de Vieux-Condé et du Gonfour), naquit à Valenciennes le 7 novembre 1715, et mourut à Douai en 1763. — Il avait épousé Anne-Françoise de Herbaix (près Liège), fille de Philippe-François de Herbaix de Villecassaux et de Marie-Françoise-Antoinette Taffin, sa parente éloignée.

De ce mariage naquirent un fils et une fille : Auguste-César Taffin de Givenchy, — et Louise-Césarine, née en 1752. Elle épousa Lesart de Mouchin et mourut, sans enfans, à Douai, en 1789.

Auguste-César Taffin de Givenchy, né à Douai le 20 octobre 1750, servit d'abord dans un régiment de cavalerie (royal Navarre), puis dans la maison du roi Louis XV (mousquetaires gris). — Il épousa, en 1780, Aimée-Louise Lesart de Mouchin, fille de Louis-Joseph Lesart de Mouchin, chevalier de St.-Louis, et sœur de madame de Mouchin dont il vient d'être parlé. — Il mourut au château de Rusmes, près Orchies.

(1) Voir t. 2. p. 126.

Auguste-César eut sept enfans dont deux morts en bas âge. — Les cinq autres sont : Louis-Alexandre-César, — Berthine, — Thérèse, — Désiré-Joseph — et Romain Joseph.

1° Louis-Alexandre-César Taffin de Givenchy, naquit à Douai le 19 janvier 1781 ; il servit sous l'Empire dans le corps de l'intendance militaire, fit les campagnes de 1803, 1804 et 1805 en partie, à la grande armée des côtes, et celles de 1805 à 1810 dans le Tyrol, l'Autriche et la Prusse. — Retiré du service depuis 1810, M. Taffin de Givenchy, « homme aussi distingué par son amour pour les lettres que par ses écrits » (1), est connu du monde savant comme secrétaire perpétuel de la Société des antiquaires de la Morinie, séant à Saint-Omer.

Marié, en 1811, à Amélie de Blairville, il en eut douze enfants dont cinq sont morts en bas âge et sept sont encore vivants.

2° Berthine-Thérèse Taffin de Givenchy, née à Douai le 27 mars 1784, a épousé Charles-Victor de St.-Just d'Autigues, lieutenant-colonel de cavalerie. — De ce mariage sont nés trois enfans.

3° Sophie-Césarine Taffin de Givenchy, morte en 1808, à l'âge de 20 ans.

4° Désiré-Joseph Taffin de Givenchy, né à Douai, le 2 mai 1790, suivit Louis XVIII à Gand, et devint aide-de-camp du prince de Croy-Solre qui commandait la première compagnie des gardes du corps. Il quitta le service en 1828, pour cause de maladie, et mourut en 1832.

5° Romain-Joseph Taffin de Givenchy, né à Mastrich, le 19 novembre 1792, épousa, en premières noces, Laure-Joséphine Lefebvre du Hodent, morte le 12 juillet 1829, et eut de ce mariage une fille. — Il a épousé en secondes noces Marie-Adéle Mouillard de Torcy, dont il a deux enfants.

Branche des Taffin do Guœlzin.

Le second des trois fils de Pierre Taffin qui intervinrent au contrat de la société

(1) *Galerie Douaisienne* p. 359.

de la compagnie d'Anzin, était, avons-nous dit, Taffin de Guœlzin (Jean-Charles-Louis), né à Valenciennes le 10 janvier 1717.

Jean-Charles-Louis servit dans l'infanterie et ne quitta le service que lorsqu'il eût atteint le tems voulu pour avoir la croix de St.-Louis dont il fut décoré. — Il mourut à Lille en 1782. — Il avait épousé Marie-Louise-Virginie de de Flandres dont il eut quatre fils, savoir : — César-Louis-François, — Louis-Hyacinthe-Joseph, — Marie-Joseph-Louis, — et Alexis-Marie-Philippe.

1° César-Louis-François Taffin de Guœlzin né à Lille, habitait Douai, dont il fut, en 1793, le premier maire élu par le peuple. Il vécut célibataire et mourut à Douai le 31 mai 1826.

2° Louis-Hyacinthe-Joseph Taffin d'Heursel naquit à Lille en 1757, servit dans le régiment de Bresse (infanterie) et mourut à Guœlzin. — Il avait épousé, en 1786, une demoiselle Fruict Desparcs dont il eut deux enfants.

3° Marie-Joseph-Louis Taffin de Sorel est né à Lille, en 1759, il fut successivement Conseiller au parlement de Flandre, Juge à la cour d'appel de Douai, et Président de chambre à la cour impériale de la même ville ; il perdit son siège à la restauration, fut depuis nommé membre du Conseil général du département et fut l'un des fondateurs de la société d'agriculture de Douai où il mourut en 1825. — « M. de Sorel était un homme éclairé, libéral, aimant les arts et encourageant de ses dons délicats ceux qui les cultivaient » (1).

4° Alexis-Marie-Philippe Taffin naquit à Lille le 10 août 1765. Il était connu sous le nom de Taffin-Mellez, par suite de son mariage avec une demoiselle Mellez, fille d'un magistrat qui fut longtemps maire de Douai. — Alexis entra, en 1785 ou 86, dans un régiment d'infanterie (Bresse), quitta le service en 1789, fut, pendant 43 ans, membre du Conseil municipal de Douai, où il

(1) *Galerie Douaisienne* p. 358.

mourut en 1842. — « Il cultivait les plantes et les fleurs avec amour. Il avait formé, à Douai, la plus belle et la plus riche collection de plantes exotiques et étrangères qu'ait possédé le département du Nord » (1).

Les quatre frères Taffin (branche Gœlzin) dont nous venons de parler « ont cultivé la musique avec succès et on les a souvent entendu exécuter ensemble des quatuor d'une manière remarquable » (2). — Une seule toile a reproduit les traits des quatre frères. Elle est due au pinceau de Hilaire Ledru, peintre douaisien.

De ces quatre frères, deux moururent sans postérité, le premier et le troisième.

Louis-Hyacinthe eut deux enfans : — 1° Virginie qui épousa Pierre-Jacques-Edmond Lambreth et en eut deux fils, dont un mort en 1842. — 2° Hyacinthe-Joseph-Bon qui épousa sa cousine germaine, Virginie-Antoinette, et en eut deux fils et une fille ; cette dernière mariée en secondes noces à Eugène Fruict de Morange.

Alexis-Philippe eut aussi deux enfants : — 1° Julie-Ernestine qui épousa le baron Amaury de Lagrange, colonel d'artillerie dont le père était chevalier d'honneur au Parlement de Flandre. De ce mariage naquirent : — Marie-Ernestine mariée au marquis de Champagui, et Alexis Delagrange, officier d'artillerie démissionnaire. — 2° Virginie-Antoinette, mariée comme nous venons de le dire, à son cousin, Hyacinthe-Joseph-Bon.

Branche des Taffin de Troisville. Le troisième des fils de Pierre Taffin, qui intervint au contrat de société de la compagnie d'Anzin (Félix-Ignace Taffin de Troisville), eut 6 enfans, dont deux morts en bas âge. — 1° Félix-Philippe, mort à 22 ans, — 2° Marie-Emmanuel qui épousa Hyacinthe-Joseph Cordier, — 3° Marianne qui prit le voile, — 4° Marie-Antoinette qui épousa Marie-Joseph Duhamel, lieutenant-général de la gouvernance du bailliage de Douai. — Tous moururent sans postérité, à l'exception de Madame Cordier qui eut une fille morte à 15 ans.

(1) Galerie Douaisienne, p. 558.

(2) Idem p. 559.

Il ne reste donc plus de descendants de Pierre Taffin, que de deux de ses dix-huit enfans. — Parmi ces descendans ou leurs alliés, ont été successivement régisseurs de la Compagnie des mines d'Anzin :

MM. 1° Benazet, à l'origine (1757). — 2° Félix-Ignace Taffin de Troisville, en 1772. — 3° César-Louis-François Taffin de Guœlzin, en 1778. — 4° Marie-Joseph-Louis Taffin de Sorel, en 1822. — 5° Hyacinthe-Joseph-Bon Taffin d'Heursel, en 1822. — 6° Jacques-Edmond Lambrecht, en 1829. — 7° Alexis-Marie-Philippe Taffin-Mellez, en 1830. — 8° Prosper-Amaury-Louis De Lagrange, en 1842.

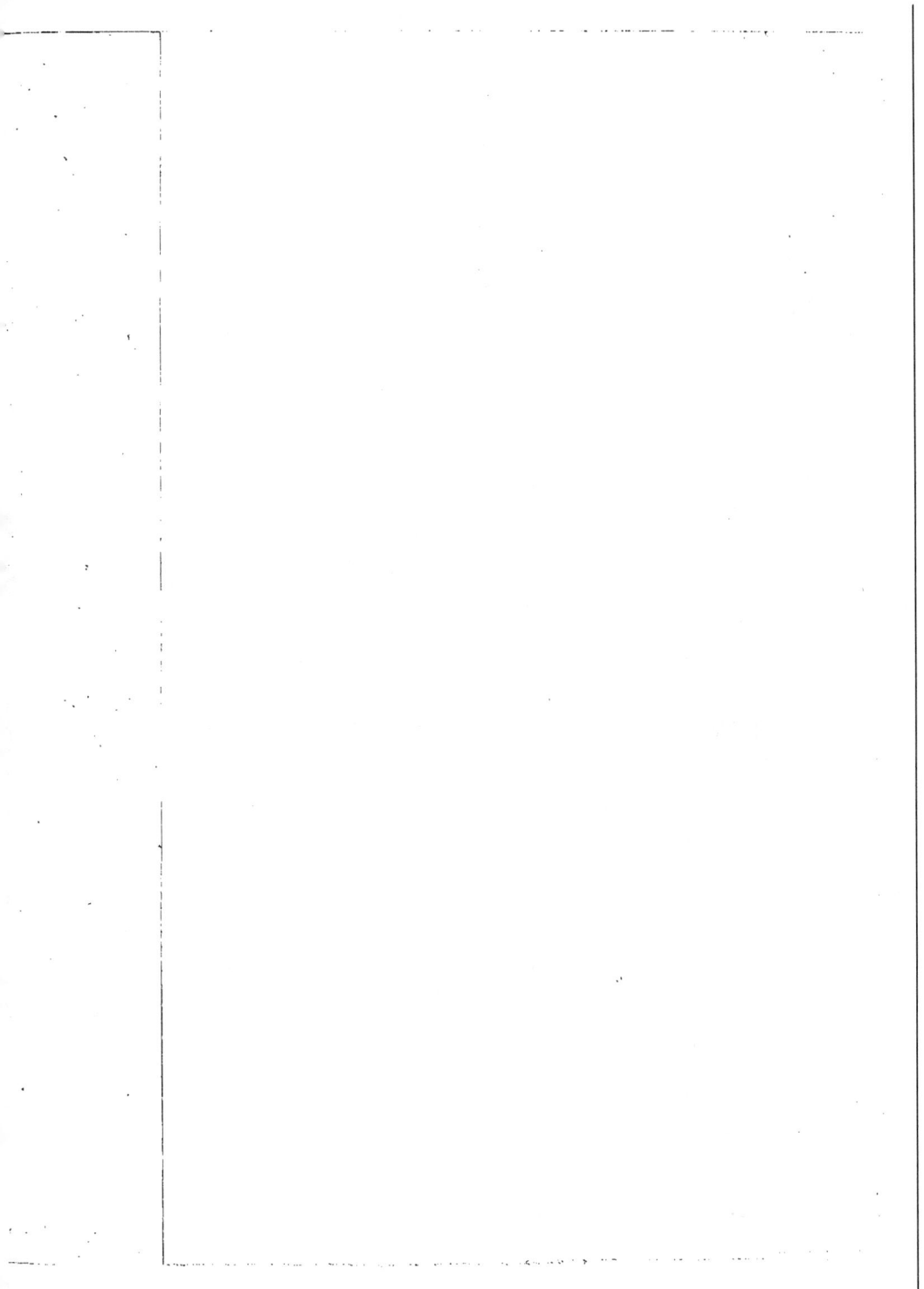

PIERRE TAFFIN , né à Gand , le 6 mai 1664 , mort à Valenciennes , le 12 décembre 17

| Pierre Joseph Thomas, né le 3 février 1700 , à Tournai , marié à Anne-Joseph Lexin de alenciennes | Jean-Baptiste , né le 16 juin 1701 , à Tournai, mort la même année | Louis-Auguste né le 12 juillet 1702 , à Tournai. | Jean-Baptiste , né le 7 juillet 1703 à Tournai , mort à Vieux-Conde . le 9 août 1725. | Marie-Jeanne Cornélie , née en janvier 1705 à Valenciennes. morte au même lieu en juin 1712. | Jeanne-Marie-Nathalie , née le 24 décembre 1705 , à Valenciennes, morte à Flines en 1787. | Marie-Joseph Frédérique, née le 30 mars 1707 , à Valenciennes, morte en bas-âge. | Marie-Françoise, née le 13 avril 1708, à Valenciennes, morte à Sin près Douai en 1790. | Thérèse-Frédé-rique , née le 9 août 1709 , à Valenciennes, morte à Flines en 1790. | Louise-Henriette née le 24 novem-bre 1710, à Valenciennes, morte au même lieu en 1780. |

Georges - Dominique Pierre-Joseph-Auguste, né le 6 août 1729 , à Valenciennes.

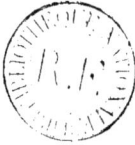

Auguste-César, né le 20 octobre 1730 . à Douai, mort en septembre 1807 , près Orchies, marié à Aimée-Louise Lesart de Mouchin.

Louise-Césarine, née en 1752 , morte en 1789 , à Douai, mariée à LeSart de Mouchin.

CÉSAR LOUIS FRANÇOIS né à Lille, mort à Douai, le 31 mai 1826.

Louis-Hyacinthe-Jose né à Lille, en 175 mort à Gœlzin, le octobre 1801 , marié à Mademoise Fruict Despares, morte à Douai en 18

| Louis-Alexandre César, né le 19 janvier 1781 , à Douai, marié à Amélie de Blairville. | | Berthine-Thérèse née le 17 mars 1784, à Douai, mariée à Charles-Louis-Victor de St-Just d'Autignes. | Sophie-Césarine , née en 1788 , à Douai, morte en 1808 , près Orchies. | Désiré-Joseph , né le 2 mai 1790 , à Douai, mort en 1852 , à St-Omer. | Romain-Josep né le 19 novembre à Maestrick marié a 1° Laure-Joséphine Lefebvre du Hodent. |

| Césarine-Constance , née le 19 mai 1812, à St-Omer. | Sidonie-Rose-Joseph née le 1ᵉʳ août 1816, près Tournai. | César-Romain né le 9 sep-tembre 1820, marié à Sidonie-Guislain d'Hannotel de Cauchy. | Anne-Marie-Joseph, née le 21 juin 1822 , à St.-Omer. | Charles-Joseph-César né le 27 mars 1824 , à St.-Omer. | Léon-Hector Joseph-César, née le 25 août 1851 , près St-Omer. | Henri né le 3 mai 1851 , à St.-Omer. | Cinq enfants morts en bas-âge. | Louise de St-Just, née le 14 juillet 1825 | Charles de St-Just né le 2 mai 1828. | Gustave-François de Sales de St-Just, né le 2 février 1830. | Aimée-Joséphin Thérèse née le 6 janv 1827. |

, en 1698, à Marie-Claire Duhamel , morte en 1729.

T. 3, p. 22.

| 'ran-
12.
2,
nes,
cem- | Jeanne-Marie
Thérèse-Alexan-
drine
née le 6 mai
1713,
à Valenciennes,
morte au même
lieu, le 6 avril
1782, mariée à
1° Fourmestraux
2° DE BENAZETH | Jules-César,
né
le 7 novembre
1715,
à Valenciennes,
mort
à Douai,
en 1765,
marié
à Françoise
De Herboix. | Jean-Charles-
Louis ,
né le 10 janvier
1717,
à Valenciennes,
mort à Lille
en 1789,
marié à
Marie-Louise
Virginie
de Flandre. | Alexandre Parfait
né le 2 mars 1718,
à Valenciennes ,
mort jeune. | FÉLIX - IGNACE
GUILLAUME ,
né le 31 juillet
1719,
à Valenciennes ,
mort à Troiville ,
en 1795. | Marie-Gabriel ,
né le 24 mars
1721,
à Valenciennes ,
mort jeune. |

| RIE-JOSEPH
LOUIS ,
é à Lille ,
5 juin 1759,
mort
à Douai ,
décembre 1825 | ALEXIS-MARIE-PHILIPPE
né le 10 août 1763 ,
à Lille, mort à Douai ,
le 25 mai 1842 ,
marié à Rosalie-Julie-
Joseph Melloz ,
morte à Douai en 1876. | Felix Philippe Aubert
d'Auvillers ,
né
vers 1758 ,
mort
près Orchies,
le 10 février 1780. | Marie-Emmanuel
Joseph ,
mariée
à Alexandre
Hyacinthe
Joseph
Cordier. | Marie-Antoinette
Joseph
née à Troiville
morte à Tournai,
mariée
à Marie-Joseph
Duhamel. | Marianne –
Joséphine
Eléonore ,
morte
en 1795,
à
Lafère. | Deux
enfants
morts
en
bas-âge. |

| Virginie-Marie
Louise, née à Lille,
le 26 octobre 1786 ,
morte à Douai .
le 22 mars 1846 ,
mariée à Pierre-
JACQUES- EDMOND
LAMBRECHT,
mort en mars 1846 | HYACINTHE-
JOSEPH BON ,
né à Lille ,
mort à Gœlzin ,
le 7 juin 1829 ,
marié
à Virginie -
Antoinette Angélique
Taffin. | Julie-Ernestine-
Louise ,
née à Douai ,
morte au même lieu,
le 20 mars
1842 .
mariée à Prosper-
AMAURY- LOUIS
DE LAGRANGE. | Virginie - Antoinette-
Angélique ,
née à Douai ,
morte
le 25 juillet
1825,
mariée
à Hyacinthe - Joseph
Bon. | Une fille
née
le 26 avril
1794 .
morte
à
Douai .
en
1809. |

| Marie-
ph ,
février
55. | Marie-
Césarine-
Joséphine-
Elise ,
née le 16
septembre
1834. | Pierre-
Gustave-
Adolphe
Lambrecht,
né à Douai
le 14 février
1845 ,
mort à Rome
le 1er novem-
bre 1842 ,
marié à
Cornélie-Julie
Taffin
d'Heursel. | Félix Edmond
Hyacinthe
Lambrecht ,
né à Douai
en 1816. | Anatole-
Hyacinthe-
Alexis-Louis,
né le 5 mars
1817 ,
mort le 25
novembre
1857. | Louis-Charles
né le 4 no-
vembre 1820. | Cornélie-Julie
Marie ,
née le 7 février
1822 ,
mariée à
1° Pierre-
Gustave-Adol-
phe
Lambrecht.
2° Eugène
Fruict
de Moranges. | Marie-Ernes-
tine-Julie
Delagrange
née le 3 avril
1817 ,
mariée
à Edouard
Réné-Jean
de Champagni
Gifart,
mort en 1840. | Alexis - Aime
Charles
Delagrange,
né à Douai
le 5 avril
1825. | Quatre enfans
morts
en bas-âge. |

JACQUES, PIERRE ET LÉONARD MATHIEU.

SOMMAIRE.

JACQUES, PIERRE ET LÉONARD MATHIEU.

Jacques
Mathieu.

ᴀᴄǫᴜᴇs Mᴀᴛʜɪᴇᴜ, Bailli de Lodelinsart (près Charleroi, Belgique), (1) où il reçut le jour le 26 septembre 1684, était fils de Pierre et de Gertrude Lefebvre (2). — Descendant d'une famille qui, de père en fils, s'occupait avec succès du travail des mines (3), il dirigeait les établissements houillers que Jacques Désandrouin possédait à Lodelinsart (4).

---

(1) Voir t. 2. p. 24.

(2) Etat-civil de Lodelinsart.

(3) Christophe Mathieu. — *Projet d'une seconde entreprise.*

(4) Voir t. 2. p. 24.

Son arrivée
dans le
Hainaut
français.

Chargé , par Désandrouin, de la conduite des travaux de recherche qui allaient être entrepris dans le Hainaut français, Jacques Mathieu vint, le premier juillet 1716, « marquer une fosse au village de Fresnes » (1). — Le 28, il amena avec lui, de Lodelinsart, sa famille et les ouvriers dont il avait besoin (2). — Il était alors (1717) qualifié de *premier commis de M. Désandrouin pour les fosses au charbon* (3), apparemment pour jouir des privi-lèges accordés au concessionnaire et à son *principal commis* (4).

Sa position
et ses
travaux.

Jacques Mathieu était personnellement intéressé dans l'établissement qu'il essayait de fonder ; il y avait pris « un intérêt proportionné au peu d'avances qu'il était en état de faire. » Il se faisait aider par ses fils, dans la direction des différents travaux de sa compagnie. C'est ainsi que, pendant qu'il continuait à diriger l'établissement de Fresnes, il envoyait ses deux aînés, Pierre et Christophe, faire des travaux de recherches à Anzin (5). Lorsqu'en 1734, Pierre y eût découvert la houille, Jacques Mathieu, prévoyant sans doute l'avenir de cet établissement, fit venir dans le pays, ses frères, comme lui mineurs de Lodelinsart (6).

Après la découverte de la houille à Anzin, Jacques quitta Fresnes où il envoya son second fils, Christophe, et vint s'établir à Anzin avec Pierre. Mais en 1738, Christophe ayant abandonné le pays, Jacques alla le remplacer (7) et mourut Sa mort. en 1747, à l'âge de 65 ans, *directeur des mines de Fresnes* (8).

Fils de
Jacques.

Jacques Mathieu eut trois fils et trois filles. Les travaux de sa compagnie furent « comme le berceau » de ses fils , Pierre , Christophe et Jean-Pierre. « C'est là

---

(1) Voir t. 2. p. 25.

(2) *Idem.* p. 24.

(3) Etat-civil de Fresnes.

(4) Arrêt du 8 mai 1717. — Voir t. 2. p. 25.

(5) Christophe Mathieu. *Projet d'une seconde entreprise.* — Voir t. 2. p. 24.

(6) *Idem.* — Voir ci-après.

(7) *Idem.*

(8) Etat-civil de Fresnes.

PIERRE MATHIEU.

qu'il les a dressés lui-même en les faisant passer depuis la dernière classe des ouvriers jusqu'à la place de commis du fond (chaque commis du fond a 30 à 50 ouvriers sous lui), genre d'éducation qui les a mis en état de le seconder de très bonne heure » (1).

Pierre aîné des fils de Jacques.
—
Ses travaux.

Pierre Mathieu naquit à Lodelinsart le 27 novembre 1704. (2). Ce fut lui qui, aidant son père dans la direction des travaux de l'établissement de Fresnes, inventa le cuvelage (3), et importa en France la première machine à vapeur (4). — Il fut chargé de la direction spéciale des travaux de la fosse *du Pavé*, à Anzin, où il découvrit la houille en 1734 (5). Nous avons dit les circonstances de cette découverte ; (6) elles font honneur à la volonté persévérante de Pierre Mathieu. — A cent ans de distance (1834), des descendants de l'un des oncles de Pierre, que Jacques avait fait venir dans le pays, découvraient à leur tour de la houille à Rœulx, pour la compagnie de Douchy qu'ils avaient créée (7).

Pierre Mathieu dirigea les mines qu'il avait découvertes, avec son père d'abord, jusqu'en 1738, puis seul. — Il conserva cette direction lors de la formation de la compagnie d'Anzin, dans laquelle il eut 6 deniers d'intérêt (8), et mourut à Anzin, directeur de ces mines, en 1778, âgé de 74 ans (9).

---

(1) Christophe Mathieu. — *Projet d'une seconde entreprise.*

(2) Etat-civil de Lodelinsart.

(3) Cette opinion que déjà nous avons émise, t. 2. p. 30, nous l'émettons encore ici, mais sous la réserve de ce que nous avons dit, même volume, p. 198.

(4) Voir t. 2. p. 36 et 217 et suivantes

(5) Voir t. 2. p. 45 et suiv. — Si l'on en croyait Christophe Mathieu (*Projet d'une seconde entreprise*), ce serait lui qui aurait fait cette découverte. Il est possible que son père l'ait envoyé prendre part aux travaux que dirigeait son frère : mais, de tous les documents que nous avons consultés, pas un seul ne se prête à la version de Christophe : il faut ajouter, qu'en lisant ses mémoires, une chose frappe tout d'abord, c'est que Christophe ne péchait pas par excès de modestie.

(6) Voir t. 2 p. 45 et suivantes.

(7) On trouva la houille à Anzin, en juin 1734, et à Rœulx, en mars 1834. — C'est à tort qu'en annonçant cette dernière découverte, un journal de la localité (*le Courrier du Nord* du 1er avril 1834) a fait de Pierre Mathieu, le bisaïeul de M. Charles Mathieu, directeur des mines de Douchy.

(8) Voir t. 2. p. 126.

(9) Son épitaphe, voir t. 1. p. XX de l'introduction.

Rien ne rappelle, autour de nous, ce que le pays doit à Pierre Mathieu, son nom ne figure même pas sur la plaque de cuivre qui, dans le chantier de la compagnie d'Anzin, est destinée à conserver le souvenir de la découverte de la houille (1); on ne le trouve qu'à l'église de la paroisse, sur la pierre qui le couvre et qui fait corps avec le pavé (2).

Pierre Mathieu avait épousé Anne-Jacqueline Briffaut, dont il eut trois fils, une fille et trois enfants morts en bas âge. — Les deux aînés de ses fils, Pierre-Marie et Charles-Bernard, furent chanoines à St.-Géry de Cambrai (3), — Le troisième lui succéda dans sa carrière.

Léonard fils de Pierre. — Succède à son père. Est anobli.

Jean-Léonard-Joseph Mathieu, né à Valenciennes, en février 1746, fut d'abord avocat (4), puis directeur des mines d'Anzin après son père, puis directeur général des exploitations de sa compagnie (5). — Il fut plus tard nommé, à titre honorifique, inspecteur des mines de France (6), et anobli par ordonnance du Roi du mois de mars 1789 (7).

Cette ordonnance rappelle que c'est à Jacques et à Pierre Mathieu, aïeul et père de Léonard, qu'est due la découverte de la houille dans le Hainaut français; que Pierre inventa le cuvelage et importa en France la première machine à vapeur; pour ces faits et les services personnels de Léouard, le roi l'anoblit « ensemble ses enfants, descendants en ligne droite, tant de l'un que de l'autre sexe. »

Emigré en 1793 (8), mais rentré peu après en France, Léonard Mathieu figure, comme ingénieur, sur la *liste des officiers des mines de la République,*

---

(1) Voir t. 2. p. 47.

(2) Nous avons donné l'inscription que l'on y lit, t. 1. p. XX de l'introduction.

(3) J.-P. Mathieu. *Mémoires de la découverte.* — Etat-civil de Valenciennes.

(4) Etat-civil de Valenciennes.

(5) Il prend ce titre dans plusieurs des mémoires signés par lui.

(6) Il prend ce titre dans l'écrit intitulé : *réponse et observations sur l'analyse.*

(7) Voir aux pièces justificatives.

(8) Merlin. *Additions et corrections à la consultation du 31 janvier 1821, pour les sociétaires etc. contre MM. de la Mothe intimés.* p. 7.

publiée en l'an III (1). C'est à ce titre qu'il fut chargé de rétablir les mines d'Anzin dont l'Etat avait pris possession, une grande partie des actionnaires ayant émigré (2).

Toutefois, lors de la remise de l'établissement à Marie Désandrouin et à la nouvelle compagnie, Léonard Mathieu ne reprit point ses fonctions de directeur général des travaux. Il eût même perdu les 6 deniers qu'il possédait dans ces mines, si M. Désandrouin, lors du rachat qu'il fit, à la nation, des parts des émigrés, ne lui eut remis ces six deniers qui étaient compris dans le rachat (3).

Dans les cent jours, Léonard Mathieu fut assesseur à la Cour prévôtale, instituée à Valenciennes pour juger les délits de contrebande (4). Il mourut à Valenciennes le 27 mars 1813, âgé de 67 ans. Il repose à Anzin auprès de sa femme (4), Magdeleine-Eléonore-Joseph Hamoir, née à Valenciennes en 1749, morte en l'an XII.

Descendans de Léonard.

Léonard eut deux enfants: Sophie-Eléonore et Léopold Mathieu de Quenvignies.

Sophie-Eléonore, née à Valenciennes, en 1780, morte à Rueil, près Paris, avait épousé en 1807, M. Evrard Rhoné, de qui elle eut quatre enfants: — Léon-Adolphe Rhoné, auditeur au Conseil d'Etat, époux de Mademoiselle Bernard (de Rennes), mort récemment.— Pauline-Elima, épouse de M. Delasserre, ingénieur des Ponts-et-Chaussées à Paris.— Paul — et Charles-Léopold, — tous quatre, nés à Valenciennes.

(1) *Journal des mines*, t. 1. p. 125.

(2) Lettre de l'agence des mines à Paris. (Ministère des travaux publics. Bureau de la statistique, carton nord).

(3) *Mémoire contre MM. Villedeuil et consors, contre MM. Audeval et autres* 1838. p. 5.

(4) Etat-civil de Valenciennes.

(5) De Sars. *Recueil de généalogies etc.* Supplément, p. 194.

Constantin-Léopold Mathieu, né à Valenciennes le 10 avril 1781, épousa Amélie-Joséphine Delcroix, qu'il perdit peu de temps après et dont il n'eut point d'enfans. Il remplit, toute sa vie, une foule de fonctions non rétribuées. — Mort le 17 avril 1838, il avait fait plusieurs legs à des établissements d'utilité publique : à la Société d'Agriculture, sciences et arts, dont il avait été longtemps le président, aux élèves de l'école de peinture, sculpture et architecture, aux salles d'asile et à la caisse d'épargne dont il était l'un des fondateurs.

Christophe
second fils de
Jacques.

Remontons maintenant au second fils de Jacques Mathieu. — Christophe, né à Lodelinsart le 20 janvier 1712 (1), aida d'abord son père dans les travaux des mines du Hainaut ; c'est ainsi qu'il vint à Anzin et prit part avec son frère Pierre aux travaux qui amenèrent la découverte de la houille. Nous avons vu que, par suite de cette découverte, son père ayant quitté l'établissement de Fresnes, Christophe en devint le directeur (2). — Il s'occupait spécialement de mécanique et fut chargé de l'exécution de la première machine à vapeur, dont les pièces, raconte-t-il, comme nous l'avons dit dans une autre partie de ce travail, lui passèrent toutes par les mains (3).

Christophe quitta Fresnes en 1738, et alla diriger successivement des travaux d'épuisement au port de Gravelines, aux mines de Litry, de Poulavoine, d'Ingrande, de Recille et de Sauvigne (4). — De retour à Condé, en 1758, à l'époque de la formation de la Compagnie d'Anzin, il demanda inutilement la concession d'un terrain situé dans le périmètre qui fut accordé à cette compagnie (5). — En 1759 il entra dans la société de Mortagne (6) et en 1762 dans celle d'Odomez (7). — Plus tard, en 1770, Christophe obtenait la permission

---

(1) Il le déclare dans un acte du 24 janvier 1761. (Pièces justificatives).

(2) Voir ci-dessus p. 26.

(3) Voir t. 2. p. 136.

(4) Christophe Mathieu. — *Projet d'une seconde entreprise.*

(5) Voir t. 2. p. 135 et suiv.

(6) *Idem.* p. 239.

(7) *Idem.* p. 241.

d'extraire la houille dans la seigneurie de Noyant (Allier) dont il était devenu propriétaire (1).

Nous ignorons la date et le lieu de sa mort. — Il avait épousé Jeanne-Florence Quinquempoix. — Il en eut sept enfants, dont quatre fils. — Jacques-Joseph Mathieu de Noyant, ingénieur des mines, qui vint habiter Paris. — Jean-Pierre. — Louis-Gabriel-Hervé. — Jacques-Christophe Mathieu de la Salle, aussi ingénieur des mines, qui habitait le château de Noyant. — Marie-Françoise. — Constance. — Anne-Joseph-Alexandrine, qui épousa Messire Jean-Nicolas de Brossard, chevalier seigneur de Boismalet et Laperière (2). — Tous moururent sans enfans (3), excepté cette dernière.

Descendans de Christophe.

Les enfants de Christophe Mathieu avaient hérité de leur père la propriété de la terre de Noyant et la concession des mines qui s'y trouvaient. En 1809, ils s'associèrent à la Compagnie d'Anzin ou à quelques-uns de ses principaux inté-ressés et leur vendirent la terre de Noyant en 1810 (4).

Nous ne savons ce que devinrent M. et Mme de Brossart et leurs enfants.

Jean Pierre troisième des fils de Jacques.

Il nous reste à parler de Jean-Pierre Mathieu, le troisième des fils de Jacques et de sa descendance.

Jean-Pierre-Joseph Mathieu, né à Fresnes, le 17 février 1717, fut « direc-teur particulier » des fosses de ce village, « et aide-receveur pour son père. » Il mourut à Fresnes le 22 septembre 1745 (5).

Descendans de Jean-Pierre.

Il avait épousé en secondes noces Marie-Joseph Nicodème, de qui il eut une fille, Marie-Joseph, mariée à Victor Dépinoy, — et un fils posthume, Jean-Pierre, né à Fresnes le 5 mars 1746.

---

(1) Arrêt du 4 mars 1770.

(2) Notes de M. Henri Boca.

(3) P. Mathieu. (*Mémoire sur la découverte*).

(4) Notes de M. Henri Boca.

(5) Jean-Pierre Mathieu. *Mémoire sur la découverte.*

Jean-Pierre Mathieu, à la mort de sa mère, arrivée en 1768, fut recueilli par Pierre, son oncle « avec qui il apprit la conduite des mines. » Il fut successivement, contrôleur à Vieux-Condé, en 1770, directeur des mines de Fresnes en 1773, plus tard contrôleur, et le 1ᵉʳ vendémiaire an IV, receveur des mêmes mines (1). — Il mourut à Fresnes, âgé de 83 ans, le 30 novembre 1829.

Jean-Pierre avait épousé Marie-Christine Hoyaux (de Belgique) de laquelle il eut un fils et cinq filles.

De l'aînée de ses enfans, Marie-Pétronille-Joseph, née à Fresnes, morte à Anzin, mariée à Placide Rénié, sont nés : 1° Désiré-Henri-Placide Rénié, ne à Fresnes, actuellement employé de la Compagnie d'Anzin. — 2° Pauline Rénié, née à Fresnes, morte à Anzin, mariée à Henri Gravis, mort médecin en chef de la Compagnie. — 3° Louise Rénié née à Wasmes (Belgique) mariée à Pascal-Joseph Défossez de Valenciennes.

Le fils de J.-P. Mathieu, Alexandre-Léonard-Joseph, né à Valenciennes, mort à Condé, fut employé de la compagnie d'Anzin, comme ses ayeux, et maire de la commune. De lui et de demoiselle Lachapelle sa femme sont issus : — 1° Philippine-Benoite, née à Anzin, mariée à Joseph-Marie Farinole, commandant de place à Bonifacio (Corse). — 2° Jean-Pierre-Stanislas-Léonard, né à Anzin le 7 février 1806, ingénieur des mines, directeur pendant plusieurs années de celles de St.-Martin, près Charleroi. — 3° Juliette-Joséphine-Françoise, née à Anzin, mariée à Julien-Louis Lenglé, d'abord ingénieur attaché à la compagnie d'Anzin, plus tard agent-général des mines de *Fresnes-midi* (Thivencelles et Escaupont réunies (2).

Marie-Françoise-Séraphine Mathieu, deuxième fille de Jean-Pierre et le 3ᵉ de ses enfans, née à Fresnes, morte près Tournai, épousa Aimable-Philippe Lachapelle de Vieux-Condé, qui fut directeur des mines d'Anzin. — De ce

(1) *Mémoire sur la découverte*, par J.-P. Mathieu.

(2) Notes de M. Bounier.

mariage naquirent deux fils et une fille. — L'un des fils est aux Indes, où il est marié. — La fille, Nelly, est religieuse à Avesnes. — Nous ne savons rien de l'autre fils (1).

Comme on le voit, la famille des Mathieu, par elle-même ou par ses alliances, eut, pendant plus d'un siècle, la direction des travaux des mines de nos pays. — Un seul des descendans de Jacques Mathieu (M. Rénié) se trouve encore à l'heure qu'il est employé de la compagnie d'Anzin. — Les descendans de Pierre Mathieu (la famille Rhoné) sont encore intéressés dans son exploitation. — Le seul des descendans de Jacques qui porte aujourd'hui le nom de Mathieu est Jean-Pierre-Stanislas-Léonard, fils d'Alexandre-Léonard-Joseph, ancien maire d'Anzin, qui y était connu sous le nom de Mathieu-Lachapelle.

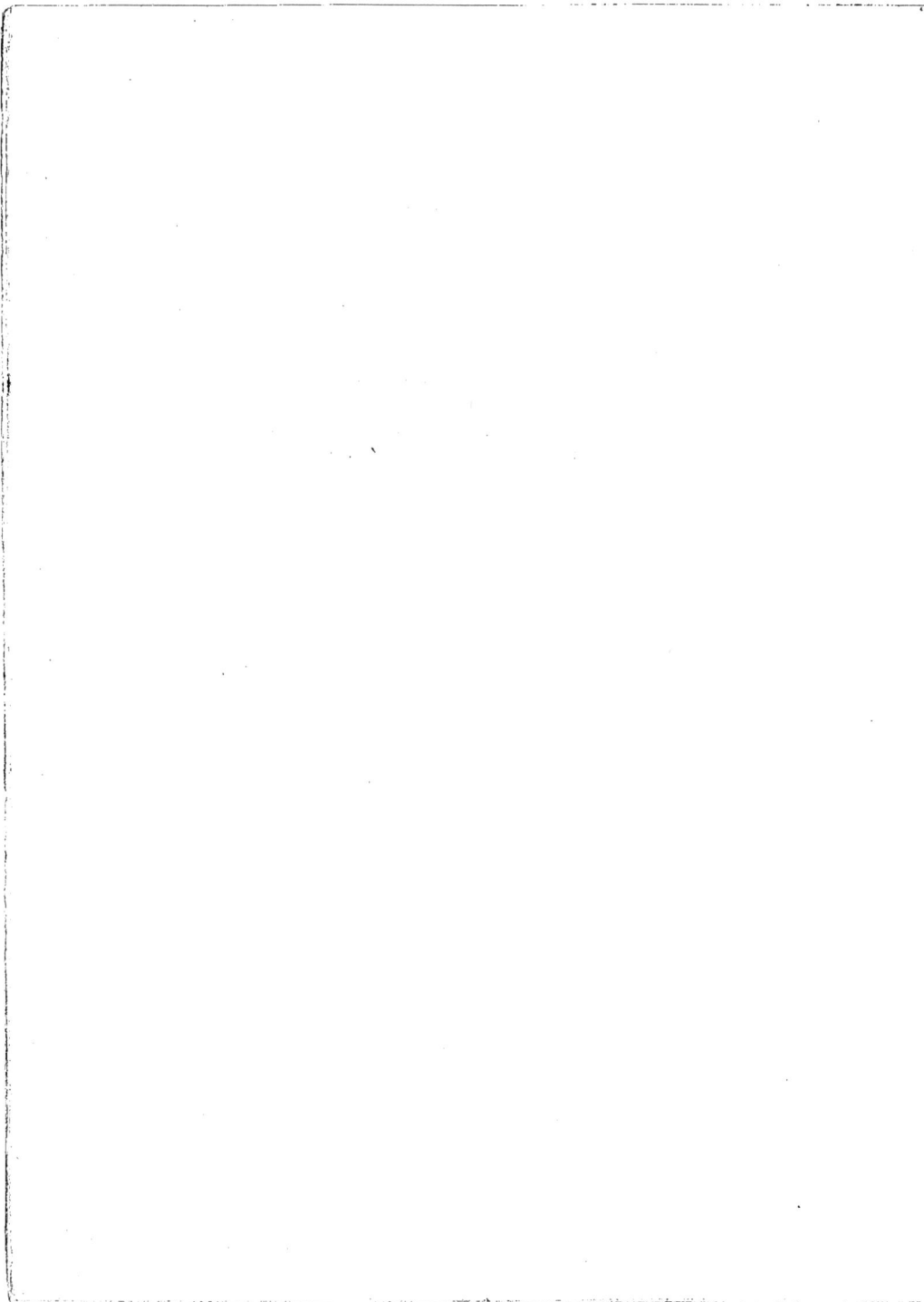

JACQUES MATHIEU, né à Lodelinsart (Belgique) le 26 septembre 1684,
mort

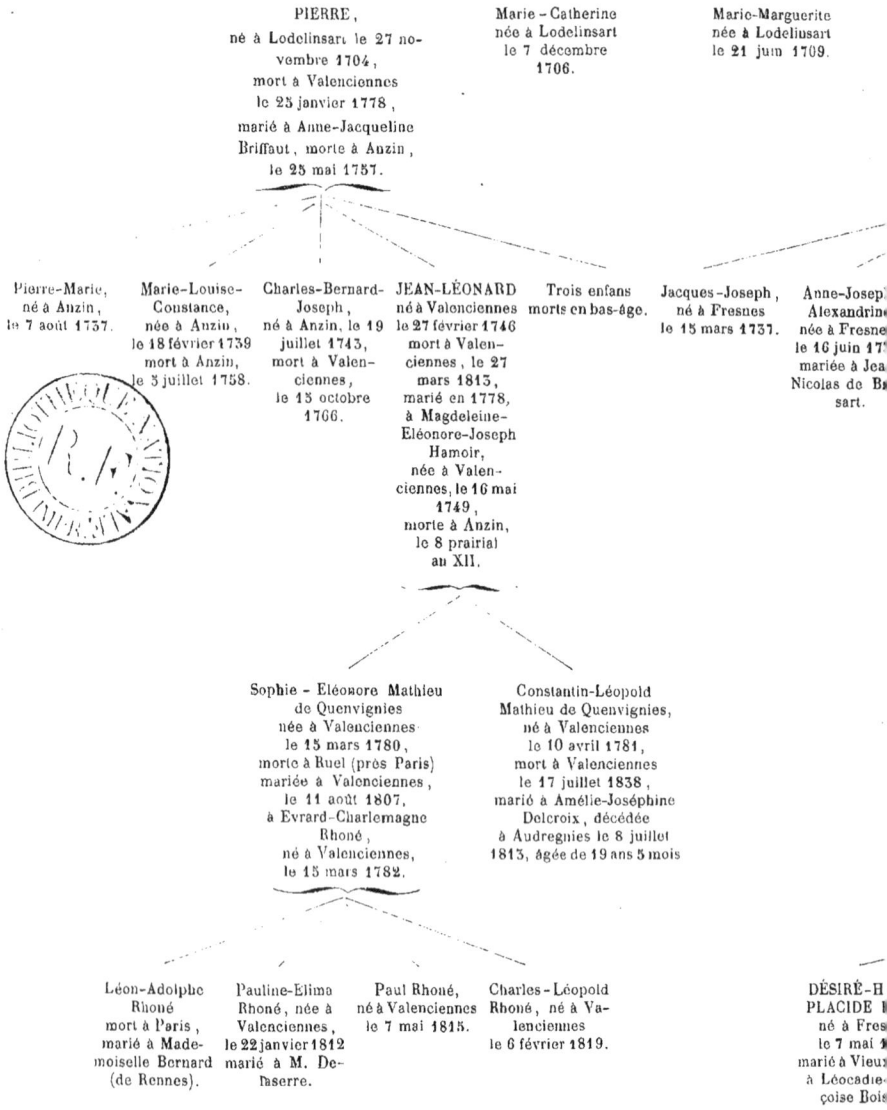

PIERRE,
né à Lodelinsart le 27 novembre 1704,
mort à Valenciennes
le 25 janvier 1778,
marié à Anne-Jacqueline
Briffaut, morte à Anzin,
le 25 mai 1757.

Marie – Catherine
née à Lodelinsart
le 7 décembre
1706.

Marie-Marguerite
née à Lodelinsart
le 21 juin 1709.

Pierre-Marie,
né à Anzin,
le 7 août 1737.

Marie-Louise-
Constance,
née à Anzin,
le 18 février 1739
mort à Anzin,
le 3 juillet 1758.

Charles-Bernard-
Joseph,
né à Anzin, le 19
juillet 1743,
mort à Valen-
ciennes,
le 15 octobre
1766.

JEAN-LÉONARD
né à Valenciennes
le 27 février 1746
mort à Valen-
ciennes, le 27
mars 1813,
marié en 1778,
à Magdeleine-
Eléonore-Joseph
Hamoir,
née à Valen-
ciennes, le 16 mai
1749,
morte à Anzin,
le 8 prairial
au XII.

Trois enfans
morts en bas-âge.

Jacques-Joseph,
né à Fresnes
le 15 mars 1757.

Anne-Josep
Alexandrin
née à Fresne
le 16 juin 17
mariée à Jea
Nicolas de B
sart.

Sophie – Eléonore Mathieu
de Quenvignies
née à Valenciennes
le 15 mars 1780,
morte à Ruel (près Paris)
mariée à Valenciennes,
le 11 août 1807,
à Evrard-Charlemagne
Rhoné,
né à Valenciennes,
le 15 mars 1782.

Constantin-Léopold
Mathieu de Quenvignies,
né à Valenciennes
le 10 avril 1781,
mort à Valenciennes
le 17 juillet 1838,
marié à Amélie-Joséphine
Delcroix, décédée
à Audregnies le 8 juillet
1813, âgée de 19 ans 5 mois

Léon-Adolphe
Rhoné
mort à Paris,
marié à Made-
moiselle Bernard
(de Rennes).

Pauline-Elima
Rhoné, née à
Valenciennes,
le 22 janvier 1812
marié à M. De-
laserre.

Paul Rhoné,
né à Valenciennes
le 7 mai 1815.

Charles – Léopold
Rhoné, né à Va-
lenciennes
le 6 février 1819.

DÉSIRÉ-H
PLACIDE
né à Fres
le 7 mai 1
marié à Vieu
à Léocadie
çoise Bois

Emil
r
le

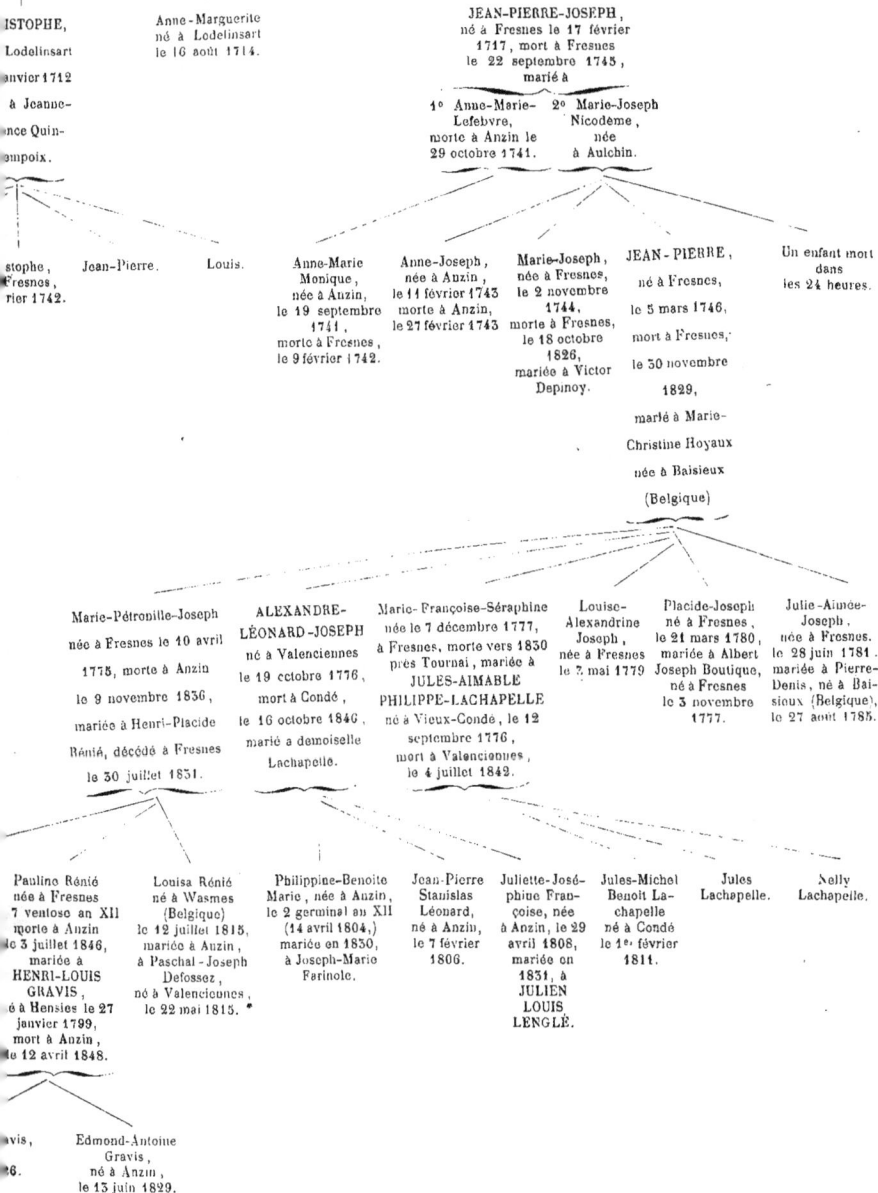

eResnes, le 17 février 1749, marié à Anne Daubresse née à Jumet (Belgique) en 1682, T. 3, p. 34.
le 12 avril 1762.

ISTOPHE,	Anne-Marguerite	JEAN-PIERRE-JOSEPH,
Lodelinsart	né à Lodelinsart	né à Fresnes le 17 février
anvier 1712	le 16 août 1714.	1717, mort à Fresnes
à Jeanne-		le 22 septembre 1745,
nce Quin-		marié à
ampoix.		

1° Anne-Marie- 2° Marie-Joseph
Lefebvre, Nicodème,
morte à Anzin le née
29 octobre 1741. à Aulchin.

stophe,	Jean-Pierre.	Louis.	Anne-Marie	Anne-Joseph,	Marie-Joseph,	JEAN-PIERRE,	Un enfant mort
Fresnes,			Monique,	née à Anzin,	née à Fresnes,	né à Fresnes,	dans
rier 1742.			née à Anzin,	le 11 février 1743	le 2 novembre		les 24 heures.
			le 19 septembre	morte à Anzin,	1744,	le 5 mars 1746,	
			1741,	le 27 février 1743	morte à Fresnes,	mort à Fresnes,	
			morte à Fresnes,		le 18 octobre		
			le 9 février 1742.		1826,	le 30 novembre	
					mariée à Victor		
					Depinoy.	1829,	

marié à Marie-

Christine Hoyaux

née à Baisieux

(Belgique)

Marie-Pétronille-Joseph	ALEXANDRE-	Marie-Françoise-Séraphine	Louise-	Placide-Joseph	Julie-Aimée-
née à Fresnes le 10 avril	LÉONARD-JOSEPH	née le 7 décembre 1777,	Alexandrine	né à Fresnes,	Joseph,
1775, morte à Anzin	né à Valenciennes	à Fresnes, morte vers 1830	Joseph,	le 21 mars 1780,	née à Fresnes,
le 9 novembre 1836,	le 19 octobre 1776,	près Tournai, mariée à	née à Fresnes	mariée à Albert	le 28 juin 1781.
mariée à Henri-Placide	mort à Condé,	JULES-AIMABLE	le 7 mai 1779	Joseph Boutique,	mariée à Pierre-
Rénié, décédé à Fresnes	le 16 octobre 1846,	PHILIPPE-LACHAPELLE		né à Fresnes	Denis, né à Bai-
le 30 juillet 1851.	marié à demoiselle	né à Vieux-Condé, le 12		le 3 novembre	sieux (Belgique),
	Lachapelle.	septembre 1776,		1777.	le 27 août 1785.
		mort à Valenciennes,			
		le 4 juillet 1842.			

Pauline Rénié	Louisa Rénié	Philippine-Benoite	Jean-Pierre	Juliette-José-	Jules-Michel	Jules	Nelly
née à Fresnes	né à Wasmes	Marie, née à Anzin,	Stanislas	phine Fran-	Benoît La-	Lachapelle.	Lachapelle.
7 ventose an XII	(Belgique)	le 2 germinal an XII	Léonard,	çoise, née	chapelle		
morte à Anzin	le 12 juillet 1815,	(14 avril 1804,)	né à Anzin,	à Anzin, le 29	né à Condé		
le 3 juillet 1846,	mariée à Auzin,	mariée en 1830,	le 7 février	avril 1808,	le 1er février		
mariée à	à Paschal-Joseph	à Joseph-Marie	1806.	mariée en	1811.		
HENRI-LOUIS	Defossez,	Farinole.		1831, à			
GRAVIS,	né à Valenciennes,			JULIEN			
é à Hensies le 27	le 22 mai 1815. *			LOUIS			
janvier 1799,				LENGLÉ.			
mort à Anzin,							
le 12 avril 1848.							

avis,	Edmond-Antoine
6.	Gravis,
	né à Anzin,
	le 13 juin 1829.

SOMMAIRE.

Ancêtres du marquis de Cernay. — Les Cernay. — Leur alliance avec les Rolin. — Le marquis de Cernay seigneur de Raismes. — Fait partie de la compagnie houillère de Raismes. — Sa position dans le pays. — Sa fille. — Sa petite-fille, princesse d'Aremberg, comtesse de la Marck. — Mort du marquis de Cernay. — Le comte de la Marck. — Député lors du vote de la loi sur les mines. — Sa mort. — Le prince Ernest d'Aremberg.

LE DANOIS DE CERNAY.

Le Mys de Cernay

Lith. de A. Prignot, à Valenciennes.

AUGUSTIN-MARIE LE DANOIS DE CERNAY. [1]

Ancêtres de
M. de Cernay.
—
Les Cernay.

UGUSTIN–MARIE LE DÀNOIS, marquis de CERNAY, seigneur de la paroisse de Raismes, sous le nom duquel se forma la compagnie houillère de Raismes (2), appartenait à l'une des plus anciennes familles de France. Les historiographes du temps en font remonter l'origine aux anciens rois de Danemarck qui, chassés de leur pays, seraient venus se fixer en France, sous le règne de Louis–le–Débonnaire.

---

(1) Tous les détails de cette notice, dont la source n'est point indiquée, ont été puisés dans les papiers de famille de M. le prince d'Aremberg qui a eu l'obligeance de nous les communiquer ; quelques-uns nous viennent aussi de renseignements particuliers que nous avons tout lieu de croire exacts.

(2) Voir t. 2, p. 102.

C'est des Le Danois que descendent les comtes de Senlis et les anciens comtes de Guines. C'est aussi d'une partie de cette famille, résidant en Champagne et en Normandie, que viennent les marquis de Joffreville, les vicomtes de Roucher, et les seigneurs de Novion et de Cernay, alliés aux premières maisons de Lorraine et des Pay-Bas (1). — En 1208 un Le Danois servait dans les armées de Charles V. — En 1295 on en compte un autre parmi les chevaliers qui accompagnèrent le comte d'Harcourt, grand amiral de France, dans la guerre contre les Anglais.

Leur alliance avec les Rolin.
En 1560, la seigneurie de Raismes appartenait à la famille Rolin, l'une des branches de la famille de Luxembourg, alliée à celle des comtes de Hainaut, fondateurs du château et du village de Raismes. — Jeanne de Rolin était alors seule héritière de cette seigneurie ; elle était, du chef de son père, grande maréchale, grande vénéresse et première vicomtesse héréditaire du Hainaut ; elle épousa, en cette année 1560, à St.-Germain-en-Laye, Charles Le Danois, comte de Cernay. Le roi Henri III, qui reconnaissait Jeanne de Rolin pour sa parente, lui donna la main pour la conduire à l'autel.

De ce mariage est né Jean-Philippe Le Danois, comte de Cernay, lieutenant-gouverneur de la ville et chateau de Rocroy. Il eut pour fils Charles-Joseph Le Danois, comte, puis marquis de Cernay.

Charles-Joseph Le Danois, qui était maréchal-de-camp, commandant les chevau-légers de Berry, mourut en 1734 (2), il avait épousé Marie Gillette d'Estourmel, de laquelle il eut le marquis de Cernay qui fait l'objet de cette notice.

Le marquis de Cernay seigneur de Raismes.
Augustin-Marie Le Danois, marquis de Cernay, né le 4 mai 1710, était, avons-nous dit, seigneur haut-justicier de la paroisse de Raismes. Cette pa-

(1) C'est sans doute à cause des alliances de la maison de Cernay avec la maison de Lorraine que M. de Courcelles dit, par erreur, le marquis de Cernay originaire de ce pays. (*Histoire généalogique et héraldique*, t. 5. p. 18).

(2) De Courcelles *Histoire généalogique etc.*, t. 5. p. 18.

roisse comprenait la Petite Franche-Forêt (1) et la Grande Forêt de Raismes ; cette dernière, divisée en deux parties, parfois séparées, alors réunies entre les mains du marquis de Cernay. — Augustin-Marie était commandeur de l'Ordre Royal et Militaire de St.-Louis, en 1748. Lieutenant-général des armées du roi, en 1749 ; il fut fait gouverneur du Quesnoy, en 1762, et créé grand'croix de St.-Louis en 1766 ; il était en outre grand maréchal héréditaire du Hainaut (2) et directeur avec M. de Croy, de la société d'agriculture de la province (3).

En 1754 il s'était trouvé placé à la tête de la société houillère de Raismes. Ses co-associés étaient, comme on l'a vu (4), M. P.-J. Laurent à qui nous consacrons la notice suivante ; Ramsault de Raulcourt, chevalier de St.-Louis, ingénieur du roi, en Hainaut ; Renault, maître de forges à Cousolre, en Hainaut (5) ; Mauroy, directeur et receveur-général des domaines du roi, en Hainaut ; Lamolinary, propriétaire de la manufacture de porcelaine de Valenciennes (6), et MM. Lelong, Bénoit, Darlot et Ravenau.

> **Fait partie de la Compagnie houillère de Raismes.**

Nous avons raconté ce que fit cette compagnie, quelle lutte elle soutint contre la compagnie Désandrouin, comment finit la lutte, par la création de la compagnie d'Anzin (7). — Le marquis de Cernay fut fait régisseur de cette dernière

---

(1) La Petite Forêt était alors aux mains de la famille d'Aremberg dont le chef en était seigneur haut-justicier. Mais des deux seigneurs de Raismes, le marquis de Cernay était le seigneur principal, ou comme l'on disait alors, le seigneur du clocher, c'est-à-dire le seul qui eut droit de se dire seigneur de la paroisse ou du lieu.

(2) De Courcelles. (*Histoire généalogique* etc.) t. 5. p. 18. — Calendriers de Flandre. — De Sars. *Recueil de généalogies* etc. A. d'Aremberg p. 374. De Cernay, p. 8, 10, 11, 12.

(3) Calendrier de Flandre de 1784.

(4) Voir t. 2. p. 102.

(5) « Entrepreneur des cuirasses si renommées, petit-fils du fameux Renault inventeur et constructeur de la machine de Marly, qui fournit toutes les cascades d'eau pour les plaisirs et l'utilité de S. M. à Versailles et à Marly. (*Second mémoire* de Cernay contre Désandrouin.) »

(6) Cet industriel faisait des produits remarquables ; ce qui en reste est très recherché.

(7) Voir t. 2, p. 99 et suivantes et t. 4. p. 117 et suivantes.

compagnie et cette fonction fut déclarée héréditaire dans sa famille, comme dans celle du duc de Croy (1).

Sa position
dans le pays.

Le marquis de Cernay n'était pas seulement un grand seigneur, il devait le respect dont il était entouré à ses qualités personnelles ; les bienfaits qu'il répandait dans son village y font encore aujourd'hui aimer et chérir sa mémoire. Grâce à lui, Raismes était un charmant but de promenade, où, pendant l'été, la société de Valenciennes et de la garnison se donnaient rendez-vous ; on parcourait la forêt, dont les allées étaient soigneusement entretenues, on s'empressait d'assister aux fêtes que donnaient le seigneur du lieu, fêtes dont l'une a été reproduite par le valenciennois Louis Watteau, dans un tableau qui décore l'une des salles du nouveau château de Raismes.

C'est M. de Cernay qui a fait bâtir l'église de la paroisse. — On lit au-dessus de la porte de cette église :

DE CERNAY ME LOCAT

BEATOE MARIOE ET BEATO NICOLAO DICAT.

Du château qu'il habitait, et qui fut vendu lors de la première révolution, il ne reste absolument aucuns vestiges qu'une décoration du jardin, dont l'architecture et la sculpture ne sont pas sans mérite ; elle est située dans la portion qui fait aujourd'hui partie de la propriété de M. Baudrin, maire de la commune.

Sa fille.

M. de Cernay eut la douleur de survivre à sa fille unique qu'il avait eue de son mariage avec Jeanne-Françoise Colette de la Pierre, fille du marquis de Bousies, Pair du Cambrésis (2).

Cette fille, Marie-Françoise-Colette de Cernay, née en 1739, avait épousé, en premières nôces, François-Joseph Le Danois, marquis de Joffreville, son parent, et en secondes noces, le comte de Puységur, colonel du régiment de

---

(1) Contrat de société de la compagnie d'Anzin 1757, art. 9. (Pièces justificatives).

(2) De Sars. *Recueil de généalogies.* A. p. 374.

Normandie. — Elle avait eu de son premier mariage une fille unique, qui fut élevée par son grand-père (1).

Sa petite-fille, princesse d'Aremberg comtesse de la Marck.

Marie-Françoise-Augustine-Ursule Le Danois, marquise de Cernay, du chef de sa mère et de son grand-père, née en 1757, épousa le 23 novembre 1774 au château de Raismes, le prince d'Aremberg, comte de la Marck (2).

Mort du marquis de Cernay.

Le marquis de Cernay mourut le 18 juillet 1784 (3), il avait eu un bras emporté par un boulet, à la bataille de Lausfeld, en 1745. — On raconte que, le bruit ayant couru qu'on lui avait substitué un bras d'argent et que ce bras était enterré avec lui, des voleurs vinrent nuitamment pour l'enlever, mais que ne le trouvant point, ils prirent le cercueil qui était de plomb ; qu'arrêtés aux portes de Valenciennes, ils furent jugés et condamnés.

Le marquis de Cernay et sa petite fille reposent dans le chœur de l'église de Raismes, à gauche en entrant. — Dans l'endroit réservé à la famille, sur un marbre blanc surmonté d'une petite croix, on lit :

Ici repose, dans l'église de Raismes, François-Marie Le Danois, marquis de Cernay, etc., maréchal héréditaire du Hainaut, lieutenant-général des armées du Roi, grande croix de l'Ordre royal et militaire de St.-Louis, gouverneur des ville et château du Quesnoy, né le 4 mai 1710, décédé le 17 juillet 1784. Sa vie fut consacrée au service de son pays et de son roi, sa fortune au soulagement des malheureux.

A sa dépouille mortelle, la piété filiale a réuni celle de l'héréditaire de son nom et de ses vertus, Marie-Françoise-Ursule-Augustine Le Danois de Cernay, épouse de très-haut et très-puissant prince Auguste-Marie Raymond d'Arembery, etc., née le 4 septembre 1757, décédée le 12 septembre 1810.

(1) De Sars. A. p. 374.
(2) De Courcelles.

7..

Aux dons les plus rares de l'esprit, elle joignait toutes les grâces de la
modestie, une piété éclairée, une vertu douce, une inaltérable bonté.
Priez pour celle que le pauvre n'implora jamais en vain.

Le comte
de la Marck.

Par suite du mariage de la petite fille du marquis de Cernay, la seigneurie de
Raismes, à la mort de ce dernier, avait passé dans la famille d'Aremberg. — Le
prince d'Aremberg, époux de la marquise de Cernay, était le second fils de
Charles-Léopold-Marie Raymond, duc d'Aremberg, feld-maréchal et colonel
d'un régiment d'infanterie de son nom, grand bailli du comté de Hainaut,
capitaine-général, officier souverain du même comté, gouverneur de Mons,
chevalier de la Toison d'Or, et grand'croix de l'Ordre de Marie-Thérèse, et de
Louise-Marguerite, comtesse de la Marck, fille unique et seule héritière du
comte de la Marck (1).

Auguste-Marie Raymond, prince d'Aremberg, comte de la Marck (nom sous
lequel il fut connu), Grand d'Espagne de première classe, était né le 30 août
1753 ; il eut de son père, lors de son mariage avec la marquise de Cernay, la
seigneurie de la Petite Franche-Forêt de Raismes, de sorte qu'il fut, à la mort
de son beau-père, seigneur de toute la paroisse de Raismes, dans toute l'étendue qu'elle avait alors (2).

Député lors
du vote
de la loi sur
les mines.

Le comte de la Marck, successivement général major de l'empereur d'Autriche,
maréchal-de-camp et colonel d'un régiment d'infanterie allemand au service de
France (3), fut nommé député aux Etats-Généraux de 1789 pour le baillage du

---

(1) De Courcelles, t. 5. p. 14. — Charles-Léopold-Marie Raymond duc d'Aremberg, était seigneur
de Wallers et de la Petite Franche-Forêt de Raismes. Wallers passa à son fils ainé le duc Louis
Engelbert qui dût, en 1803, abandonner son duché d'Aremberg pour venir habiter la France, et mourut
à Bruxelles en 1820. La Petite Franche-Forêt de Raismes fut donnée, comme nous le disons ici ,
au second fils du duc, le prince Auguste comte de la Marck. — Elle est défrichée.

(2) Vicoigne était alors un village séparé.

(3) De Sars, D. p. 8, 10, 11, 12.

Quesnoy (1). — Ami du célèbre Mirabeau, il ne contribua pas peu à lui faire prendre parti dans la discussion sur la loi des mines, en 1791, pour la conservation des exploitations existantes ; le comte de la Marck rendit en cela un service signalé à la compaguie d'Anzin dont il était l'un des régisseurs depuis la mort de M. de Cernay.

Sa mort.

Le comte de la Marck, à l'époque de l'érection du royaume des Pays-Bas, reprit du service (1816) avec le grade de lieutenant-général (2), et mourut à Bruxelles en 1833. — De son mariage avec la marquise de Cernay, il n'eut qu'un fils, le prince Ernest d'Aremberg, actuellement existant.

Le prince
Ernest
d'Aremberg.

Ernest Engelbert, prince d'Aremberg, est né à Paris le 25 mai 1777 ; il est, comme l'était son père et son ayeul, régisseur de la compaguie d'Anzin, et en remplit assiduement les fonctions, lorsqu'il est dans le pays. — Il a fait construire un nouveau château dans la portion de la Grande Forêt de Raismes, attenante à la place de la commune, portion qu'il a fait défricher il y a quelques années ; il l'habite une grande partie de l'été avec sa famille, la princesse Auersperg sa femme et ses deux filles. — Il avait épousé en premières noces la comtesse Windisgratz, sœur du prince Windisgratz, général au service de l'Autriche.

Le prince d'Aremberg est auteur de *l'art de la fortification* publié en 1824 et dédié à l'empereur d'Autriche (3). — Il possède, dans son château de Raismes, un buste et un portrait du marquis de Cernay. Deux autres portraits de M. de Cernay existent au musée de la ville de Valenciennes.

---

(1). Grille. t. 2. p. 514.

(2) De Sars. D. pages ci-dessus.

(3) Dinaux. *Nomenclature des personnes qui se sont fait remarquer dans l'arrondissement de Valenciennes.*

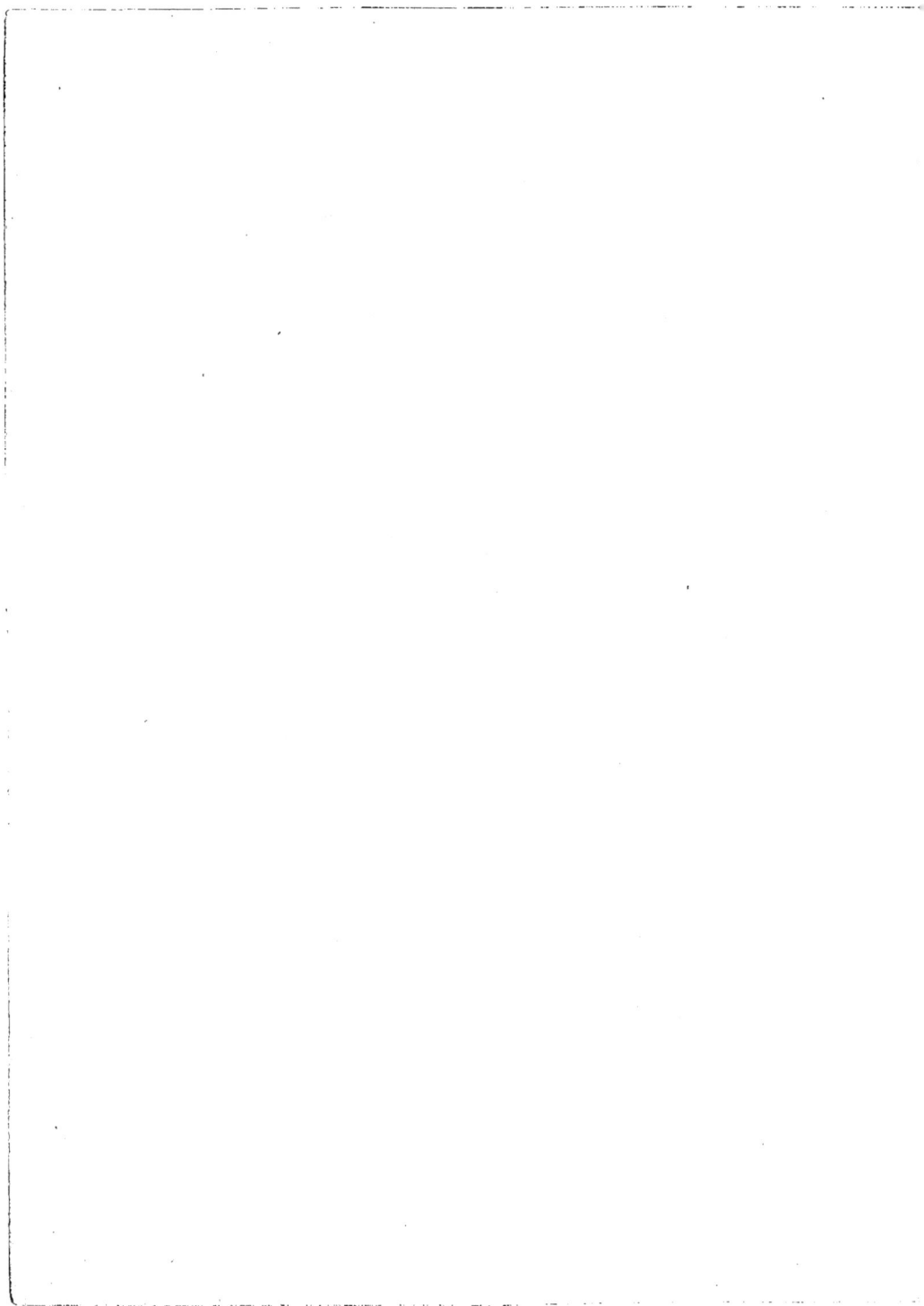

AUGUSTIN-MARIE LE DANOIS
marquis de Cernay,
né le 4 mai 1710 , mort
le 18 juillet 1784,
marié en 1729 à Joanne
Françoise-Henriette-Colette
de la Pierre.

Charles-Léopold-Marie Raimond ,
duc d'Aremberg, né à Enghien ,
le 31 juillet 1721 , mort
au même lieu le 17 août 1778.
marié à Louise-Marguerite
comtesse de la Marck.

Marie-Françoise Colette, née en 1739,
mariée

1° à François Joseph
Le Danois.
marquis
de Joffreville,
en 1754.

2° au comte
de Puysigur ,
en 1760.

Louis Engelbert
duc d'Aremberg ,
né le 3 août 1750 ,
mort le 7 mars 1820.

AUGUSTE-MARIE-RAIMOND,
prince d'Aremberg, comte
de la Marck ,
né à Bruxelles, le 30 août 1753,
mort au même lieu en 1833.
Marié à Marie-Françoise-
Augustine-Ursule LeDanois.

Louis-Marie
mort à Rome
en 1795.

Marie-Françoise-Augustine
Ursule LeDanois,
née le 4 septembre 1757 ,
morte le 12 septembre 1810
mariée à Auguste-Marie
Raimond d'Aremberg.

ERNEST ENGELBERT,
Prince d'Aremberg, né le 25 mai
1777 , à Paris ,
marié

1° à la comtesse
Thérèse
Windischgratz.

2° à la princesse
Sophie
Auersperg.

PIERRE-JOSEPH LAURENT.

PIERRE-JOSEPH LAURENT [1]

Origine
de P.-J.
Laurent.

PIERRE-JOSEPH LAURENT est né le 12 décembre 1713, à Auber-chicourt, arrondissement de Douai (2); il était le troisième fils de Jacques Laurent, éclusier à Bouchain, mort en 1759, à Auberchicourt où il était né (3).

(1) Presque tous les renseignemens dont la source n'est point indiquée nous viennent de M. le marquis de Villedeuil, petit-fils de Laurent, à l'extrême obligeance de qui nous les devons. Nous en devons aussi quelques-uns à un parent collatéral, M. De Montmerqué, conseiller-doyen à la cour d'appel de Paris, membre de l'Institut. (Inscriptions et belles-lettres).

(2) Notes de M. de Villedeuil. — M. Dutilleul (*Galerie des hommes remarquables de la ville de Douai.*) le fait naître en 1714, apparemment d'après le préfet Dieudonné. (t. 3, p. 126). La *Biographie universelle* le fait naître à Bouchain en 1715. — A cela près, l'article de la galerie douaisienne (p. 212 et suiv.) est à peu près la répétition de celui de la Biographie universelle, que par cette raison nous n'avons plus besoin de citer.

(3) Notes de M. le marquis de Villedeuil. — Ces notes ne disent pas qu'il fut entrepreneur des fortifications de Condé, comme le dit M. Duthilleul.

Pierre-Joseph Laurent succéda d'abord à son père, comme éclusier à Bouchain. Mais bientôt, mécanicien sans les leçons de personne, il devint un de nos plus habiles ingénieurs.

« Les dispositions qu'il montra pour la mécanique, se développèrent dès son bas-âge, car avant qu'il eut atteint sa dixième année, il construisit une machine hydraulique qui fut admirée du cardinal de Polignac.

Il est chargé du desséchement des marais et de la navigation du Nord.

« Chargé du desséchement des marais de la Flandre Française et du Hainaut, il a considérablement amélioré la navigation de la Scarpe, et contribué à rendre à la culture de grandes portions de terrains qui, avant lui, se trouvaient sous les les eaux. Il avait achevé ces importans travaux à l'âge de 21 ans ; aussi lui valurent-ils alors la direction des canaux des mêmes provinces. » (1), bien qu'il n'ait jamais fait parti du corps des ingénieurs du gouvernement. — » Il a surtout des droits, dit le préfet Dieudonné, à l'admiration et à la reconnaissance du département du Nord, par les travaux importans qu'il a fait exécuter. Il y a opéré des desséchements reconnus impraticables jusqu'alors. Chargé de la direction des canaux de ce pays, il a facilité la navigation de la Scarpe, et a construit sur les autres rivières des écluses plus commodes. Valenciennes lui est redevable d'une machine ingénieuse pour ses fortifications et sa défense « (2). En effet, « Laurent monta, pour la grille qui ferme la sortie de l'Escaut à Valenciennes, une machine au moyen de laquelle un homme peut la lever, tandis qu'auparavant il fallait 50 hommes et 24 heures » (3). Cette grille existe encore.

Fait sa fortune dans l'industrie.

Avant de s'associer au marquis de Cernay pour l'affaire de Raismes, Laurent avait fait une brillante fortune en dirigeant l'exploitation des mines de Pompeau. Dans un de ses mémoires, la compagnie de Cernay se vante de compter parmi ses membres le sieur Laurent, « le plus fameux artiste, le plus habile mécanicien qui ait encore paru, qui vient de dessécher les eaux de la mine de plomb de Pompeau,

(1) Duthilleuil. *Galerie des hommes remarquables de la ville de Douai.*

(2) Dieudonné, t. 3. p. 126.

(3) Duthilleuil. — *Galerie des hommes remarquables de la ville de Douai.*

en Bretagne, laquelle avait été abandonnée après une dépense de 2 millions pendant dix ans, et qu'il a mis en état de rapporter au roi des sommes immenses, en récompense de quoi S. M. vient (1756) de lui accorder des lettres de noblesse et le cordon de chevalier de St.-Michel. Le plus habile des Mathieu du Sʳ Désandrouin, associés à ses mines d'Anzin, avait été appelé au même endroit, il y a neuf ans, pour épuiser les eaux de cette mine ; il y a échoué, après y avoir fait des dépenses considérables » (1).

« Ces mines, dit M. de Tilly, étaient sur le point d'être abandonnées : elles avaient causé la ruine de plusieurs compagnies ; l'abondance des eaux qui les inondaient, fesait perdre l'espérance de pouvoir réussir à les épuiser. Une dépense de 2 millions était perdue sans ressource. M. Laurent, flamand de nation, le plus habile mécanicien qui ait encore paru, se transporte sur ces mines dont l'assiette est dans un marais traversé d'une petite rivière sujette à se déborder dans les tems pluvieux et qui noyait alors les fosses. Ce fameux ingénieur détourne alors cette rivière ; lui fait un lit profond ; se sert des mêmes eaux qui ruinaient auparavant les ouvrages, pour épuiser les fosses, et forme un étang qui sert de réservoir toutes les fois que cette rivière est à sec. Partout on voit le génie de la mécanique raisonnée, dans les machines qui servent à cet épuisement ; les travaux sont repris, et l'espérance d'un succès prochain renaît » (2).

« Une statue de Louis XV, dit M. Dutilleuil, devait être amenée de Paris à Valenciennes en 1757. » Cette statue était de Sally, sculpteur valenciennois.

Construit divers objets de mécanique.

Laurent « fit construire à cet effet un chariot que deux hommes conduisirent, au lieu de cent chevaux qu'il eut fallu pour un chariot ordinaire » (3).

En 1758 et 1759, il fut entrepreneur des fourrages pour l'artillerie, entreprise à laquelle il associa son frère Jean-Baptiste.

---

(1) *Second mémoire pour le marquis de Cernay contre Désandrouin*, p. 45. — Il fut, dit M. Dutilleuil, « décoré du cordon de St.-Michel, annobli par lettres patentes du roi de 1756. »

(2) *Mémoire sur l'utilité etc., du charbon minéral*, par M. de Tilly p. 2 et 3. 1758.

(3) Dutilleuil

8..

« En 1760, il fit pour un soldat un bras artificiel, à l'aide duquel cet invalide, quoiqu'il ne lui fut resté que 4 à 5 pouces du bras gauche, et rien du bras droit, put écrire en face du roi et lui présenter un placet. Le comte d'Anvet et le duc de la Vrillière eurent recours à lui pour se procurer des bras artificiels » (1).

Jonction
de l'Escaut et
de la Somme.

Canal
de
St-Quentin.

« Au nombre de ses travaux hydrauliques, on cite la belle cascade de Brunoy, celle de Chanteloup, etc » (2). — « Mais la plus grande comme la plus étonnante de ses entreprises, dit Dieudonné, que Voltaire, écrivant à l'auteur, appelait un *chef-d'œuvre inoui*, est la jonction de l'Escaut et de la Somme par un canal souterrain de trois lieues d'étendue » (3).

Dès le commencement du XVIIIe siècle, on avait compris combien il serait important d'établir une grande ligne de communication entre le nord et le midi

(1) Duthilleuil. — *Galerie des hommes remarquables de la ville de Douai.*

(2) *Idem.*

(3) Dieudonné, t. 5. p. 126. — Cette lettre est du 6 décembre 1771.

LETTRE DE VOLTAIRE A LAURENT.

Je savais, Monsieur, il y a longtemps, que vous aviez fait des prodiges de mécanique ; mais je vous avoue que j'ignorais, dans ma chaumière et dans mes déserts, que vous travailliez actuellement par ordre du roi aux canaux qui vont enrichir la Flandre et la Picardie. Je remercie la nature, qui nous épargne les neiges cette année ; je suis aveugle quand la neige couvre nos montagnes ; je n'aurais pu voir les plans que vous avez bien voulu m'envoyer ; j'en suis aussi surpris que reconnaissant. Votre canal souterrain surtout est un chef-d'œuvre inoui. Boileau disait à Louis XIV, dans le beau siècle du goût :

J'entends déjà frémir les deux mers étonnées,
De voir leurs flots unis au pied des Pyrénées.

Lorsque son successeur aura fait exécuter tous ses projets, les mers ne s'étonneront plus de rien, elles seront très accoutumées aux prodiges.

Je trouve qu'on se fesait peut-être un peu trop valoir dans le siècle passé, quoiqu'avec justice, et qu'on ne se fait peut-être pas assez valoir dans celui-ci. Je connaissais le poème de l'empereur de la Chine, et j'ignorais les canaux navigables de Louis XV.

Vous avez raison de me dire, Monsieur, que je m'intéresse à tous les arts et aux objets de commerce.

Tous les goûts sont entrés dans mon âme.

de la France. Dans ce but , un canal, dont le projet avait été arrêté en 1727 (1), fut creusé pour joindre l'Oise à la Somme, entre Chauny et St.-Quentin. Il se nommait *canal Crozat* du nom de son concessionnaire, ou *canal de Picardie*, du nom de la province. Onéreux à la famille Crozat, elle obtint par M. le duc de Choiseul, alors ministre, qu'il fut acquis par l'état, ce qui eut lieu le 23 août 1767. M. de Choiseul, à la satisfaction duquel Laurent avait dirigé et distribué les eaux de la terre de Chanteloup qui appartenait au duc, le fit nommer, par arrêt du Conseil du 7 décembre de la même année, directeur-général du canal Crozat (2). Il le chargea en outre d'examiner et de proposer les moyens d'opérer la jonction de la Somme à l'Escaut, par continuation du canal de Picardie, afin de tirer de ce dernier tous les avantages que l'on pouvait en espérer (3). Déjà , en 1727, un projet avait été fait par l'ingénieur Devic (4).

Laurent chargé de la navigation de Paris à la frontière.

Entre tems, Laurent fut nommé, par arrêt du Conseil du 24 février 1769, directeur-général, non-seulement de la continuation projetée du canal Crozat,

---

Quoique octogénaire, j'ai établi des fabriques dans mes solitudes sauvages ; j'ai d'excellens artistes qui ont envoyé de leurs ouvrages en Russie et en Turquie ; et si j'étais plus jeune, je ne désespérerais pas de fournir la cour de pékin du fond de mon hameau suisse.

Vive la mémoire du grand Colbert qui fit naître l'industrie en France,

Et *priva* nos voisins de ces tributs serviles
Que payait à leur art le luxe de nos villes !

BOILEAU.

Bénissons cet homme qui donna tant d'encouragement au vrai génie, sans affaiblir les sentiments que nous devons au duc de Sulli , qui commença le canal de Briare, et qui aima plus l'agriculture que les étoffes de soie, *Illa debuit facere, et ista debuit non omittere.*

Je défriche depuis longtemps une terre ingrate , les hommes quelquefois le sont encore plus ; mais vous n'avez point fait un ingrat en m'envoyant le plan de l'ouvrage le plus utile.

J'ai l'honneur d'être avec une estime égale à ma reconnaissance, etc.

(*Correspondance générale de Voltaire.*)

(1) Rive. *Précis historique et statistique des canaux et rivières navigables de la Belgique* etc. p. 47.

(2) Notes de M. de Villedeuil. — *Opinion des ingénieurs composant la minorité de l'assemblée des ponts-et-chaussées,* p. 8.

(3) *Idem.* — *Idem.*

(4) Rive. p. 47.

depuis St.-Quentin jusqu'à Cambrai , mais encore de l'Escaut navigable depuis Cambrai jusqu'à la frontière.

Le nouveau canal fut alors commencé d'après les études et les plans que Laurent avait fait à ses frais ; une somme annuelle de 300,000 liv. fut affecté à ses travaux (1), que Laurent poussa avec activité jusqu'à sa mort.

Le projet de Laurent, préféré à celui de Devic, en différait en ce qu'il traversait sur un seul alignement tout le plateau par un canal souterrain de 13,772 mètres (3 lieues), tandis que dans le projet Devic il n'y avait que 8,400 mètres de souterrain, mais divisés en deux canaux séparés par un canal à ciel ouvert (2).

Le 1ᵉʳ juillet 1770, le nouveau canal de Picardie ou canal d'Amiens, aujourd'hui canal de la Somme, fut déclaré d'utilité publique. Les plans et devis de ce canal faits par Laurent, ayant été adoptés, il en fut nommé le directeur-général, qualité qui lui fut confirmée par arrêt du Conseil du 2 septembre 1771, qui réunit l'ancien et le nouveau canal de Picardie sous une même administration.

Sa mort.

Considération dont il jouissait comme ingénieur.

C'est au milieu de ces immenses travaux que la mort enleva, à l'âge de 60 ans, Pierre-Joseph Laurent, devenu, d'éclusier à Bouchain, le directeur-général des plus importans canaux de France, et l'un des premiers ingénieurs de l'époque. Tombé malade à Paris le 12 juillet 1773, en revenant de visiter ses travaux, il mourut le 12 octobre suivant. — L'année qui précéda sa mort , « Laurent que le canal de Picardie a rendu célèbre, dit le journal des mines, appelé sans doute par l'administration de la province, se transporta en Bourgogne, pendant la durée des Etats, en 1772, » pour donner son avis sur l'emplacement et la direction du point de partage du canal de Bourgogne (3). — « Sa réputation s'était telle-

---

(1) Notes de M de Villedeuil. — *Opinion des ingénieurs composant la minorité de l'assemblée des ponts-et-chaussées*, p. 9.

(2) Rive. p. 47 et 48.

(3) *Mémoire sur la constitution géologique de la portion du département de la Côte-d'Or, dans laquelle doit se trouver le point de partage du canal de Bourgogne. (Journal des mines*, t. 33. 1813. p. 38).

ment répandue en Europe, que plusieurs souverains le sollicitèrent pour qu'il allât s'établir chez eux ; il préféra rester en France où il se fit chérir par sa bienfaisance » (1).

Vers de Corneille sur Riquet.   Lorsque Riquet eut fait le canal du Languedoc, Pierre Corneille écrivit les vers suivants :

SUR LA JONCTION DES DEUX MERS.

La Garonne et le Tarn en leurs grottes profondes
Soupiraient de tout tems pour marier leurs ondes,
Et faire ainsi couler, par un heureux penchant,
Les trésors de l'aurore aux rives du couchant ;
Mais à des vœux si doux, à des flammes si belles,
La nature, attachée à des lois éternelles,
Pour invincible obstacle opposait fièrement,
Des monts et des rochers l'affreux enchaînement.
France, ton grand roi parle, et les rochers se fendent :
La terre ouvre son sein, les plus hauts monts descendent :
Tout cède, et l'eau qui suit les passages ouverts
Le fait voir tout puissant sur la terre et les mers.

« Il est fâcheux, dit l'auteur de la vie de Colbert, que Corneille ait substitué le Tarn à l'Aude, et que ni le nom de Riquet ni celui de Colbert n'aient trouvé place dans ses vers » (2). — Un semblable oubli, évidemment volontaire, serait inexplicable dans un autre siècle, sous un autre roi que Louis XIV. Il faut plaindre Corneille d'avoir vécu dans cet atmosphère de basse flatterie, où pour plaire au *grand roi* l'on n'osait louer d'autre grandeur que la sienne. Plus heureux que Riquet, Laurent fut *personnellement* l'objet des plus honorables éloges.

Vers de la Condamine et de Delille sur Laurent.   La Condamine, qui se trouvait à St.-Quentin en l'année 1773, où mourut Laurent, lui adressa l'impromptu suivant :

---

(1) Duthilleul *Galerie des hommes remarquables de la ville de Douai.*

(2) Clément. *Histoire de la vie et de l'administration de Colbert.* p, 211.

L'homme, depuis Noé, s'asservissant les mers,
Avait su rapprocher les bouts de l'univers ;
Neptune était soumis, Pluton devint traitable ;
A la voix de Laurent la terre est navigable.

Une autre muse payait, par les vers suivans, son tribut d'admiration au génie de notre compatriote.

Les talens du hasard ont réparé l'outrage ;
Ton nom n'est dû qu'à toi ; ta gloire est ton ouvrage.
D'autres feront parler d'antiques parchemins.
Ces monumens fameux qu'ont élevé tes mains,
Ces chefs-d'œuvres brillans, ces fruits de ton génie
Tant d'utiles travaux qu'admira ta patrie,
Voilà de ta grandeur les titres glorieux.
Là, ta noblesse éclate et frappe tous les yeux.

Laurent bienfaiteur de Delille. « Quoique Laurent n'eût fait aucune étude, nous écrit M. Onésime Leroy à l'occasion de ces vers, il fit entr'autres découvertes merveilleuses, celle du talent poétique d'un homme encore obscur, comme il l'avait été lui-même. Cet homme, modeste professeur du collége d'Amiens, était le chantre futur *des trois règnes de la nature ,* le Virgile français, Jacques de Lille enfin, à qui notre Laurent, déjà riche alors, assura une existence et fit des dons qui se trouvèrent placés à haut intérêt, car le poète s'acquitta envers son bienfaiteur par l'épître susdite qui est un chef-d'œuvre. Malgré cette haute recommandation, les biographes ont longtemps omis le nom de l'ingénieur Laurent ; ce n'est que depuis que les sciences utiles ont pris ce rang qu'elles auraient dû toujours avoir, que la biographie universelle de Michaud vient enfin, dans son supplément, de consacrer un article à Laurent. »

Ses descendants. Laurent eut de sa femme, Suzanne Darlot, deux enfants : — Pierre–Charles depuis marquis de Villedeuil (vers 1776), et Félicité.

Pierre-Charles marquis de Villedeuil. 1° Pierre-Charles Laurent de Villedeuil, né à Bouchain le 11 octobre 1742 (1), « fut successivement conseiller au parlement de Flandre, maître des requêtes,

---

(1) Etat-civil de Bouchain.

intendant de la librairie, intendant de la généralité de Rouen, contrôleur-général des finances et ministre de la maison du Roi » (1). — Il épousa Mlle Dagay, fille de l'intendant de Picardie, il en eut quatre enfants, deux fils et deux filles, dont un seul encore existant, l'aîné des fils. — Thimoléon Laurent, marquis de Villedeuil, est aujourd'hui régisseur de la compagnie des mines à charbon d'Anzin, comme le fut son grand-père lors de la création de cette compagnie. — Charles Laurent de Villedeuil, frère du précédent, a laissé deux filles et une fils.

Thimoléon de Villedeuil.

2° Félicité Laurent épousa Louis de Moutmerquée, dont elle eut trois filles, Mesdames Marchal, — Oursin de Monchevrel, — et Lebas de Courmont de Pomponne.

Laurent de Lyonne neveu de Pierre-Joseph

Pierre-Joseph Laurent avait élevé et pris en affection un fils de son frère Jean-Baptiste, le même qu'il associa, comme nous l'avons vu, à son entreprise de fourrage. Ce neveu, Charles–Eustache Laurent connu sous le nom de *Laurent de Lyonne,* était né, comme son oncle, à Auberchicourt et dans la même maison, le 21 juillet 1751. Il l'avait aidé dans tous ses travaux de canalisation, dans lesquels il lui succéda.

Suspension du canal de St.-Quentin.

En 1775, le gouvernement ordonna la suspension des travaux du canal Laurent (canal de St.-Quentin); un million y avait été consacré. La guerre d'Amérique ne permettant pas d'employer des fonds suffisants à la navigation intérieure, le canal parut oublié jusqu'en 1781, époque à laquelle la famille Laurent voulut lever les obstacles qui s'opposaient à sa continuation, en offrant de se charger de la moitié de la dépense, moyennant une concession de 108 années (2). Elle obtint cette concession, par lettres patentes de

---

(1) Duthilleul. *Galerie des hommes remarquables de la ville de Douai.*

(2) Rive. p. 48. — *Opinion de la minorité,* etc. p. 10. — Cette demande existe aux archives du ministère de la guerre. — Arthur Youg écrivait en 1789, « quand on voit de pareils travaux suspendus faute d'argent, on demande avec raison, quels sont donc les services que l'on continue à payer. » (Jouy. *L'Ermite en province.*)

1783, mais le parlement ne voulut pas les enregistrer, parce qu'il considérait l'entreprise comme trop avantageuse aux concessionnaires.

En 1791, les départements du Nord et de l'Aisne demandèrent à l'Assemblée nationale de décréter la continuation du canal Laurent ; mais les guerres de la révolution absorbaient toutes les ressources. Ce ne fut qu'en l'an IX (1) que le gouvernement s'occupa de cet objet. Une commission d'ingénieurs se rendit à St.-Quentin, où le premier consul lui-même se trouva ; tous les projets pour joindre la Sambre à l'Escaut, l'Oise à la Sambre, ou la Somme à l'Escaut, furent examinés ; le canal souterrain fut préféré par le gouvernement après avoir pris l'avis conforme des ponts-et-chaussées et du ministre de la guerre qui se détermina sur le rapport qui lui fut fait par les généraux Rosières, inspecteur-général des fortifications et Estourmel général de division (2).

Restait à choisir entre le projet de l'ingénieur Devic et celui de Laurent. Le dernier l'emporta et fut adopté par l'assemblée des ponts-et-chaussées, à la majorité de 21 voix contre 9 dans la séance du 15 ventôse an X (3). — Laurent de Lyonne, qui avait assisté à la délibération « adressa des remerciemens à l'assemblée pour le témoignage de déférence qu'elle venait de donner à la mémoire de son oncle » (4).

Abandon du projet de Laurent.

Cependant le gouvernement crut devoir prendre l'avis de l'institut. Conformément à cet avis et contrairement à celui des ponts-et-chaussées, il donna la

(1) Arrêté des consuls du 25 nivôse an IX, qui prescrit au ministre de l'intérieur de leur présenter un rapport sur la manière d'ouvrir une communication avec la Belgique.

(2) Le projet du canal souterrain est attaqué dans le moniteur du 12 ventôse an IX, par M. Lespinasse membre du corps législatif qui lui oppose l'opinion du général du génie Clavé. — Le général Estournel répond, dans le moniteur du 28 ventôse, en indiquant le rapport du député Poncin à l'assemblée constituante (1791), et fait observer que la préférence n'a été donnée au canal souterrain que sur l'avis des ponts-et-chaussées et de la guerre, comme nous le disons ici.

(3) *Opinion des ingénieurs composant la minorité*, etc. p. 15.

(4) *Idem*. p. 16.

préférence au canal Devic qui fut exécuté; le nom de *canal Laurent* fit place à celui de canal de St.-Quentin (1).

Visite au canal Laurent par l'empereur d'Allemagne.

« Tout inachevé qu'il était avant la révolution, ce canal avait été visité par tous les grands personnages qui venaient en France. L'empereur d'Allemagne, Joseph II s'y fit conduire dans son voyage de 1781. Sur la porte de l'une des descentes se trouve l'inscription suivante, consacrée à rappeler le souvenir de cette mémorable visite :

« *L'an* 1781, *le comte d'*AGAY *étant intendant de cette province, M.* LAU-RENT *de Lyonne étant directeur de l'ancien et nouveau canal de Picardie*, *et M. de Champrosé, inspecteur,* JOSEPH II, *empereur, roi des Romains, a parcouru en bateau le canal souterrain, depuis cet endroit jusqu'aux puits numéro* 20 *et* 28, *et a témoigné sa satisfaction en ces termes* : « *Je suis*

---

(1) « Vous avez ordonné, dit le rapport du ministre de l'intérieur aux consuls, que l'institut national serait consulté sur la question du choix à accorder à l'une des deux directions proposées pour le canal de St.-Quentin.

« La majorité de l'assemblée des ponts-et-chaussées s'était déclarée en faveur de la direction jadis entreprise par Laurent ; la minorité insistait sur une direction anciennement indiquée par l'ingénieur Devic. Ses motifs étaient assez forts pour faire désirer que la question fût examinée de nouveau. »

Pour appuyer la nécessité d'une jonction de la Somme à l'Escaut, le ministre ajoute : « les propriétaires d'Anzin sont convaincus que le sort de leurs mines dépend de l'ouverture d'une navigation entre l'Escaut et la Somme; ils ont souvent voulu établir cette navigation à leurs frais ; mais l'entreprise était trop vaste. » ....

Suit le décret du 11 thermidor an X, qui ordonne de commencer les travaux et donne au canal le nom de canal de *St.-Quentin.* (Moniteur du 13 thermidor an X).

« Le canal, aujourd'hui connu sous le nom de canal de St.-Quentin, dit M. Thiers, (histoire du Consulat et de l'Empire, t. 2. 1. 8.) était abandonné, on n'avait jamais pu se mettre d'accord sur la manière d'exécuter le percement au moyen duquel on devait passer de la vallée de l'Oise dans celle de la Somme et de l'Escaut. Les ingénieurs étaient divisés de sentiment. Le premier consul s'y rendit de sa personne, les entendit tous, jugea la question, et la jugea bien. Le percement fut décidé et continué dans une direction meilleure, celle même qui a réussi. » — On voit, par ce qui précède, que l'indécision n'avait pas toujours existé, qu'elle n'existait même pas dans le conseil des ponts-et-chaussées, puisque le *canal Laurent* y obtint 21 voix contre 9. Il n'est pas d'ailleurs prouvé que l'empereur choisit bien. Le canal Devic a réussi et devait réussir, mais cela n'implique pas que le *canal Laurent* n'eût pas réussi mieux encore.

9..

« *fier d'être homme quand je vois qu'un de mes semblables a osé imaginer*
« *et exécuter un ouvrage aussi vaste et aussi hardi. Cette idée m'élève*
« *l'âme* » (1).

---

(1) Jouy. L'ermite en province.

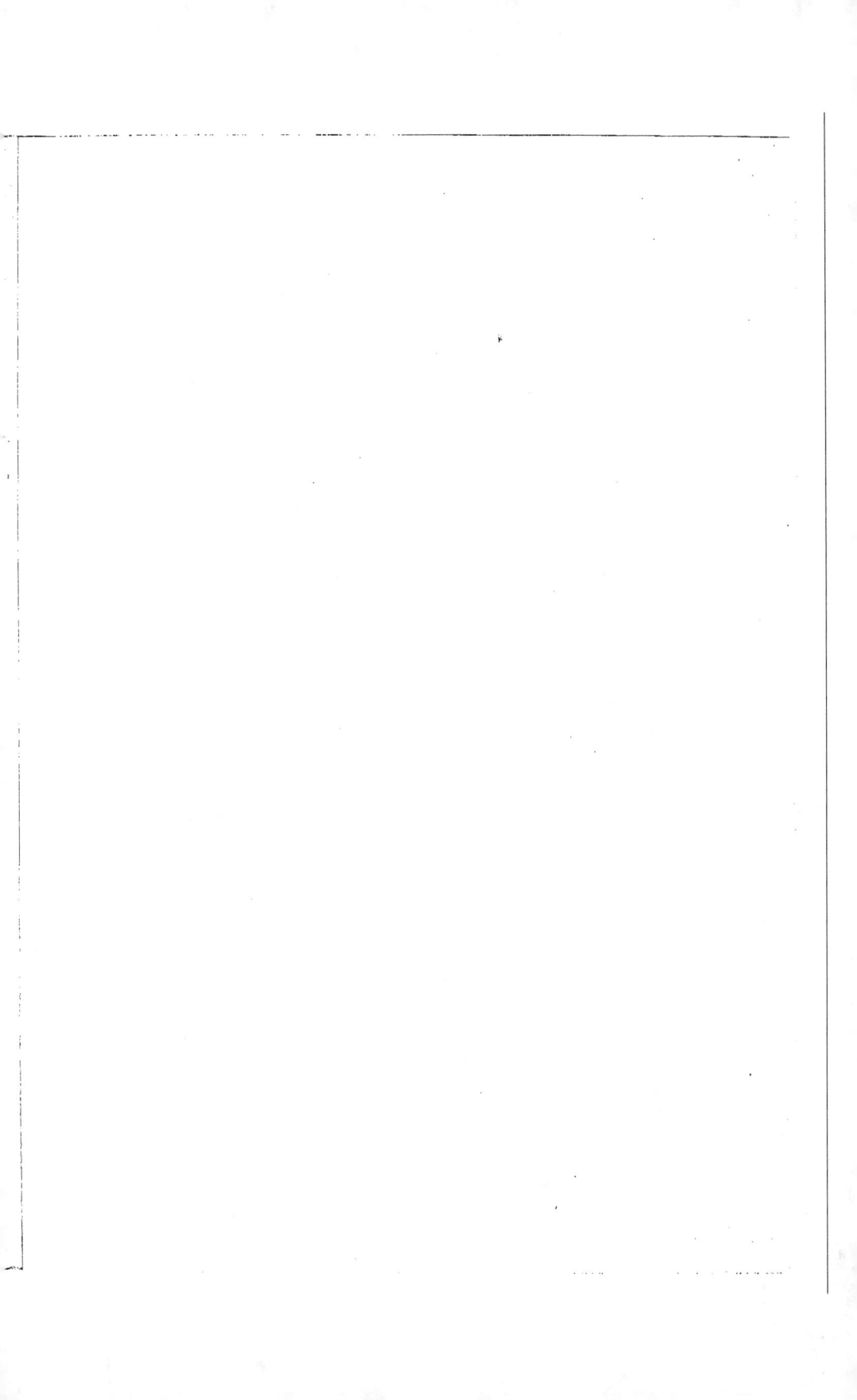

Jacques-Laurent,
marié
à Marguerite-Nicole Benoit,
à Rheims.

Pierre-Philippe,
marié
à Mademoiselle
Muiron de Rheims.

Pierre-Charles Laurent,
Marquis de Villedeuil,
né à Bouchain, le 11 octobre
1742,
mort à Paris, en 1828,
marié
à Mademoiselle Dagay.

Alexandrine
décédée
non mariée
en mars 1834.

Emélie
mariée à M. le Comte
de
Laforest-Divonne,
décédée
le 8 décembre 1844, sans
enfans.

THIMOLÉON LAURENT,
Marquis de Villedeuil,
marié à Sophie-Narcisse
de Prouville,
décédée le 21 janvier 1841,
sans enfants.

Charles Laurent,
comte de Villedeuil,
marié
à Joséphine de Bresse
mort en mars 1842.

Angèle
mariée à Louis
marquis de Vesins.

Marie
de Villedeuil.

Pierre-Charles
de
Villedeuil.

RE - JOSEPH LAURENT,
né à Auberchicourt,
cembre 1713, mort à Paris,
le 12 octobre 1773,
marié à Bouchain,
à Suzanne Darlot.

Jean - Baptiste
marié à Madeleine D'oily,
mort le 24 mai 1760.

Mademoiselle Laurent,
mariée
à M. Trouvé, à Cambrai.

Félicité Laurent,
morte
es de Melun en 1803,
mariée
. Louis de Monmerqué,
mort à Paris,
en janvier 1793.

Charles-Eustache Laurent de Lionne,
né à Auberchicourt,
le 21 juillet 1751, mort près de la Fére,
le 29 mars 1821, marié à

1° à Mademoiselle
Gagnery, en 1780.

2° à Mademoiselle
Pont-Lévêque,
en 1804.

Trois filles
Marie -Claire- Dorothée,
Marie-Anne - Philippine,
Jacqueline-Pacifique.

Louise
mariée à M. Marchal.

Félicité - Geneviève
mariée
à M. Oursin de
Monchevreul.

Adèle
mariée à M. Lebas
de
Courmont de Pom-
ponne.

Jeanne Laurent,
aujourd'hui veuve Harriet.

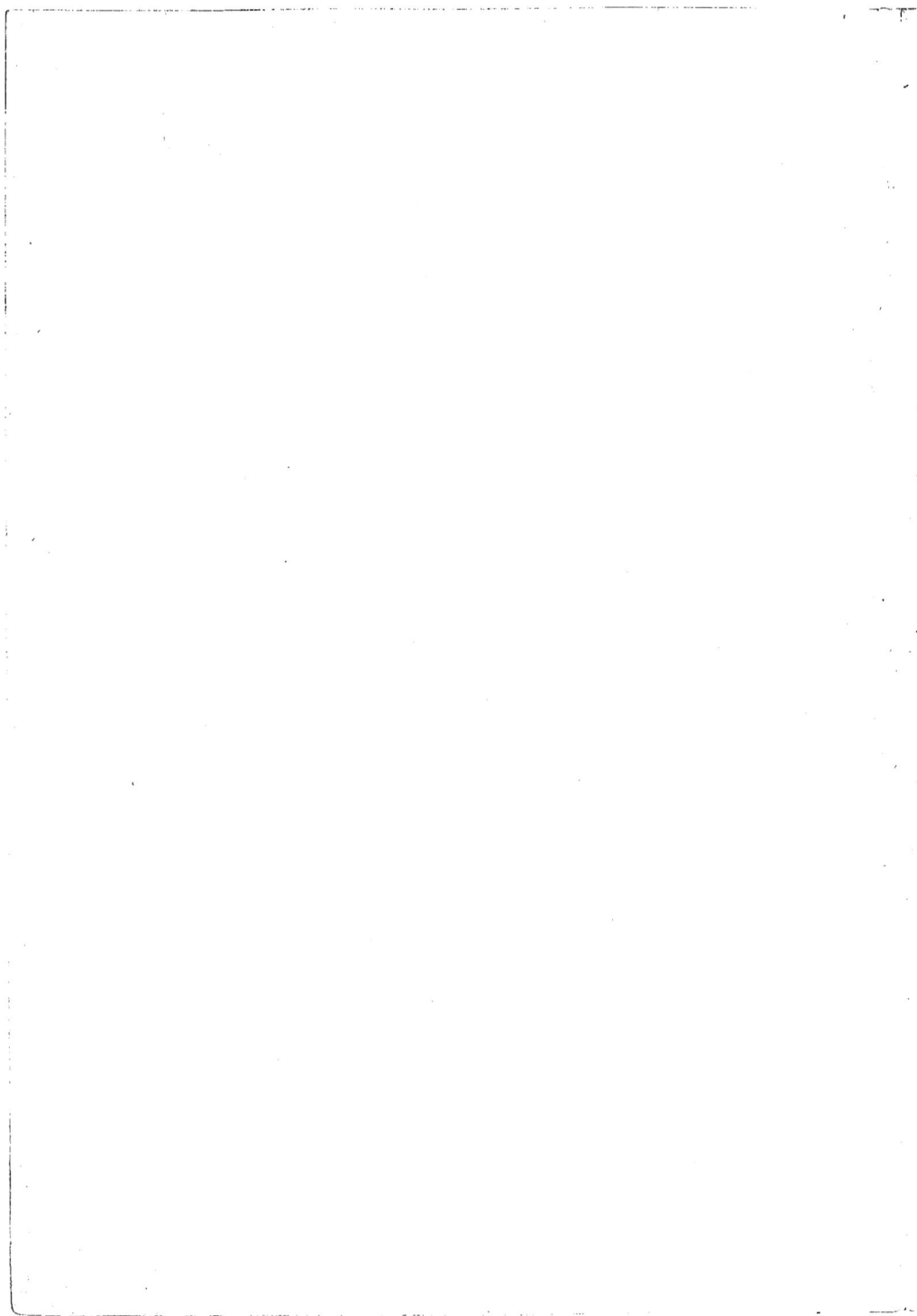

EMMANUEL DE CROY.

SOMMAIRE.

E. DE CROY-SOLRE,

Leducdelcroy

Lith. de A. Prignet, a Valenciennes.

EMMANUEL DE CROY.

A maison de CROY, dit le généalogiste du roi Charles X, est du nombre de ces grandes familles dont le nom et l'existence politique se trouvent liés depuis plusieurs siècles à tous les événements remarquables de l'histoire. . . .

« Admise à siéger, parmi les princes, aux diètes de l'empire depuis l'année 1486, longtemps avant cette époque, et depuis sans interruption, la maison de Croy n'a pas cessé d'être appelé aux places les plus éminentes du clergé, de la diplomatie, de la cour et des armées, en France, en Bourgogne, en Allemagne, en Espagne et aux Pays-Bas.

« Elle a donné deux cardinaux...... un tuteur et gouverneur de la
personne de l'empereur Charles-Quint, grand chambellan, grand amiral et
premier ministre de ce monarque; un grand chambellan et premier ministre de
Philippe-le-Bon, duc de Bourgogne; un grand maître et plusieurs maréchaux
de l'empire; un grand écuyer du roi d'Espagne, et un dignitaire de la même
charge près d'Emmanuel Philibert, duc de Savoie, en 1555; un gouverneur
général des Pays-Bas en 1573; treize généraux des armées bourguignonnes,
impériales et espagnoles, et sept généraux au service de France; un généralissime
des armées du czar Pierre Legrand; quatre chefs du conseil des finances aux
Pays-Bas, et un surintendant des finances de Philippe III, roi d'Espagne; enfin
un grand nombre d'ambassadeurs et de ministres plénipotentiaires aux diètes de
l'Empire, en France, en Espagne, en Italie et en Angleterre. Le gouvernement du duché de Brabant et des comtés de Flandre et de Hainaut a été, pour
ainsi dire, héréditaire dans cette maison. Deux de ses branches sont, depuis
plus de deux siècles, en possession de la grandesse d'Espagne, et elle offre
l'exemple unique, même parmi les maisons princières où l'on remarque le plus
d'illustrations, de compter 28 chevaliers de la Toison d'Or, depuis l'institution
de cet ordre. » (1)

Par ces lignes que nous venons de transcrire, on voit que les Croy, s'ils ne
pouvaient faire remonter leur origine à Noé, ni même à Attila, comme dit-on,
la famille en avait la prétention (2), les Croy n'en devaient pas moins être des
plus puissants seigneurs du pays.

---

(1) De Courcelles. *Histoire généalogique et héraldique* 1827. (Généalogie des Croy t. 8, p. 2.)

(2) M. Regnard (*Examen du droits des seigneurs* p. 286.) raconte qu'avant la révolution, l'on
voyait dans la bibliothèque du château de l'Hermitage, près Condé, appartenant aux princes de
Croy, deux tableaux : — « L'un représentant la Sainte Trinité dans une gloire, et un peu plus bas,
sur la même ligne, la Vierge Marie et un ancien duc de Croy, celui-ci se carrant dans un riche
fauteuil, celle-là seulement assise sur un modeste pliant. Cependant, le duc tenait sa toque
armoiriée à la main, mais son interlocutrice fesait un geste dont le sens était complété par la banderole
sortant de sa bouche et sur laquelle on lisait : « couvrez-vous, mon cousin » politesse à laquelle le
duc répondait : « ma cousine, c'est pour ma commodité. »

« Le pendant de ce tableau représentait un épisode du déluge. Noé et ses enfants étaient vus dans
l'arche vers laquelle nageait un homme dont les forces semblaient épuisées. Il ne se servait toutefois que

Les ayeux
d'Emmanuel.

Celui qui fait l'objet de cette notice descendait de Philippe de Croy, premier comte de Solre, qui eut pour fils Jean de Croy né le 14 février 1588, mort à Madrid le 9 mai 1638. — Jean de Croy avait épousé, le 12 juillet 1608, Jeanne de Lalaing, qui lui avait apporté la seigneurie de Fresnes et les deux fiefs nobles de Condé dits du château et de Bailleul. Elle avait hérité ces deux fiefs, jusques-là séparés et désormais réunis, en 1604 et 1618 (1). — Le père d'Emmanuel était Alexandre-Emmanuel, né à Bruxelles le 28 décembre 1676, mort à Condé le 31 octobre 1723, grand veneur héréditaire du Hainaut, lieutenant-général des armées du roi (2).

Emmanuel.

Sa naissance.

Ses services
militaires.

Emmanuel de Croy, Prince de Solre, de Mœurs et du St.-Empire, grand veneur héréditaire du Hainaut, seigneur de Condé et des villages environnants, nâquit à Condé le 23 juin 1718. — Mousquetaire en 1736, colonel du régiment de Roussillon en 1738, il assista, en 1742, comme prince de l'Empire, à l'élection de l'empereur Charles VII. Brigadier de cavalerie en 1745, maréchal-de-camp en 1748, il commanda, à partir de 1757, les troupes qui se trouvaient en Artois, en Calaisis, en Picardie et dans le Boulonnois. Fait chevalier des ordres du roi et lieutenant-général en 1759, gouverneur de Condé en 1763, il devint grand d'Espagne de première classe et duc de Croy

---

de l'une de ses mains pour se soutenir sur l'eau, dans l'autre, tendue vers Noé, il tenait un rouleau de parchemin ou de papyrus et sur la banderole on lisait : « Si vous ne voulez pas me sauver, au nom de Dieu sauvez au moins les archives de la maison de Croy. »

. . . .

« Il existe un volume, petit in-folio, contenant la généalogie de la maison de Croy, et le dessin des villes, châteaux etc , sur lesquels elle a eu des prétentions et des droits. Ce recueil fut gravé à la requête et aux frais d'un des membres de cette famille, par Jacques de Bye. On y voit figurer couronne en tête et sceptre à la main, un grand nombre de rois de Hongrie, dont les Croy se prétendent les descendants et les hoirs. Puis le farouche Attila, puis le vaillant chasseur Nemrod, puis, on remontant toujours, on arrive ainsi jusqu'à la souche dont l'authenticité n'est pas contestable, si l'on admet avec la Genèse, que tout le genre humain n'a eu qu'une commune origine. Ce sont, en effet, Adam et Eve qui figurent sur la première page de la généalogie de Croy. »

(1) *Histoire de la ville de Condé.* p. 85, 165 et 171.

(2) *Idem.* p. 171. — Decourcelles. *Histoire généalogique et héraldique.* (généal:gie des Croy p. 72.) De Sars. Lettre C. p. 715.

en 1767 par la mort du duc de Croy comte de Rœux. Il fut élevé à la dignité de maréchal de France, en 1783 (1).

Emmanuel de Croy, qui s'était trouvé à 13 sièges (2), avait servi sous le maréchal de Maillebois, avec le maréchal de Seckendorff, sous le duc d'Harcourt dont il épousa la fille, sous les maréchaux de Saxe, de Belle Isle et de Soubise. Il s'était distingué à la bataille de Fontenoy où il avait été complimenté par Louis XV sur le champ de bataille (3).

Fait élever le
château de
l'Hermitage.

La paix n'amenait point pour lui le repos. Les travaux de la guerre « ne pouvaient suffire à l'ardente activité du prince. » A peine âgé de 30 ans et « ne sachant plus que devenir » il projetait de grands voyages. C'est alors qu'il prit la résolution de faire travailler à son château de Condé et faire de l'hermitage « une jolie campagne. » Il y fut déterminé par diverses considérations. « Tout « cela, dit-il en les racontant, excita mon envie de faire une folie sage en « m'ajustant une belle demeure. » Le prince ne prévoyait pas qu'il y séjournerait si peu. Il balança entre Solre-le-Château et Condé ; mais une fois décidé pour l'Hermitage, il régla tout, traça les constructions sur le terrain, et les travaux, commencés en avril 1749, furent terminés, malgré la fréquence et la longueur de ses absences, en octobre 1772 : c'est le beau château que l'on voit aujourd'hui dans la forêt de Condé, à gauche de la route et à moitié chemin de Condé à Bonsecours. » (4)

Particularités
sur
l'Hermitage.

Ce fut à l'ermitage que l'on signa, comme déjà nous l'avons dit (5), en 1757, le contrat de société des mines à charbon d'Anzin. Ce fut là que le duc reçut

---

(1) Decourcelles. *Histoire généalogique et héraldique* (généalogie des Croy p. 74 et suiv.) — Cornu. *Notice historique sur le duc de Croy. (Mémoires de la société d'Agriculture* etc., *de Valenciennes,* t. 7. p. 117 et suiv.)

(2) De Sars. Lettre C. p. 718.

(3) Decourcelles. *Histoire généalogique et héraldique. —* Cornu. *Notice historique sur le duc de Croy.*

(4) Nous empruntons tous ces détails à la *notice historique sur le duc de Croy,* par M. Cornu.

(5) Voir t. 2. p. 125.

Condorcet, secrétaire de l'académie des sciences. Le célèbre académicien venait trouver le duc de Croy pour le consulter sur la question du canal de St-Quentin, « contre lequel il était et que le duc soutenait. » — Le duc de Croy toutefois n'habita l'ermitage d'une manière un peu continue qu'en 1769 et 1770. Ce château fut alors « le rendez-vous d'une foule de personnages marquants et d'hommes du premier mérite. On y comptait quelquefois plus de 30 maîtres logés au château, avec leur suite, et la salle dans laquelle on jouait la comédie contenait souvent plusieurs centaines de personnes des contrées voisines. C'était un petit Versailles, moins *le Parc-au-cerfs* » (1).

Travaux publics faits par Emmanuel.   Le duc de Croy, absent ou présent, s'occupait sans relâche des améliorations que réclamait son pays. — Nous avons vu la part qu'il prit à la création de la compagnie d'Anzin (2), dont il continua de s'occuper autant que le lui permettait les devoirs de ses charges (3). — Nous avons vu qu'il construisit à ses frais la plupart des routes qui avoisinent la ville de Condé (4). — En 1751 il avait fait commencer la reconstruction de l'église paroissiale de cette ville, achevée en 1756. Cette église n'existe plus aujourd'hui. — On lui doit aussi l'hôtel-de-ville de Condé. En 1773 il en arrêta les plans dressés par l'ingénieur Dubuat de Condé. Il en posa la première en 1774, le monument fut achevé en 1779 (5).

Canal du Jard.   « Jusqu'alors (1770), la plus grande partie des environs de Condé étaient inondés pendant la mauvaise saison et quand il survenait un orage. Pour remédier à cet inconvénient désastreux, on conçut le projet d'un canal de dessèchement prenant le trop plein de l'Escaut à Condé et deversant ces eaux dans l'Escaut supérieur. Le 27 septembre 1770, le duc de Croy se rendit sur les lieux avec M. Laurent, auteur du projet, et M. Taboureau, intendant de Valenciennes. C'est là l'origine du *canal du Jard* » — Le 18 mai 1773, « l'ingé-

(1) Cornu. *Notice historique.*
(2) Voir t. 2 p. 122.
(3) Cornu. *Notice historique.*
(4) Voir t. 1. p 61.
(5) Cornu. *Notice historique.*

10..

nieur Laurent explique de nouveau, sur les lieux, son projet qui est définitivement arrêté. » Mais Laurent meurt au mois d'octobre suivant, et, par suite,
son projet est menacé d'inexécution. — Le duc de Croy ne se décourage pas ;
« loin de là, il se décida à pousser le canal de desséchement jusqu'à l'écluse
de Rodignies, distante de plus de 9 kilomètres, au lieu de l'arrêter à Hergnies,
ce qui doublait son étendue primitive. » — Enfin, en 1777, on vit finir, grâce
à lui, le *canal du Jard* (1).

Ses travaux
scientifiques
et historiques.
Le duc de Croy, qui, dans ses moments de loisirs, écrivit 30 à 40 volumes
restés manuscrits, le duc s'adonna plus spécialement à l'étude des sciences. « Il
suivait des cours d'histoire naturelle, de physique, de chimie, de botanique, et
il étudiait le système planétaire. Amateur d'antiquités, il se livrait avec goût et
activité à leur recherche. En un mot, avide de connaissances, il voulait « savoir,
« voir, connaître et sentir, pour profiter vivement des dons du créateur et lui
« en rendre plus de grâces » (2).

Il fut *directeur* de la société royale d'Agriculture du Hainaut, créée par
arrêt du conseil du 9 septembre 1763. — La bibliothèque publique de Valenciennes, possède 4 volumes de ses œuvres. — 1° L'histoire de Condé (1 vol.)
dont il commença à rassembler les documents en 1737 et qu'il acheva en 1775.
— 2° L'histoire de l'Ermitage (3 vol.) (3). — Elle possède également une
boussole de l'ermitage, gravé par ses ordres (4), et une carte manuscrite de la
côte de Boulogne levée par lui (5).

Son caractère
« Le duc de Croy, dit son biographe, était appelé par sa naissance, dans un
temps où cela suffisait trop souvent, à occuper une position éminente ; mais

(1) Cornu. *Notice historique.*

(2) *Idem.*

(3) *Idem.*

(4) Boussole de l'hermitage ou indication de ses principaux objets de promenades un peu éloignées
et leur exposition en 1774.

(5) Carte la côte du Boulonnois depuis le cap de Blancnez jusqu'à Etaples, 1758, levé par le duc
de Croy, en août 1758.

ayant à cœur d'obéir à cette exigeante devise de sa maison : *Je maintiendrai,* prise sans doute comme synonyme du vieil adage : *noblesse oblige,* il a su parvenir au sommet de l'échelle sociale, en justifiant son élévation par près d'un demi siècle de travaux divers. Soldat volontairement, il paya de sa personne en cent occasions. Général, il allia à la plus grande bravoure une prudence consommée, et, à l'aide de ces deux qualités qui marchent rarement d'accord, il put sortir avec avantage de positions difficiles. Investi, pendant de longues années, du commandement d'une partie des côtes, de même qu'il s'était fait ingénieur militaire, il devint habile ingénieur maritime. Pendant la paix, tout ce qui pouvait contribuer au bonheur des habitants des provinces où il commandait était l'objet de ses préoccupations. La rectitude de son esprit et l'étendue de ses connaissances le rendaient propre à remplir les missions les plus opposées. Magistrat et négociateur par circonstances, il sortit avec bonheur de cette double situation. L'industrie lui doit de féconds résultats. Il a concouru à assurer au commerce de puissans moyens de communication. Economiste, il ne se contentait pas de discuter les questions ardues que soulève cette science ; passant de la théorie à l'application, il fit pratiquer dans l'intérêt des populations et de l'agriculture, le desséchement de pays marécageux. Architecte amateur, il a laissé des monuments qui témoignent de son goût et de son aptitude. Toutes les sciences lui étaient plus ou moins familières, et il était l'ami des savans les plus distingués de son siècle. Nous ne connaissons aucune entreprise dans laquelle il ait échoué ; son énergie le faisait triompher de tous les obstacles, et ce côté saillant de son caractère a dû hâter aussi l'épuisement de ses forces. » Enfin, « aussi recommandable par son désintéressement que par ses vertus, le maréchal duc de Croy était d'une bienfaisance inépuisable, ce qui le fit surnommer la *Penthièvre du Hainaut.* »

Sa mort. Il mourut à Paris, le 30 août 1784, âgé de 65 ans et 9 mois. Son corps fut ramené à Condé et déposé dans le caveau de la *collégiale* réservé à sa famille. A l'époque de la révolution, il fut transporté au château de Wiers (Belgique). Il fut rapporté en France, en 1845, et repose à Vieux-Condé sous le calvaire du cimetière (1).

---

(1) Cornu. *Notice historique.*

De Croy, *condéen* par la naissance et par les bienfaits qu'il répandit dans le pays, était l'un de ces hommes que les villes se disputent. *L'Industriel calaisien,* en rendant compte de la notice qui valut à M. Cornu la médaille d'or offerte par notre société d'agriculture, après avoir raconté la mort de M. de Croy, qui habitait souvent Calais, chef-lieu de son commandement militaire, *l'Industriel* ajoute : « cette perte produisit la plus grande sensation à Calais, où il se proposait de finir ses jours et où il fesait bâtir un hôtel dans l'ancienne rue de Corne. » — « Ainsi finit l'existence de ce guerrier, de ce savant, que nous pouvons presque revendiquer comme l'une de nos gloires locales, l'un de nos concitoyens ; car il était calaisien, à la naissance près. »

Affection que lui portaient les Calaisiens.

Le musée de Calais possède (et cela manque au musée de Valenciennes) « un beau portrait en pied du maréchal, peint par Monsiau, en 1784. » — Les détails de la réception du duc à Calais, lorsqu'il fut fait maréchal de France, sont consignés dans l'ouvrage manuscrit de l'annaliste Pigault de Lépinoy, qui lui présenta à cette occasion les vers suivans :

Vers en son honneur.

> Sur le bâton que l'on vous donne
> Faut-il vous faire un compliment ?
> Non, prince, cet événement
> N'a rien du tout qui nous étonne ;
> Si c'est une grâce, entre nous,
> A la cour était-il personne
> Qui la méritât mieux que vous ? (1)

Les descendans du maréchal duc de Croy ont conservé des intérêts dans la compagnie d'Anzin. Depuis cette époque, la famille de Croy est arrivée à la troisième génération. Les chefs de cette famille, régisseurs de droit de la compagnie, ont successivement été :

Ses descendants.

Anne—Emmanuel-Ferdinand-François, fils du maréchal, né le 6 décembre 1743. Il fut vice-président de la noblesse lors de la convocation des Etats-

---

(1) *Industriel calaisien* du 23 mai 1846. — L'article non signé est de M. H. J. de Rheims, bibliothécaire de la ville et consul d'Espagne.

Généraux, en 1789, et émigra avec sa famille en 1791. Il reçut, par suite du congrès de Ratisbonne, la souveraineté de Dulmen, en indemnité de ses possessions dans les Pays-Bas, et mourut le 15 décembre 1803. — De ses nombreux enfants, dont l'un (Gustave-Maximilien) fut grand Aumonier de France, l'aîné était :

Auguste – Philippe – Louis – Emmanuel, né le 3 novembre 1765, mort au Château de l'Ermitage le 29 octobre. 1822 — Il eut plusieurs enfants, dont :

Alfred-François-Frédéric, duc de Croy, pair de France sous la Restauration, prince de Dulmen et du St.-Empire, grand d'Espagne de première classe, chevalier de l'ordre de St.-Hubert de Bavière, né le 22 décembre 1789, et actuellement existant (1). — C'est le même que nous avons vu à la tête de la compagnie des mines à charbon de Bernissart (2).

---

(1) De Courcelles. *Histoire généalique et héraldique* t. 8. (Généalogie des Croy p. 77 à 80).
(2) Voir t. 2. p. 96

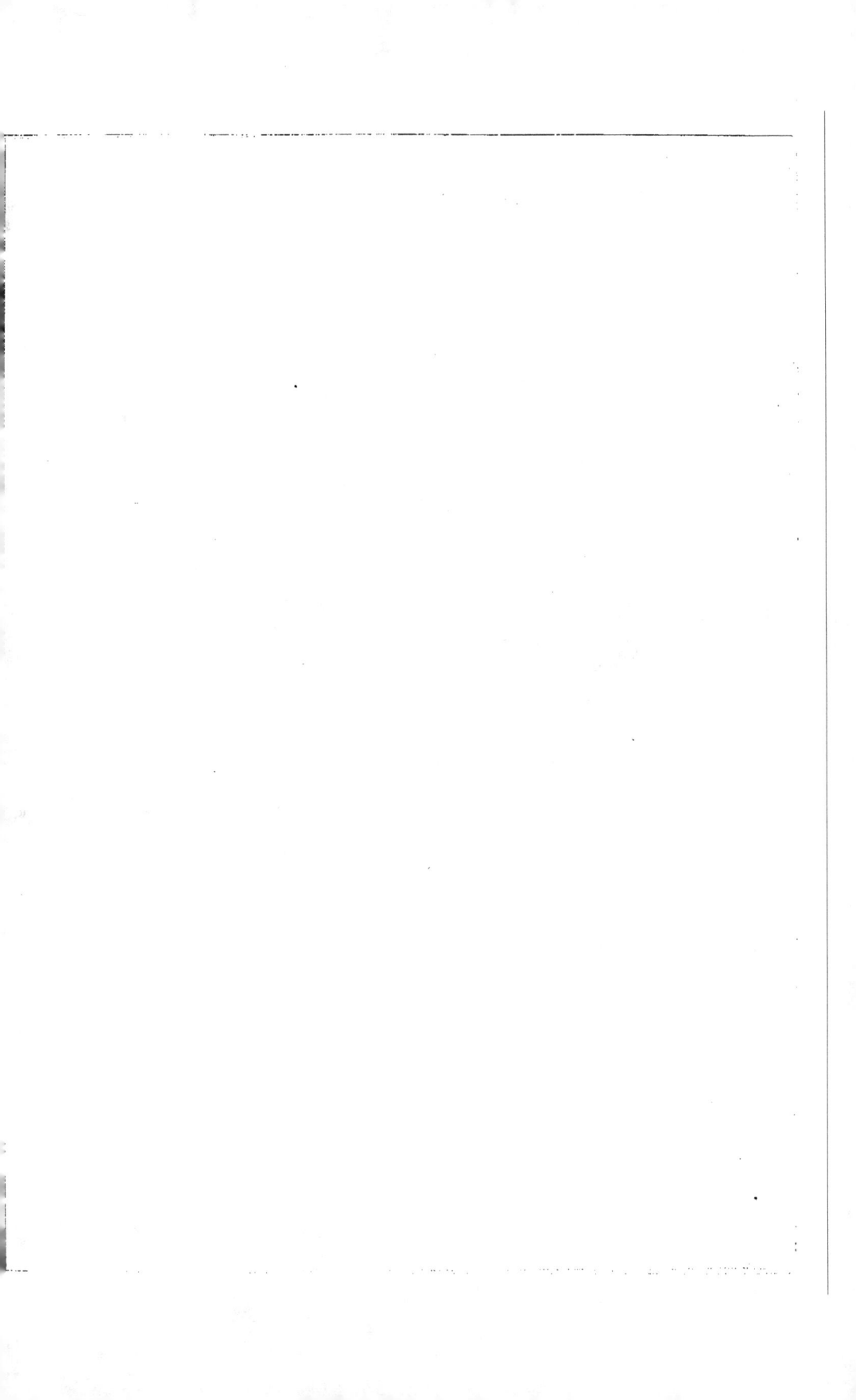

EMMANUEL D
m
marié à

ANNE-EMMANUEL-FERDINAND-FRANÇOIS,
né à Paris le 6 décembre 1743,
mort le 13 décembre 1803,
marié à la princesse de Salm-Kirbourg.

AUGUSTE-PHILIPPE-LOUIS-EMMANUEL,
né le 3 novembre 1766, mort le 29 octobre 1822,
marié

1° en 1789, à Anne de
Rochechouart - Mortemart
morte en 1806.

2° en 1821, à Anne-
Marie Dillon, morte en
1827.

Emmanuel-Marie-Maxi-
milien, né le 7 juillet 1768,
marié à Adelaïde-Marie
Croy d'Havré.

Louis - Charles – Frédéric
François
né le 19 décembre 1769,
mort sans postérité en 1793.

Ch
Ma
Guil.

le 3
1

ALFRED - FRANÇOIS
FRÉDÉRIC,
né le 22 décembre 1789,
marié à une princesse
de Salm-Salm.

Ferdinand – Philippe-
Toussant – Victorien, né
le 31 octobre 1791, marié
à Anne- Louise -Constance
de Croy-Solre.

Philippe-François-Bernard-
Victorien, né le 26
novembre 1801, marié à
une princesse de Salm-Salm.

Stéphanie-Victorine-Marie-
Anne, née le 5 juin 1808,
mariée à un prince
de Rohan - Rochefort.
)

à Condé, le 25 juin 1718,
e 30 mars 1784,
delaide de Harcourt,
ptembre 1746.

Adelaïde-Louise-Angélique-Gabrielle,

née en 1741,

marié en 1762 au duc d'Havré.

Gustave-
Maximilien-
Juste, né
le 27 septem-
bre 1775.

Amédé-Louis
Victor,
né le 7
mai 1777.

Auguste-
Joseph,
né en 1769,
mort en 1770.

Ernest-Joseph
né en 1780.

Adelaïde-
Marie,
née en 1768,
mariée
à Emmanuel.

Amélie-
Gabrielle-
Joséphine,
née en 1774,
mariée au
Marquis
de Couflans.

Aimée-
Pauline-
Joséphine,
née en 1776.

Gustave
e 12 mars 1823.

Anne-Louise-Constance
née en 1789,
mariée au marquis
de Croy.

LE NOBLE CHARBONNIER.

LE NOBLE CHARBONNIER.

━━◦◦◦◦━━

L A POÉSIE, que l'on dit fille du ciel, se prête admirablement à chanter les exploits des conquérans, c'est-à-dire la mort et le carnage. Ne saurait-elle consacrer ses accents à l'éloge d'exploits plus pacifiques, ne saurait-elle immortaliser, à l'égal des guerriers, les bienfaiteurs des hommes, ceux qui apportent, dans des pays naguère moissonnés par le fer des soldats, travail, aisance et bonheur ? Elle le pourrait sans doute, mais elle s'acquitte peu, il faut bien le dire, de cette noble tâche.

Thomas écrit une ode en l'honneur d'Hérault de Séchelles, qui fut Intendant du Hainaut. Il loue sa probité, ses vertus :

Vous en fûtes témoins, provinces fortunées
Que l'Escaut orgueilleux arrose dans son cours !
Sa noble intégrité, réglant vos destinées,
D'Astrée ou de Thémis vous ramena les jours.

Plus loin, s'adressant à la Flandre :

Ce ministre zélé, réparant tes injures,
De ton destin affreux adoucissait le poids ;
De tes flancs déchirés les sanglantes blessures
Soudain se refermaient à sa puissante voix (1).

Le poète oublie l'un des plus beaux titres de son héros à la reconnaissance publique. De Séchelles ne se borna pas à fermer les blessures du pays qu'il administrait ; il aida à lui ouvrir une voie nouvelle de travail et de prospérité, il encouragea, stimula, par sa présence, nous l'avons dit ailleurs (2), la découverte de la houille d'Anzin.

On serait tenté de croire que le charbon, *ce pain de l'industrie,* ne peut entrer dans un vers, quand on lit ce passage de Delille, où cependant sa place se trouvait en quelque sorte forcée, et où l'on se prend d'autant plus à regretter son absence :

Là, différens de poids, de forme, de figure
Dans la dure épaisseur de leur matrice obscure,
Se forment ces métaux qu'on tâche d'arracher
Aux veines de la terre, aux fentes du rocher :
Le fer cultivateur et le bronze qui tonne
Et ce métal docile ou l'onde l'emprisonne,
L'étain, l'argent et l'or qui brillent sans rivaux (1).
. . . .

Autre regret. On sait en quels vers Onésime Leroy fait passer en revue, à un personnage de l'une de ses comédies, les différentes professions parmi lesquelles il hésite à faire un choix :

(1) Oeuvres complètes, t. 5, p. 544.
(2) Voir t. 2, p. 45.
(3) *Les trois règnes,* chant 5e. *Règne minéral.*

Vous aimez le commerce?

oui, certe, et quand je pense
Qu'il peut de mon pays accroître la puissance,
La splendeur, je me dis : l'homme dont les travaux
Versent partout l'aisance en tarissant nos maux,
Est grand, il fait le bien ; et sa noble industrie
Le rend dans tous les temps l'homme de la patrie.
Cet honorable état m'aurait déjà fixé (1)
. . . .

Cependant, lorsqu'Onésime Leroy, poète et valenciennois, nous parle de nos mines de houille (2), il le fait en *vile prose,* comme disait Voltaire en parlant de la sienne.

En présence de ces faits, dont il ne nous appartient pas de rechercher la cause, ne doit-on pas savoir quelque gré à ceux qui convient les poètes à délaisser un instant les champs de bataille pour les champs du travail et de l'industrie. — Ainsi fit, en 1812, l'Institut national, à l'occasion du généreux dévouement de Goffin, le mineur Liégeois. Alors Millevoie peignit en vers :

Le ténébreux séjour,
où l'homme, s'exilant de la clarté du jour,
Va puiser ces charbons dont l'utile bitume
En des forges sans nombre incessamment s'allume,
Et par qui l'industrie obtient d'un fer grossier
Le glaive protecteur et le soc nourricier (3).

Alors Mollevault parla en poète, de l'ouvrier dont le travail

Ravit au gouffre avare un utile trésor (4).

En 1842, la Société d'agriculture sciences et arts de l'arrondissement de Valenciennes, indiqua entr'autres sujets de son concours de poésie : « découverte

(1) *L'Irrésolu,* Comédie. Scène 7.
(2) *Un parisien à quinze cents pieds sous terre.* — Dans le livre des Cent et un.
(3) *Goffin ou le héros liégeois.*
(4) *Eloge de Goffin ou les mines de Beaujonc.*

du charbon dans le Hainaut français, par MM. Désandrouin, Taffin et Mathieu. Influence de cette découverte sur la situation du pays » (1).

M. Lequenne-Cousin de Cambrai, qui obtint une médaille d'argent pour la pièce de vers qu'il envoya à ce concours, ne s'est aucunement occupé de la partie historique de son sujet ; quelques vers seulement rappellent les noms des auteurs de la découverte ; encore ne sont-ce pas les meilleurs (2). Après ces noms le poète ajoute :

> Anzin, tu leur dois tout... Valenciennes sans eux,
> Sentinelle placée au poste dangereux,
> Mais honorable et beau de garder la frontière,
> Aurait comme Douai, cette ville rentière,
> Vu déserter ses murs, faute d'activité.
> . . . .

Cependant, cette partie historique du sujet avait été ébauchée ; lorsqu'en 1830, M. Eugène de Pradel improvisateur français, était en notre ville, il y publia un petit poème ayant pour titre : *Panorama de Valenciennes.* On y trouve les vers suivans (3) :

> . . . .
> Ma vue au loin parcourt la campagne animée.
> Le ciel semble aspirer des torrens de fumée
> Qui, par de longs canaux, montent au sein des airs ;
> C'est Anzin. Dans les flancs de la terre entr'ouverte
> Sont de riches filons, d'inépuisables mines ;
> Qu'exploitent constamment les fécondes usines.
> Ces trésors existaient ; mais pour les arracher
> Aux profondeurs du sol, aux parois du rocher
> L'homme devait aux arts emprunter leur puissance.
> A travers les périls, risquant son existence,
> *Mathieu,* de l'Angleterre emporta les secrets.
> A peine ses crayons avaient surpris les traits
> De ces tubes ardens où l'onde évaporée

----

(1) *Mémoires de la société,* t. 4. p. 18.

(2) *Idem.* t. 4. p. 276.

(3) *Panorama de Valenciennes,* p. 7 et 8.

Prête à d'énormes poids sa force mesurée,
Que de la pompe à feu les magiques ressorts
Ont suppléé des bras les stériles efforts.
Un nouveau combustible enrichit sa patrie ;
Il crée , il établit une immense industrie ,
La fortune répond à ses heureux travaux ;
Le souverain lui donne un rang sur ses égaux....
Bienfaiteur du pays, il a pu sans faiblesse,
Montrer à l'avenir ses titres de noblesse.

. . . .

Tout en tenant compte à M. de Pradel de sa louable intention, nous n'en devons pas moins faire remarquer qu'il a complètement omis jusqu'au nom de Désandrouin et de Taffin. A Mathieu seul il fait honneur et de l'introduction de la machine à vapeur et de la découverte de la houille.

M. Désiré Tricot, plus tard, dans ses poésies (1), dit quelque chose du travail de nos mines. Nous demanderons la permission de citer quelques vers, bien que ce ne soit point de l'histoire, de la pièce intitulée : *Anselme.* — Anselme est le digne et bon pasteur d'un village où se fait l'extraction de la houille.

Voici comment M. Tricot dépeint les effets du feu *grisou*, aujourd'hui fort heureusement moins fréquens et moins terribles :

. . . .
Hélas il vint enfin le jour, ce jour horrible,
Qui devait éclairer un désastre terrible !
Soixante-dix mineurs au labeur souterrain,
. . . . se livraient, quand soudain
Un long mugissement dont tressaille la terre,
Éclate et roule sourd comme un lointain tonnerre.
Trois fois, le sol tremblant bondit à ce fracas :
Trois fois, l'airain sacré sonne un lugubre glas,
Et bientôt, s'échappant par la bouche du gouffre,
S'épandent dans les airs des tourbillons de souffre !

(1) Poésies d'un fantasque, p. 36.

O ! désolation ! voyez par les chemins
Leurs tout petits enfants pleurant entre leurs mains,
Vers la mine accourir, pâles, échevelées ;
Ces mères, l'œil hagard, ces filles désolées ;
Ces épouses en pleurs ; ces vieillards dont les yeux
Et les bras languissans se lèvent vers les cieux....
Mères, femmes, enfans, vieillards, foule en démence,
Tantôt morne, tantôt râlant un pleur immense,
Tantôt, sondant d'un œil stupide et douloureux
Le cratère fumant du gouffre ténébreux !
Ici c'est un enfant, et là, c'est une mère
Qui réclame un époux, qui redemande un père....
Sous mille aspects, l'effroi, le désespoir, le deuil
S'étalant sur les bords d'un immense cercueil !

Encor, si le sépulchre en ses brûlans abîmes
Dévorait en entier les corps de ses victimes !
Mais, horreur ! il les rend en informes débris,
En lambeaux pantelans, en tronçons tout meurtris,
Sanglants, crispés, tordus, broyés, noircis de poudre,
Exhalant, chauds encor, les vapeurs de la foudre,
Et n'offrant plus enfin aux regards éperdus
Qu'un mélange sans nom de membres confondus !

Tous, hélas ! ont péri. C'est en vain qu'une élite
D'intrépides mineurs pour les sauver milite ;
En vain qu'Anselme en pleurs, le front contre le sol
Conjure le Seigneur d'arrêter en son vol
L'ange exterminateur au glaive inexorable....
Pour la première fois, à la voix vénérable
De son élu béni, du prêtre, son amour,
Dieu, dans les cieux émus, reste impassible et sourd,

. . . .

On voit, par ces exemples, et l'on verra mieux encore, par le dernier que nous allons citer, que le sujet prête plus qu'on ne le croirait d'abord aux inspirations de la poésie. M. Audenelle en a fourni la preuve dans son *Noble charbonnier* (1). — Il est à regretter que l'auteur, au lieu d'un travail pure-

____

(1) *Mémoires de la Société d'agriculture, sciences et arts de Valenciennes.* t. 5. p. 255.

ment d'imagination, d'un *conte* (comme il l'appelle) qui s'adapte à la découverte de la houille au Hainaut impérial presqu'autant qu'au Hainaut français, il est à regretter, disons-nous, que l'auteur n'ait point appliqué son incontestable talent au fait spécial de la découverte par Désandrouin, Taffin et Mathieu, dont on ne trouve pas même les noms dans son œuvre. Quoiqu'il en soit, le poète est parfois historien sans l'avoir cherché ; le héros de son *Noble charbonnier* est bien le vicomte Désandrouin. Si l'on retranche de ce petit poème les passages trop évidemment de pure imagination, on retrouve les traces historiques de ce drame industriel auquel il eut été facile à M. Audenelle d'ajouter au charme de la poésie le charme de la vérité.

LE NOBLE CHARBONNIER.

—

CONTE.

—

I.

. . . .
. . . tout près où la France accoste la Belgique,
S'élevait un castel à tournure héraldique,
Petit, mais de bon air, avec donjon saillant,
Fenêtres en ogive et girouette au vent.
Le château dominait quelque vaste héritage
Conservé pur, intact, à dater du partage
Des guerriers chevelus. Là, vivait un baron
Comme on n'en voyait guère, en remontant vingt lustres.
. . . .
. . . .
Il croyait honorer ses ancêtres illustres
En cultivant les arts. Du reste simple et bon,
Comme l'est un savant qui cherche dans l'étude
Le bonheur, sans songer, comme on fait aujourd'hui,
A l'or de son vivant, à la gloire après lui.
Mais ce qu'il convoitait dans sa sollicitude,
Le rêve de ses nuits, le travail de ses jours ;
Ce qu'il estimait plus que les brillans discours,
Que tous les ménestrels, que les vers et la prose,

Qui, disons-le tout bas, sont souvent peu de chose :
C'était de découvrir par quel moyen heureux,
Il pourrait rendre enfin la science féconde ;
Tirer d'un corps inerte un rayon lumineux,
Qui, profitable à tous, luirait pour tout le monde.
Dans ces tems, l'industrie était à son berceau,
Informe, languissante et ne produisant guère
Qu'à force de sueurs, qu'à grands coups de marteau.
La forêt centenaire où dardait le fourneau
Disparaissait sans fruit : on dépouillait la terre ;
Puis, faute d'aliment, la fournaise mourait ;
La forge était sans voix, bientôt elle tombait,
Et l'on voyait, au lieu de vert feuillage et d'ombres,
Un sol nu qu'attristait un monceau de décombres.

. . . .

Souvent notre baron parcourait la campagne,
Bâtissant, comme on dit, des châteaux en Espagne.
Il explorait la plaine où l'on voit du regard,
Au loin Sainte-Vaudru sur un fond de brouillard,
Valenciennes plus près, alors noire, enfumée,
Avec ses cent clochers et ses pignons pointus,
Ses couvents chargés d'or et ses gueux presque nus ;
Qui depuis, reniant sa vieille renommée,
Et devenant coquette et ville comme il faut,
Après s'être un beau jour lavée et parfumée,
A jeté sa défroque au courant de l'Escaut.
Maintenant récripée, élégante et gentille,
Elle paraît, assise en son lit de roseaux,
Belle comme le cygne en ses marais éclos,
Qui sort, frais, éclatant d'une sale coquille

Que cherchait ce savant et par monts et par vaux ?
Notez que je dis monts pour arrondir ma phrase ;
Car on ne voit par là qu'une compagne rase.
Les vallons sont dessous depuis que sous l'Etna
Un titan pris de rhûme un jour éternua
Et mit, sans s'en douter, notre globe en cadence.
La terre s'entrouvrit et dans sa fente immense,
Les côteaux, les rochers disparurent soudain,
Avec leur forêt vierge aux arbres séculaires.
Puis le torrent passa sur ses vastes suaires,
Les couvrit de limon, nivela le terrain,

Si bien que le soleil, séchant enfin le monde,
Ne vit plus, dans le nord, en reprenant sa ronde,
Qu'un plateau, mais ses bois et ses côteaux, en vain
Le flamand les cherchait : pas plus que sur la main.
Je garantis le fait et la métamorphose,
Bien qu'Ovide la taise en poète discret.
Quant à notre baron, il connaissait la chose,
Il y rêvait toujours, c'était là son secret.

« Oh ! disait-il, oui, l'homme fait avec sa hâche
« Plus que le cataclysme : il gaspille aujourd'hui
« Sans s'occuper de ceux qui viendront après lui.

« Il ne conserve rien, mais la terre lui cache
« Des trésors inconnus, un agent précieux
« Qui pourrait remplacer la forêt qu'il consume ;
« Car tous ces bois enfouis par un décret des cieux
« existent sous nos pieds en couche de bitume.

« Déjà, de son sol froid, l'anglais industrieux
« A tiré du charbon qui pétille et s'allume.

« Pauvre Flandre ! à présent, pour que ton foyer fume,
« Il faut à l'étranger payer de lourds tributs,
« Demander par pitié quelque chaude étincelle,
« grelotter, s'il le veut, où si la mer rebelle
« Retient dans Albion ses charbons de rebuts.

« Si je pouvais un jour affranchir ma patrie
« De ce joug ; me frayer, par de constans efforts,
« La route qui conduit aux souterrains trésors ;
« Répandre à pleines mains, par ma noble industrie,
« L'aisance et le bonheur dans ces cantons frappés
« De mort, où tous les bras restent inoccupés
« Au milieu d'élémens que l'étranger envie :
« Principes variés qui demeurant sans vie,
« Attendent pour surgir le feu qui vivifie !
« C'est la foudre, que l'homme a soumise à ses lois ;
« Muette sans contact, froide comme la tombe ;
« Que sur ce corps inerte une étincelle tombe :
« Il s'enflamme, bondit, frappe l'écho des bois
« Qui va redire au loin sa formidable voix. »

Ainsi toujours en proie à cette unique idée,
L'esprit toujours tendu, l'âme triste, obsédée
Par le doute souvent, quelquefois par l'espoir,
Il souriait à peine à sa fille chérie.

. . . .

II.

. . . .

Terre du rhumatisme et terre des beaux arts !
Sol fécond et ciel froid ! berceau de l'industrie !
Vaste et riche musée, où l'on heurte du pas
Les lambris ciselés en desseins délicats ;
Les toiles où Rubens jetait l'ombre et la vie ;
Que Van Dyck.éclairait du feu de son génie ;
Que Teniers égayait de joyeuses couleurs ;
Que Wouvermans chargeait de verdure et de fleurs !
Où le marbre vivant est foulé sur les dalles ;
Où l'on voit s'élever à de courts intervalles
Ces temples primitifs aux immenses arceaux ;
L'ogive bizantine où d'éclatans vitraux
En jets de pourpre et d'or inondent les coupoles,
Sont orné des trésors des saintes paraboles !
Et c'est sous ton ciel sombre, ô Flandre, qu'on a vu
Ces chefs-d'œuvre grandir pour parer ta surface.
Chez ce peuple escompteur, qui dort quand il a bu,
Les arts et le génie ont donc trouvé leur place !
Qu'importe l'Italie et son ciel toujours pur ?
Il inspire, c'est vrai, mais certain véhicule
Inspire mieux encor qu'un éternel azur.
C'est l'or. Moteur puissant, disons-le sans scrupule,
Au risque de blesser quelqu'orgueil furibond ;
Car il en faut. Or donc, le peuple qui spécule,
En artistes toujours fut un peuple fécond.

. . . .

Mais, derrière le pli qui ridait le terrain,
Un étrange tableau les a frappés soudain.
Dans ce lieu si désert autrefois, tout un monde
De travailleurs se meut et déchire le sein
Du sol, sans respecter sa surface féconde.
On élève et l'on creuse : un hameau s'est dressé :
Un gouffre s'est ouvert, on fait grincer la scie ;
Ici la hâche frappe, et là la lime crie.
Et ce bruit se confond au bruit plus cadencé
D'une pompe plongeant dans le fond de l'abime,
Et qui, par un rouage habile pour ce tems,
Et qu'activaient sans fin des chevaux haletans.
Absorbait sans relâche et jetait à la cime
Un torrent écumeux, dont le lit souterrain

Semblait grossir encor sous l'effort qui l'anime,
Comme s'il devait être et sans fond et sans frein
. . . .

III.

Un an s'était passé. Dans l'antique demeure
Ils étaient réunis. La cloche annonçait l'heure
Où maître et serviteurs s'asseyaient au repas ;
Touchante égalité de l'ère féodale
Réformé avec soin dans l'ère libérale.
Mais la cloche vibrait, triste comme le glas,
Dans ce château désert ; car, avec la fortune,
Amis et serviteurs, c'est la chose commune,
Tous avaient disparu. . . . .
. . . .
Car à l'or seulement l'homme reste fidèle.
Ce n'est pas d'aujourd'hui qu'on a fait des ingrats ,
Qu'après avoir loué, l'on en vient à maudire.
Heureux encore, quand l'homme ne mord pas
La main qui l'a nourri, lorsqu'on la lui retire.
Nous sommes ainsi faits, j'ai honte de le dire.
En dépit de Buffon, l'homme dans certains cas
Paraît tenir un peu de la race des chats.

. . . .
Vingt fois on avait vu l'intrépide baron
Sur le point de quitter, de perdre la partie...
« Mais sous l'eau, disait-il, existe le charbon,
« Qui sera pour la Flandre une source de vie ;
« Mes calculs sont certains. De ce lâche abandon
« Je serai responsable aux yeux de ma patrie.
« Elle attend, elle espère, elle a foi dans mon nom,
« Dans mon œuvre... » et vingt fois plus ardent à l'ouvrage,
Irrité par l'obstacle et pour le surmonter,
Réformant, inventant quelque puissant rouage,
Pièce à pièce engageant son antique héritage,
Il en était venu, ce jour, à supputer,
Sans savoir, désormais, où raviver sa bourse,
Que ses rêves, ce soir, à défaut de ressource
Allaient s'évanouir. C'était l'instant fatal,
Où l'avide usurier allait ouvrir ses serres,
Fondre sur le château, s'abattre sur les terres,

Se parer, insolent, de ce titre idéal
De baron, pour laver son ignoble origine
Et donner un faux lustre au fruit de sa rapine.
Quelques heures encore, et, de son vieux donjon,
Il sera donc chassé par le vol du faucon,
Ce pauvre novateur ; et puis des mains impures
Souilleront ses travaux ; ses livres tant aimés,
Ses rares manuscrits, à grands frais exhumés,
Seront jetés au vent comme autant d'impostures.
On dira : « c'est un fou ! » De ses rêves déçus
On rira. « Que n'a-t-il conservé ses écus,
« Au lieu de se livrer à ses folles pensées. »
Le puits sera comblé, les machines brisées ;
Le soc sera traîné sur ces trésors perdus,
Et puis, le lendemain on n'y pensera plus.

Triste et dernier banquet au seuil de la misère :
Sur la table servie, où l'on voyait naguère
Les vases du Japon, le vermeil, le cristal,
Des mets rares, exquis, jetés en abondance,
Aux flatteurs affamés, fléau de l'opulence,
Se voyaient les débris de ce repas frugal.
L'argent avait fait place à quelque humble métal,
Et la joie aux soucis. Plus de riches tentures,
De tableaux précieux : les murs froids étaient nus.
Blanche avait sans regret dépouillé ses parures ;
De joyaux chatoyans, elle n'en avait plus ;
Ses dentelles aussi, merveilles de la Flandre,
L'usure avait tout pris, hélas ! pour ne plus rendre !
Mais plus grand et plus noble avec sa pauvreté,
Sur le front du baron avec sérénité,
Rien n'accusait le ciel. Il était calme et digne.
D'une âme résignée on y voyait le signe.

Alors à ses enfans qu'il presse sur son sein
Il dit : « C'en est donc fait mon projet était vain ;
« Le ciel n'a pas voulu que j'eusse cette gloire.
« Je succombe aujourd'hui, quand peut-être demain !...
« Un seul jour eût suffi pour sauver ma mémoire.
« Ah ! croyez-moi, mon nom sera pris en pitié.
« Ceux qui disaient m'aimer d'une chaude amitié
« Me renieront aussi ; car lorsque l'homme tombe,
« Sans atteindre son but, on insulte à sa tombe ;

« Apres l'avoir loué, chacun lui jette au front

« Au lieu d'une auréole, et l'injure et l'affront.

« Mais qu'importe, après tout, l'opinion du monde ?

« Sur ce mobile appui, malheur à qui se fonde !

« Oh ! moi, j'entrevoyais comme dans un beau rêve.

« Une autre récompense, un prix plus glorieux.

« Un jour, le voile épais qu'à peine je soulève,

« Levé sur ce pays, tombé de tous les yeux,

« Devait faire cesser sa trop longue inertie.

« L'homme se réveillant d'un indigne repos.

« Voyait se dissiper les ombres du cahot....

« Plus de secrets pour lui. La flamme du génie

« Lui révélait enfin que la terre engourdie

« Etait riche et féconde, et que, par ses travaux,

« Il y verrait fleurir les arts et l'industrie.

« L'industrie !...; en tous lieux grondait sa voix d'airain '

« Grâce à cet élément que j'avais su lui rendre,

« Il ne gémissait plus sur sa forêt en cendre,

« Partout le fer touchait au foyer souterrain,

« Pour reprendre à la terre une aussi riche proie ;

« Un peuple de mineurs s'élançait avec joie

« Dans cette route ouverte aux entrailles des nuits,

« Et s'y frayait bientôt d'innombrables conduits.

« L'horizon s'éclairait de fournaises ardentes ;

« L'usine vomissait des flammes ondoyantes :

« On travaillait sans cesse. on inventait toujours.

« Des appareils savans invoquant le secours.

« On doublait les produits, en enlevant à l'homme

« Les labeurs réservés à la bête de somme.

« L'homme ne devait plus. outil intelligent ,

« Qu'imprimer au travail un mouvement utile ;

« Car les bras manqueraient au travail incessant.

« Plus loin dans l'avenir, j'entrevoyais encor

« Un moteur fabuleux, en prodiges fertile,

« Qui devait effacer, dans son rapide essor.

« Tout ce qu'on avait fait et de grand et d'utile.

« Cet agent,... je le vois... j'en conçois les effets ! ... »

Le baron s'arrête ; son regard extatique

Sembla s'illuminer d'un rayon prophétique.

Il reprit : « C'est alors qu'on verra nos guérets

« Produire une moisson en ce jour inconnue.

« L'homme s'honorera de guider la charrue.

Industriel expert, savant agriculteur,

« Aux seuls épis dorés qui chargeront son aire

« Il ne bornera plus le fruit de son labeur.

« De l'usine, les champs seront l'auxiliaire.

« Ces produits luxueux qu'au tropique brûlant

« Des esclaves, courbés sous le fouet menaçant,

« Préparent pour le riche et les heureux du monde,

« Sans esclaves, la Flandre, un jour avec orgueil,

« Les tirera nombreux de sa terre féconde.

« L'Inde, si florissante au soleil qui l'inonde,

« Gémira sur ses champs et ses cases en deuil ;

« Et cherchant d'où lui vient cette atteinte fatale,

« Quel ciel plus chaud encore éclaire sa rivale,

« Elle verra, du monde hyperborée, un coin

« Inaperçu, petit, que le brouillard efface,

« Où tout se meut, s'agite, au fond, à la surface.

« Active fourmillière où chacun avec soin,

« Aidant au bien commun, avec prudence amasse

« Et par sa propre force a vaincu le besoin.

« Le besoin ! mais partout disparaîtra sa trace.

« Sur la hutte du pauvre on verra se dresser

« Des villages nombreux, des villes populeuses,

« Où les hommes pourront à peine s'entasser.

« La Flandre reverra ses fêtes si joyeuses,

« Ses splendides banquets et ses marches pompeuses ! ! ! .

« Entendez-vous, enfans, ces cris, cette clameur,

« Qui se produit au loin et que l'écho répète !

« N'est-ce pas un triomphe ou le bruit d'une fête ? »

Mais Blanche et Sigefroi sentirent dans leur cœur

Un frisson se glisser. Oh ! l'excès du malheur

Aurait-il abattu cette tête si forte ?

Pensèrent-ils ; mais non, bientôt le vent leur porte

Des cris plus rapprochés. Puis un nouveau frisson

Les parcourt, et tous trois, attentifs, sans haleine,

Ils écoutent encore, ils respirent à peine.

« Le moment est venu, dit enfin le baron ;

« Car ces accens joyeux, cette clameur soudaine

« Est un triste signal. Le peuple du domaine

« Salue un nouveau maître. Ainsi, dans tous les tems,

« L'homme s'attache au char de celui qui s'élève.

« Ici doit donc finir mon bonheur et mon rêve !

« Mais avant de quitter le toit de mes ayeux,
« Autant qu'il est en moi, je dois vous rendre heureux ;
« Au jour de ton hymen, ma Blanche bien aimée,
« Je voulais sur ton front fixer un rameau d'or,
« Et je n'y puis placer qu'une fleur embaumée.
« Oh ! tous deux sur mon cœur, venez, venez encore. »

On vit, en cet instant, un cortège en tumulte
Envahir le perron et les cours du château.
Des chants et des accords tintaient comme l'insulte.
Un char jonché de fleurs, pavoisé d'un drapeau
Etait surtout l'objet de ce culte nouveau.

Enfin la porte s'ouvre aux cris de la cohue.
Elle entre ; mais bientôt sa joie est contenue :
Un tableau solennel la frappe et la saisit.
Aux genoux du baron, ses enfans, l'âme émue,
Arrosent de leurs pleurs la main qui les bénit.
Pour prier avec lui dans un humble silence,
Aux pieds du pauvre noble on s'était prosterné ;
On eût dit qu'il était toujours environné
Du prestige qui plane autour de la puissance.

« Que vouiez-vous de nous, dit enfin le baron,
« Pourquoi ces cris joyeux, au jour que j'abandonne,
« Malheureux fugitif, cette triste maison ?

« — Seigneur, que votre cœur uous aime et nous pardonne .
« Il fallait, disiez-vous, pour fêter l'union
« De notre belle reine, une riche couronne
« Digne de ses vertus, digne de votre nom,
« Celle que vous cherchiez et que le ciel lui donne,
« Nous l'apportons, seigneur : ce char qu'on environne,
« Où flotte, orné de fleurs, votre vieux fanion ;
« Autour duquel la joie éclate et tourbillonne,
« Il contient, gloire à vous, notre premier charbon ! » (1)

---

(1) Cette pièce n'a point concouru pour le prix proposé par la société de Valenciennes ; elle ne le pouvait pas, aux termes du réglement, M. Audenelle étant membre titulaire, alors qu'il la lut à la société.

Quelque chose d'analogue au dénoûment de ce poème est arrivé à Jacques Désandrouin dans son château de Fresnes. Ce fait nous a été raconté par M. Tesün de Givenchy qui le tenait du marquis Désandrouin, fils de Jacques.

PIÈCES JUSTIFICATIVES.

PIÈCES JUSTIFICATIVES.

Edits et Déclarations du Roi, Arrêts du Conseil d'État, Ordonnances
des Intendants, et autres pièces justificatives
de 1413 à 1791.

PIÈCES JUSTIFICATIVES.

1413 à 1791.

Lettres, Édits ou Statuts du 30 mai 1413.

(*Ordonnance des Rois de France de la 3° race*, t. 10, p. 141. — *Code des mines*, p. 5. — *Recueil général des anciennes lois françaises*, t. 7, p. 386).

N° 1.
—
Edit portant
réglement
sur les mines
et minières.

Charles .... pour ce que par plusieurs de nos officiers..... nous a été rapporté qu'en plusieurs lieux de notre royaume, et spécialement de nos baillage de Mâcon et sénéchaussée de Lyon,... y a plusieurs mines d'argent, de plomb et de cuivre, et d'autres métaux qui déjà sont trouvés, et esquelles l'on a jà longuement ouvré et ouvre t'on chacun jour,.... esquelles mines et autres quelconques étant en notre dit royaume, nous avons et devons avoir, et à nous et non à autre appartient de plein droit, tant à cause de notre souveraineté et majesté royale comme autrement, la dixième partie purifiée de tous métaux, qui en icelles mines est ouvré et mis au clair.... et il soit ainsi que plusieurs, tant d'église comme séculiers

1413   qui ont juridictions hautes, moyennes et basses, et territoires esquelles les dites mines sont assises, veulent et s'efforcent d'avoir en icelles mines la dixième partie purifiée, et autres droits comme à nous, à qui seul et non à autre, elle appartient de plein droit, comme dit est. Laquelle chose est contre raison, les droits et prééminences royaux de la couronne de France, et de la chose publique; car s'il y avait plusieurs seigneurs prenant la dixième partie ou autre droit, nul ne serait plus ouvrier en icelles mines dorénavant ou peu, pour ce que ceux à qui elles sont, n'auraient que très peu et néant de profit de demeurant. Et s'efforcent les dits hauts justiciers de donner grands empêchemens et troubles en maintes manières aux maîtres qui font faire la dite œuvre, et ouvriers ouvrans en icelle : et ne leur permettont ni souffrent avoir par leurs dites terres et seigneuries, passages, chemins, allées et venues, caver, ni chercher, mines, rivières, bois, ni autres choses à eux convenables et nécessaires parmi, payant juste et raisonnable prix, et avec ce vexent et travaillent les dits fesant faire l'œuvre et ouvriers, sous l'ombre de leurs dites juridictions, en maintes autres et diverses manières, afin de faire rompre et cesser la dite œuvre....

Pourquoi nous, ces choses considérées..... avons par manière d'édit, statut, loi ou ordonnance royale..... dit..... que nul seigneur spirituel ou temporel, de quelqu'état, dignité ou prééminence, condition ou autorité, quelqu'il soit en notre dit royaume, n'en aura, ni doit avoir, à quelque titre, cause, occasion quelqu'elle soit, pouvoir ni autorité de prendre, réclamer, ni demander esdites mines, ni en autres quelconques assises en notre dit royaume, la dixième partie, ni autre droit de mine; mais en sont et seront par notre dite ordonnance et droits, du tout forclos. Car à nous seul et pour le tout, à cause de nos droits et majesté royaux, appartient le dixième et non à autre.....

Voulons et ordonnons..... que les hauts justiciers, moyens et bas, sous quelques juridictions et seigneuries que les dites mines soient situées et assises, baillent et délivrent aux dits ouvriers, marchands et maîtres des dites mines, moyennant, et par payant juste et raisonnable prix, chemins et voies, entrées, issues, par leurs terres et pays, bois, rivières et autres choses nécessaires aux dits fesant faire l'œuvre.....

Item, voulons et ordonnons que tous mineurs et autres puissent quérir, ouvrir (1) et chercher mines par tous les lieux où ils penseront en trouver, et icelles traire et faire ouvrer ou (2) vendre à iceux qui les feront ouvrer et fondre parmi, payant à nous notre dixième franchement, et en fesant satisfaction (3), ou contenter à celui ou à ceux à qui les dites choses seront ou appartiendront, au dit de deux prud'hommes.

Item, semblablement....ordonnons....que dorénavant les dits marchands, maîtres fesant faire l'œuvre, et les dits ouvriers qui esdites mines ouvrent et s'occupent..... ou leurs

---

(1) Dans le *Code des mines* il y a *ouvrer*.

(2) Dans le *Code des mines* il y a *et*.

(3) Dans le *Code des mines* il y a *certification*.

1471 députés pour eux, auraient en notre dit baillage (de Mâcon) et sénéchaussée (de Lyon), tant en défendant comme en demandant, un juge bon et convenable, ou commissaire, tel (1) comme nous leur ordonnerons, lequel connaîtra et déterminera de tous cas mus ou à mouvoir, que esdits marchands, maîtres et ouvriers pourra toucher, et auquel seront baillé nos ordonnances et instructions par nos dits généraux, maîtres des monnaies, sur le fait des dites mines, excepté d'un meurtre, rapine ou larcin : et duquel juge ou commissaire l'on appellera,..... devant nos généraux, maîtres de nos monnaies, en leur siége et auditoire de notre ville de Paris,.... et qui appelera de nos dits maîtres des monnaies, l'appellation ira en notre cour de parlement......

Item, avons.... ordonné..... que les marchands et maîtres qui font ouvrir lesdites mines à leurs propres coûts, missions et dépens,.... ou leurs députés.... et aussi les dits ouvriers ouvrant esdites mines, avec nos gardes et non autres, soient quittes, francs et exempts de toutes tailles, aides et gabelles, quart du vin, péage, et autres quelconques, subsides et subventions quelqu'ils soient.... et avec ce..... que les dits marchands, ouvriers et autres personnes dessus nommées, qui vaqueront aux ouvrages des dites mines, soient préservés et gardés de toutes défenses, griefs et molestations indues...... avons pris et mis..... en notre protection spéciale, sauvegarde et sauf-conduit, à la conservation de leurs droits, tant seulement, ensemble leurs femmes, famille, serviteurs, biens, meubles et héritages quelconques.....

Si donnons en mandement au bailly de Mâcon, sénéchal de Lyon, et à tous autres justiciers et officiers de notre royaume.....

Édit de septembre 1471.

(*Recueil général des anciennes lois françaises*, t. 10, p. 623).

N° 2.
—
Édit portant règlement sur les mines et minières.

Louis.... que comme nous avons été dûment averti et informé que, en nos royaume .... il y a plusieurs mines.... lesquelles.... sont et demeurent en chômage et de nul effet et valeur; et nous ait démontré que si voulons faire besogner ésdites mines, ainsi qu'on fait en

(1) D ns le *Code des mines* il y a *juge bon*, *et convenable commissaire, et tel.*

1471 plusieurs autres royaumes..... comme au pays d'Allemagne..... il en pourroit advenir plusieurs grands biens.... pour ce.... ordonnons....

Premièrement. Que tous les marchands et maîtres qui feront ouvrir les dites mines à leurs propres coûts, frais et dépens.... ou leurs députés.... et tous aucuns ouvriers mineurs.... étrangers et non natifs de nos dits royaumes.... seront tous et demeureront quittes, francs et exempts, pendant le temps qu'ils besogneront esdites mines, d'ici à 20 ans entiers.... de toutes tailles, aides.... et subventions quelconques.

Item. et avec ce.... soient comme naturalisés....

Item. et en outre.... qu'ils puissent être et demeurer sûrement en nos dits royaume et pays.... non obstant quelconques guerres ou divisions qui puissent fondre entre nous et les seigneurs, pays et communautés dont ils sont natifs....

Item. avons ordonné qu'il sera crié, solennellement fait commandement de par nous à tous ceux qui ont connaissance des mines étant en leurs territoires et héritages, que, après 40 jours après le dit cri et publication, ils viennent révéler et dénoncer au général maître, gouverneur et visiteur des dites mines, ou à son lieutenant étant esdits territoires, et aux baillis, sénéchaux.... les mines qui seront en leurs dits territoires et quelles elles sont, sur peine de perdre le profit qu'ils en pourront avoir jusques à 10 ans, ou autrement telle amende ou peine que nos dits officiers et le dit maître et gouverneur et visiteur des dites mines ou son lieutenant sera avisé, lequel général, maître gouverneur et visiteur des dites mines ou son lieutenant y pourra commettre gens, idoines et suffisans, un ou plusieurs ainsi que le cas le requerra....

Item. et que aux dits dénonciateurs, s'ils viennent.... en obéissant au cri.... si ainsi est que d'eux-mêmes ils veuillent entreprendre la conduite de besogner esdites mines et à y faire ce qui appartient par l'avis et délibération du dit général maître ou de son lieutenant ou de nos susdits officiers, et que eux seuls ou autres personnes soient reçus ou suffisans par réputation pour le pouvoir faire et conduire, sera donné terme de 3 mois après les 40 jours dessus dits, pour faire leurs préparations....

Item. et si ainsi est que aucuns de ceux à qui sera trouvé appartenir le territoire auquel seront ou jà ont été trouvées les dites mines, ne soient riches et puissants, par quoi à leurs dépens ils puissent faire et conduire le dit travail et manœuvre des dites mines, ou que par autre cause ile ne voudraient pas prendre la charge de ce faire, et qu'ils n'auraient pas révélé les dessus dites mines dedans 40 jours,.... nous voulons.... en outre esdits cas et à chacun d'eux, que le dit maître général, ou son lieutenant, ou autres nos officiers qui pour ce seront à appeler, puissent, sauf l'indemnité de celui ou de ceux auxquels appartiendra le dit territoire, ordonner et commettre gens notables, experts et connaissans esdites matières de mines, pour voir, chercher et trouver icelles mines, et savoir quelles elles sont.... et le rapport ouÿ des dits commissaires, les dits général maître ou son lieutenant, appelés nos dits officiers et autres qui sur ce seront à appeler, pourront faire manœuvrer et besogner esdites

1471. mines et les bailler à gens récéans et solvables tels qu'ils aviseront être à faire pour les faire profiter au mieux que possible sera, en nous payant notre dixième pour le droit de notre souveraineté, et aux seigneurs tréfonciers leur portion qu'ils verront être à faire, soit d'un dixième, demi-dixième, ou autre somme plus grande ou plus petite, selon la quantité et valeur des dites mines.

Toutefois, nous entendons et déclarons par ces dites présentes, que ceux qui n'auront révélé et dénoncé les mines qui sont en leurs territoires dedans les 40 jours,.... perdront le profit qui leur en pourra advenir, pour tel tems qui sera advis prononcé et taxé par les dits maître général ou son lieutenant, notre procureur à ce appelé.

Item. et si ainsi était que, après la dite dénonciation faite et les dits 40 jours et tems dessus déclarés passés, touchant les mines qui seront ès territoires des gens particuliers, ceux à qui sont les dits territoires n'y voudront ou auront puissance d'y besogner, ainsi que dessus est dit, et qu'il y aura aucun seigneur féodal ou souverain à qui sera le dit territoire qui vienne prendre la charge de conduire le dit ouvrage et manœuvre des dites mines comme eut pu faire celui à qui est le dit territoire, en icelui cas nous voulons, consentons et accordons aux dits seigneurs que, 3 mois après les dits 40 jours, ils se puissent présenter.... devant le dit maître général ou son lieutenant.... pour requérir d'être subrogé en la place et au droit touchant les dites mines de son vassal et sujet....

Item. et entant que touche les territoires qui sont à nous nuement, et.... voulons.... que icelles mines soient faites.... et qu'on les baille au plus offrant et dernier enchérisseur....

Item. .... octroyons.... que tout le profit qui nous pourrait compéter et appartenir.... de notre dixième des dites mines.... jusqu'à 12 ans prochains venant, soit et vienne au profit du dit général maître et visiteur des dites mines, pour ses gages, salaires, voyages et dépenses qu'il y faudra faire, et à son lieutenant général et autres ses lieutenans particuliers, nos procureurs, gardes et officiers des dites mines; et autres qui s'y emploieront par l'ordonnance des dits maître et visiteur général et ses lieutenans et autres officiers....

Item. voulons...., en outre, qu'il soit permis et loisible au dit général maître ou visiteur, ou son lieutenant et commis, et pareillement aux maîtres et ouvriers besognans et continuans le dit ouvrage, de quérir, ouvrir et chercher mines par tous les lieux et contrées de nos dits royaume .... soit en notre territoire mêmement et de nos sujets où ils penseront en trouver et icelles ouvrir sans faire indemnité des propriétaires, et y faire manœuvrer au profit de ceux à qui il appartiendra, selon la teneur de ces présentes ordonnances, sans qu'il soit besoin.... en demander congé ou licence aux dits propriétaires,.... pourvu que quand les dits maîtres mineurs et ouvriers auront trouvé les dites mines, ils seront tenus.... de notifier et signifier.... afin qu'en icelles choses notre droit et celui des parties y soit gardé.

Item. voulons.... que nos dits officiers et aussi les hauts, moyens et bas justiciers.... baillent et délivrent aux dits ouvriers.... moyennant et par payant juste et raisonnable prix, chemins, voies....

.. 2

1417. *Item.* et afin que les dites ordonnances puissent être mieux entretenues et gardées.... voulons.... qu'il y ait un maître général qui soit gouverneur, visiteur et maître ordinaire des dites mines et leurs dépendances, et lequel.... nous.... constituons maître, visiteur et gouverneur et juge de toutes les questions et débats qui se pourraient mouvoir entre quelconques personnes à cause des dites mines, soit en matière civile ou criminelle non requérant punition corporelle jusqu'a la mort inclusivement....

Si donnons en mandement.... à nos amés et féaux conseillers les gens de nos cours de parlements....

Modifications par le Parlement.

. . . .

Quartus. Que ceux qui auront connaissance des mines le viendront dénoncer dans 40 jours au maître général, sur peine de perdre le profit pour 10 ans, ou à ses commis ou au plus prochain juge ou greffier royal, en dedans 4 mois après que les propriétaires en auront été dûment avertis, et sans autre peine que d'être privés du profit de la dite mine pour 10 ans.

Quintus. Pourvu que le tems de 3 mois octroyé aux tréfonciers pour besogner aux dites mines sera prorogé d'autres mois, quels gens que ce soient pauvres ou riches, *à tempore scientiæ*, et le pourront dénoncer au plus prochain juge ou greffe royal, si le ministre général ou ses commis n'étaient sur les lieux.

. . . .

Septimus. Que *dominus feodalis subrogabitur loco vassali*; pourvu qu'il soit haut-justicier du lieu et qu'il ait autant de tems que le propriétaire, après que le temps du propriétaire sera passé ou qu'il aura déclaré non y vouloir ou pouvoir besogner.

. . . .

Decimus. De ouvrir toutes mines partout sans congé des propriétaires; pourvu que ce ne soit en terres labourables, vignes, prés, jardins, bois, pâturages, terres portant fruits industriaux, et sans le consentement du propriétaire, ou par l'ordonnance du juge ordinaire, *partibus auditis*, mais en lieux déserts, non hantés, en friches et stériles, où n'y a labour, fruits venans par labour et industrie : la cherche et ouverture se fera par l'ordonnance du maître général, à ce appelés, le procureur du roi et le propriétaire, par lequel maître et procureur du roi sera disputé de l'indemnité du propriétaire.

1520 ‹ . . . .

Duodecimus. Le maître général n'aura que la connaissance des causes civiles et personnelles sur les officiers, ouvriers et manouvriers des dites mines, quand ils auront à faire l'un contre l'autre pour le fait des dites mines ou contrats faits entre eux et non obstant appellations, et pareillement des criminelles fors des cas lesquels echérait mort et perdition ou abscision de membre, et en gardant au surplus les ordonnances royaux touchant le fait des dites mines.

—⊷⊰◈⊱⊶—

Édit du 17 octobre 1520.

——

(Recueil général des anciennes lois françaises , t. 12, p. 179.)

N° 3. François....

Confirmation
du précédent
et
addition.

Avons fait et ordonné sur le fait des dites mines nos chartes, édits et ordonnances, établi maître général, visiteur, garde et contrôleur général de nos dites mines, pour y avoir le regard et superintendance à faire continuellement ouvrer et besogner les maîtres et ouvriers en icelles, en nous fesant payer par les dits maîtres et ouvriers nos droits de dixième....

Toutefois nous avons été dûment averti,.... comme l'on vend occultement et transporte hors de notre dit royaume et pays,.... l'or et l'argent venant de nos dites mines par faute d'aucuns commis et de plusieurs, tant spirituels, temporels, officiers, marchands que autres, qui, par importunité de requérans ont, de nos dits prédécesseurs ou de nous, obtenu lettres de permission, en forme de chartes, pour ouvrir les mines de notre dit royaume et pays, à ce que nul n'en puisse tirer, à 2 lieues à la ronde....

Et par ce, empèchent les maîtres et ouvriers qui savent et se connaissent à faire levure et ouverture des dites mines....

Et se trouve que les aucuns de nos sujets n'ont payé à nos dits prédécesseurs, ni à nous, nos dits droits de dixième, à nous appartenant des dites mines, et sur ce, fondent plusieurs procès....

Et par ce ôtent le moyen de vivre à tous les maîtres et ouvriers mineurs,....

1534 Pour ces choses et autres.... voulons....

Que tous et chacuns les dits maitres et ouvriers mineurs qui feront continuellement faire levure des dites mines ouvertes et à ouvrir en notre dit royaume.... à leurs propres coûts et dépens, ayant congé de nous, et non autrement, puissent ouvrir, chercher et continuellement besogner ès dites mines franchement et quittement....

Nous avons ordonné.... que dedans 3 mois,.... ils ayent à apporter par devers nous.... leurs dites lettres dont ils se jactent et vantent ; et les dits trois mois passés, au défaut d'avoir apporté icelles lettres et en avoir eu déclaration de nous, nous leur avons prohibé et défendu ,.... de donner aucun trouble ou empêchement à nos dits mineurs....

Et défendons que dorénavant aucuns, de quelqu'état ou condition qu'ils soient, ne puissent ouvrir ni faire ouvrir aucunes mines, sans avoir de nous congé, vérifié de nos dits maitre général, visiteur, garde et contrôleur général des dites mines....

Mandons et commettons au premier huissier de notre grand conseil, de nos cours de parlement et autre huissier ou sergent, sur ce requis, qu'il fasse exprès commandement.... à tous seigneurs.... et autres..... qu'ils montrent et exhibent tous et chacuns leurs papiers.... à notre dit garde et contrôleur général, appelé avec lui notre procureur sur les lieux ou son substitut....

Chartes générales du Hainaut du 24 juin 1534.

(Chap. 106. — Art. 13).

N° 4.
—
Disposition des anciennes chartes du Hainaut.

Item. pour éviter aux débats qui pourraient advenir à cause des cas appartenant à haute-justice, moyenne et basse, avons déclaré et déclarons que les cas de haute-justice sont.... avoir extraict.

Édit du 30 septembre 1548.

(Code des mines, p. 42. — Recueil général des anciennes
lois françaises , t. 13, p. 57.)

N° 5.

Monopole
de toutes les
mines
du royaume,
accordé
au sieur
de Roberval.

Henri.... comme par notre amé et féal Jean-François de la Rocque, seigneur de Roberval, nous ait été remontré, qu'en plusieurs endroits de notre royaume.... se pourraient trouver plusieurs minières, mines et substances terrestres, comme.... charbon terrestre, houilles... qui n'ont en la plus grande part encore été découvertes ni recherchées en notre dit royaume.... à cette cause, il ferait volontiers les ouvertures des dites mines et minières.... s'il nous plaisait octroyer à lui seul et aux siens, permission , autorité et privilège.

Savoir fesons, que.... au dit de la Rocque seul, avons pour le tems de neuf ans continuels et consécutifs, à commencer du jour et date de ces présentes, permis et octroyé,.... ouvrir, profonder et chercher, ou par ses associés et commis, faire profonder, chercher et ouvrir toutes et chacunes les mines, minières et substances terrestres, tant métalliques qu'autres , précieuses ou non précieuses, et de toutes autres choses qu'ils pourront trouver en toutes et chacunes les terres de notre dit royaume,.... et icelles mines et minières appliquer, et profiter à lui et aux siens.... et où il ne trouverait ès lieux des ouvertures, terres vacantes à nous appartenantes , et eaux à ce nécessaires, lui avons aussi permis et permettons qu'il puisse prendre ès lieux prochains qui lui sembleront être propres à ce, tant terres, héritages, ruisseaux en les payant raisonnablement aux propriétaires, ou le dommage et intérêt qui leur serait fait, pour le regard de la valeur des dites terres seulement , et non des mines y étant. Et si aucunes mines et minières ci-devant faites avaient été ruinées ou délaissées, ou secrètement possédées, sans congé de nos prédécesseurs ou de nous, desquelles notre droit de dixième ne nous soit payé : avons permis et permettons au dit Roberval et les siens, icelles prendre, et à eux approprier aux pareilles conditions et profits que dessus.... sans que pour l'effet des dites minières, et profits provenant d'icelles, le dit de Roberval, ses commis associés et entremetteurs puissent déroger à leur droit et privilège de noblesse, dignités ou états.... avons le dit de la Rocque, ses associés, serviteurs et besognans actuellement en icelles mines, durant le dit temps de neuf ans, quittés, affranchis,.... de tout droit de décime, légat, et tout autre revenu qui nous en pourrait compéter et appartenir sur les dites mines.... sans que nos officiers en puissent prendre ni lever aucune chose pour les cinq premières années, à compter du jour de l'ouverture d'icelles : et pour les autres années subséquentes, nos dits officiers prendront comme ils ont accoutumé par cidevant ;.... nous avons ordonné et ordonnons, que durant le dit tems de neuf ans, nul autre que le dit de

Roberval ne les siens, n'ayant semblablement privilèges précédens en date ces présentes, puissent faire aucunes ouvertures des dites mines : et si sur ce aucunes lettres étaient par nous octroyées durant le dit temps de neuf ans, nous les avons dès à présent, comme pour lors, déclaré et déclarons nulles. . . .

Si donnons en mandement par ces présentes à nos amés et féaux les gens tenans nos cours de parlement de Paris, Toulouse, Bordeaux, Rouen, Dijon, Provence, Dauphiné, Savoie et Piémont. . . .

Édit du 3 septembre 1552.

(Code des mines, p. 50.)

N° 6.
—
Confirmation
du précédent.

Henri. . . . à nos amés et féaux conseillers les gens tanans notre cour de parlement à Grenoble. . . . comme. . . . le dit sieur de Roberval, pour certaines et plus grandes occupations. . . . n'aurait eu le loisir icelles (lettres patentes pour l'ordonnance de 1548) vous présenter, pour procéder à leur vérification et entérinement. Et doute le dit seigneur de Roberval que fissiez difficulté de les recevoir, ou ses commis et députés à l'entérinement et vérification des dites lettres, même qu'elles seraient scellées de cire rouge, et en qualité de dauphin, comme est accoutumé faire en semblable cas, sans avoir sur ce nos lettres de provision.

. . . . . Vous mandons, commettons et très expressément enjoignons procéder à l'exécution et réception de nos dites lettres, selon leur substance et teneur. . . . (Le dixieme jour de décembre 1552 la dite cour de parlement de Grenoble a entériné les dites lettres)

Déclaration du 10 octobre 1552.

(Code des mines, p. 53. — Recueil général des anciennes lois françaises, t. 13, p. 285.)

N° 7.

—

Nouvelle
confirmation
du monopole,
et additions
aux
précédents
édits.

Henri.... avons au dit de la Rocque, seigneur de Roberval, outre le contenu en nos dites lettres (de 1548) cy-attachées, par convention perpétuelle et irrévocable, octroi et concession nouvelle, et par amplification à nos dites premières lettres, accordé les privilèges et chose qui s'en suivent.

. . . .

.... et à ce que les nobles et seigneurs.... aient moyen d'aider à entretenir et continuer les dites mines, et favorablement traiter les maîtres et ouvriers, nous ordonnons.... qu'eux et leurs successeurs ou ayant cause, et chacun en leur seigneurie et justice, aient une quatre partie de dixième préalablement pris, duquel toutefois nous avons privé et privons à jamais les seigneurs hauts-justiciers ou fonciers, qui feront refus de laisser faire les ouvertures susdites en leurs terres, au dit de Roberval, les siens ou ayant cause,.... nous voulons qu'où cy-après,.... fissions, diminution aucune de notre droit de dixième, que semblablement le dit quart des dits seigneurs de notre royaume se diminuera au prorata de la diminution que nous, ou nos successeurs, pourrons faire....

. . . .

En outre, avons donné et donnons par ces présentes, pouvoir, puissance et autorité au dit de Roberval, ses commis et députés en son absence, et officiers qu'il pourra sur ce commettre de faire et administrer toute justice, juridiction et connaissance, tant en cas civil que criminel, quant au fait des dites mines, et ce jusqu'à la sentence définitive et exécution d'icelle inclusivement, sur tous ouvrans, trafiquans, négocians, et besognans ès dites mines et dépendances d'icelles, en appelant toutefois avec lui ses officiers ou commis, jusqu'au nombre de six hommes de justice, avocats, ou conseillers, et trois autres hommes qu'il estimera des plus suffisans des associés, et besognans ès dites mines, non obstant opposition ou appellations quelconques, pour lesquelles ne voulons être différé, fors quant aux jugemens de mort et de questions, où il ne pourra passer outre, s'il y a appel des dits jugements; ains sera différé au dit appel, lequel nous voulons et ordonnons être relevé au plus prochain siége, soit de nos cours souveraines, ou de nos juges ordinaires, avec lesquels, par notre dernier édit, avons établi nombre de conseillers pour juger en dernier ressort jusqu'à 200 l., pour, ainsi que la dite somme, juger l'appel des dits jugements de mort et de torture en souveraineté et par arrêt....

1552 ..... Et, au demeurant pour le règlement des dites mines et ce qui en dépend , et pour l'entretennement d'icelles, avons au dit de Roberval, quant à présent, et pour la police d'icelles, donné pouvoir de faire statuts et ordonnances, lesquelles toutes fois il sera tenu d'incontinent envoyer en notre privé conseil pour les voir, pour en ordonner. Et cependant par provision, et jusqu'à ce qu'autrement en soit ordonné par notre dit conseil, voulons qu'ils soient gardés et observés de point en point selon leur forme et teneur, et les infracteurs d'iceux punis comme si par nous mêmes étaient faits.... voulons aussi et défendons à tous lesquels, après les dits neuf ans que le dit Roberval a pouvoir faire seul ouverture des mines et choses sus dites, obtiendront de nous lettres pour en faire ouverture, d'approcher de deux lieues près des mines par lui ou les siens ouvertes ou profondées,.... lesquelles , par ces présentes, nous déclarons être et appartenir à perpétuité au dit de Roberval, ses hoirs et ayant cause, et toutes matières et substances terrestres étant en icelles, tant qu'elles pourront durer, à la charge toutefois de notre dixième perpétuel, et du quart aux seigneurs que dessus.... et moyennant ce, le dit Roberval s'est obligé et s'oblige par ces présentes corps et biens, présens et à venir, d'avoir en la fin des neuf années fait ouvrir et mettre en œuvre trente mines ou plus, tant métalliques qu'autres, de diverses sortes ci-dessus spécifiées....

Si donnons en mandement par ces présentes à nos amés et féaux les gens tenant notre grand conseil, nos cours de parlement de Paris, Toulouse.... toute et quantefois que requis en seront.... que de notre présent octroi.... ils fassent et souffrent le dit Roberval.... jouir et user pleinement.... non obstant toutes oppositions ou appellations quelconques.... Voulons par icelles l'ouvrage des dites mines n'être différé, ains continué par le dit de Roberval, les siens ou ayant cause, retenant pardevers nous et notre privé conseil, la connaissance des dites appellations et oppositions, et interdisant à toutes nos cours et juridictions souveraines, présidiales, qu'autres.

.... Et si voulons et vous mandons icelles lettres, tant premières que présentes, toutefois et quantes que requis en serez, dedans la fin des dits neuf ans, et sans avoir égard qu'elles soient surannées, et icelles faire publier et enregistrer ès greffes de vos cours, et les entériner selon leur forme et teneur, sans y rien ajouter ou diminuer... et sur icelles mettez un *visa*, *publicata* et *registrata*; et pour ce que ce serait chose trop difficile et prolixe, icelles entériner en tous les endroits sus dits.... voulons et entendons que le seul entérinement fait en notre grand conseil, tant des premières lettres que des présentes, néanmoins que les premières ne soient au dit conseil adressantes, suffisent, comme si en toutes cours et juridictions elles étaient vues et entérinées, esquelles cours , ou en partie d'icelles , le dit de Roberval et ses ayant cause, les pourront faire entériner, publier et enregistrer, si bon leur semble, pour plus grande sûreté....

Édit du 22 juillet 1553.

———

(*Code des mines*, p. 85.)

N° 8.
—
Nouvelle
confirmation
du monopole.

Henri... à nos amés et féaux les gens tenant notre cour de parlement, en Dauphiné.... comme ainsi soit que notre amé et féal Jean-François de la Rocque.... eut par ci-devant obtenu lettres patentes de nous, sur le fait des mines, datées du 10ᵉ jour d'octobre, l'an 1552, et autres auparavant du dernier jour de septembre, l'an 1548. Et combien que l'adresse des dites lettres fut à vous faite en général, comme aux autres parlements.... doute que ne reçussiez les originaux en votre cour, ainsi scellés et non ratifiés, comme dit est. A cette cause, vous mandons.... qu'ayez à entériner les dites lettres....

Nous, à l'humble supplication d'icelui Roberval, vous avons commis et commettons pour juger définitivement des choses qu'avions retenues à nous , et à notre privé conseil, jusques à ce qu'autrement en soit par nous ordonné....

Et le 21ᵉ jour de novembre au dit an 1553, les dites lettres ont été entérinées au dit parlement de Grenoble....

———◦◦◦———

Édit du 16 septembre 1557.

———

(*Code des mines*, p. 87.)

N° 9.
—
Nouvelle
confirmation
du monopole.

Henri.... comme par nos lettres datées du dernier jour de septembre 1548 et autres du 10ᵉ jour d'octobre 1552... nous avons donné à notre amé et féal Jean-François de la Rocque, seigneur de Roberval, maître, gouverneur général et superintendant des mines et minières de France.... et combien qu'après la publication d'icelles le dit de Roberval dut jouir entièrement du contenu en icelles, néanmoins nous avons été avertis, qu'en divers endroits

. . 3

1560 de notre pays de Piémont, et autres de notre sujétion, aucuns se sont efforcés et efforcent s'attribuer nos dites mines, et les appliquer à leur profit.... Savoir fesons, que pour obvier à ce que telles usurpations et entreprises ne se fassent ci-après contre notre autorité et droit de souveraineté, avons dit et déclaré...... que toutes mines détenues et possédées par quelques personnes que ce soit, tant ès dit pays de Piémont, qu'en tous autres pays de notre sujétion, sans privilège, congé et permission expresse de nous, soient prises et saisies, et mises en notre main par le dit de Roberval, ou ses commis et députés, lesquels y feront besogner.... et en outre qu'il soit procédé par lui, ou ses juges.... à l'encontre des dits usurpateurs.... et les dits mineurs n'entendons ni ne voulons travailler, ni besogner, sans autre autorité que du dit de Roberval, auquel nous voulons et entendons, suivant nos dites premières, que les dites mines appartiennent.... et ce non obstant tous hébergements faits ou à faire pour les gens de nos chambres des comptes, et autres cours et juridictions, aux quelles nous avons interdit par nos dites lettres, en prendre aucune connaissance des appellations ou oppositions que nous avons par nos dites lettres réservées à nous en notre conseil privé. Laquelle nous avons renvoyé, commise et attribuée.... à notre cour des monnaies à Paris....

Si mandons en mandement par ces dites présentes à nos amés et féaux les gens de nos cours de parlement, de nos comptes....

Edit du 29 juillet 1560.

(Code des mines, p. 95. — Recueil général des anciennes lois françaises, t. 14, p. 41.)

N° 10.

Le monopole de Roberval donné au sieur de St-Julien.

François.... Le feu roi.... aurait par ses lettres patentes du.... permis et octroyé audit de Roberval.... au fait desquelles mines aurait été associé notre cher et bien amé Claude de Grippon, seigneur de St-Julien.... Le dit St-Julien, comme il nous a fait entendre, a de sa part bien et soigneusement vaqué aux dites mines, comme il fait encore chaque jour.... en quoi fesant icelui de St-Julien a découvert un grand nombre des dites mines, tant en nos pays de Beaujollais, Auvergne et Lyonnais, qu'en Dauphiné, Provence, Languedoc, Bourbonnais et Poitou....

Savoir fesons, que.... avons.... permis et octroyé.... à icelui de St-Julien qu'il puisse

1560 et lui soit loisible chercher, et par ses associés, commis et ouvriers, faire chercher, ouvrir et profonder tous et chacuns les lieux et endroits de nos dits royaume et pays de notre obéissance, où il pourra trouver les dites mines.... avec justice et coertion que notre dit feu seigneur et père avait donné au dit de Roberval, ses hoirs et associés; ainsi que le tout est amplement et particulièrement contenu et déclaré en ses dites lettres, lesquelles nous avons...... en tant que besoin est ou serait, confirmées et confirmons et de nouveau accordées et octroyées.... à icelui de St-Julien, et à ceux qu'il voudra associer et commettre avec lui....

Si donnons en mandement.... à nos amés et féaux les gens de nos cours de parlement de Paris, Rouen.... et par spécial fesons inhibitions et défenses à tous les dits gentilshommes étant et qui seront ès dits pays d'Alez, Sumein, Languedoc, Saint-Ambrois, et à tous autres qu'il appartiendra, qu'ils n'aient à aucunement empêcher le dit de St-Julien, ses dits associés, commis et ouvriers..... sur peine..... d'amende arbitraire, non obstant opposition ou appellation quelconques, et sans préjudice d'icelles, pour lesquels ne voulons être différé. La connaissance et décision desquelles oppositions ou appellations, nous avons attribué et attribuons à la justice qui sera établie sur le fait des dites mines....

Le 4 mars 1561, les lettres patentes susdites ont été entérinées en la cour de parlement de Grenoble....

Projet des chartes nouvelles présenté et lu à l'assemblée des États de Hainaut réunis à Mons, en 1560.

(Tiré de la copie authentique conservée aux archives de la ville de Mons, Chapitre 130.)

N° 11.

Dispositions du projet de chartes nouvelles pour le Hainaut.

Art. 1er. Que haute justice et seigneurie s'extend et comprend.... avoir extraiet.

2. Que.... avoir extraiet s'entend toutes choses trouvées en terre, comme mines de fer, charbon, plomb, étain et autres semblables.

Edit du 6 juillet 1561.

(*Code des mines* , p. 109.)

N° 12.
—
Nouvelle
confirmation
du monopole.

Charles.... avons de nouveau.... octroyé.... au dit de St-Julien et les siens, et à ceux qui de lui auront cause, le dit droit de dixième à nous appartenant du produit provenant des manufactures des mines, et ce pour le terme des dites quatre premières années ...

Si donnons en mandement..... à nos amés et féaux les gens de nos cours de parlement de Paris, Rouen....

Le 9 mai 1562, les dites lettres ont été entérinées en la cour de parlement de Paris....

Edit du 1er juin 1562.

(*Code des mines*, p. 115.)

N° 13.
—
Nouvelle
confirmation
du monopole.

Charles.... au premier de nos amés et féaux conseillers et maîtres des requêtes ordinaires de notre hôtel, conseillers de nos cours de parlement, ou de notre grand conseil sur ce requis, SALUT. Notre cher et bien amé Claude Grippon de Guillem, ecuyer, seigneur de St-Julien, superintendant et général réformateur, établi sur les mines de notre royaume..... nous a fait remontrer que notre feu seigneur et frère.... aurait, après le trépas du dit de Roberval, continué le dit don et commission en la personne du dit de St-Julien;...... comme plus à plein il appert par le vidimus des dites lettres et commission ci-attachées sous le contrescel de notre chancellerie, lesquelles nous avons depuis confirmées et approuvées, et mandé à nos amés et féaux les gens de notre cour de parlement de Paris, et autres lieux où appartient faire icelles enregistrer,.... toutefois au moyen de ce que les dites lettres n'avaient

1562   été enregistrées en notre dite cour de parlement, les consuls, manans et habitants du lieu
de Luard, Martin Damoisin.... tant du pays de Languedoc qu'autres lieux, se voulant
approprier les dits droits, auraient empêché icelui de St-Julien, ses commis et députés de
jouir du dit don, prééminence.... Nous, ces choses considérées, désirant le dit don fait au dit
de St.-Julien, sortir son plein et entier effet, ayant égard qu'icelui don et commission,
auraient été depuis les dits empêchements vus et enregistrés en notre dite cour de parlement,
et autres lieux où il appartient.

Vous mandons.... et commettons....

Arrêt du parlement de Paris du 1er septembre 1562.

(*Code des mines*, p. 119.)

N° 14.
—
Ordre
de publier
les édits
précédents.

Charles..... au premier des huissiers de notre cour de parlement ou notre sergent sur
ce requis SALUT. Comme sur la requête présentée à notre dite cour par Claude de Grippon,
chevalier, seigneur de St-Julien.... à ce que pour obvier aux grands frais qu'il conviendrait
faire au dit suppliant à la poursuite des significations particulières de nos deux lettres
patentes, obtenues par le dit suppliant,.... et à ce que les dites lettres entérinées par arrêt
de notre dite cour, ne demeurent inutiles et illusoires, il fut ordonné que les notifications
soient faites.... vu par notre dite cour les lettres patentes de feu notre très honoré seigneur
et frère, le feu roi François.... autres nos lettres patentes.... arrêt de la dite cour du 9 mai
dernier, par lequel notre dite cour aurait ordonné que les dites lettres seraient enregistrées
au registre d'icelle.... et tout considéré, notre dite cour, en entérinant la dite requête, a
ordonné et ordonne, que les publications et notifications des dites deux lettres patentes,
et l'arrêt d'entérinement d'icelles, requises par le dit de St-Julien, seraient faites, tant aux
personnes qu'il appartiendra, et commodément se pourront appréhender, qu'à son de trompe
et cri public....

Si vous mandons.... donné à Paris en notre parlement....

Edit du 26 mai 1563.

(*Code des mines* , p. 124.)

N° 15.
—
Nouvelle
confirmation
du monopole
et
modifications
aux édits
précédents.

Charles.... nous avons fait.... notre cher.... seigneur de St-Julien, pour grand maître superintendant et général réformateur sur le fait des mines..... soit..... charbon ou autre substance..... nous lui avons fait don , pour quatre années du droit de dixième à nous appartenant.... et combien que le droit de dixième nous appartienne de toute disposition, comme étant vrais droits de souveraineté, et qui regarde le droit de la couronne, qui ne peut être usurpé par personne ; toutefois plusieurs personnes qui ont des mines, et qui par usurpation ont tenu ces droits, prétendant que ce n'est droits qui nous appariennent pour les avoir usurpé sur nous, et que le dit sieur de St-Julien ne leur en peut rien demander, voulant restreindre le dit don par nous fait au dit de St-Julien, aux mines qu'il fera ouvrir, et non celles qui sont de long-temps ouvertes,....

Savoir fesons que de l'avis de notre conseil, nous avons dit et déclaré disons et déclarons, que le droit de dixième nous appartient par droit de souveraineté sur toutes les mines qui ont été par ci-devant, ou seront ci-après ouvertes , de quelque tems, et par quelques mains qu'elles soient tenues en notre royaume.... et que si par ci-devant les droits ne nous ont été payés, nous les déclarons usurpés, et comme tels pouvoir être poursuivis, et sans que les acheteurs, ou autres tenanciers de notre domaine, puissent prétendre les dits droits leur avoir été vendus et baillés, s'il n'en est fait expresse mention en leurs contrats ; enjoignons à nos procureurs généraux, ou leurs substituts, de faire poursuite des dits droits, sans aucune dissimulation.

Si donnons en mandement à nos amés et féaux les gens de nos cours de parlemens.......

Le 1er jour de juillet 1563 les dites lettres ont été entérinées en la cour de parlement de Paris.

Édit du 25 septembre 1563.

(Code des mines , p. 127.)

N° 16.
—
Nouvelle
confirmation
du monopole.

Charles... à nos amés et féaux conseillers les gens tenant nos cours de parlement de Paris, Toulouse.....

. . . .

Et depuis au mois de mai dernier, pour la difficulté qu'on fesait de payer audit St.-Julien esdits droits de dixième, disant que cela ne nous appartenait, nous aurions déclaré le droit de dixième nous appartenir..... et si tels droits ne nous avaient été payés, nous les déclarons usurpés..... comme est contenu es dites lettres, lesquelles ont été par notre dite cour vérifiées, le premier jour de Juillet dernier, combien que le dit exposant dût jouir desdits droits de faculté par nous à lui baillés, sans aucune difficulté ; toutefois sous couleur d'un arrêt, donné en mars dernier, en notre dite cour, contrevenant à la vérification faite de ses premières lettres, on lui (St.-Julien) aurait fait inhibition et défense d'exercer aucune juridiction, ne prétendre aucune connaissance en vertu des dites lettres, par la dite cour vérifiées, jusqu'à ce qu'autrement en eut été ordonné, et aurait main levée à certains particuliers, de ce qui aurait été sur eux saisi, à faute de paiement desdits droits : et en cas pareil, notre dite cour de parlement de Grenoble, après vérification qui en a été par icelle faite, en aurait fait le semblable, pareillement nos officiers de Beaujolais, pour raison de la mine de Jou ; pour raison de quoi, et pour les procès qu'on pourrait journellement intenter par divers juges et en diverses juridictions, ses provisions lui seraient du tout rendues inutiles, et l'exposant, détourné de sa charge, ne pouvant exercer sa juridiction,... à cause de quoi, et que ses lettres ont été vérifiées en ladite cour de parlement de Paris , et que nous nous serions réservé la connaissance des oppositions ou appellations, et icelle interdite à toutes nos cours , et que nonobstant les dites interdictions, s'essaient d'en connaître,.....

Savoir fesons , que nous désirant ledit exposant jouir des concessions et privilèges à lui donnés, et être payé dudit droit de dixième, pour le tems qui lui a été donné.... nous avons interdit et défendu, interdisons et défendons à notre parlement , et à tous nos prévôts , baillis,.... toute juridiction et connaissance dudit droit de dixième, et des controverses , lesquelles interviendront pour raisons des dites mines : voulons... que les officiers qui sont ou seront établis par le dit exposant, en connaissent privativement à tous autres, non obstant oppositions ou appellations quelconques, desquelles nous avons retenu et réservé,.... à nous et audit conseil privé la connaissance.... mandons au premier huissier ou sergent sur ce requis, de faire toutes significations.....

1568 . . . .

Suivant l'arrèt de la cour du parlement de Paris, rendu le 1er de septembre 1562, et le commandement à nous fait de la part de messeigneurs.... lieutenants généraux, civil et criminel en la sénéchaussée de Lyon et siège présidial de Lyonnais et à la poursuite, instance et requête de..... St.-Julien,..... les lettres patentes du roi notre sire,.... les premières données..... le 26e jour de mai 1563.... et les secondes..... le 25e jour de septembre, l'an 1563..... ont été criées et publiées..... fait par moi Jean Bruyères, crieur public et juré du roi..... en la dite ville de Lyon.....

Edit du 28 septembre 1568.

(*Code des mines*, p. 137.)

N° 17.
—

Vidal est mis aux lieu et place de St.-Julien.

Charles.... savoir fesons, que nous bien et dûment informé de la longue expérience et connaissance que notre bien amé maître Antoine Vidal, seigneur de Bellesaignes, ci-devant receveur général de nos finances à Rouen, a au fait des mines.... à icelui.... donnons et octroyons par ces présentes l'état de grand maître, gouverneur général, et superintendant des mines et minières de France.... que soulait ci-devant tenir et exercer Claude de Grippon de Guillem, écuyer, seigneur de St.-Julien, et auparavant lui feu de la Roque, chevalier, seigneur de Roberval, vaquant à présent par la démission qu'en a faite en nos mains le dit seigneur de St.-Julien,.... au profit du dit Vidal pour par lui le dit état et charge avoir, tenir et dorénavant exercer, en jouir et user aux honneurs, autorités, pouvoir, puissance, faculté, coertion et juridiction, priviléges, franchises,..... au dit état appartenant.... nous avons en outre fait et fesons don et octroi au dit Vidal, de tout ce qui nous peut et pourra échoir et appartenir de notre droit de dixième denier royal.... et ce pour six années entières.... à la charge que le dit Vidal sera tenu, au lieu de trente mines que les dits sieurs de Roberval et de St.-Julien devaient rendre découvertes chacun au bout de leurs tems, de nous en rendre à la fin des dites six années quarante mines découvertes....

Si donnons en mandement à nos amés et féaux les gens de nos cours de parlement....

1601

Edit de réglement général de juin 1601.

*(Code des mines, p. 148. — Recueil général des anciennes
lois françaises, t. 15, p. 253.)*

N° 18.

—

Réglement
général
sur les mines
et minières du
royaume.

Henri.... nous avons fait voir en notre conseil les déclarations des rois nos prédécesseurs,
même celles de François Ier, Henri II, François II et Charles IX.... vérifiés en notre cour de
parlement.... par lesquelles.... mûs de la même affection que nous sommes.... ils
auraient pour induire leurs sujets à faire la recherche et travailler aux dites mines, et pour
y appeler les étrangers,.... fait et attribué plusieurs beaux et grands privilèges, autorités,
franchises et libertés, tant à l'état de grand maître.... qu'à sa lieutenans, commis et
députés, et ouvriers regnicoles et étrangers, avec pouvoir de justice au dit grand maître,...
et comme l'expérience, seul juge assuré des bons établissemens, elle a fait connaître beaucoup de défauts aux dites ordonnances, en ce que par icelles, au lieu de gages ordinaires,
qui devaient être attribués au dit office de grand maître, nos dits prédécesseurs auraient fait
aux poursuivans du dit office, don de leurs droits pour certain tems, le jugement duquel
appartenant aux officiers établis par les dits grands maîtres, il s'y commettait de très grands
abus ; en ce que les dits officiers dépendant entièrement de lui, lui adjugèrent plutôt ce qu'il
désirait, que ce qui lui appartenait, dont se seraient ensuivies plusieurs plaintes en nos cours
de parlement. A quoi désirant pourvoir, et à ce que notre dit droit à nous appartenant à
cause de notre souveraineté inséparable d'icelle, ainsi que le contiennent les dits édits.....
et qu'il a été jugé plusieurs fois, spécialement par la déclaration.... du 29 juillet 1560, confirmée par autres lettres ... du 25 juillet 1561.... et désirant à l'avenir faire inviolablement
garder lesdits édits.... pourvoir à la conservation de nos dits droits et obvier à l'usurpation
d'iceux.

1. Nous avons confirmé et approuvé.... les dits édits et déclarations de point en point, selon
leur forme et teneur : pour suivant iceux notre dit droit être payé franc et quitte, pur et affiné
en toutes les dites mines.

2. Sans toutefois comprendre en icelles les mines de souffre, salpêtre, de fer, ocre, petroil,
de charbon de terre.... lesquelles pour certaines bonnes et grandes considérations, nous en
avons exceptées, et par grâce spéciale exceptons en faveur de notre noblesse, et pour gratifier
nos bons sujets propriétaires des lieux.

3. Voulons aussi que celui que sera par nous pourvu du dit office de grand maître, superintendant et général réformateur, et tous les autres officiers et personnes employées aux dites

. . 4

1061   mines.... jouissent des privilèges, autorités, juridictions, prééminences, libertés et droits
y attribués par nos prédécesseurs....

4.... Nous avons fait de nouveau créé et érigé.... en titre d'office formé, le dit état de
grand maître et général réformateur des dits mines et minières.... nous avons attribué...
1,333 écus 20 sols de gages ordinaires par chacun an, à prendre sur le fonds provenant des
droits à nous appartenant sur les dites mines : ensemble un lieutenant général partout notre
dit royaume, avec la qualité de notre conseiller, et un contrôleur général, aussi en titre
d'office formé, pour tenir registre et contrôle des dites mines, leurs quantités et qualités, et
de nos dits droits ; et pareillement au receveur général.... et un greffier.... auquel lieutenant
général, nous avons donné et donnons pareils et semblables pouvoirs et autorités sur les dites
mines et minières, et ce qui en depend, qu'au dit grand maître en l'absence d'icelui, et aux
choses pressées, et qui ne pourront attendre sa présence ou ses ordonnances, sur les avis qui
lui auront été donnés des occurrences de sa charge.

5. Voulons et nous plait que les dits grand maître et lieutenant général en son absence,
comme dit est, puissent commettre personnes capables et suffisans en qualités de lieutenants
particuliers, par tous les lieux et endroits que besoin sera, pour en leur absence ordonner...
bailler avis au dit grand maître.... des nouvelles ouvertures qu'on voudra faire d'icelles
(mines), leur en envoyer les qualités, essais et échantillons, pour être par le dit grand
maître.... ordonné ce qui sera connu plus utile pour notre service sur l'ouverture des dite
mines....

. . . .

7... Lesquels commis (art. 4) porteront la qualité de lieutenant particulier du dit grand
maître, et jouiront pendant qu'ils exerceront les dites charges et commissions des privilèges
et exemptions attribuées par ces dites présentes aux officiers des dites mines : à tous lesquels
états et offices, nous avons attribué.... la qualité de nos conseillers ; et outre ce des
gages par chaque an à prendre sur le fonds de notre droit, comme dit est.

. . . .

9. A tous les dits offices ainsi par nous créés, sera par nous pourvu dès à présent, et ci après
quand vacation y échéra.

. . . .

12. Cassant révoquant et annulant.... toutes provisions, commissions et dont ci devant
faits des dits offices à autres qu'à ceux que nous en ferons pourvoir en conséquence du présent
édit, et à tous dons de notre dit droit, tant impétrés qu'à impétrer, par quelque personne
et pour quelque cause et occasion que ce soit....

13. N'entendons toutefois en cette révocation générale comprendre le contrat par nous
fait.... pour nos mines de notre duché de Guyenne, haut et bas pays du Languedoc, pays
de labour, ensemble les autres contrats passés en notre dit conseil, et depuis ratifiés par nous,

1001 ni les commissions donnés par le sieur de Beringhen, suivant le pouvoir qu'il en a eu de nous : ains voulons qu'ils soient observés et entretenus de point en point selon leur forme et teneur : pourvu toutefois que les impétrans des commissions du dit Beringhen, prennent nouvelle commissions et réglement du dit grand maître, et satisfassent en tout ce qui leur sera par lui ordonné.

14. Pourra le dit grand maître faire faire et passer tous contrats et marchés d'acquisition de fonds de terres, maisons, moulins, martinets, bois ; faire construire tous édifices et maisons, acheter tous ustensiles et outils qu'il jugera nécessaires, ordonner des paiemens, ouvriers, chartiers, voituriers, messagers et autres personnes qu'il conviendra employer pour faire travailler aux dites mines.... pour le bien de notre service, pourvu que le fonds en soit pris sur ce qui nous reviendra des dites mines, et non ailleurs.

. . . .,. . . . .

16. Et d'autant qu'il serait impossible, tant au dit grand maître et à son lieutenant, contrôleur général et greffier des dites mines, d'être en un même tems en tous les lieux... permettons aux dits.... de commettre et subdéléguer en leurs charges personnes... capables et solvables, aux taxations extraordinaires que le grand maître verra....

17. Et suivant les dits édits.... permettons à toutes personnes de quelqu'état et condition qu'ils soient, de rechercher et de travailler aux dites mines et minières, ou eux associer et prendre associé pour ce faire, aux conditions ci dessus, et des contrats qui leur en seront passés, sans qu'ils puissent pour ce être dits déroger à noblesse....

18. Seront iceux entrepreneurs et gens qui feront la recherche des dites mines, tenus, aussitôt qu'ils en auront découvert quelqu'une, d'en avertir le grand maître, lui apporter ou envoyer l'essai et échantillon qui en aura été fait, le lieu, la province et paroisse où la dite mine sera assise, afin de prendre de lui réglement, avant que d'y pouvoir faire travailler.

. . . ., ...

21. Et afin que les mines et minières puissent être prises par toutes personnes qui en auront la volonté, et avec toutes les assurances requises, nous avons dit et déclaré.... qu'ils ne pourront être déposés ni leurs associés, successeurs et ayant cause, des mines qu'ils travailleront ou feront travailler sans discontinuation, en payant et satisfaisant par eux aux conditions de leurs contrats et réglemens qui leur auront été baillés par le dit grand maître.

22. Et pour obvier et éviter aux différens qui pourraient intervenir entre les propriétaires des héritages, aux quels se trouveront aucunes des dites mines, et les étrangers ou autres qui les voudraient ouvrir et travailler, nous voulons et très expressément enjoignons par ces présentes, que les propriétaires qui auront dans leurs terres, héritages et possessions des mines ci dessus non exceptées, et qui les voudront ouvrir, ne le puissent faire sans envoyer premièrement de vers le dit grand maître prendre réglement de lui.

. . . .

24. Et pour ce que ci devant les dites mines ou minières ont été délaissées au moyen des troubles qui ont été donnés aux entrepreneurs et ouvriers d'icelles, nous avons interdit et défendu à tous juges quelconques la connaissance des différens qui interviendront à cause des dites mines, circonstances et dépendances, entre quelques personnes que ce soit, en première instance et icelles avons de rechef attribué.... au dit grand maître et susdit lieutenant général, pour les juger définitivement, appelés avec eux des juges en nombre suffisant, suivant l'ordonnance, et le substitut de notre procureur général du siège au ressort duquel se feront les ouvertures d'icelles mines, quand le cas y écherra, et par appel nous les avons renvoyés et renvoyons en celle de nos cours de parlement au ressort de la quelle seront assises les dites mines.

. . . .

26. Et afin que, sous prétexte de ces présentes, ceux qui ont joui des dites mines ne soient travaillés, nous leur avons quitté et remis.... tout ce qu'ils nous peuvent devoir du passé jusque au jour et date de ces dites présentes, pourvu qu'ils ne soient refusans de payer ce qu'ils devront par ci après : et qu'ils viennent prendre réglement et pouvoir du dit grand maître : ce que nous leur enjoignons très expressément faire, à peine d'être du tout privés des dites mines, suivant la dite déclaration du 26 mai 1563, et d'être contraint au paiement entier de ce qu'ils doivent de notre droit, à cause du passé, et d'être chatier comme usurpateurs de nos droits de souveraineté.

27. Enjoignons à nos dits procureurs généraux et leurs substituts, qui seront sur ce requis de la part des dits officiers entrepreneurs, et leurs commis et députés, de poursuivre et requérir l'entière exécution des présentes et paiement de notre dit droit....

Si donnons en mandement à nos amés et féaux conseillers les gens tenant nos cours de parlement....

. . . .

Lu, publié, registré, oui le procureur général du roi, du très exprès commandement du roi, réitéré par plusieurs lettres de jussion, sans que le grand maître et son lieutenant puissent par provision ni autrement, procéder à l'exécution de leurs jugemens, soit contre les propriétaires, sur l'ouverture de la terre, et autres en conséquence, au préjudice des appellations interjettees, à peine de tous dépens, dommages et intérêts. A Paris, en parlement, le dernier juillet 1603.

1604

Arrêt du conseil du 14 mai 1604.

(Code des mines, p. 173.)

N° 19.
—
Additions aux
règlements
ci-dessus, sur
les mines
et minières.

Sur les remontrances faites au roi étant en son conseil, que l'édit du mois de juin 1601, sur le fait des mines et minières de son royaume, n'était exactement observé comme il était requis.... ordonne en premier lieu que le dit édit du mois de juin, vérifié es cours de parlement, et partout où il a été besoin, sera suivi et effectué....

. . . .

Toutes personnes quelqu'elles soient, qui auront contracté et pris règlement du dit grand maître et général superintendant pour ouvrir et travailler à une ou plusieurs mines, seront tenus, un mois après leur dit contrat, d'ouvrir et travailler les dites mines, avec le nombre d'ouvriers de toutes sortes, que chacune mine en pourra comporter, autrement et à faute de ce faire le dit mois passé, le dit grand maître les pourra bailler à un ou plusieurs autres.... sinon que les dits entrepreneurs aient quelqu'excuse qui soit jugée raisonnable et suffisante pour les décharger du retardement des dites ouvertures et travail.

Et les dites ouvertures faites et travail commencé aux dites mines, si les entrepreneurs... discontinuent le dit travail plus de 15 jours durant pour la première fois, 8 pour la seconde, et 4 jours pour la troisième, avec le nombre compétent de toutes sortes d'ouvriers que la mine en pourra porter : sera pareillement pourvu par le dit grand maître aux places de celui ou ceux qui auront failli....

. . . .

Nul ne pourra quitter la mine qu'il aura commencé à faire travailler, sans en avertir le dit grand maître, ou son lieutenant particulier....

Si les créanciers de quelques associés, ou maître entrepreneur, fesaient arrêt sur une mine, tous les ouvriers.... qui la travailleront, seront préférés, et les premiers payés, ensemble les marchands qui auront fournis du bois et charbon, suif et fer, pour travailler à la dite mine, le tout après que le droit de sa dite majesté aura été préalablement et avant toutes choses, payé et satisfait....

Nuls officiers, ayant charge aux dites mines, ne pourront être associés, ou participer directement ou indirectement au travail et profit des dites mines, aux quelles ils seront employés, sans permission de sa dite majesté.

· ·

Et afin que les hauts-justiciers des lieux aux quels sont et seront ci après ouvertes et tra-
vailles les dites mines, ou fonciers d'icelles, ne puissent apporter aucun trouble ou traverse
au travail d'icelles, sous quelque prétexte ou prétention que ce soit : S. M. veut et ordonne,
suivant l'édit fait par le feu roi Henri second en octobre 1552, qui est le seul de tous les rois
qui leur a attribué aucun droit, que conformément à icelui, après le droit de sa dite majesté
aura été entièrement payé et satisfait, que sur la part qui reste aux entrepreneurs le sieur
haut-justicier puisse prendre et recevoir.... un 40ᵉ denier pour tout droit, et sans qu'il
puisse prétendre aucune chose d'avantage ; à la charge encore d'assister les dits entrepreneurs
de passages et chemins commodes pour leur travail et de toutes autres commodités, et d'être
privés à jamais du dit droit et grâce, tant les dits hauts-justiciers que fonciers, s'ils font refus
de laisser faire les ouvertures et chemins nécessaires pour les dites mines....

Et si après l'ouverture faite d'une ou plusieurs mines en la terre d'un haut-justicier, le
filon ou la gangue, ou continuation du travail des dites mines, menait sous terre les ouvriers
et travaillants en la justice d'un autre haut-justicier, ne pourra toutefois le seïur de cette
haute-justice, prétendre aucune part au dit droit de 40ᵉ, ni autre, sinon qu'il fut besoin faire
nouvelles ouvertures et nouveaux chemins en sa dite justice, aux quels cas le dit grand
maître, ou son lieutenant général, appelé avec eux le nombre de juges portés par les
ordonnances, réglera et départira le droit qui en devra appartenir à chacun des dits hauts-
justiciers....

Et pour donner plus de courage aux étrangers plus experts et pratiques.... que ne sont
ses sujets.... S. M. veut que tous les biens qui se trouveront en ce royaume.... appartenant
à ceux qui travailleront aux dites mines, ou qui y auront part, soient conservés à leurs
héritiers, même la part qui se trouvera leur appartenir aux dites mines, sans que par leur
mort ils puissent être déclarés vacquans, et à S. M. acquis par droit d'aubaine.... encore
que les dits décédés n'eussent pris de S. M. aucunes lettres de naturalité, dont ils sont dispensés, ...

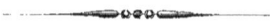

1618

Extrait du recueil des verbaux et decrets relatifs à l'homologation des chartes du Hainaut de 1619.

―――

(Conservés aux archives de la province.)

N° 20.

―

Discussion sur le droit aux mines pour les chartes nouvelles du Hainaut.

Le 10 février 1618, le conseil privé de LL. AA. SS. les archiducs Albert et Isabelle, renforcé par le chevalier Perquins, chancelier de Brabant, a dit sur les deux articles transcrits ci-dessus (1) « Il a semblé que le plomb, étain et autres minéraux doivent appartenir au prince par droit de régale ; mais comme les états soutiennet au contraire que le tout appartient au haut justicier, a été advisé de coucher la clause dernière du dit article, en ces termes : par avoir en terre non extrayé sont entendus toutes choses trouvées en terre, comme charbon, pierre, et autres semblables : mais au regard des mines de fer, l'on se réglera comme du passé. Et pour celles de plomb, étain et d'autres métaux et minéraux semblables ou plus nobles, nous entendons iceux nous appartenir par droit de régale, sauf à ceux qui voudront maintenir le contraire de se pourvoir en justice, pour notre avocat ouï, en être ordonné ce que de raison. »

Les Etats assemblés à Mons, le 13 du même mois de février, ont insisté, dans leurs délibérations pour les aides et subsides, en ces termes : « Il y a droit spécial au contraire, vu que le seigneur de Barbenson, a titre de sa haute justice, a joui de l'extraction de cuivre..... et qu'en Hainaut ce droit d'extraction est sans difficulté pour le charbon et le fer. »

Dans leur acte d'acception, en mai 1618, LL. AA. SS. ont dit : « elles entendent que le plomb, étain, cuivre et autres minéraux semblables et plus précieux leur appartiennent par droit de régale, et que ceux n'ayant que la simple haute justice ne le peuvent prétendre, s'ils n'ont de ce privilège ou droit spécial au contraire, dont jusqu'ors ceux du pays de Hainaut n'ont fait apparoir ; et si quelqu'un veut prétendre le contraire lui sera fait ouverture de justice. »

―――――

(1) Voir n° 11.

Chartes générales du Hainaut du 5 mars 1619.

(Chapitre, 122.)

N° 21.
—

Règles des
chartes
nouvelles du
Hainaut, sur
la propriété
des mines de
houille.

Art. 12. Toutes pierres, charbons, mines de fer et autres métaux étant en terre, seront réputés pour héritages, et séparés de terre seront tenu pour meubles.

13. Droit de charbonnage généralement sera tenu pour héritage, néanmoins y succéderont les enfans à égale portion autant la fille que le fils, et en pourront les héritiers puissans d'aliéner, disposer par vente, transport ou avis de père et mère, sans payer le droit seigneurial, ne fût qu'il soit tenu en fief, auquel cas la loi général des fiefs aura lieu, et en sera dû le droit seigneurial.

14. Et au regard du droit d'entrecens, il sera pareillement tenu pour héritage.

(Chapitre, 130.)

Art. 1er. Haute justice et seigneurie s'extend et comprend de faire emprisonner, piloriser... trouve de mouche à miel, de droit d'aubanitée, bâtardise, biens vaccans, épaves, avoir en terre non extrayé....

2.... Par avoir en terre non extrayé sont entendues choses trouvées en terre, comme charbon, pierre et semblables, et au regard des mines de fer, l'on se réglera comme du passé.

. . . .

14. Seigneurs hauts-justiciers sont égaux en tous cas de leur haute-justice, si par fait espécial n'appert du contraire.

1664

Nouvelle liste ou tarif du droit que S. M. a jugé convenable de faire lever, pour favoriser le commerce dans ces pays. Le 25 août 1663.

(Archives du royaume de Belgique. — Collection des placards in-folio.)

		ENTRÉE		SORTIE.	
		flor.	sols.	flor.	sols.
N° 22. — Tarif belge, droits d'entrée et de sortie.	Charbons de terre ou de pierre, houille et autres, de la valeur de cent florins, ceux de la Meuse étant libres de droit........	1	0	1	10

Tarif des droits d'entrée et sortie sur les marchandises et denrées entrantes et sortantes par terre, le 28 mars 1664.

(Archives du royaume de Belgique. — Collection des placards in-folio.)

		ENTRANTES.		SORTANTES.	
		flor.	sols.	flor.	sols.
N° 23. — Tarif belge, droits d'entrée et de sortie.	Charbons de terre ou houille, la charrée de 3000 livres	7	0	7	0

. . 5

1664

Tarif général des droits d'entrées du royaume et des provinces esquelles les bureaux ne sont établis, ordonnés être levés sur toutes marchandises et denrées, du 18 septembre 1664.

(Archives du royaume. — Bibliothèque.)

N° 24.
—
Tarif des droits d'entrée et de sortie pour les cinq grosses fermes.

Etat et tarif du droit que le Roi, étant en son conseil du commerce, a ordonné être levé sur toutes les denrées et marchandises, drogueries et épiceries qui entrent dans les provinces de Normandie, Picardie, Champagne, Bourgogne, Bresse, Poitou, Berry, Bourbonnois, Anjou, Le Maine, Thouars et châtellenie de Chantoceaux et leurs dépendances.

. . . .

	sols.	deniers.
Charbon de pierre, la banne.................................	8	
Charbon de terre, le baril....................................	8	»
Charbon de terre venant du dedans du royaume, le baril.........	»	6

. . . .

TARIF DES DROITS DE SORTIE.

. . . .

	livres.	sols.	deniers.
Charbon de pierre, la banne..............................	»	4	»
Charbon de terre, le cent de barils.......................	8	»	»
Charbon de terre en houille, la charetée, chargée de cinq poinçons 2/3..	1	2	»

. . . .

1667

Tarif des droits d'entrée et sortie sur les marchandises et denrées entrantes et sortantes par terre, du 23 décembre 1665.

(Archives du royaume de Belgique. — Collection des placards in-folio.)

N° 25.

—

Tarif belge droits d'entrée et de sortie.

	ENTRÉE.		SORTIE.	
	flor.	sols.	flor.	sols.
Charbon de forge à cuire , chaux , la rasière de Lille........	0	5	0	5
et par la Meuse et autres districts dépendans du comptoir de Givet, tant par eau que par terre, la charetée de 3,000 liv...	7	0	7	0

Déclaration du Roi en forme de nouveau tarif, pour la levée et perception des droits d'entrée et de sortie du royaume sur les marchandises et denrées y spécifiées, outre les droits portés par le tarif du 18 septembre 1664. Le 18 avril 1667.

(Archives du royaume. — Bibliothèque.)

N° 26.

—

Nouveau tarif pour les cinq grosses fermes.

A L'ENTRÉE.

Charbon de terre, le baril....................................... 24 sols.

1668

Liste des droits levés à l'entrée et à la sortie des marchandises et denrées. Du 22 août 1668.

—

(Archives du royaume de Belgique. — Collection des placards in-folio.)

N° 27.

—

Tarif belge
droits d'entrée
et de sortie.

	ENTRÉE.		SORTIE.	
	flor.	sols.	flor.	sols.
Charbons (houille) de Liège, la charetée de 100 livres........	2	10	2	10
d'Angleterre, d'Ecosse et d'autres pays, la charetée de 100 livres........	5	»	2	10
(Paillettes) de Liège, les 100 rasières..............	2	»	2	»
d'Angleterre, d'Ecosse et d'autres quartiers, les 100 rasières..............	4	»	2	»

—

État ou tarif modéré pour la perception des droits de S. M. sur les marchandises, manufactures et denrées venant de Liège pour être transportées au duché de Bouillon et pays voisin, et pour celles qui en seront amenées par le bureau de Porcheresse. Le 27 août 1668.

—

(Archives du royaume de Belgique. — Collection des placards in-folio.)

N° 28.

—

Tarif belge
droit de sortie

	flor.	sols.	deniers.
Charbon de forge ou houille, la charetée....................	0	16	0

1669

Liste des droits d'entrée et sortie sur toutes sortes de marchandises, manufactures et denrées, du 6 juillet 1669 *.

(Archives du royaume de Belgique. — Chambre des comptes, registre 82.)

			ENTRÉE.	SORTIE.
N° 29. — Tarif belge, droits d'entrée et de sortie.	Charbons.	Gros, dit houille et charbons de pierre de Liège, Angleterre, Ecosse et d'autres quartiers, chaque charrée de 144 liv.........................	0 1 1/2	0 1
		De forges ou menu charbon dit smécolen, de Liège, Angleterre, Ecosse et d'autres quartiers, la rasière d'environ 300 liv.........................	0 1	0 3/4

Arrêt du conseil d'État du 29 juillet 1669.

(Archives du royaume. — Section administrative.)

N° 50. — Remise du droit de traites foraines sur les mines de Ste.-Florine. (Auvergne)

Sur la requête présentée au Roi.... par Benoist Duvert, bourgeois de Paris, contenant... que d'ailleurs ayant fait ouvrir à grands frais une mine de charbon de terre en la paroisse de Ste.-Florine, dans l'élection de Brioude.... le Roi.... décharge les marchandises de charbon de terre de la dite mine de Ste-Florine du paiement des droits de traite foraine qui se lèvent tant au bureau de Vichy qu'autres lieux....

---

(1) La rubrique est seule en français ; la liste entière est en Thiois.

1670

Déclaration ou réglement des droits sur la sortie des gros et menus charbons, du 3 août 1669.

———

(Archives du royaume de Belgique. — Registre de la Chambre des comptes 82.)

N° 31.

—

Tarif belge, droit de sortie.

Ceux du conseil des finances du Roy ont, pour et au nom de sa majesté, et par ordre exprès de son excellence, déclaré et déclarent par cette que ne soit levé sur la sortie des gros et menus charbons que les droits énoncés par le tarif du 12 novembre 1667, non obstant les ordres à ce contraires; ordonnons à tous ceux qu'il appertiendra de, suivant ce, eux régler; le tout par provision.

———————

Ordonnance du grand bailli du Hainaut, du 6 mai 1670.

———

(Manuscrit de M. Louis Boca.)

N° 32.

—

Réglement des prix de transport de la houille sur la rivière de Haine.

Philippe François, duc d'Aremberg.

. . . .

1. Les bateliers auront pour salaire de voiture d'un cent de wague de gros charbon depuis les rivages de Bossu et en dessous jusqu'au dit Condé 20 livres tournois et des forges à l'avenant comptent 20 muids de forges pour un cent de wague de charbon.

2. Des rivages de St.-Guilain 21 l. et des forges à l'avenant.

3. Des rivages de Quarignon 22 l. et 2 liards tournois et des forges comme dessus.

4. Des rivages de Jemmapes 24 l. tournois, et des forges comme devant.

5. Il a été convenu que les dits bateliers, voituriers, ayant leurs bateaux en dessous la tenure

1670   du dit Condé auront du dit lieu jusques à Tournai pour voiture de chaque cent wague de gros charbon 18 l. tournois et des forges à l'avenant les comprenant comme ci dessus.

6. Et finalement du dit Condé jusques à Gand 26 l. tournois du dit cent de wague de charbon comptant les forges comme devant.

. . . .

Tarif pour la levée des droits sur les marchandises, manufacture et denrées entrantes ou sortantes le royaume de France, pays cédé et autres, du 18 juillet 1670.

(Archives du royaume de Belgique. — Bibliothèque. — Collection des ordonnances et réglemens in-4° vol. 11).

		ENTRÉE.		SORTIE.	
		flor.	sols.	flor.	sols.
N° 33. — Tarif belge vers la France. Droits d'entrée et de sortie.	Charbons. De pierre ou de terre, dit houille, ou gros charbon, de Liège, d'Angleterre, d'Ecosse et autres lieux, la posée de 144 liv............................	0	3	0	2
	De forge, ou menu charbon, dit smé-gruis, de Liège, d'Angleterre, d'Ecosse et autres lieux, la rasière de 300 liv. pesant.....................	0	3	0	2

Tarif des droits qui seront levés sur les marchandises, manufactures et denrées entrant ou sortant des pays de l'obéissance du Roi Catholique, et autres, dans les villes et pays cédés à S. M. par les traités des Pyrennées et d'Aix-la-Chapelle, du 13 juin 1671.

(Recueil des édits, etc., enregistrés au parlement de Flandres, t. 9, p. 63.)

N° 34.	ENTRÉE. liv. sols.	C.	SORTIE liv. sols. deniers.
Tarif pour les droits à percevoir à l'entrée et à la sortie du Hainaut, de la Flandre et de l'Artois.	Néant.	Charbon de terre ou pierre, dit *gros charbon* nommé *houille*, la wague pesant 144 liv. poids de Lille paiera..............	0 2 0
	Néant.	Et les autres mesures à proportion, charbon de forge et à cuire chaux, dit *petit charbon* ou *smégruis,* la rasière mesure de Lille, paiera......	0 2 0

Fait et arrêté en conseil royal des finances, tenu à Tournai, le 13ᵉ jour de juin 1671.

Arrêt du conseil d'état du 13 juin 1671.

(Même recueil, t. 9, p. 246.)

N° 35.

Ordre d'exécuter le tarif ci-dessus.

Le Roi s'étant fait représenter en son conseil royal des finances, les tarifs et arrêts rendus en icelui le 3 février 1669, pour les marchandises, denrées et manufactures passant des pays restés au roi catholique, en ceux qui ont été cédés à S. M..... et S. M. voulant favorablement traiter ses nouveaux sujets des dits pays, et leur donner moyen de continuer, même

1671 d'augmenter leur commerce, elle a fait arrêter en son dit conseil un nouveau tarif, par lequel les droits sont beaucoup modérés, qu'elle veut être exécuté..... ordonne que le tarif aujourd'hui arrêté en son conseil, pour la perception des droits d'entrée et de sortie sur aucunes marchandises et denrées aux bureaux établis ou à établir dans les dits pays de Flandre, Hainaut, Luxembourg, Artois et autres, ... sera exécuté selon sa forme et teneur ; et en conséquence, que les droits portés, par icelui seront payés à l'entrée et sortie des marchandises et denrées, ainsi qu'il est accoutumé pour les droits des cinq grosses fermes de son royaume....

Instruction pour l'exécution du tarif ci-dessus.

(*Même recueil*, t. 9, p. 248.)

N° 36.
Instruction
pour le tarif
ci-dessus.

Les marchandises et denrées qui sont exemptes des droits d'entrée, se doivent entendre pour la consommation, sur les terres du roi ; ce qui passe pour l'étranger, doit l'entrée à 5 pour cent de la valeur, et la sortie suivant le tarif....

. . 6

1671

Liste des marchandises, manufactures et denrées montantes et descendantes par la rivière de Meuse et de Sambre au comté de Namur et terre d'Agimont, exceptées du réglement général * dont les droits seront payés comme s'en suit. (1671)

(Archives du royaume de Belgique. — Wouters, p. 57.)

N° 57.

Tarif belge
pour le pays
de Liège.

	EN SORTANT PAR GIVET,	
Houille ou charbon de terre, la charrée de 3,000 livres pesant.....................	pour rester au pays de l'obéissance de S. M.	pour passer aux pays étrangers.
	3 flor. 0 sols	0
Houille ou charbon de terre, la charrée de 3,000 livres pesant.....................	EN ENTRANT PAR AHAINE.	
	1 0 0	

---

* Réglement pour la levée des droits d'entrée et de sortie en la province de Namur et terre d'Agimont sur les marchandises, manufactures et denrées montans et descendans les rivières de Meuse et de Sambre, 27 juin 1671. Wouters p. 44.

1671

Liste des marchandises, manufactures et denrées montantes et descendantes par la rivière de Meuse et de Sambre au comté de Namur et terre d'Agimont, exceptées du réglement général dont les droits seront payés comme s'en suit, le 8 août 1671.

(Archives du royaume de Belgique. — Collection de placards in-folio.)

N° 38.

—

Tarif belge
pour le pays
de Liège.

	EN ENTRANT PAR GIVET,
Houille ou charbon de terre la charrée de de 3,000 livres pesant...............	3 0 0
	EN ENTRANT PAR NAMUR, PAR LA SAMBRE OU PAR TERRE.
Houille ou charbon de forge, la charrée de 3,000 livres pesant...............	0 12 0

Etat de modération et taux selon laquelle Son Excellence, par avis des conseils d'état et des finances, ordonne que les droits ci-après déclarés soient levés sur les marchandises, manufactures et denrées allans et venans doiz et vers les pays et états étrangers et voisins, par les comptoirs, bureaux et districts èsquels la liste du 6 juillet 1669 est en pratique. Le 2 décembre 1671.

(Archives du royaume de Belgique. — Wouters, p. 67.)

N° 39.

—

	ENTRÉE	SORTIE.
Charbon De pierre ou de terre dit houille ou gros charbon de Liège,		
d'Angleterre, d'Ecosse et autres lieux, la pesée de 144 livres.......	0 2	0 2

1672
—

Tarif belge.
pour
l'Angleterre,
l'Allemagne
et les
provinces
unies, etc.

Charbon de forge ou menu charbon dit sméguis, de Liège, d'Angleterre, d'Ecosse et autres lieux, la rasière de 300 livres pesant. 0 1 0 0

. . . .

Sy déclare sa dite Exc. que, pour le plus grand bénéfice de l'entre cours du commerce, ne sera levé pour droit de convoi sur les denrées entrants ou sortans qu'un pour cent de la valeur, et sur les matières et manufactures qu'un quart seulement au lieu de 5/4 levé ci-devant. Lequel quart et 1 p. 0/0 respectivement sera levé tant par eau que par terre dans tous les comptoirs et bureaux ou la liste du 6 juillet 1669 est en pratique et observance sauf à l'égard de l'Allemagne et pays de Liège.

Ordonnance pour la levée des droits sur les espèces comprises au présent état, entrans et sortans les districts ou la liste du 6 juillet 1669 est en observance. Du 10 juin 1672.

(*Archives du royaume de Belgique.* — Wouters, p. 81.)

N° 40.
—

Tarif belge
pour
l'Angleterre
l'Allemagne,
etc.

	ENTRÉE.		SORTIE.	
	flor.	sols.	flor.	sols.
Charbon De pierre, dit houille de toutes sortes et lieux, la pesée de 144 liv.	0	3	0	2
De forge ou menu charbon dit smégruis, la rasière de 300 liv.	0	2 1/2	0	2

Arrêt du conseil d'Etat du 27 juin 1672.

(Archives du royaume. — Section administrative.)

N° 41.
—
Remise des
droits de
traites foraines
pour les
mines de
Ste-Florine
(Auvergne.)

Sur la requête présentée au Roi.... par les marchands de la ville de Maringue en Auvergne.... le Roi.... déclare l'arrêt du conseil du 29 juillet 1669 commun avec les dits supplians et en conséquence.... décharge les marchandises de charbon de terre des dites mines de Ste.-Florine qu'ils feront voiturer du paiement des droits de traites foraines qui se lèvent, tant au bureau de Vichy que autres lieux....

Traité pour le rétablissement du commerce entre les sujets du Roi et ceux du Roi Très-Chrétien. Du 5 octobre 1675.

(Archives du royaume de Belgique. — Wouters, p. 117.)

N° 42.
—
Convention
pour les
droits aux
frontières de
France et de
Belgique.

Art. 2. Que les droits d'entrée et de sortie se lèveront sur les marchandises qui passeront dans les villes d'Espagne et de France, sçavoir dans la province de Namur, suivant le tarif du 18 de juillet 1670, et du côté de France sur le pied du tarif de l'année 1664, et de la déclaration de S. M. T. C. de l'année 1667 pour le nouveau tarif des droits sur quelques marchandises particulières.

. . . .

Lettre du 29 janvier 1677.

(Archives du royaume de Belgique. — Wouters, p. 124.)

N° 43.
—
Tarif belge
pour la
France.

.... Son excellence a pour et au nom de S. M. par avis de ceux de ses finances déclaré et déclare par cettes, que d'ici en avant seront levés les droits d'entrée et sortie sur les marchandises, manufactures et denrées au pied des tarifs, listes et ordonnances qui ont été en usage avant le traité de Freyr.... (n° précédent).

Lettre du 16 décembre 1677.

(Archives du royaume de Belgique. — Wouters, p. 128.
Chambre des Comptes, n° 83.)

N° 44.
—
Tarif belge
pour la
France.

Son excellence a pour et au nom de S. M. par avis de ceux de ses domaines et finances quitté, comme elle quitte par cette le quart d'augmentation à l'entrée et la moitié à la sortie respectivement ordonné d'être levée depuis l'expiration du traité de Freyr en conséquence et continuation de l'ordonnance du 14 février 1674 sur toutes les marchandises, manufactures et denrées venans et partans doiz et vers le pays cédé, usurpé et la France.

Si décharge en outre S. E. les espèces licites qui se transporteront des villes et provinces de S. M. vers ledit pays et états ennemis, de la moitié du droit de sortie statué par le tarif du 8 juillet 1670.

1680

Etat de modération en faveur des traites foraines, transits et conduites dez et par les provinces de S. M. vers les pays étrangers et voisins. Le 19 décembre 1679.

―――

(Archives du royaume de Belgique. — Collection des placards infolio. — Wouters, p. 146.)

				SORTIE.	
			flor.	sols.	deniers
N° 45. — Tarif belge	Charbons.	De pierre dit houille de toutes-sortes et lieux, la pesée de 144 livres...................	0	0	9
		De forge ou menu charbon dit smégruis, la rasière de 300 livres....................	0	0	6

―――◆◆◆――

Etat ou tarif des droits d'entrée et sortie sur les marchandises, manufactures et denrées. Le 21 décembre 1680.

―――

(Archives du royaume de Belgique. — Placards.)

N° 46.
. . . . • . . . .

			ENTRÉE.			SORTIE		
			fl.	s.	d.	fl.	s.	d.
Tarif belge pour l'Angleterre l'Allemagne etc.	Charbon	De pierre ou de terre, dit houille ou gros charbon, de Liège, d'Angleterre d'Ecosse et autres lieux, la pesée de 144 livres.......................	0	1	6	0	0	9
		De forge ou menu charbon, dit smégruis de Liège, d'Angleterre, d'Ecosse et autres, la rasiére de 300 livres pesant........	0	1	0	0	0	6

Déclaration pour la levée des droits d'entrée sur les houilles d'Angleterre, d'Ecosse et de Liège. Du 11 août 1681.

(Archives du royaume de Belgique. — Placards de Brabant, t. 10, registre de la Chambre des comptes, n° 83.)

N° 47. . . . .

Tarif belge
pour
l'Angleterre
l'Allemagne
etc.

Par le roi. S. A. a, pour et au nom de S. M., par avis de ceux de ces finances, déclaré par cette qu'à l'avenir seront levés sur les houilles d'Angleterre, d'Ecosse et de Liège, à l'entrée, les droits suivans, non obstant que par le nouveau tarif du 21 décembre 1680, autrement soit disposé, savoir :

. . . .

Sur le charbon de pierre ou de terre dit houille, ou gros charbon
de Liège, d'Angleterre, d'Ecosse et autres lieux, la pesée de
144 livres, 3 sols.   0   3   0

Et sur le charbon de forge ou menu charbon dit smégruis, de
Liège, d'Angleterre, d'Ecosse et autres lieux, la rasière de 300
livres pesant, 2 sols.   0   2   0

Déclaration pour la levée des droits sur les espèces sortans les provinces de l'obéissance de S. M. Du 26 octobre 1682.

—◦⊷◦—

(Archives du royaume de Belgique. — Wouters p. 212. *— Placards de Brabant, t. 10. — Chambre des Comptes, nº 83.)*

			SORTIE
N° 48. — Tarif belge.	Charbon	De pierre ou de terre dit houille ou gros charbon de Liège, Angleterre, Ecosse et d'autres lieux, la pesée de 144 livres..	0 3 0
		De ces provinces sous certificat et serment du marchand, qu'il n'y a directement ou indirectement aucun mélange de l'étranger, la pesée de 144 livres.................	0 0 9
		De forge ou menu charbon dit smégruis de Liège, d'Angleterre, d'Ecosse et d'autres lieux, la rasière de 300 liv. pesant...	0 4 6
		De ces provinces sous certificat et serment du marchand, qu'il n'y a directement ou indirectement aucun mélange de l'étranger, la rasière de 300 livres pesant.....	0 0 6

—⊷⊶⊙⊷⊶—

..7

1685

Etat ou tarif pour la levée des droits en la province de Namur, sur les marchandises, manufactures et denrées, montant et descendant la Meuse et la Sambre. Du 14 janvier 1683.

(Archives du royaume de Belgique. — Collection des placards in-folio.
— Placards de Brabant, t. 10.)

			ENTRÉE. flor. s. d.	SORTIE. flor. s. d.
N° 49. — Tarif belge pour le pays de Liege.	Charbon	De terres ou houille, la charrée de 3000 livres.....	1 5 0	2 10 0
		Menu forge, la charrée de 3000 livres...........	1 0 0	2 0 0
		A cuire briques ou chaux, la charrée de 3000 livres.	0 8 0	0 15 0

Déclaration pour la levée des droits sur les gros et menus charbons sortans des provinces de l'obéissance de S. M. Du 21 mai 1683.

(Archives du royaume de Belgique. — Placards de Brabant, t. 10.
Wouters, p. 237.)

N° 50. — Tarif belge.	Charbon	De pierre ou de terre. dit houille ou gros charbon de Liège, d'Angleterre, d'Ecosse, d'Irlande et autres lieux, la pesée de 144 livres....................................	0 4 0
		De cos provinces, sous certificat et serment du marchand, qu'il n'y a directement ni indirectement aucun mélange de l'étranger, la pesée de 144 livres.................	0 2 6

1685		

Charbon
⎧ De forge ou menu charbon dit smégruis, y compris les gaillettes d'Angleterre, d'Ecosse, d'Irlande et autres lieux, la rasière de 300 livres pesant...................... 0 6 0

De ces provinces, sous certificat et serment du marchand, qu'il n'y a directement ni indirectement aucun mélange de l'étranger, la rasière de 300 livres pesant.......... 0 4 0 ⎭

Et sur les houilles ou gros charbons d'Angleterre, d'Ecosse, d'Irlande 4 sols pour droit d'entrée de la wague ou pesée de 144 livres et sur le menu charbon, y compris les gaillettes 4 sols de la rasière de 300 livres pesant, non obstant que ci-devant il y ait été autrement disposé.

Lettre du 2 juillet 1683.

(Archives du royaume de Belgique. — Wouters, p. 238.)

N° 51.
—
Tarif belge.

.... Son Excellence, a pour et au nom de S. M. par avis de ceux de ses finances déclaré et déclare par cettes que les droits d'entrée et de sortie sur les houilles et charbons tant étrangers que du pays d'Haynau se doivent lever tant à l'entrée qu'à la sortie, sur le pied et réglement qui s'observait avant l'admodiation générale, (1) et ce, non obstant tous ordres, listes et réglements qu'il peut y avoir au contraire....

(1) L'admodiation générale était ce qu'en France on nommait la ferme générale. Le réglement qui précède cette admodiation générale est celui du 21 mai 1683.

. 1686

Ordonnance pour la levée des droits sur les houilles et charbons étrangers entrans les comptoirs de Nieuport, Ostende, St-Donas et Zelsate. Le 12 février 1686.

———

(Archives du royaume de Belgique. — Wouters, p. 269.)

N° 52. — Tarif belge pour l'Angleterre.	Charbon	De pierres et terres, dit houille ou gros charbon venant des pays étrangers, la pesée de 144 livres........... 0 3 0 De forge ou menu charbon dit smégruis, la rasière de 300 livres pesant............................... 0 3 0

———

Traité de Crespin, du 14 août 1686.

———

(Bibliothèque de M. A. Leroy.)

N° 53.
—
Réglement
pour les
navigations
de Mons
et de Condé.

Nous abbé de Bonne-Espérance, député ordinaire des états de Mons, et M. de Valicourt, subdélégué à l'intendance à Condé et autres lieux, sur les difficultés qui recommençaient à naître entre les bateliers de Mons et Condé au sujet de la navigation, ...

.... Nous avons réglé par provision sous les bons plaisirs des rois nos maîtres.....

Les maîtres bateliers de Mons prendront leurs tours avec ceux du dit Condé, suivant le terme de leur réception à la navigation, pour charger aux rivages de Boussu, Carignon et autres.

. . . .

Ayant aussi été représenté que les voitures sont beaucoup plus chères qu'elles ne devraient être, eu égard au bon marché des vivres, les dits bateliers n'ayant pas voulu convenir du prix.

1689 Nous, après avoir entendu les raisons des marchands et bateliers, et tout considéré, avons aussi par provision.... réglé : que les voitures seront payées savoir :

De Boussu à Condé 14 livres monnaie de Hainaut du cent de wagues.

De St-Ghislain 15 livres.

De Carignon au dit lieu 16 livres.

De Jemmappes au dit lieu 18 livres.

Du dit Boussu à Tournai 20 livres.

Et 26 livres jusqu'à Gand.

Et qu'il sera payé pour le charbon des forges d'Enghien, à raison de 20 muids de charbon pour un cent de wagues.

Arrêt du Conseil d'Etat, du 20 avril 1689.

(Archives du royaume. — Section administrative.)

N° 54.
—
Ordre du Roi au duc de Nevers de passer bail de ses mines au sieur Martin.

Sur ce qui a été représenté au roi.... qu'il y a des minières de charbon de terre dans le duché de Nevers aux environs de Decize dont l'exploitation est abandonnée par ceux qui en sont les fermiers; que ces mines étant assez abondantes pour fournir seules tout le charbon de terre qui se peut consommer dans le royaume, si elles étaient bien travaillées;... que pour cela il conviendrait de faire des aqueducs et autres ouvrages considérables, lesquels Mr Nicolas Martin aurait offert d'entreprendre,.... moyennant qu'il plût à S. M. d'ordonner au sieur duc de Nevers de passer bail au dit Martin par emphitéose pour 27 années des dites minières aux mêmes clauses et conditions du bail courant, de décharger de taille...... et de permettre au dit Martin de rendre navigable le ruisseau qui est en dessous de la décharge de l'étang de la Meule, et pour cet effet de construire les écluses qu'il conviendra pour le conduire en Loire, et prendre les héritages nécessaires en dédommageant les propriétaires de gré à gré, sinon au dire d'expert.... moyennant quoi le dit Martin et ses ayant cause demeureront propriétaires incommutables du dit canal à perpétuité avec faculté de percevoir sur icelui les droits qui seront réglés.... vu la requête du dit Martin, laquelle a été communiquée au dit sieur duc de Nevers et sa réponse contenant, qu'il se rapporte à S. M. d'ordonner ce

1689

qu'il lui plaira, à condition qu'il ne pourra être tenu d'aucuns dommages et intérêts pour l'inexécution du bail par lui passé.....

Le Roi.... ordonne que le sieur duc de Nevers passera bail au dit Martin par emphitéose de 27 années, des minières de charbon de terre qui lui appartiennent aux environs de Decize, aux mêmes prix et conditions du bail courant, lequel demeurera nul et résolu, sans que le fermier des dites minières puissent prétendre aucuns dommages et intérêts contre le dit sieur duc de Nevers pour la résolution du dit bail. En conséquence ordonne S. M. que les ouvriers liégeois qui travailleront..... jouiront de l'exemption.... permet au dit Martin de prendre les héritages nécessaires pour faire un chemin de 5 toises de large pour faciliter le transport des charbons, comme aussi de rendre navigable le ruisseau.... et pour cet effet de prendre les héritages qu'il conviendrait en dédommageant les propriétaires de gré à gré, sinon au dire d'expert.... dont les parties conviendront par devant le sieur commissaire départi en la généralité de Moulins, que S. M. a commis à cet effet, ou qui seront par lui nommés d'office, moyennant quoi le dit sieur Martin et ses ayant cause demeureront propriétaire du dit canal avec faculté de percevoir sur icelui les droits qui seront réglés.....

Arrêt du Conseil d'Etat, du 16 juillet 1689.

(Archives du royaume. — Section administrative.)

N° 55.

Privilège au duc de Montausier pour l'exploitation des mines de houille de France.

Vu par le Roi.... le placet présenté à S. M. par le duc de Montausier tendant à ce qu'il lui plaise accorder le don et permission, à ses hoirs, successeurs et ayant cause, à perpétuité, de faire ouvrir et fouiller dans l'étendue de toutes les terres et seigneuries de l'obéissance de S. M. toutes les mines et minières de charbon de terre qui se trouveront tant ouvertes qu'à ouvrir, à l'exception de celles du Nivernois accordées à M. le duc de Nevers, en dédommageant les propriétaires en sorte qu'ils n'en reçoivent aucun préjudice, avec faculté de faire vendre et débiter le dit charbon en gros et en détail en payant seulement les droits réglés par le tarif de septembre 1664....

Le Roi.... accorde au dit sieur duc de Montausier et ses hoirs, successeurs et ayant cause pendant le tems de 40 années, le don et permission de faire ouvrir et fouiller dans l'étendue des terres et seigneuries de l'obéissance de S. M. toutes les mines et minières de charbon de terre qu'il découvrira de gré à gré des propriétaires en les dédommageant préalablement

1691

suivant et ainsi qu'il sera convenu entre eux avec faculté de vendre et débiter le charbon
qu'il tirera des dites mines et minières en gros et en détail en payant seulement les droits
portés par le tarif du mois de septembre 1664, sans néanmoins que le dit sieur duc... puisse
... faire aucune ouverture de mines dans le Nivernois accordées au dit sieur duc de Nevers,
n'y empêcher les propriétaires de continuer à faire travailler les mines qui sont ouvertes.

. . . .

Lettre du 30 janvier 1691.

(Archives du royaume de Belgique. — Wouters, p. **281.**)

N° 56.

—

Tarif belge
pour la
France.

S. Ex. a, pour et au nom de S. M.... déclaré et déclare par cette, que sur toutes les espèces
permises qui se conduiront de ces pays vers la France et pays cédé, seront levés dorénavant les
pleins droits de sortie réglés par le tarif du 18 juillet 1670 non obstant que par l'ordonnance
du 28 juin 1689 ils avaient été provisionnellement réduits à la moitié.

Arrêt du Conseil d'Etat, du 29 avril 1692.

(Archives du royaume. — Section administrative.)

N° 57.

Confirmation
du privilège
du duc de
Montausier
en faveur
de la duchesse
d'Usez.

Vu la requête présentée.... par la dame duchesse d'Usez fille et héritière du feu sieur duc de Montausier, contenant que.... par arrêt du 16 juillet 1689....

.... Le décès du dit feu duc de Montausier étant arrivé sans avoir obtenu de lettres patentes, et la suppliante n'ayant pu jusques à présent y donner aucune attention.... elle a seulement consenti que les sieurs Taigny et de Mason, avec lesquels elle s'est accommodée, fassent ouvrir et fouiller dans l'étendue des terres de Retty, Austry, et dans les terres d'Arquiau, situées en Boulonnais et dans la généralité d'Orléans, dans les lieux où ils sont seigneurs hauts justiciers et propriétaires, toutes les mines et minières de charbons de terre.... sans payer aucun droit à la suppliante.

A ces causes requérait qu'il plût à S. M. sur celui pourvoir et confirmer en sa faveur le don fait audit sieur duc de Montausier.... aux exceptions portées par le dit arrêt.... et aux conventions faites avec les dits sieurs de Taigny et de Mason.

. . . .

Le Roi.... confirme à la dame duchesse d'Usez et à ses hoirs successeurs ou ayant cause, le don et permission accordé au feu sieur duc de Montausier.... sans néanmoins que la dite dame, ses hoirs, successeurs et ayant cause puissent.... faire aucune ouverture de mines dans le Nivernais,... ni dans les terres de Retty, Austry et d'Arquiau situées dans le Boulonnois et la généralité d'Orléans, dans les quelles les sieurs de Taigny et de Mason sont seigneurs et hauts justiciers, comme aussi empêcher les propriétaires de continuer à faire travailler les mines qui sont ouvertes....

1695

Arrêt du Conseil d'Etat du 3 juillet 1692.

(Archives de la République. — Section administrative.)

N° 58.

—

Fixation
d'un droit
uniforme
sur la houille
à toutes
les entrées.

.... S. M. a ordonné et ordonne qu'à commencer du 1er août prochain..... les marchandises mentionnées au dit tarif du mois d'avril 1667, venant des pays étrangers, pour lesquelles il n'a pas été prononcé autrement par S. M. par les réglements et arrêts rendus depuis pour aucunes d'icelles paieront les droits portés par le dit tarif à toutes les entrées du royaume, tant des cinq grosses fermes que des provinces réputées étrangères et pays conquis, cédés et réunis et celles ci-après spécifiées paieront à toutes les dites entrées, savoir.... charbon de terre, le baril, 30 sols....

Liste des denrées et espèces qui pourront entrer en France, nonobstant la défense du commerce, parmi passeport de guerre des Intendans. Du 4 juin 1693.

(Archives du royaume de Belgique. — Conseil des finances de Bruxelles, registre 84.)

N° 59.

—

Tarif belge
pour la
France.

Charbons de toutes sortes.

DROITS D'ENTRÉE.
simples droits du tarif
de 1670.

..8

1694

Déclaration du conseil des finances de Bruxelles. Du 30 août 1693.

(*Archives du royaume de Belgique.*)

N° 60.

—

Tarif belge
pour la
France.

Ceux du conseil.... déclarent par cettes que les.... houilles.... du plat pays de Namur et d'Haynau, non compris dans la liste du 4 de juin dernier, pourront entrer eu payant les simples droits du tarif de l'an 1670.

Arrêt du Conseil d'Etat du 19 janvier 1694.

(*Archives de la République. — Section administrative.*)

N° 61.

—

Les intendans
juges des
différents
sur le
privilège
de la duchesse
d'Usez.

Sur la requête présentée.... par la dame duchesse d'Usez, contenant qu'en l'année 1689 S. M. ayant accordé au feu sieur duc de Montausier.... le don et permission.... de faire ouvrir et fouiller toutes les mines et minières de charbon.... S. M. a bien voulu confirmer le dit don au profit de la dite supplianto par arrêt du conseil et lettres patentes du 29 avril et 5 mai 1692, mais s'étant mise en devoir aussi bien que les particuliers qui ont droit d'elle, de faire travailler aux dites mines et minières,.... elle et les dits particuliers ont été traversés par les propriétaires des dites terres, partie des quels sont juges des lieux où sont situées les dites mines et minières.... et comme les sieurs commissaires départis dans les provinces ont toujours connu des contestations survenues entre les propriétaires des terres où les dites mines et minières ont été trouvées et les donataires du Roi, la dite dame suppliante a recours à S. M. pour par lui être sur ce pourvu.

A ces causes requérait....

1695   Le Roi.... ordonne que pendant le tems de trois ans, les procès différens qui pourront survenir à l'occasion des dites mines et minières de charbon de terre et des dédommagemens des propriétaires des dites terres et autres contestations pour raison de l'exécution du dit privilège seront instruits et jugés par les intendans et commissaires départis dans les provinces et généralités du royaume, chacun dans leur département, aux quels S. M. en a attribué toute cour, juridiction et connaissance, sauf l'appel de leurs ordonnances, ainsi qu'il appartiendra.....

Arrêt du Conseil d'Etat du 4 janvier 1695.

(Archives de la République. — Section administrative.)

N° 62.
—

Confirmation du privilège de la duchesse d'Usez et répression de l'extension que l'on veut y donner.

Vu par le Roi..... les requêtes présentées.... par François Goupil, étant aux droits de la dame duchesse d'Uzes.... et la dite dame duchesse d'Usez, d'une part, et les propriétaires des mines de la province d'Anjou, d'autre part; par lesquels le dit Goupil a conclu à ce qu'en exécution du don fait au feu sieur duc de Montausier, et à la dame duchesse d'Uzes.... Il plaise à S. M. ordonner que tous propriétaires d'héritages où il a été ouvert des mines de charbon, ensemble de ceux qui sont propres à en ouvrir et fouiller, soient tenus de les abandonner, en les dédommageant par lui de gré à gré sinon, à dire d'expert, à la charge par eux de rendre compte, tant des dépenses que du profit qu'ils auront faits, aux dites ouvertures; qu'il soit fait défenses aux dits propriétaires, travailleurs, mineurs et autres, de troubler le dit Goupil, et à tous autres juges que les sieurs intendans.... de connaître des contestations qui surviendront pour raison de ce, et que les sentences rendues, tant au présidial, que par les consuls de la ville d'Angers, soient cassées; la dite dame d'Usez, à ce que les propriétaires des mines de charbon soient déboutés de leurs prétentions, qu'en confirmant et interprétant par S. M., il lui plaise déclarer que les mines ouvertes avant le don qui lui a été fait, en font partie, en dédommageant les propriétaires des héritages où elles se trouvent. A l'égard des mines ouvertes depuis le dit don, et de celles à ouvrir, qu'elle pourra seule les faire fouiller et ouvrir, à l'exclusion de tous autres, même des propriétaires; et les propriétaires des dites mines de leur part, ont conclu à ce qu'il soit fait défenses à la dite dame duchesse d'Usez, et au dit Goupil exerçant ses droits et à tous autres, de les troubler dans la faculté de travailler les mines ouvertes, et à ouvrir dans leurs fonds, et de vendre les charbons en provenant, sauf aux dits donataires d'ouvrir et fouiller les mines étant dans les fonds appartenant à S. M. où

1696   dans les fonds des particuliers qui ne voudraient pas eux-mêmes en faire les ouvertures....
L'arrêt du conseil du 16 juillet 1689.... autre arrêt du 29 avril 1692,.... l'arrêt du dit conseil
du 19 janvier 1694,.... l'ordonnance rendue par le sieur de Miromesnil,.... commissaire
départi en la généralité de Tours le 2 avril suivant, par laquelle.... et attendu que le don ne
porte pas exclusion aux propriétaires de faire ouvrir et fouiller des mines dans leurs fonds,
et qu'il est de l'intérêt public que les mines ouvertes ne soient point abandonnés, et que les
charbons y soient vendus et distribués, il a ordonné,.... jusqu'à nouvel ordre de S. M., que
les charbons seront, vendus et distribués en la manière accoutumée par les propriétaires....
autre ordonnance rendue par le dit sieur de Miromesnil, le 26 juillet en suivant, par laquelle
il a ordonné l'exécution de la présente,.... les significations faites des dits arrêts et lettres
patentes.... lesquelles sont falsifiées et altérées, et non conformes aux originaux....

    Le Roi.... ordonne que le dit arrêt du 29 avril 1692, et les lettres patentes du 5 mai en
suivant, registrées au parlement de Paris, seront exécutées selon leur forme et teneur; ce
fesant, que la dite dame duchesse d'Usez pourra faire ouvrir et fouiller toutes les mines et minières de charbon de terre qu'elle découvrira, conformément au dit arrêt et au dites lettres,
du consentement néanmoins des propriétaires, et en les dédommageant préalablement de gré
à gré, suivant et ainsi qu'il sera convenu entre eux; et à l'égard des mines ouvertes par les
propriétaires, S. M. fait défenses à la dame d'Usez et tous autres de les troubler.... sans qu'à
l'avenir les dits propriétaires puissent faire ouvrir les mines qui se trouveront sur leur fonds,
sans le consentement de la dite dame duchesse d'Usez, ou de ceux qui auront ses droits.....
ordonne que par le dit sieur de Miromesnil il sera informé contre les auteurs de l'addition et
falsification faites dans les copies et significations qui ont été faites du dit arrêt du conseil du
29 avril et lettres patentes du 5 mai 1692....

Edit de mars 1696.

(*Recueil des édits, etc., enregistrés au parlement de Flandre*, t. 2 p. 484.)

N° 65.

Création de
jurés
compteurs
et mesureurs
de charbons.

    .... Les officiers que les rois nos prédécesseurs et nous avons créés dans notre bonne ville
de Paris, pour y exercer la police sur le bois et sur le charbon, loin d'être à charge à la dite
ville, lui ont produit un avantage si considérable.... que le public se trouve récompensé
beaucoup au de là du droit qu'il paie aux dits officiers; nous avons depuis fait de pareils

1696 établissemens et avec même succès dans nos villes de Rouen et de Lyon, c'est ce qui nous a fait prendre le dessein de créer encore de pareils offices dans les autres villes principales de notre royaume.... érigons à titre d'offices hériditaires, des jurés-mouleurs, visiteurs, compteurs, mesureurs et peseurs de tous bois à bruler et charbons qui seront amenés, tant par eau que par terre, pour les villes et faubourgs de notre royaume, pays conquis, terres et seigneuries de notre obéissance.... auxquels officiers nous avons attribués et attribuons 3 sols pour livre du prix des bois et charbons où le bois sera vendu 6 liv. la corde et au dessous, 2 sols 6 deniers pour livre où il sera vendu depuis 6 liv. jusqu'à 10 liv., et 2 sols pour livre où il sera vendu 10 liv. et au dessus.... à l'effet de quoi les tarifs des dits droits seront arrêtés par les sieurs intendans et commissaires départis.....

ÉTAT *des villes dans lesquelles S. M. veut qu'il soit établi des offices de jurés-mouleurs, visiteurs, compteurs, mesureurs et peseurs de tous les bois à bruler et charbons....*

. . . .

Généralité d'Amiens, Boulonnois et Artois.

. . . . . .	Aire.	Bapaume.
. . . . . .	St.-Omer.	St-Venant.
Arras	Cassel.	. . . .
Béthune	Hesdin.	. . . .

. . . .

Flandre wallonne.

Lille.	Courtrai.	Bourbourg.
Tournai.	Condé.	Warvic.
Cambrai.	St.-Amand.	Bailleul.
Douai.	Orchies.	Armentières.
Valenciennes.	Bouchain.	
Menin.	Tourcoin.	

Département de Dunkerque et places de Flandre du côté de la mer.

Dunkerque.		Gravelines.
Bergues-St.-Winock.		Ypres.

Hainaut.

Mons.	Landrecies.	Binche.
Lequesnoy.	Avesnes.	Marienbourg.
Maubeuge.	Philippeville.	Thionville.

Récopilation des ordonnances dérogatoires et autres changemens au tarif du 21 décembre 1680, que S. A. Electorale a ordonné être observés et exécutés doiz et vers les royaumes et états, vers lesquels le dit tarif opère. Du 15 novembre 1697.

———

(Archives du royaume de Belgique. — Wouters, p. 297.)

N° 64. . . . .

—

| Tarif belge pour l'Angleterre l'Allemagne etc. | par ordonnance du 12 février 1686 (1). | Charbon. | De Pierre terre, dit houille ou gros charbons venans des pays étrangers, la pesée..... | 0 | 3 | 0 |
| | | | De forge ou menu charbon, dit smégruis, la rasière de 300 livres................. | 0 | 3 | 0 |

———

Récopilation des états de modérations et ordonnances dérogatoires au tarif du 18 juillet 1670, que S. A. Electorale a (par avis du conseil des finances) ordonné et ordonne être observées doiz et vers les royaumes et états vers lesquels le tarif opère. Du 15 décembre 1697.

———

(Archives du royaume de Belgique. — Wouters, p. 310.)

| N° 65. | De pierre ou terre, dit houilles ou gros charbons des pays étrangers, la pesée de 144 liv........ | 0 | 2 | 0 |
| Tarif belge pour la France. | | | | |

———————————————————

(1) Cette ordonnance est uniquement relative aux charbons étrangers qui entraient aux comptoirs de Nieuport, Ostende, St.-Donat et Zelzate.

1698

par

ordonnance

du 12 février

1686.

Charbons
d'houilles.

de ces provinces, sous certificat et serment du
marchand qu'il n'y a directement ou indirectement aucun mélange de l'étranger, la pesée
de 144 liv............................... 0 0 9
De forge ou menu charbon dit smégruis des pays
étrangers, la rasière de 300 liv.............. 0 3 0
de ces provinces, sous certificat du marchand
qu'il n'y a directement ou indirectement aucun mélange de l'étranger, la rasière de 300
livres................................... 0 0 6

Arrêt du Conseil d'Etat du 23 mai 1698.

(Archives de la République. — Section administrative.)

N° 66.

—

Suppression
du privilège
d'Usez
de la duchesse
et retour aux
dispositions
de l'arrêt
de 1601.

Entre les prieure et religieuses du couvent de Ste-Florine en Auvergne, de l'ordre de Fon-
tevrault, les consuls, habitans et communauté de la même paroisse, et Antoine Chabillon,
habitant du même lieu, demandeurs en requête.... et défendeurs d'une part ; messire Charles
de Crussol, duc d'Usez, premier duc et pair de France, donataire des mines de charbon de
terre du royaume, à la réserve de celles du Nivernois et autres mentionnées dans le don du
Roi, défendeur et demandeur en requête.... d'autre ; et Jacque Vacherot et Mathieu Courtiade,
subrogés aux droits du dit sieur duc d'Usez, pour l'exploitation des mines de charbon de terre
des provinces d'Auvergne et de Forez, intervenant...... encore d'autre part. Vu par
le Roi,..... la dite requête.... tendante à ce qu'il plut à S. M. de déclarer l'arrêt du
4 janvier 1695 rendu au sujet des mines de charbon de terre de la province d'Anjou
commun entre les parties ; ce fesant, sans avoir égard à l'ordonnance du sieur Dormesson,.... commissaire départi en Auvergne, du 30 septembre 1697, qui sera cassée et
annullée, tant comme rendu par juge incompétent qu'autrement, maintenir et garder les demandeurs dans la possession des mines de charbon de terre de la dite paroisse de Ste.-Florine,
avec défenses au dit sieur duc d'Usez, et à ses dits fermiers de les y troubler,... avec défense
de faire ouvrir n'y fouiller aucune mine de charbon de terre sur les héritages et communes
des demandeurs, si ce n'est de leur gré et consentement ;.... la dite requête des demandeurs
tendant à ce qu'en rectifiant leur première demande, ils soient reçus opposans à l'exécution de
l'arrêt du conseil royal du 16 juillet 1689.... même à l'exécution de l'arrêt du dit conseil du
29 avril 1692.... et fesant droit sur l'opposition, que ce droit soit révoqué comme ayant été

5

1698   obtenu au préjudice de l'ordonnance de Henri IV du mois de juin 1601, avec défense au dit sieur duc d'Usez et à tous autres de s'en aider et servir ;.... la requête du dit sieur duc d'Usez..... tendante à ce que les demandeurs soient déclarés non recevables et mal fondés en leurs requêtes, et celle des dits Vacherot et Courtiade,.... tendante à ce que sans avoir égard à celles des demandeurs, il soit ordonné que les ordonnances du sieur Dormesson seront exécutées selon leur forme et teneur, sinon en cas de révocation du don de ces mines, que les dits Vacherot et Courtiade soient remboursés de tous les frais de poursuite,.... ensemble des sommes par eux employées et avancées pour le rétablissement des mines appelées la commune de Gros Meney, les Gours haut et la Loge, dont il s'agit,.... si mieux n'aime S. M. ordonner que les dits Vacherot et Courtiade jouiront pendant 15 années de la dite mine appelée la commune de Gros Meney, aux offres qu'ils font de payer annuellement aux habitans et communauté de la paroisse de Ste.-Florine la somme de 300 livres pour laquelle cette mine avait été par eux ci-devant affermée; et qu'à l'égard des mines de Gours haut et de la Loge, les dits fermiers seront remboursés des dépenses qu'ils ont faites... sinon qu'ils en continueront l'exploitation à leur profit, jusqu'à l'actuel remboursement, et que le sieur duc d'Usez soit en outre condamné à leur rendre et restituer les sommes par eux payées en exécution de leur bail.... la copie du dit arrêt du 16 juillet 1689.... autre copie d'arrêt.... du 29 avril 1692 .... et la copie de l'arrêt du parlement de Paris.... qui ordonne purement et simplement l'enregistrement des dites lettres patentes. Autre exemplaire.... de l'arrêt du conseil du 4 janvier 1695.. . l'ordonnance de Henri IV du mois de juin 1601 portant article premier la confirmation des anciennes ordonnances touchant lé droit de dixième appartenant au Roi sur toutes les mines et minières du royaume, et dont l'article 2 porte : sans toutefois..... (voir l'ordonnance n° 18), l'ordonnance du sieur Dormesson... par laquelle, entr'autres choses, il est ordonné que le sieur duc d'Usez sera mis en possession de la mine de Gours haut appartenante aux dites religieuses, de celle appelée la commune de Gros Meney appartenante à la communauté de la paroisse de Ste.-Florine, et de celle de la Loge appartenante à Antoine Chabillon comme ayant les dites mines été ouvertes depuis la concession du dit don.... La copie de l'arrêt du conseil du 19 janvier 1694.....

. . . .

Le Roi,.... ayant aucunement égard aux requêtes des demandeurs et interprétant entant que besoin serait l'arrêt du 4 janvier 1695 et autres rendus en conséquence du don fait le 16 juillet 1689, sans s'arrêter aux ordonnances du sieur Dormesson.... maintient et garde les dits demandeurs en la possession , jouissance et propriété des mines de charbon de terre appelées la commune de Gros Meney, les Gours haut et la Loge, ensemble de toutes les autres mines de pareille qualité qu'ils ont fait ouvrir sur leur fonds, leur permet d'en continuer l'exploitation, comme ils fesaient et auraient pu faire avant les dites ordonnances, fait défenses au sieur duc d'Usez.... de les y troubler.... sauf aux dits Vacherot et Courtiade à se pourvoir pour raison de leurs prétentions contre le dit sieur duc d'Usez,.... permet S. M. aux demandeurs, et à tous propriétaires de terres où il y a des mines de charbon de terre, ouvertes et non ouvertes, en quelques endroits et lieux du royaume qu'elles soient situées de les ouvrir et exploiter à leur profit, sans qu'ils soient obligés d'en demander la permission au dit duc d'Usez ou autres, sous quelque prétexte que ce puisse être, dérogeant à cet égard à tous arrêts lettres patentes, dons, concessions et privilèges à ce contraire, qu'elle pourrait avoir ci-devant accordé....

1701

Arrêt du Conseil d'Etat du 28 octobre 1698.

———

(Archives de la République. — Section administrative.)

N° 67.
—
Le droit sur la houille entrant en Flandre et fixé à 10 sols.

Sur ce qui a été représenté.... par les magistrats et habitans du Hainaut et de la Flandre française que M. Thomas Templier adjudicataire des fermes unies de S. M. en vertu d'un arrêt du conseil du 3 juillet 1692.... prétend être en droit de faire lever à l'entrée du Hainaut .... et à l'entrée de la Flandre.... le droit porté par le dit arrêt.... Le Roi.... ordonne.... par provision, sans tirer à conséquence que les charbons de terre provenant des mines qui sont dans la dite partie du Hainaut rendue au roi d'Espagne paieront seulement 10 sols par baril à l'entrée de la partie du Hainaut restée à S. M. et de la Flandre française....

———

Arrêt du Conseil d'Etat du 6 septembre 1701.

———

(Archives de la République. — Section administrative.)

N° 68.
—
Révocation des avantages commerciaux accordés à l'Angleterre. fixation du droit à l'entrée sur la houille anglaise à 1 fr. 10 sols.

Le Roi.... aurait été informé que par les réglemens faits dans quelques pays étrangers, et principalement en Angleterre, les marchands et négocians sujets de S. M. ne peuvent y faire un commerce aussi étendu et avec les mêmes avantages que les étrangers, et entr'autres les anglais, peuvent faire en France, où ils apportent librement, non seulement les marchandises du cru de l'Angleterre, mais encore celles qui y sont fabriquées avec des matières venant d'autres pays, et même des marchandises qui ne sont ni du cru ni de la fabrique d'Angleterre, et qu'ils tirent d'ailleurs. Qu'ils peuvent aussi décharger leurs marchandises d'une même cargaison, en différens ports et les y vendre par eux mêmes ; refaire pareillement leur cargaison de retour en différens ports du royaume et y faire les achats par eux mêmes des marchandises dont ils ont besoin, au lieu que les marchands et négocians français ne peuvent porter en Angleterre que des marchandises du cru de France dont quelques unes sont mêmes entièrement prohibées, et d'autres tellement chargées de droits à l'entrée, qu'on ne peut y en faire

.. 9

1701 commerce qu'avec beaucoup de perte, qu'ils n'ont pas même la liberté de négocier de port en port, et de vendre par eux mêmes les marchandises de leur cargaison, ni acheter celles dont ils peuvent avoir besoin, étant obligés pour faire la vente des marchandises qu'ils ont portées, et pour faire l'achat de celles du pays, de se servir des courtiers ou marchands des villes où ils veulent négocier. Que d'ailleurs les négocians français sont obligés de payer, outre les droits d'entrées, 3 livres 10 sols pour droit de fret, par tonneau de la continence des vaisseaux français qui abordent en Angleterre, pendant qu'en France les négocians ou maîtres de navires étrangers, les anglais comme les autres, qui arrivent et déchargent leurs marchandises dans les ports du royaume, ne paient que 50 sols par tonneau pour les droits de fret. Et S. M. voulant établir dans son royaume des règles convenables, au moyen desquelles les étrangers, chez lesquels les marchands français ne peuvent négocier librement ne soient pas plus avantagés dans le commerce qu'ils font en France que le sont chez eux les sujets de S. M....

Le Roi.... interdit et prohibe l'entrée dans le royaume, par tous les ports, passages, provinces.... les marchandises ci après énoncées, du cru et fabrique d'Angleterre, Ecosse, Irlande et autres pays en dépendans, soit qu'elles viennent en droiture des dits pays, ou après avoir été entreposées en d'autres pays, à peine de confiscation des marchandises et des vaisseaux et autres bâtimens de mer sur lesquels elles seraient apportées, soit par les dits vaisseaux ou bâtimens de mer soient anglais ou français ou d'autres nations, et de 3000 livres d'amende contre les marchands du royaume qui recevront les dites marchandises, savoir :

. . . .

Ordonne S. M. que sur les marchandises ci après spécifiées venant des dits pays d'Angleterre, Ecosse, Irlande et autres en dépendant, sur quelques vaisseaux qu'elles arrivent, il sera payé à toutes les entrées du royaume pour tous droit savoir :

. . . .

Charbon d'Angleterre, le baril. . . . .   1 livre 10 sols.

. . . .

Ordonne en outre S. M. que les vaisseaux anglais qui aborderont dans les ports du royaume soit pour y décharger des marchandises d'Angleterre non prohibées ou pour y charger des marchandises de France, paieront, outre les droits d'entrée ou de sortie établis par les tarifs, arrêts et réglemens, 3 livres 10 sols pour droit de fret, au lieu de 50 sols portés par l'ordonnance des fermes de l'année 1681, par chaque tonneau de la continence à morte charge des dits vaisseaux anglais, soit qu'ils soient commandés par des anglais, ou par des maîtres de navires d'autres nations....

1705

Articles convenus pour faciliter le commerce entre les sujets d'Espagne et de France. A Bruxelles, le 15 mars 1703.

(Dumont, *corps diplomatique*, t. 8, p. 125.)

N° 69.

—

Suppression des droits de douanes sur les houilles belges transitant, par Condé.

. . . .

Marchandises des Pays-Bas Espagnols passant en France.

. . . .

12. Les charbons de terre du Hainaut Espagnol qui seront déclarés au bureau de Condé pour passer dans les Pays-Bas Espagnols demeureront déchargés du droit d'entrée de 5 sols par baril, porté par l'arrêt du conseil de France du 21 décembre 1700, ensemble du paiement des droits de sortie, et paieront seulement le droit de 2 sols 6 deniers par wague dûs au domaine de S. M. très chrétienne à Condé, celui de 18 livres 17 sols 6 deniers par bateau pour le droit de la grande écluse, le droit de 4 livres 10 sols aussi par bateau pour le droit de l'état-major et le droit de péage appartenant à M. le comte de Solre de 24 patars par bateau.

. . . .

Arrêt du Conseil d'Etat du 29 juin 1703.

—

(*Archives de la République. — Section administrative.*)

N° 70.

—

Droit de 10 sols sur le

Vu.... la requête présentée par les maîtres des forges des provinces de Picardie et de Champagne contenant que depuis l'augmentation des droits d'entrée sur le charbon de terre venant des pays étrangers, faite par arrêt du conseil du 3 juillet 1692, cette marchandise a

1705

charbon en-
trant en
Picardie et
en Champagne
par le Hainaut
ou la Flandre.

toujours été très chère et a fait aussi augmenter considérablement le prix de celles pour la fabrication ou préparation desquelles on se sert de charbon de terre. Que cette augmentation n'a été faite qu'en vue de procurer une plus grande consommation du charbon de terre des mines du royaume, mais que depuis que le dit arrêt du 3 juillet 1692 a été rendu, les négocians qui ont fait le commerce de cette marchandise et qui ont soin de faire les fournitures pour les besoins des dites provinces, ont cherché tous les moyens possibles pour tirer du charbon de terre des mines du Nivernois et d'autres provinces des cinq grosses fermes, pour éviter le paiement des dits droits, et qu'il s'est trouvé que le charbon de terre qu'ils ont fait venir de ces provinces, revenait à plus haut prix que ceux du Hainaut et de la Flandre, dont on a coutume de se servir, qu'ainsi l'augmentation des droits d'entrée sur le charbon de terre faite par le dit arrêt du 3 juillet 1692 est entièrement à charge aux sujets de S. M. sans produire aucun effet avantageux puisque les négocians et les maîtres de forge de Picardie et de Champagne ont encore plus d'avantage à consommer les charbons de la Flandre et du Hainaut, en payant les droits que de tirer des charbons du Nivernois dont les frais de transports sont exhorbitans et les routes très difficiles et presqu'impraticables.

À ces causes requéraient qu'il plût à S. M. décharger les charbons de terre venant de la Flandre ou du Hainaut du paiement des droits d'entrée portés par le dit arrêt.... et d'ordonner que les droits d'entrée pour les dits charbons de terres de la Flandre et du Hainaut seront payés à l'entrée de l'étendue des cinq grosses fermes suivant le tarif général de l'année 1664, c'est-à-dire sur le pied de 8 sols le baril....

Le Roi.... ordonne qu'à commencer du premier jour de juillet prochain il ne sera payé pour droit d'entrée aux entrées des provinces de Picardie et de Champagne, sur les charbons venant de la Flandre et du Hainaut que 10 sols par baril du poids de 300 livres au lieu de 30 sols....

Liste pour la levée des droits de sortie sur les marchandises sortans vers France et les Pays-Bas, par elle occupés ou tenant son parti. Du 10 juillet 1706.

N° 71.

Tarif belge
pour
la France.

(*Archives du royaume de Belgique. — Registre aux ordonnances n° 48.*)

De toutes autres marchandises, manufactures et denrées non comprise dans cet état, et

1707 dont la sortie n'est pas défendue sera payé le double des droits de sortie statués par le tarif du 18 juillet 1670.

Et sur celles entrantes du dit pays seront levés les doubles droits statués par les listes et ordonnances qui ont été en observance immédiatement avant la mort de S. M. Charles II.

Déclaration du Roi du 11 janvier 1707.

(Recueil des édits etc., enregistrés au parlement de Flandre, t. 3, p. 607.)

N° 72.

—

Perception
des 2 sols
pour livre.

Louis.... par notre déclaration du 26 octobre dernier, nous avons affecté aux paiements des intérêts des billets de monnaie, et au remboursement des capitaux, le fonds provenant du dixième, ou de l'augmentation des deux sols pour livre établis, tant sur le produit de nos fermes, recettes générales, qu'autres nos revenus, par nos déclarations des 3 mars, 26 décembre 1705, 18 septembre 1706, et par les arrêts de notre conseil rendus en conséquence, et à cet effet ordonné que la levée en serait continuée. Mais comme nous apprenons qu'il s'est formé sur cela quelques difficultés dans plusieurs provinces de notre royaume, nous avons cru devoir expliquer plus particulièrement nos intentions. A ces causes.... voulons et nous plaît, que la levée du dixième, ou des 2 sols pour livre d'augmentation, soit continuée sur tous les revenus de nos fermes et autres, ainsi qu'il a été fait pendant les années 1705 et 1706 .... pour les deniers qui en proviendront être employés suivant leur destination au remboursement des billets de monnaie....

1710

Liste pour la levée des droits d'entrée et de sortie contre la France et les Pays tenant son parti, suivant laquelle les officiers des dits droits auront à se régler pendant la guerre jusques à autre ordre. Du 18 mai 1708.

(Archives du royaume de Belgique. — Placards in-folio. — Chambre des Comptes, n° 84. — Wouters, p. 400.)

N° 73.

—

Tarif belge
pour
la France.

		ENTRÉE		SORTIE.	
		fl.	s.	fl.	s.
Charbon.	De terre, dit houille, la pesée de 144 livres...............	0	3	0	2
	De forge ou menu charbon la rasière de 300 livres	0	3	0	2

Délaration que sur les grains, vins, eaux de vie, etc., que l'on fera passer vers les places reconquises, ne sera levé, que le simple droit de sortie réglé par le tarif du 18 juillet 1670. Du 19 septembre 1710.

(Archives du royaume de Belgique. — Wouters, p. 416.)

N° 74.

—

Tarif belge
pour
la France.

. . . .

Que sur le charbon de terre qui sortira vers France, et les dites places soumises, sera levé, savoir sur la wague ou pesée de gros pesant 144 livres, un sol, sur la rasière de menu, pesant 300 livres, un sol. . . .

1710

Déclaration du Roi du 14 octobre 1710.

(Recueil des édits etc., enregistrés au parlement de Flandre, t. 14, p. 44.)

N° 75.

—

Création du dixième.

Louis.... le désir sincère que nous avons de faire une paix convenable à toute l'Europe, nous a porté à faire les démarches qui pouvaient prouver que nous n'avions rien de plus à cœur que de procurer le repos à tant de peuples qui le demandent.... mais l'intérêt de ceux qui veulent perpétuer la guerre et rendre la paix impossible, a prévalu dans les conseils des princes et états nos ennemis.... dans cette situation, nous ne pouvons plus douter que tous nos soins pour procurer la paix, ne servent qu'à l'éloigner, et que nous n'avons plus de moyens pour y porter nos ennemis, que celui de faire véritablement la guerre. Mais nous avons cru qu'avant de prendre cette dernière résolution, il était du bien de nos sujets, de faire examiner et de nous faire proposer tous les moyens auxquels nous pourrions avoir recours.... nous n'en avons point trouvé de plus juste et de plus convenable, que celui de demander à nos sujets le dixième des revenus de leurs biens....

. . . .

Art. 1er. Ordonnons que tous les propriétaires, nobles et roturiers, privilégiés ou non privilégiés.... paieront le dixième des revenus de tous les fonds, terres, prés... rivières, moulins, forges, fourneaux et autres usines.... et généralement tous autres droits et biens....

Enregistrement.

(Même recueil, t. 8, p. 487.)

Registré. La cour, les chambres assemblées, a arrêté qu'il sera fait de très humbles remontrances à S. M. sur le contenu en la présente déclaration.

Convention entre la reine d'Angleterre et les états généraux des Provinces Unies. 26 juillet 1713.

———◦◦◦◦——

(Dumont. *Corps diplomatique*, t. 8, p. 400.)

N° 76.

—

Droit sur
la houille
anglaise
à l'entrée
en Belgique.

1. Que dans toutes les places d'entrée, et sortie des dits Pays-Bas Espagnols, soit reconquis, ou cédés, les droits sur les marchandises seront exigés et payés sur le pied qu'ils ont été exigés et payé dans l'année 1680 (n° 46).

————◦◦◦◦◦————

Lettre du conseil des finances à la Chambre des Comptes. Du 18 janvier 1714.

——◦◦◦——

(*Archives du royaume de Belgique. — Chambre des comptes, n° 84.*)

N° 77.

—

Tarif belge
pour
la France.

. . . . ., a ordonné à tous les officiers des bureaux des droits d'entrée et de sortie de S. M. qu'a vu de la dite lettre, ils n'auront qu'à lever par provision les droits d'entrée et sortie sur les marchandises, manufactures et denrées qui vont et viennent de France en ces pays que sur le pied du tarif de l'an 1670 et les ordonnances y ensuivies : parmi quoi viennent à cesser les doubles droits statués par la liste du 18 mai 1708.

———— ◦◦◦ ———— ....

Lettre supprimant les doubles droits portés par le tarif de l'an 1670, et ordonnances postérieures jusques à 1680. Du 24 janvier 1714.

(Archives du royaume de Belgique. — Volume fesant suite aux Placards de Brabant.)

N° 78.

—

Tarif belge
pour
la France.

.... Comme nous avons appris qu'il s'est formé divers doutes sur l'intelligence de nos lettres du 18 de ce mois pour la levée des droits d'entrée et de sortie contre la France et les pays cédés à cette couronne selon le tarif de l'an 1670 et les ordonnances en suivantes, et pour la cessation des doubles droits, statués par la liste du 18 mai 1708 que plusieurs officiers modernes qui ont succédé aux anciens, ignorant ou n'ont point les ordonnances qui doivent opérer avec le dit tarif, nous vous dirons par forme d'élucidation, que toutes les ordonnances émanées après l'année 1680, qui ont ci-devant été observées avec le dit tarif, cessent provisionnellement, et qu'il n'y a que celles qui ont été en usage avec le dit tarif pendant l'année 1680, qui doivent avoir leur effet et en attendant que la nouvelle récopilation en soit faite et imprimées nous vous ordonnons... qu'en cessant tous doubles droits, vous ne leviez que les simples droits d'entrée, et la moitié de ceux de sortie sur les manufactures, marchandises et denrées que l'on introduira de France en ces pays et qui en sortiront pour les villes et pays du dit royaume, suivant le dit tarif de l'an 1670 qui a été observé en 1680 et a servi de règle depuis son énonciation pour l'entrecours du commerce en tems de paix entre la France et les Pays-Bas.

Arrêt du conseil du 27 mars 1714.

—

(Archives de la compagnie des mines d'Anzin.)

N° 79.

—

Diminution du

Sur la requète présentée au Roi.... par le corps des bateliers de Condé et par les marchands de charbon de la Flandre et du Hainaut Français, contenant que le conseil ayant re-

..10

1714

droit de transit
des charbons
de Mons par
Condé.

connu le besoin indispensable que ces provinces ont des charbons qui se tirent du Hainaut
Espagnol du coté de Mons, les a fait tirer à néant à l'entrée, dans le tarif des droits qui a été
arrêté en l'année 1671 pour le pays conquis, ce qui a subsisté un très longtems, pendant lequel la navigation de Condé a été florissante, attendu que tous les charbons de Mons destinés
pour Lille, Douai, Tournai et autres grande villes, passent par celle de Condé; que par arrêt
du 3 juillet 1692 il fut imposé un droit d'entrée de 30 sols par baril de charbon de terre, ce
qui n'eut point lieu sur ceux de Mons jusqu'en l'année 1698, parce que S. M. qui avait fait la
conquête de cette place en 1691, la garda jusqu'à la paix, mais ayant été rendu à l'Espagne en
exécution du traité de Riswick, les fermiers généraux voulurent percevoir à Condé ce droit de
30 sols par baril sur les charbons venant de Mons, sur quoi les magistrats et habitans du
Hainaut et de la Flandre s'étant pourvu au conseil du Roi, leur requête fut communiquée aux
sieurs intendans de ces provinces, pour donner leurs avis, et cependant par provision le
droit de 30 sols fut réduit à 10 sols par baril par arrêt du 18 octobre 1698, ensuite les dits
sieurs intendans ayant envoyé leurs avis, le droit fut encore réduit et fixé à 5 sols par baril
par arret du 21 décembre 1700 qui s'exécute actuellemént. Qu'outre ce droit de 5 sols au baril,
qui revient à 2 sols 6 deniers à la wague du poids de 144 livres, qui est la mesure connue et
usitée dans le pays, on perçoit au même bureau de Condé 2 sols par wague pour droit de
sortie sur les charbons qui passent à Tournai, Gand et autres villes de domination étrangère,
ce qui joint aux 2 sols pour livres, monte à 5 sols par wague que l'on paie au bureau des
fermes du Roi, outre lesquels il se perçoit encore au profit du domaine du Roi 2 sols 6 deniers,
et 6 deniers tant pour droit d'écluse que pour ceux appartenant au sieur comte de Solre comme
seigneur de la ville de Condé, tous lesquels droits qui se perçoivent à Condé montent à 8 sols
par wague, à quoi il faut ajouter 4 sols par wague qui se perçoivent aussi à la sortie de Mons
au profit des états de cette ville, en sorte que cette marchandise, qui par elle-même ne coûte
que 15 sols la wague aux fosses d'où elle se tire, revient y compris la voiture à 30 sols lorsqu'elle est rendu à Tournai et autres villes de domination étrangère. Que pendant les premières années de la dernière guerre ces droits n'ont point altéré le commerce des charbons de
Mons parce qu'alors les Pays-Bas Espagnols étant sous la domination du roi d'Espagne, S. M.
Catholique a eu attention d'un côté de procurer l'exemption de ceux d'entrée et de sortie aux
charbons qui allaient de Mons aux autres villes des Pays-Bas Espagnols en passant par Condé,
suivant l'art. 12 de la convention du 15 mars 1703 faite entre le Roi et S. M. Catholique, et
d'autre côté elle a imposé un droit de 30 sols par baril à l'entrée des charbons d'Angleterre
dans le Pays-Bas Espagnol, à l'exemple du même droit qui est établi en France.... ce qui a
donné l'exclusion aux charbons d'Angleterre, conservé le commerce de ceux de Mons et sou-
tenu la navigation de Condé. Mais aussitôt que les alliés se sont rendus maîtres de Gand et de
la plus grande partie du Pays-Bas Espagnol, ils ont supprimé le droit de 30 sols imposé sur les
charbons d'Angleterre, et d'un autre côté on n'a plus eu égard à Condé à la convention du 15
mars 1703, en sorte que les charbons de Mons.... sont assujettis à de très gros droits, pendant
que ceux d'Angleterre ne paient que 2 liards à la wague.... que par ordres des 14 décembre
1710 et 23 juillet 1713 il a été accordé un transit à des droits modiques sur toutes les marchandises qui se transportent des villes et lieux de la domination étrangère en Flandre et en Hainaut dans les villes et lieux de la même domination, par les rivières et canaux dont la rive
emprunte les terres de France, les charbons de Mons qui vont à Tournai et à Gand, passant

1714   par Condé sont dans ce cas et n'ont pu être exceptés de la faveur de ces ordres, que faute d'a-
voir représenté alors au conseil l'importance de ce commerce et de la navigation de Condé...
Le Roi.... ordonne qu'à commencer du 20 avril 1714 et jusqu'au 1er octobre 1715 les charbons
du Hainaut Espagnol, qui passeront par Condé, destinés pour Tournai et autres villes étrangères, seront et demeureront déchargés du paiement des droits d'entrée de 5 sols par baril....
fait S. M. défenses.... de percevoir sur les dits charbons d'autres droits que celui de 2 sols .
par wague établi à la sortie par le tarif de 1671 avec les 2 sols pour livre, le tout sans préjudice aux droits sur les charbons destinés pour être consommée dans la Flandre Française ou
dans le Hainaut Français lesquels seront perçus en la manière ordinaire....

Arrêt du Conseil d'Etat du 4 septembre 1714.

(Archives de la République. — Section administrative.)

N° 80.

—

Réduction du
droit d'entrée
sur la houille
anglaise à 8 s.
par baril.

Le Roi étant informé que le prix des charbons de bois et de terre, dont l'usage est absolument
nécessaire à plusieurs manufacturiers et espèces d'ouvriers, était considérablement augmenté;
à quoi S. M. désirant se pourvoir....

S. M.... ordonne que, sans tirer à conséquence, le charbon de terre provenant d'Angleterre, Ecosse et Irlande ne paira, à commencer du jour de la publication du présent arrêt,
jusques et y compris le dernier septembre 1715, pour tous droits d'entrée, que ceux portés par
le tarif de 1664....

Déclaration du Roi du 9 juillet 1715.

(Recueil des édits, etc., enregistrés au parlement de Flandres, t. 4, p. 350.)

N° 81.
—
Prorogation
du dixième.

Louis.... depuis qu'il a plu à la divine providence d'accorder la paix à nos vœux et à ceux de nos peuples, nous avons été principalement et presqu'uniquement occupés du soin de soulager nos sujets. Notre premier soin a été de les décharger de.... et divers autres droits qui nous ont paru plus onéreux.... mais.... nous avons vu avec douleur que nous ne pouvions encore remplir selon nos souhaits la juste attente de nos peuples ni les promesses que nous avions faits.... pour la levée du dixième, sans tomber dans un plus grand mal... à ces causes.... ordonnons que la levée et imposition du dixième sera continuée.....

Enregistrement.

(Même recueil, t. 8, p. 488.)

Les chambres assemblées, il a été arrêté de faire de très humbles remontrances à S. M., sur le contenu de la dite déclaration.

Arrêt du conseil d'Etat du 9 novembre 1715.

(Archives de la République. — Section administrative.)

N° 82.
—
Droit de

Vu.... la requête présentée par le corps des bateliers de Condé et par les marchands de charbon.... contenant que S. M..... aurait par arrêt.... du 27 mars 1714, ordonné.... que comme les mêmes raisons qui ont donné lieu à cet arrêt subsistent, ils espèrent que S. M.

1716

transit du
charbon
à Condé fixé
provisoire-
ment à 5 sols
par baril.

voudra bien leur continuer la même grâce... Le mémoire du fermier général, contenant que les maîtres de la navigation de Condé et les marchands de charbon avaient fait espérer que les fermes du roi retrouveraient dans un plus grand commerce l'équivalant de cette réduction ; que cependant, par la comparaison qui a été faite d'une année prise depuis le 1er juillet 1713, au produit de pareille année commencée le 1er juillet 1714, il se trouve une diminution de 18,000 liv., qu'une des principales raisons qui peuvent avoir donné lieu à cette diminution, est qu'au lieu du droit ordinaire de 5 sols par baril auquel le fermier avait proposé de réduire le transit des charbons à Condé, ce qui suffisait de l'aveu même des maîtres de la navigation et marchands de charbon pour empêcher que le charbon d'Angleterre ne fut en concurrence avec celui du Hainaut dans la Flandre étrangère, le conseil a trouvé bon de réduire ce transit au seul droit de sortie du tarif de 1671, ce qui a du mettre une différence assez considérable dans le produit, en ce que le muid de menu charbon composé de deux barils du poids de marc de 300 liv. chacun, ou bien 3 rasière 1/3 du poids de 180 liv. chacune ne paie que 6 sols 8 deniers de droits de sortie, à raison de 2 sols par rasière suivant le tarif de 1671, au lieu de 10 sols qu'ils paieraient de droit d'entrée à raison de 5 sols par baril.... que la réduction des droits d'entrée et de sortie ordinaires qui se payaient avant l'arrêt du 27 mars 1714 au seul droit d'entrée de 5 sols par baril suffit (comme il a été ci-devant observé) pour mettre les marchands de charbon en état de continuer leur commerce avec avantage sur les charbons d'Angleterre, et qu'enfin il ne serait pas juste que pour favoriser le commerce des charbons du Hainaut étranger, S. M. souffrit de sa part une diminution aussi considérable de ses droits par une réduction plus forte, pendant qu'il ne se perçoit, aux entrées des Pays-Bas étrangers que 6 deniers à la wague du poids de 144 liv. sur le charbon d'Angleterre, au préjudice du commerce même du dit pays.... le Roi.... ordonne qu'à commencer du 1er octobre 1715 et jusqu'au 1er octobre 1716, les charbons de terre du Hainaut étranger, qui passeront par Condé, pour Tournai et autres villes étrangères, paieront pour tous droits d'entrée et de sortie par forme de transit 5 sols par baril, ainsi qu'il se perçoit sur les charbons destinés pour être consommé dans le pays conquis, suivant l'arrêt du 21 décembre 1700....

1716

Récopilation des ordonnances que l'on suivra provisionnellement avec le tarif du 18 juillet 1670 pour la levée des droits d'entrée et sortie dans les bureaux et vers les endroits ou ledit tarif est en observance. Du 10 avril 1716.

(Archives du royaume de Belgique. — Registres aux ordonnances, n° 84.)

N° 83.
—
Tarif belge
pour
la France.

Sur toutes les manufactures, marchandises et denrées non exprimées en cette récopilation seront levés les simples droits d'entrée et la moitié de ceux de sortie statués par ledit tarif du 18 juillet 1670.

Arrêt du conseil d'Etat du 24 septembre 1716.

(Archives de la République. — Section administrative.)

N° 84.
—
Droit de
transit du
charbon
à Condé fixé
définitivement
à 5 s. par baril.

Le Roi.... s'étant fait présenter.... l'arrêt du 9 novembre 1715.... vu la requête présentée par les marchands de charbon et le corps des bateliers de Condé.... ordonne que les charbons de terre du Hainaut étranger, destinés pour Tournai et autres villes étrangères, continueront de payer pour tous droits d'entrée et de sortie, par forme de transit 5 sols par baril... et ce jusqu'à ce qu'autrement par S. M. il en ait été ordonné....

Arrêt du conseil d'État du 24 septembre 1716.

(Archives de la compagnie des mines d'Anzin.)

N° 85.

—

Le droit
d'entrée sur
les charbons
anglais
continue à
être modéré à
8 s. par baril.

Le Roi s'étant fait représenter.... l'arrêt du 28 septembre 1715 par lequel S. M. a ordonné que jusqu'au 30 septembre de la présente année 1716 il ne serait perçu à l'entrée sur le charbon de terre venant d'Angleterre, d'Ecosse et d'Irlande, que 8 sols par baril du poids de 250 livres poids de marc, tant dans l'étendue des 5 grosses fermes que dans les bureaux des provinces du royaume réputées étrangères ; et S. M. étant informé que les mêmes raisons de cette modération des droits subsistent également cette année, par rapport à la grande consommation qui se fait de charbon de bois, surtout dans plusieurs fabriques et manufactures du royaume.... ordonne que jusqu'au dernier septembre de l'année prochaine 1717 et sans tirer à conséquence il ne sera perçu à l'entrée snr le charbon de terre venant d'Angleterre, d'Ecosse et d'Irlande que 8 sols par baril du poids de 250 livres poids de marc, tant dans l'étendue des 5 grosses fermes, que dans les bureaux des provinces du royaume réputées étrangères....

Déclaration du Roi du 13 février 1717.

(Recueil des édits etc., enregistrés au parlement de Flandre, t. 4, p. 526.)

N° 86.

—

Suppression
des sols
pour livre.

Louis..... Les dépenses extraordinaires de la guerre ayant considérablement augmenté en l'année 1705, le feu roi de glorieuse mémoire.... fut obligé, pour y subvenir, d'établir, par la déclaration du 3 mars de la dite année, 2 sols pour livre d'augmentation sur.... tous les droits d'entrée et de sortie qui se lèvent sur les marchandises et denrées, tant dans l'étendue des cinq grosses fermes, qu'autres, en exécution du tarif de 1664, de celui de 1667, de celui du 13 juin 1671, et des édits, déclarations et arrêts postérieurs.... et par déclaration du 7 mai 1715, le feu Roi, voulant se mettre en état d'acquitter les intérêts de plusieurs capitaux et le principal de diverses dettes qu'il avait été obligé de contracter pendant la guerre, ordonne qu'il serait à l'avenir levé et perçu 2 autres sols pour livre par augmentation de tous les dits droits, tant des dites fermes générales, qu'autres fermes particulières,.... mais, il nous a été représenté, et nous avons reconnu que ces différentes augmentations sont non seulement onéreuses à nos peuples, par la surcharge de ces nouveaux droits sur toutes les consommations nécessaires à la vie, mais encore qu'elles empêchent le débit des denrées, et qu'elles causent la diminution du commerce.... à ces causes.... voulons et nous plait, que les deux sols pour livres de tous les droits.... ensemble les autres nouveaux 2 sols pour livres de tous les dits droits.... soient et demeurent éteints et supprimés....

Arrêt du Conseil d'Etat, du 8 mai 1717.

(Archives de la République. — Section administrave.)

N° 87.

Concession accordée jusqu'en 1732 à Désaubois et associés, des terrains situés en Hainaut entre le Honneau et l'Escaut, l'Escaut et la Scarpe et de Condé à Abscon.

Sur ce qui a été représenté au Roi en son conseil par Nicolas Désaubois, habitant de la ville de Condé, que s'étant donné depuis plusieurs années, divers mouvemens pour trouver dans les Pays-Bas de la domination de S. M. des mines de charbon de terre, les recherches qu'il aurait faites, tant par lui que par gens experts en cette matière, lui ont fait découvrir, dans les environs des villes de Valenciennes et de Condé, plusieurs endroits d'où il présume qu'on peut tirer assez de charbon de terre pour pouvoir se passer de celui qu'on fait venir des Pays-Bas étrangers, pour la consommation qui s'en fait dans la Flandre Française et dans l'Artois. Mais que comme une pareille entreprise ne se peut exécuter qu'en obtenant les grâces et les secours que S. M. a la bonté d'accorder quand il s'agit de l'utilité publique, il suppliait très humblement S. M. de vouloir bien lui permettre, ainsi qu'à sa compagnie, exclusivement à tous autres, de tirer pendant le terme de trente années des charbons de terre depuis Condé en remontant la rivière du Hainau jusqu'à Rombies, de Rombies jusqu'à Valenciennes et de la rivière de l'Escaut jusqu'à celle de Scarpe; pour cet effet, de faire des fosses dans tous les endroits qu'il jugera nécessaire, en indemnisant au dire d'experts les propriétaires des héritages où il faudra fouiller et passer, même de faire des rivages le long des dites rivières en payant aux seigneurs les mêmes droits qui se paient à Bossu, Dour et autres lieux par de là, comme aussi qu'il plût à S. M. ordonner que les droits de péage et autres qui se lèvent sur le charbon de terre le long de la Scarpe et de la Deule fussent modérés, et ceux d'après lui comme chef de la dite entreprise, ainsi que ses principaux commis, jouiraient pendant le

1717 terme de trente années, de l'exemption de tous droits domaniaux, d'octrois, de brasseries, d'égards et de logement de gens de guerre dans les villes ou lieux qu'ils habiteront, et attendu, que, pour commencer la dite entreprise, il avait besoin de 10,000 florins fesant 12,500 livres, il suppliait S. M. de lui faire avancer la moitié de la dite somme par la province, s'engageant à restituer cette moitié un an après, en cas de succès seulement, et si le contraire arrivait de justifier que la dite somme de 12,500 livres et au delà aura été consommée au travail de son entreprise, au moyen de quoi on ne pourra lui rien demander des 6250 livres qui lui auront été avancées, offrant, s'il y avait difficulté à lui faire l'avance de la dite somme, d'attendre et de la tirer sur les premiers deniers provenant des droits seigneuriaux qui pourront écheoir à S. M. sur ses domaines de Flandre et de Hainaut. Et S. M. désirant procurer à ses sujets de la Flandre Française et autres provinces voisines l'avantage qu'ils peuvent retirer d'une pareille découverte, vu la proposition dudit Désaubois, ensemble l'avis du sieur Doujat, intendant et commissaire départi dans le Hainaut Français. Ouï le rapport, le Roi étant en son conseil, de l'avis de M. le duc d'Orléans, régent, a accordé et accorde audit Désaubois et à sa compagnie, à l'exclusion de tous autres, la faculté de tirer pendant quinze années consécutives des charbons de terre des mines qu'il pourra découvrir et fouiller depuis Condé en remontant la rivière du Hainau jusqu'à Rombies, et delà à Valenciennes, et depuis la rivière d'Escaut jusqu'à celle de Scarpe ; permet S. M. pour cet effet, audit Désaubois d'y faire des fosses dans les endroits qu'il jugera convenable, même de faire des rivages le long des dites rivières, en indemnisant de gré à gré les propriétaires des héritages où il croira nécessaire de fouiller et de faire des rivages, et en payant aux seigneurs les mêmes droits qui se paient dans les dépendances du territoire de Mons où l'on tire de ces sortes de charbon ; et, en cas de contestations à l'occasion de la dite entreprise, S. M. en a attribué et attribue la connaissance au sieur intendant et commissaire départi en Hainaut, pour être par lui, les dites contestations, décidées définitivement, sauf l'appel au conseil ; faisant, S. M. défenses à toutes ses cours et autres juges d'en connaître à peine de nullité et cassation , ordonne S. M. que , pour aider ledit Désaubois à commencer la dite entreprise, il lui sera payé la somme de 5,000 florins fesant 6,250 livres, qui sera prise sur les premiers deniers provenant des droits seigneuriaux qui écherront à S. M. pour la portion qu'elle s'est réservée sur le bail de ses domaines des provinces de Flandre et de Hainaut ; à l'effet de quoi, il sera expédié au sieur Désaubois un brevet, en la manière accoutumée, à la charge par lui de rendre et restituer, suivant ses offres, un an après la dite entreprise commencée, la dite somme de 6,250 livres en cas de succès, et s'il en arrivait au contraire, de justifier par lui la somme de 12,500 livres que ledit Désaubois estime nécessaire pour son entreprise, aura été valablement employée au travail qu'il conviendra faire pour en assurer la réussite ; au moyen de quoi, dans ce dernier cas, il demeurera quitte et déchargé de la restitution des 6,250 livres qui lui auront été avancées comme il est dit ci-dessus. Veut et entend S. M. que ledit Désaubois et son principal commis seulement jouissent pendant ledit temps de 15 années consécutives de l'exemption des droits domaniaux, de brasserie, d'égards et de logement de gens de guerre dans les lieux qu'ils choisiront pour leur résidence et seront pour l'exécution du présent arrêt toutes lettres nécessaires expédiées.

Edit du Roi du mois d'août 1717.

(Recueil des édits etc., enregistrés au parlement de Flandres, t. 4, p. 609.)

N° 38.

—

Suppression
du dixième.

Louis.... quoique le soulagement de nos peuples, épuisés par les efforts que notre royaume a été obligé de faire pour soutenir, presque sans interruption, deux longues et sanglantes guerres, ait été le premier objet de nos vœux dès le commencement de notre règne, nous n'avons pu y parvenir aussi promptement que nous l'aurions désiré.... nous n'avons pas laissé cependant de pourvoir aux besoins les plus pressans , d'accorder des remises.... Le retranchement de plus de 40 millions par an sur l'état de nos dépenses, l'augmentation de plusieurs de nos fermes.... ont été les premiers fruits de nos soins.... nous avons cru ne devoir pas différer plus longtems d'accomplir une partie de nos vœux, en soulageant nos sujets d'une des deux impositions extraordinaires dont ils sont chargés.... Le fonds que l'Etat en a retiré.... sera remplacé pour la plus grande partie par le retranchement de nos dépenses.... en commençant par ce qui regarde notre personne, quoique nous ayons déjà fait une première réduction sur les pensions.... nous avons cru devoir y faire encore de nouveaux retranchemens.... et quelque faveur que méritent une partie de ceux qui jouissent des pensions, nous espérons qu'ils souffriront sans peine cette nouvelle réduction, quand ils sauront que.... le duc d'Orléans.... régent de notre royaume.... a voulu, aussi bien que les princes de notre sang, donner l'exemple à tous ceux à qui nous accordons des pensions.... nous avons trouvé une ressource plus sûre et plus honorable dans le retranchement de notre dépense, et de ce qui est plutôt un effet de notre libéralité qu'une véritable dette de l'Etat.... à ces causes.... nous voulons et nous plait.

Art. 1er Qu'à commencer du 1er janvier de l'année prochaine 1718, nos sujets demeurent déchargés du paiement du dixième.... sur le revenu de tous les biens fonds et autres immeubles qui y sont sujets.....

1718

Arrêt du Conseil d'Etat du 5 mars 1718.

(Recueil des édits etc., enregistrés au parlement de Flandres, t. 4, p. 681.)

N° 89.
—
Rétablisse-
ment des 4 s.
pour livre.

Sur ce qui a été représenté au Roi,... par le prévôt des marchands et échevins de la ville de Paris, et par les rentiers de l'Hôtel de la dite ville, que S. M. n'a fait cesser la levée des 4 sols pour livre.... qu'en vue de procurer par d'autres moyens le paiement des dites rentes et des autres dettes de l'Etat, à l'acquittement desquelles cette augmentation de droits avait été destinée, mais que le concours de ces différentes dettes n'ayant pas permis de pourvoir au paiement des rentes de la ville, auxquelles les fermes générales sont obligés envers les rentiers, il est arrivé que la cessation des dits 4 sols a tellement diminué le produit des dites fermes, que le paiement des dites rentes se trouve considérablement arriéré... le Roi.... ordonne que.... la perception des dits 4 sols pour livres sera continué pendant trois années seulement....

Arrêt du Conseil d'Etat du 5 mars 1718.

(Bibliothèque de Valenciennes. — Recueil de pièces en 5 volumes.)

N° 90.
—
Le charbon
de Mons
entrant par
Condé est
exempté de la
perception
des sols
pour livre.

Sur la requête présenté au Roi.... par le corps des bateliers de Condé et les marchands de charbon contenant...(1) que cependant on vient d'imposer sur ce commerce une nouvelle charge en fesant percevoir les 4 sols pour livre tant du droit des 5 grosses fermes que de celui du domaine en vertu de l'arrêt du 5 mars 1718 qui a ordonné le rétablissement des dits 4 sols pour livre sur tous les droits de ferme de S. M., ce qui revient encore à 1 sol par wague et 2 sols par baril. Que cette nouvelle imposition achèvera de ruiner le commerce des dits

_____

(1) Cette requête contient l'énumération des différens droits rappelés dans celle de l'arrêt du 27 mars 1714 (n° 79).

1718 charbons, si S. M. n'a la bonté de les en exempter.... Le Roi.... ayant égard à la dite requête, ordonne que les charbons de terre du Hainaut étranger entrans à Condé, soit pour y
rester, ou pour être conduit dans les villes de la domination de S. M. ou dans celle de domination étrangère, seront et demeureront exempts des 4 sols pour livre tant des droits dus au
grosses fermes que de celui qui se paie au domaine. ...

Arrêt du Conseil d'Etat du 4 novembre 1718.

(*Recueil des édits etc., enregistrés au parlement de Flandres*, t. 10, p. 32.)

N° 91. . . . .

Réglement concernant la navigation de Condé.

Art. 7. Tous bateliers qui iront charger des charbons sur la rivière de Haine, seront tenus,
en revenant de St.-Guislain, de se ranger à la porte du marais de Condé, pour y passer
l'écluse, chacun suivant le tour de rôle qui lui aura été donné à la chambre de navigation ;
lequel ordre ils observeront aussi au passage de la grande écluse....

. . . .

Art. 17. Les charbons du Hainaut, qui se transporteront par chariots sur la juridiction de
Valenciennes et autres, ne pourront être ensuite voiturés par bateaux, que par les bateliers
inscrits dans le tableau de la navigation du dit Condé, suivant l'ordre des rôles.

Art. 18. Les maîtres bâteliers de Mons prendront leur tour avec ceux du dit Condé, suivant
le tems de leur réception à la navigation, pour charger le charbon aux rivières de Bossu, Carignon et autres.

. . . .

Art. 27. Il sera payé par les marchands, aux bateliers; pour leurs voitures, et ce, par provision, jusqu'à ce qu'autrement il en été pourvu par le sieur intendant de Flandres, suivant
les circonstances du tems.

Art. 28. Savoir, de Bossu à Condé, 16 livres, monnaye de Hainaut, pour un cent de
wagues ; de St.-Guislain, 17 livres ; de Carignon, 18 livres ; et de Jemmappe au dit Condé,

1720 20 livres ; de Bossu à Tournai, 22 livres ; et jusqu'à Gand, 31 livres ; il sera augmenté du dit St.-Guislain à Bossu, 10 patars ; de Carignon, 20 patars ; de Jemmappe, 40 patars pour le lieu de Gand ; et sera payé pour le charbon des forges d'Enghein, à raison de 20 muids de charbon pour un cent de wagues.

Art. 29. Il sera pareillement payé, depuis le rivage de Bossu jusqu'à Douai, 48 livres monnaie de Hainaut, des cent de wagues de charbon , et pour celui de forge, à l'avenant de 20 muids pour un cent de wagues ; ce qui revient à 7 patars et 2 liards pour chaque rasière, en quoi sera compris ce qu'il faut payer pour les allégeoirs de la rivière de la Scarpe, un liard que les bateliers devront payer à St.-Amand, pour chaque rasière, et pareillement un liard au fort de la Scarpe.

Art. 30. Il sera aussi payé aux bateliers, pour leur voiture, depuis Bossu jusqu'à Arras, 67 livres du cent de wagues ; le charbon de forge à l'avenant, portant 11 patars et 2 liards à la rasière, à charge de payer le même droit à St.-Amand et au fort de la Scarpe ; sera aussi augmenté depuis St.-Guislain jusqu'à Bossu, 10 patars du cent de wagues, de Carignon à Bossu, 20 patars, et de Jemmappe au dit Bossu 40 patars.

Arrêt du Conseil d'Etat du 9 juillet 1720.

(Archives de la République. — Section administrative.)

N° 92.

Prorogation de la concession accordée à la compagnie Désaubois jusqu'en 1757 et octroi d'une gratification de 35,000 l.

Vu l'arrêt du 8 mai 1717 qui contient.... la requête du sieur Désaubois , contenant le récit de tout ce que lui et ses associés ont fait depuis cinq ans pour parvenir à l'état où se trouve présentement leur entreprise , pour laquelle ils ont fait plus de 60,000 liv. de dépense , de laquelle entreprise il résulte qu'après avoir ouvert six fosses en différents endroits, à 300 toises environ de l'Escaut, et à peu près à pareille distance du chemin qui conduit de Valenciennes à Condé, et avoir été obligé de les abandonner à cause des sources d'eau qui les remplissaient malgré les machines dont on se servait pour les épuiser, on a ouvert en dernier lieu deux grandes fosses à une demi-lieue ou environ de distance des six premières, sur la même ligne, tirant vers le couchant , à l'entrée du bois de Condé ; que dans la première de ces deux dernières fosses, après un travail qui a duré dix-huit mois, jour et nuit, on s'est enfin trouvé, le 3 février de la présente année , sur la veine au charbon qu'on a creusée dans toute son épaisseur, qui est d'environ quatre pieds, d'où l'on a tiré du charbon de la largeur de la fosse, qui a au moins huit pieds en carré ; de manière qu'on en enleva au moins deux charretées,

1720 ce qui a été reconnu d'une bonne partie de la ville de Condé qui se rendit sur les lieux, ainsi que plusieurs habitants de Valenciennes, Douai et d'autres lieux, qui, pleins de joie de cette découverte, en prirent chacun un morceau pour l'emporter chez eux, comme aussi du sieur d'Argenson, intendant en Hainaut, qui s'était transporté avec l'ingénieur en chef de Valenciennes sur les lieux, aurait trouvé ces deux dernières fosses revêtues de bois à vive arrête, et une machine qui y est appliquée, laquelle est composée de pompes aspirantes et foulantes, travaillant sans cesse à vaincre les eaux qui rempliraient ces fosses si les dites pompes discontinuaient d'agir pendant quelques heures, et aurait reconnu qu'il était absolu- ment nécessaire de mettre la seconde de ces deux fosses en état, pour faire une communi- cation avec la première et leur donner de l'air, sans laquelle la lumière s'éteindrait, et le charbon de terre dont la mine a été heureusement découverte, au grand contentement des habitants du pays, ne pourrait se tirer.

La dite requête tendant au surplus à ce qu'il plût à S. M.... d'accorder au sieur Désaubois et à ses associés, par forme de gratification, la somme de 35 à 40,000 liv., et de les faire jouir du privilège à eux accordé pour quinze années, par le dit arrêt pendant trente années.... Vu aussi l'avis du sieur d'Argenson.... intendant et commissaire départi dans la province du Hainaut, qui rend témoignage de la vérité des faits annoncés dans la dite requête.... Le roi.... ordonne qu'il sera fait fonds au trésor royal de la dite somme de 35,000 liv., laquelle sera payée par forme de gratification au sieur Désaubois et à ses associés, par le garde du dit trésor royal.... Veut en outre S. M. que le temps fixé à quinze années par le dit arrêt du conseil du 8 mai 1717.... soit prolongé de cinq années....

Arrêt du Conseil d'Etat du 17 décembre 1720.

(Archives de la compagnie des mines d'Anzin).

N° 93.

—

Droit d'entrée
à 8 sols
sur les char-
bons Anglais.

Le roi, s'étant fait représenter.... l'arrêt du 28 octobre 1719, par lequel S. M. aurait ordonné qu'à commencer du.... il ne serait perçu de droits d'entrée sur le charbon de terre venant d'Angleterre, d'Ecosse et d'Irlande, que 8 sols par baril du poids de 250 livres..... et S. M. étant informée que les raisons de cette modération de droits subsistent également cette année.... le roi.... ordonne qu'à commencer du jour de la publication du présent arrêt, et jusqu'au 1er septembre 1721, il ne sera perçu de droits d'entrée sur le charbon venant d'Angleterre, d'Ecosse et d'Irlande que 8 sols par baril du poids de 250 livres....

Arrêt du Conseil d'Etat du 18 janvier 1721.

———

(Recueil des édits, etc., enregistrés au parlement de Flandre, t. 5, p. 23).

N° 94.

—

Continuation
des 4 sols
pour livre.

Le roi s'étant fait représenter.... deux déclarations.... par lesquelles le feu roi avait établi la perception de 2 sols pour livre de tous les droits de ses fermes.... la déclaration.... portant établissement de 4 sols pour livre sur les mêmes droits. Celle.... qui les a supprimé ; et les arrêts.... qui les ont rétablis pour trois années.... afin de fournir au paiement des arrérages des rentes de l'hôtel-de-ville de Paris : et S. M. ayant depuis connu qu'il se percevait sur le sel, sur les boissons et sur plusieurs marchandises des droits différents de ceux de ses fermes, et plus à charge à ses peuples que ne l'est la perception des dits 4 sols pour livre, a préféré de supprimer les dits droits et continuer encore pour un temps la levée des 4 sols pour livre.... ordonne que la perception des 4 sols pour livre des droits de ses fermes, ainsi qu'elle est maintenant établie.... sera continuée pour trois années.

———

Arrêt du Conseil d'Etat du 23 mai 1721.

———

(Archives de la République. — Section administrative.)

N° 95.

—

Octroi
à la compagnie
Désaubois de
200 chènes
de la forêt
de Mormal.

Sur la requête présentée au roi.... par Nicolas Désaubois et consorts.... contenant qu'ils n'ont entrepris les fosses de Fresnes que sous l'espérance qu'il leur a été donnée qu'ils seraient aidés dans un travail si utile à l'état et à la province; qu'il est vrai que par arrêt du conseil du 9 juillet 1720 il leur a été accordé une gratification de 35,000 livres, mais que cette somme ne leur ayant été payée qu'au mois de septembre suivant, en billets de banque qui n'avaient presque plus de valeur, ils n'ont tiré aucun secours de cette gratification, ce qui ne les a cependant pas empêché de continuer leurs travaux jusque-là même qu'après avoir percé le roc et trouvé la veine aux charbons, ils en ont tiré plus de 300 chariots, mais qu'un accident arrivé à leur fosse par l'enfoncement d'une planche qui n'était que de bois d'hêtre au lieu

1721 de chêne dont on se sert ordinairement pour ces sortes d'ouvrages, leur a causé une perte de plus de 20,000 livres, ce qui les a obligé de discontinuer leur travail, tant par la difficulté d'avoir des bois de chêne que parce qu'ils se sont épuisés.... A ces causes requéraient les suppliants qu'il plût à S. M. leur permettre de faire couper dans la forêt de Mormal, la quantité de 200 chênes de la qualité convenable aux dits ouvrages. Vu la dite requête.... ensemble l'avis du sieur d'Argenson, intendant de la province du Hainaut (1) ..... Le roi. .. ordonne que par les officiers de la maîtrise du Quesnoy il sera fait marque et délivrance aux supplians dans les endroits les moins dommageables de la forêt de Mormal, 200 chênes des plus dépérissants pour employer par eux....

Délibération du 15 juillet 1721.

Copie d'une vieille copie.

(Archives de la compagnie des mines d'Anzin).

N° 96.
—
Abandon de l'entreprise par la compagnie Désaubois, Désandrouin et Taffin.

Nous soussignés entrepreneurs et associés pour l'entreprise des fosses pour charbon, étant cejourd'hui assemblés pour délibérer sur les difficultés, pour ne pas dire impossibilités, de continuer la dite entreprise, à cause des eaux qu'on n'a pu surmonter nonobstant les efforts et les dépenses qu'on a faits à différentes reprises, que nous ne sommes plus en état de soutenir. C'est pourquoi nous avons résolu de désister de travailler et en conséquence de faire vendre tous les effets et outils, de même que les chevaux et tout ce qui touche et appartient à la dite entreprise, et pour cet effet nous prions M Richard de nous faire mettre des affiches dimanche prochain, vingt de ce mois, pour procéder à la dite vente lundi vingt et un, et pour les deniers, en procédant, être remis entre ses mains et en rendre compte à la compagnie, le priant de payer, avec les dits deniers, les dettes de la dite compagnie, le tout par provision.

Fait et délibéré à Condé le 15 juillet 1721.

Signé : Desh'aubois, Taffin, Desnoelles, François, Dumont, Richard.

---

(1) *Cet avis est favorable.*

État des outils des fosses pour leur valeur et de tous les effets qui restent à la compagnie intéressée dans les fosses aux charbons. 20 juillet 1721.

Copie d'une vieille copie.

━━━◆━━━

(*Archives de la compagnie des mines d'Anzin*).

N° 97.

—

État des objets
vendus par
la compagnie
après
l'abandon.

La machine et tout ce qui sert pour la faire jouer, comme sceaux, chevirons, crettes et pompes...	1000 florins.
Le rouet de fer sur la fosse....................	45
La chaîne de 28 toises......................	40
Les trois chaînes de 6 à 7 toises................	21
Les deux tonnes à l'eau....................	12
Une mauvaise tonne........................	2
Cinq paniers...............................	20
Une vieille corde avec trois crochets...........	4
Deux mille cinq cents perches................	250
Six mille pieds de gîte environ...............	475

Chevaux :

La noire cavalle..............................	100
Le rouge...................................	100
Celui nommé *Moneut*.......................	48
Le grison..................................	36
Le gros noir...............................	36
La jument....'.............................	30
Le soufflet de la forge.......................	4
Les outils à clous..........................	3
Deux feverre...............................	4
Cinq marteaux.............................	3
Cinq tours.................................	20
Cinq pièces de bois.........................	6 ... 5 patars.
Les balances...............................	4

2263   5

..12

1721

Je fais offre du contenu au présent mémoire de deux mille florins à nos messieurs associés de l'entreprise pour les charbons.

À Fresnes, ce 22 juillet 1721.

Signé : DESNOELLES.

Monsieur Desnoelles pourra bien partager le différent par moitié ou au moins donner deux mille cent florins.

Vieux-Condé, le 23 juillét 1721.

Signé : DESHAUBOIS, TAFFIN.

Bon pour deux mille cent florins. Ce 25 juillet 1721.

Signé : DESNOELLES.

Contrat de Société des mines du Hainaut Français, le 10 septembre 1721.

Copie d'une vieille copie.

(Archives de la compagnie des mines d'Anzin.)

N° 98.

—

Réorganisation de la société Désandrouin et Taffin.

Nous soussignés, Pierre Désandrouin, écuyer, sieur de Noelles, maître de la verrerie de Fresnes, Pierre Taffin, écuyer, conseiller secrétaire du roi, audiencier en la chancellerie près le parlement de Flandres, seigneur du village de Vieux-Condé, y demeurant, et Jacques Richard receveur des fermes du roi à Condé.

Sommes convenus d'être entrés en société nouvelle pour l'entreprise des fosses à charbon à Fresnes, à demander sous le nom dudit sieur de Noelles, abandonnées par le sieur Deshaubois et associés le 15 juillet dernier, le tout comme s'en suit :

Que moi de Noelles aurai onze sols en vingt, dont la dite société est composée, moi Taffin huit sols et moi Richard un sol, à charge et condition que nous ferons nos avances à proportion de chacun de nos intérêts et partagerons sur ce pied au profit et à la perte qui pourrait y arriver.

1721

Que pour implorer la bénédiction du Seigneur sur la dite entreprise, il sera distribué aux pauvres la somme de vingt florins, et qu'il sera fait célébrer, pour pareille somme de vingt florins, des messes à l'honneur de Dieu.

A l'égard de la régie elle sera faite de main commune, à pluralité des voix dont il sera fait des actes de délibération.

Que les comptes de la recette et dépense se rendront par-devant nous aussi souvent que nous l'exigerons et trouverons convenable.

En que pour le surplus à régler pour la dite entreprise, il se fera par nous aussi souvent que le cas l'exigera.

Fait triple le dixième septembre 1721.

Signé: DÉSANDROUIN, DE NOELLES, TAFFIN, RICHART.

Arrêt du Conseil d'Etat du 10 septembre 1724.

(Archives de la compagnie des mines d'Anzin.)

N° 99.
—
Droit de
traite à 8 sols
sur les
charbons
anglais.

Le Roi s'étant fait représenter.... l'arrêt du 17 décembre 1720.... et S. M. étant informée que les raisons de cette modération de droits subsistent également cette année .... ordonne qu'à commencer du 1er octobre prochain, et jusqu'à pareil jour de l'année prochaine 1722, il ne sera perçu de droit d'entrée sur le charbon de terre venant d'Angleterre, d'Ecosse et d'Irlande, que 8 sols par baril du poids de 250 livres.

Edit de février 1722.

➜

(*Code des mines* p. 273. — *Recueil général des anciennes lois françaises* t. 21,
p. 204. — *Archives de la République, section législative.*)

N° 100.

—

Création d'une
compagnie
privilégiée
pour l'exploi-
tation des
mines et
minières du
royaume
excepté de
charbons et
autres.

Louis.... sur ce qui nous fut représenté il y a quelques années,... nous aurions donné des ordres, à tous les intendans de nos provinces de faire chercher et prendre connaissance de toutes les mines et minières qui pourraient être dans leurs départemens, pour en envoyer des échantillons ;... nous aurions depuis pourvu.... le duc de Bourbon, de la charge de grand maître et surintendant des mines et minières de notre royaume ;.... notre cousin le duc de Bourbon nous a encore représenté, que les ouvertures des mines ont été retardées par les prétentions de plusieurs seigneurs hauts-justiciers, ou propriétaires de terres dans lesquelles elles étaient, quoique leurs droits eussent été fixés par forme d'indemnité, par les ordonnances des rois nos prédécesseurs, ce qui aurait donné lieu à troubler les entrepreneurs des mines, et les ouvriers qu'ils emploient, et les aurait obligés de porter à nos voisins leur industrie et leur connaissance, et aurait privé notre royaume des avantages qu'on en pourrait tirer : voulant remédier à ces inconvéniens.....

1. Nous avons,... établi.... une compagnie pour travailler les mines de notre royaume, ... sous le nom de Jean Galabin, sieur du Joncquier ; et en conséquence nous avons accordé .... à la dite compagnie toutes les mines et minières qui sont dans l'étendue de notre royaume,... soit d'or, d'argent, cuivre, plomb, étain, antimoine, vif-argent, alun, azur, vitriol, verni, souffre, et généralement de tous métaux, minéraux et demi-minéraux, à l'exception des mines de fer et autres, ainsi qu'il est porté par les ordonnances des rois nos prédécesseurs,...

. . . .

2. Dans la vue d'exciter l'émulation entre nos sujets, par les travaux des dites mines, nous réservons à notre dit cousin le duc de Bourbon et à ses successeurs, le droit d'accorder telle concession qu'il jugera à propos pour l'ouverture des mines, à la charge néanmoins que ces permissions ne pourront être accordées qu'à six lieux de celles qui auront été ouvertes par la dite compagnie.

. . . .

1722

Arrêt du Conseil d'Etat du 22 février 1722.

Archives de la République. — Section administrative.)

N° 101.

—

Subrogation
de P. Désau-
drouin à Dé-
saubois et Cie,
dans la
concession
des mines
du Hainaut.

Sur la requête présenté au Roi.... par Pierre Désaudrouin Desnoelles, écuyer, maître de la verrerie de Fresnes sous Condé, contenant que s'étant associé.... ces fosses (celles de 1720) s'étant remplies d'eau, ses associés, après avoir fait des dépenses considérables pour réparer cet accident, et n'ayant pu y réussir, se seraient déterminés le 15 juillet 1721 à abandonner entièrement leur entreprise, et auraient mis des affiches pour la vente de tous les chevaux, bois, machines et autres outils nécessaires à la fouille du dit charbon ; que le suppliant s'en serait rendu adjudicataire le 25 juillet, moyennant la somme de 200 florins, dans la vue de continuer une entreprise dont le succès sera très utile à l'Etat ; mais craignant qu'après qu'il aurait fait bien de la dépense à faire creuser, comme il se le propose, deux autres fosses près des anciennes, le sieur Désaubois et ses associés ne vinssent le troubler.... il requérait qu'il plût à S. M. en conséquence du dit abandon, ordonner que les dits arrêts du conseil du 8 mai 1717.... seront exécutés à son profit.... le Roi.... ordonne que les dits arrêts du conseil du 8 mai 1717.... seront exécutés selon leur forme et teneur au profit du dit Pierre Désaudrouin Desnoelles que S. M. a subrogé et subroge aux lieu et place du dit Désaubois et ses associés....

Arrêt du Conseil d'Etat du 22 septembre 1722.

(Bibliothèque de Valenciennes. — Recueil de pièces en 5 volumes.)

N° 102.

—

Droit de
traité à 8 sols
sur le charbon
anglais.

Le Roi s'étant fait représenter.... l'arrêt du 11 septembre 1721.... et S. M. étant informée que les raisons de cette modération de droits subsistent également cette année.... ordonne qu'à commencer du 1er octobre prochain, jusqu'à pareil jour de l'année prochaine 1723, il ne sera perçu de droits d'entrée sur le charbon de terre venant d'Angleterre, d'Ecosse et d'Irlande que 8 sols par baril du poids de 250 livres....

Arrêt du Conseil d'Etat du 24 octobre 1723.

⋯⋯

(Bibliothèque de Valenciennes. — Recueil de pièces en 5 volumes.)

N° 103.

—

Droit de
traite à 8 sols
sur le charbon
anglais.

Le Roi s'étant fait représenter.... l'arrêt du 22 septembre 1722.... et S. M. étant informé que les motifs de cet arrêt subsistent encore.... ordonne qu'à commencer du 1er octobre de la présente année, et jusques à pareil jour de l'année prochaine 1724, il ne sera perçu de droits d'entrée sur le charbon de terre d'Angleterre, d'Ecosse et d'Irlande, que 8 sols par baril du poids de 250 livres....

⋯⋯

Arrêt du Conseil d'Etat du 8 novembre 1723.

⋯⋯

(Recueil des édits etc., enregistrés au parlement de Flandres, t. 10, p. 140.)

N° 104.

—

Droit de
transit sur le
charbon
de Mons
à Condé fixé
à 2 sols 6
deniers au
baril.

Le Roi s'étant fait représenter les arrêts.... du 9 novembre 1715 et 24 décembre 1716.... ordonne qu'à l'avenir... ; il ne sera levé, par forme de transit, au bureau des fermes à Condé, sur tous les charbons de terre du Hainaut, passant de Mons à Tournai par Condé, sur les rivières de l'Haisne et de l'Escaut, que 2 sols 6 deniers par baril, du poids de marc de 300 livres, au lieu de 5 sols..., à la charge que lesdits charbons seront expédiés par acquit à caution, pour en assurer la sortie.... par le bureau de Mortagne. Ordonne S. M. qu'en cas que lesdits charbons soient ensuite voiturés par terre de Tournai à Lille et Chatellenie, soit pour la consommation de la Flandre Française, ou pour les villes et lieux de la dépendance de l'empereur, il sera en outre levé, aux bureaux de Bézieux, Lille et autres premiers bureaux d'entrée, 2 sols 6 deniers par baril, par supplément du droit de 5 sols ordonné par lesdits arrêts ; lequel droit de 5 sols continuera au surplus d'être perçu à Condé, sur tous les charbons qui viendront de Mons, autres que ceux qui passeront de Condé à Tournai, et en faveur desquels seulement, S. M. entend réduire le passage de Condé à 2 sols 6 deniers....

⋯⋯

1723

Arrêt du Conseil d'Etat du 28 décembre 1723.

(Ministère des travaux publics. — Bureau des mines.)

N° **105.**

—

Exemption
pour les char-
bons du Hai-
naut Français,
du droit de
domaine
perçu sur les
charbons
belges.

Vu par le Roi en son conseil, l'arrêt rendu en icelui le 8 mai 1717.... (et autres subsé-quents), l'ordonnance rendue le 6 mai de la présente année par le sieur d'Argenson.... intendant en Hainaut sur les requêtes du dit sieur Désaudrouin Desnoelles qui en consé-quence de la dite subrogation (n° 101).... venait de rétablir les dites fosses comblées et avait eu le bonheur de tirer du charbon de terre, d'une part, et de Charles Cordier chargé de la recette des fermes de S. M., dont le commis à la recette des domaines de Hainaut, au bureau de Condé prétendait percevoir sur ce charbon un droit de deux patars fesant 2 sols 6 deniers de notre monnaie par wague ou muid du poids de 144 livres d'autre part, la dite ordonnance portant que.... il serait sursis respectivement à toutes poursuites toutes choses demeurant en état jusqu'à ce que le conseil en eût autrement ordonné; l'arrêt du conseil intervenu le 6 juillet dernier sur la requête du dit Cordier.... par lequel il aurait été ordonné que le droit .... continuerait d'être perçu et levé ... *(long exposé des prétentions du sieur Cordier)*.... Le Roi... a débouté et déboute le sieur P. Désaudrouin Desnoelles de l'opposition par lui formée à l'exécution du dit arrêt du 6 juillet de la présente année, ordonne néanmoins S. M. par grâce, et sans tirer à conséquence, que le charbon de terre que le dit sieur Désaudrouin Desnoelles a fait tirer des fosses ouvertes au territoire de Fresnes sous Condé, ou qu'il fera tirer dans la suite, soit des dites fosses ou de celles qu'il pourra faire ouvrir dans l'étendue du territoire désigné par son privilège, sera exempt de touts droits domaniaux et autres et notamment de celui de 2 patars ou 2 sols 6 deniers par wague ou muid de charbon de terre du poids de 144 livres et ce, pendant tout le tems que durera le dit privilège....

Ordonnance de l'intendant de Flandres du 7 septembre 1724.

(Bibliothèque de Valenciennes. — Recueil de pièces en 5 volumes.)

. . . .

N° 106.

—

Réglement du prix du fret pour le charbon de Fresnes.

... Ordonnons que le dit réglement du conseil du 4 novembre 1718 (n° 91) concernant la navigation de Condé sera exécuté suivant sa forme et teneur, et en conséquence ordonnons qu'il sera payé aux bateliers de la navigation de Condé par les dits entrepreneurs des fosses à charbon de Fresnes ou par les marchands qui voudraient faire voiturer de leurs charbons 7 patars 1/2 par rasière de charbon pour la voiture du rivage de Fresnes jusqu'à Douai depuis la Toussaint de chaque année jusqu'au 1er mai de la suivante, et 6 patars 1/2.... du 1er mai... jusques au jour de la Toussaint suivant....

A l'égard de la voiture du dit charbon des fosses de Fresnes depuis le dit rivage jusques à Tournay, ordonnons qu'elle sera payée aux batteliers de Condé.... sur le pied de 6 livres monnaie de Hainaut, fesant 3 florins par chaque cent de wague de charbon.... de Fresnes à Gand.... 15 livres monnaie d'Hainaut.... d'un cent de wague.... déboutons les dits entrepreneurs du réglement par eux demandé pour la voiture au charbon de Condé au pont d'Espierre....   *signé* MÉLIAND.

Arrêt du Conseil d'Etat du 12 septembre 1724.

(Bibliothèque de Valenciennes. — Recueil de pièces en 5 volumes.)

N° 107.

Droit de traite à 8 sols sur le charbon anglais.

Le Roi s'étant fait représenter.... l'arrêt du 4 octobre 1723... et S. M. étant informée que les motifs de cet arrêt subsistent encore.... ordonne qu'à commencer du 1er octobre de la présente année, et jusqu'à pareil jour de l'année prochaine 1725, il ne sera perçu de droits d'entrée sur le charbon de terre d'Angleterre, d'Ecosse et d'Irlande que 8 sols par baril du poids de 250 livres....

Convention entre le seigneur d'Etreux et la compagnie Désandrouin et Taffin. Du 8 août 1725. *

—◦◉◦—

(Archives de la compagnie d'Anzin.)

N° 108.

—

Cession à la compagnie Désandrouin et Taffin, du droit d'extraire sur Etreux.

Le sieur Désaudrouin Desnoelles et ses associés dans l'entreprise des fosses à charbon de terre, nous ayant fait connaître qu'ils avaient le dessein de faire extraire des charbons dans notre terre et seigneurie d'Etreux limitée dans leurs privilèges exclusifs qu'ils ont obtenus à cet effet, en dédommageant les propriétaires des fonds où se font les dits extractions et en payant aux seigneurs haut-justiciers les droits qui leur sont pour ce dûs.

Avons consenti que les dits entrepreneurs fassent faire la dite extraction dans toute l'étendue de notre terre et seigneurie d'Etreux, en dédommageant les propriétaires comme dessus conformément à ce qui leur est permis par les arrêts du conseil pour ce rendus et non autrement, et pour ce qui concerne notre droit seigneurial accordé à tous les seigneurs hauts-justiciers par les chartes du Hainaut après avoir pris des apaisements tant de ce qui se pratique dans les terres de Mons et autres terres étrangères où on fait de pareilles extractions, que de plusieurs accommodemens qu'iceux entrepreneurs ont fait dans ces pays-ci sous la domination du Roi, nous après plusieurs pourparlers avons réglé et fixé le dit droit à soixante écus par ans, faisant cent-quatre-vingt livres de France payables par les dits entrepreneurs de six mois en six mois à commencer du jour que commencera la dite extraction et à continuer le dit payement sur ce pied de soixante écus aussi longtemps qu'elle durera au prorata du temps sous les conditions ordinaires qu'on défalquera les temps qu'on sera empêché de la faire, ainsi qu'il se pratique dans les terres de Mons, au payement de laquelle somme de soixante écus, les dits entrepreneurs s'y sont obligés solidairement; fait en double à Valenciennes, le huitième août 1725.

signé MERLIN. — DÉSANDROUIN DESNOELLES.

—◦◈◉◈◦—

* Les conventions du 1er septembre 1725, pour Oisy, — du 7 septembre 1725, pour Aubry, sont conçues dans les mêmes termes.

Arrêt du Conseil d'Etat du 28 septembre 1725.

(Archives de la compagnie des mines d'Anzin.)

N° 109.

—

Droit de traite
maintenu
à 8 sols sur
le charbon
Anglais.

Le roi s'étant fait représenter.... l'arrêt du 12 septembre 1724.... et S. M. étant informée que les raisons qui ont donné lieu à cette modération de droits subsistent encore.... ordonne qu'à commencer du 1er octobre de la présente année, jusqu'à pareil jour de l'année prochaine 1726, il ne sera perçu de droits d'entrée sur le charbon de terre venant d'Angleterre, Ecosse et Irlande que 8 sols par baril du poids de 250 livres....

Ordonnance de l'intendant de Flandres du 2 octobre 1725.

(Bibliothèque de Valenciennes. — Recueil de pièces en 5 volumes.)

N° 110.

—

Confirmation
de l'ordon-
nance de 1724
sur le
transport
du charbon
de Fresnes

...... Nous ordonnons que notre ordonnance du 7 septembre 1724 (n° 106) sera exécutée selon sa forme et teneur, et, en conséquence, que les dits maîtres de la navigation de Condé seront tenus de fournir sur-le-champ des bateaux aux marchands commissionnaires et autres qui leur en demanderont pour voiturer le charbon des fosses de Fresnes au prix réglé par notre dite ordonnance, à peine en cas de refus d'amende qui sera par nous arbitrée à la première contravention....

Signé: MÉLIAND

Arrêt du Conseil du 15 juillet 1726.

(Archives de la compagnie des mines d'Anzin.)

N° 111.
—
Droit de traite
maintenu
à 8 sols sur le
charbon
Anglais.

Le roi s'étant fait représenter l'arrêt.... du 28 septembre 1725.... et S. M. étant informée que les raisons qui ont donné lieu à cette modération de droits subsistent toujours.... ordonne qu'à commencer du premier octobre de la présente année, et jusqu'à pareil jour de l'année prochaine 1727, il ne sera perçu de droits d'entrée sur le charbon de terre venant d'Angleterre, d'Ecosse et d'Irlande, que 8 sols par baril du poids de 250 livres....

Arrêt du Conseil d'Etat du 27 août 1726.

(Archives de la République. — Section administrative.)

N° 112.
—
Arrêt
interprétatif
de celui
de 1717.
(Concession
Désaubois et
compagnie).

Sur la requête de P. Désandrouin Desnoelles.... contenant que par arrêt... (de 1717)... mais comme le terrain dans lequel il est permis au suppliant de tirer du charbon de terre des mines qu'il pourra découvrir et fouiller n'est pas déterminé assez précisément par le dit arrêt du 8 mai 1717, et qu'il est à craindre que, par cette raison, on n'entreprenne dans la suite de le troubler dans l'exploitation des dites mines, requérait le suppliant qu'en interprétant en tant que besoin serait le dit arrêt du 8 mai 1717 et les lettres-patentes expédiées sur icelui, il plût à S. M. déclarer que son intention est que le suppliant, ses hoirs ou ayant-cause, puissent fouiller et tirer du charbon de terre non-seulement depuis Condé en remontant la rivière du Honneau jusqu'à Rombies et de là à Valenciennes, et depuis la rivière d'Escaut jusqu'à celle de Scarpe, mais encore dans tout le terrain qui est entre la rivière du Honneau et l'Escaut et celui qui est entre l'Escaut et la Scarpe, dans l'étendue du Hainaut Français seulement. Et S. M. étant informée de l'avantage que ses sujets du Hainaut retirent de cette entreprise, et voulant traiter favorablement le suppliant. Vu la requête.... ensemble l'avis du sieur de Vastau, intendant et commissaire départi dans la dite province du Hai-

1729 naut.... Le roi.... en interprétant en tant que de besoin le dit arrêt du 8 mai 1717....
a déclaré et déclare que son intention est que le dit Désandrouin.... puissent fouiller et tirer
du charbon de terre, non-seulement depuis Condé en remontant la rivière du Honneau
jusqu'à Rombies, et depuis la rivière d'Escaut jusqu'à celle de Scarpe, mais encore dans tout
le terrain qui est entre la rivière du Honneau et l'Escaut, et celui qui est entre l'Escaut et la
Scarpe, dans l'étendue du Hainaut Français seulement....

Arrêt du Conseil d'Etat du 7 juillet 1727.

(Archives de la compagnie des mines d'Anzin.)

N° 115.
—
Droit de traite
maintenu
à 8 sols sur
le charbon
Anglais.

Le roi s'étant fait représenter l'arrêt.... du 16 juillet 1726.... et S. M. étant informée
que les raisons qui ont donné lieu à cette modération de droits subsistent toujours....
ordonnne qu'à commencer du 1er octobre de la présente année, et jusqu'à pareil jour de
l'année prochaine 1728, il ne sera perçu de droits d'entrée sur le charbon de terre venant
d'Angleterre, Ecosse et Irlande, que 8 sols par baril du poids de 250 livres....

Arrêt du Conseil d'Etat du 14 juin 1729.

(Archives de la compagnie des mines d'Anzin.)

N° 114.
—
Droit de traite

Le roi s'étant fait représenter.... l'arrêt rendu.... le 29 janvier 1715, par lequel S. M....
a déchargé de tous droits d'entrée pendant dix années le charbon de terre provenant des
mines de l'Isle Royale, ci-devant appelée l'Isle du cap Breton; et S. M. étant informée que

1750

—

de 6 livres
par tonneau
pour le
charbon de
l'Isle Royale.

depuis le 1er janvier 1725 que cette exemption a cessé, les receveurs et commis de l'adjudicataire des fermes générales unies prétendent (sur le fondement de l'arrêt du 3 juillet 1692....) percevoir le même droit de 30 sols par baril sur le charbon de terre venant de l'Isle Royale, ce qui serait capable d'en faire cesser absolument le transport dans les ports du royaume.... à quoi S. M. voulant pourvoir.... ordonne qu'à l'avenir et à compter du jour et de la date du présent arrêt, le charbon de terre provenant des mines de l'Isle Royale ne paiera à l'entrée du royaume que 6 liv. par tonneau du poids de 5,250 livres.

———⬥◇◦◇⬥———

Arrêt du Conseil d'Etat du 31 janvier 1730.

—◦◇◦—

(Bibliothèque de Valenciennes. — Recueil de pièces en 5 volumes.)

N° 115.

—

Droit de traite
à 12 sols sur
le charbon
Anglais.

Le roi s'étant fait représenter.... l'arrêt rendu.... le 7 juillet 1727.... et S. M., étant informée que les raisons qui avaient donné lieu à cette modération de droits subsistent en partie.... ordonne qu'à commencer du 1er février prochain, et jusqu'à pareil jour de l'année prochaine 1731, il ne sera perçu de droits d'entrée sur le charbon de terre venant d'Angleterre, d'Ecosse et d'Irlande, que 12 sols par baril du poids de 250 livres.... et ce dans l'étendue des 5 grosses fermes et dans les bureaux des provinces réputées étrangères....

———⬥◇◦◇⬥———

Arrêt du Conseil d'Etat du 17 novembre 1730.

—◦◇◦—

(Bibliothèque de Valenciennes. — Recueil de pièces en 5 volumes.)

N° 116.

—

Maintien

Le roi s'étant fait représenter.... l'arrêt rendu.... le 31 janvier dernier.... et S. M. étant informée que les raisons qui avaient donné lieu à cette modération de droits subsistent

1752
—
du droit de
12 sols sur le
charbon
Anglais.

en partie.... ordonne qu'à commencer du 1er février prochain, et jusqu'à ce que par S. M il en soit autrement ordonné, il ne sera perçu de droits d'entrée sur le charbon de terre venant d'Angleterre, d'Ecosse et d'Irlande que 12 sols par baril du poids de 250 livres....

Ordonnance de l'intendant du Hainaut du 6 septembre 1731.

(Bibliothèque de Valenciennes. — Recueil de pièces en 5 volumes.)

N° 117.
—
Augmentation
du prix
du transport
de la houille
de Fresnes
à Tournai.

Vu la requête à nous présentée sous le nom des maîtres et huit hommes de la naviga-tion.... la réponse produite de la part des dits entrepreneurs (des fosses à charbon)....nous avons fixé et réglé le prix des voitures des charbons qui seront chargés au rivage de Fresnes pour être transportés à Tournai , à 12 l. monnaie d'Hainaut pour chaque cent de wagues, faisons défense aux bateliers d'exiger un prix plus fort....

DE SÉCHELLES.

Ordonnance de l'intendant du Hainaut du 29 juillet 1732.

(Bibliothèque de Valenciennes. — Recueil de pièces en 5 volumes.)

N° 118.
—
Le transport
du charbon
de Fresnes
est déclaré

Sur les contestations survenues entre les maîtres, huit hommes et bateliers de la navigation de Condé et les entrepreneurs des fosses à tirer le charbon de terre à Fresnes et environs. Les premiers prétendant avoir le droit exclusivement de voiturer le charbon provenant des dites fosses, par les rivières de l'Escaut et de l'Escarpe, sur le pied fixé par notre ordonnance du 6 septembre dernier..... et, les dits entrepreneurs prétendant au contraire que cette

1733
——

fixation était exhorbitante pour ce qui les concerne et que d'ailleurs ils ne pouvaient être assujettis aux règles de tour établi dans la navigation....

Nous, en dérogeant autant que de besoin aux dispositions de notre ordonnance du 6 septembre dernier, déclarons que le charbon provenant des fosses de Fresnes et des environs, lequel sera transporté sur les rivières de l'Escaut et de l'Escarpe, n'est point sujet au tour établi dans la navigation de Condé, permettons aux entrepreneurs des fosses à charbon de se servir de tels bateliers de la navigation qu'ils trouveront convenir, moyennant le prix dont ils conviendront volontairement....

DE SÉCHELLES.

Convention entre le seigneur d'Anzin et la compagnie Désandrouin et Taffin 1733.

——

(Archives de la compagnie des mines d'Anzin.)

N° 114.
——

Cession à
la compagnie
Désandrouin
et Taffin
du droit
d'extraire
sur Anzin.

Le roi ayant permis par arrêts au sieur Désandrouin, écuyer, maître de la verrerie de Fresnes, et associés, de faire tirer du charbon entre l'Escaut et l'Escarpe, le sieur Désandrouin nous aurait demandé en conséquence du dit arrêt la permission de faire tirer dans notre terre et seigneurie d'Anzin-lès-Valenciennes, ce que nous, abbé d'Hasnon, seigneur du dit Anzin, par ces présentes, avons permis au dit sieur Désandrouin de faire tirer le charbon qu'il pourra faire extraire de notre dite seigneurie, au moyen de cent écus par an que le dit sieur Désandrouin promet payer pour nos droits coutumiers de seigneur du dit lieu, à commencer du temps qu'il commencera à tirer du charbon, ainsi à continuer pendant le terme de douze ans, à condition que le dit sieur abbé sera exempt de toutes charges venues et à venir de quelque nature qu'elles puissent être, toutes choses étant à la charge du dit sieur Désandrouin, et comme cette entreprise causera des dommages aux propriétaires où ils font ouverture des fosses et chemins qu'ils ont besoin pour habitation aux endroits et évacuations de charbons, le sieur Désandrouin est chargé par cette de payer aux propriétaires et particuliers tous les dommages qui seront causés, comme aussi de remettre les biens en même état qu'ils les auront trouvés, si avant que le dit sieur abbé ne soit molesté ni tenu à aucune chose; cependant, comme on pourrait être du temps sans tirer du charbon après avoir commencé, le dit sieur ne pourra prétendre aucune modération, à moins que d'avoir été trois mois bien avérés sans en tirer, par malheur ou empêchement qui pourraient survenir.

Signé: THÉODORE, abbé d'Hasnon.

Conventions du 31 mars 1733 entre les entrepreneurs des fosses à charbon de Fresnes et les bateliers de Condé, approuvées par l'intendant le 3 avril.

(Bibliothèque de Valenciennes. — Recueil de pièces en 5 volumes.)

N° 120.

—

Prix
de transport
arrêté
entre les
entrepreneurs
des fosses
de Fresnes
et les bateliers
de Condé.

Cejourd'hui.... pardevant nous subdélégué à Condé, sont comparus M. Désandrouin pour les entrepreneurs des fosses à charbon de Fresnes et environs, d'une part, et les maîtres et huit hommes du corps de la navigation de la ville de Condé, lesquels, pour terminer les difficultés qu'ils ont eu entr'eux jusqu'à présent, par rapport aux voitures du dit charbon de Fresnes, sont de ce qui s'en suit convenu sous le bon plaisir de monseigneur l'intendant.

. . . .

3° Que lorsque les dits entrepreneurs.... auront besoin de bateaux, ils devront se servir de ceux de la dite navigation de Condé, mais ils ne seront point assujettis aux jours ni aux formalités de la dite chambre....

4°.... Il sera payé pour prix des voitures.... du rivage de Fresnes, savoir : pour chaque cent de rasières de charbons voiturés du dit rivage à Douai, à raison de 6 patars la rasière pour le dit cent de 60 livres.

. . . .

Depuis le dit rivage jusqu'à Lille.... 6 patars 1/2 de la rasière de 65 livres le cent.

Depuis le même rivage jusqu'à Tournai, suivant le règlement fait par mon dit seigneur l'intendant....

. . . .

Finalement, depuis le dit rivage jusqu'à Gand, 22 livres argent coursable en la ville de Gand du cent de wagues, lequel fait pareillement 60 rasières.

. . . .

DE SÉCHELLES.

1735

Déclaration du Roi du 17 novembre 1733.

(Archives de la République. — Section législative. — Recueil des édits, etc., enregistrés au parlement de Flandre, t. 5, p. 578.)

N° 121.
—
Réimpusition
du dixième.

.... Art. 1er. Ordonne que tous propriétaires nobles ou roturiers, privilégiés ou non privilégiés.... paieront le dixième du revenu de tous les fonds, terres.... moulins, forges, fourneaux et autres usines....

Enregistrement.

(Même recueil, t. 8, p. 489.)

La cour a arrêté que très-humbles remontrances seront faites au roi sur les inconvénients qui peuvent résulter de l'exécution de la dite déclaration dans son ressort.

Convention entre la ville de Valenciennes et les sieurs Désandrouin et Taffin, du 11 mars 1735.

(Onzième registre pour servir à l'enregistrement des choses communes de la ville de Valenciennes, commencé le 1er avril 1734. — p. 15, v°. — Bibliothèque de Valenciennes.)

N° 122.
—

Les sieurs Désandrouin et Taffin, associés dans l'entreprise des fosses à charbon de terre

. .14

1735
—

Cession
à Désandrouin
et Taffin
du droit
seigneurial
d'extraire sur
la banlieue de
Valenciennes,
d'Anzin
à l'Escaut.

entre cette ville et Condé, ayant par requête à eux présentée au conseil particulier du 15 février dernier, exposé que leurs veines pourraient peut-être les conduire sur le terroir de la juridiction de cette ville, et que, suivant les privilèges exclusifs qu'ils ont obtenu du roi, ils peuvent le faire en dédommageant les propriétaires et fermiers des fonds où se font les dites fosses, et en payant aux seigneurs hauts-justiciers les droits pour ce dûs, ils offrent de payer à cette ville, pour reconnaissance, la somme de 35 écus chaque année....

Suivant quoi nous.... députés et autorisés par Messieurs du magistrat de cette ville, suivant leur délibération de cejourd'hui, déclarons consentir, comme par ces présentes nous consentons, que les dits sieurs Désandrouin et Taffin, associés dans l'entreprise des fosses à charbon de terre, en fassent faire l'extraction dans la banlieue, depuis le village d'Anzin, soumis à notre juridiction, jusqu'à la rivière de l'Escaut inclusivement et non plus avant, en dédommageant les propriétaires et fermiers des fonds, à dire d'experts, conformément à ce qui leur est prescrit par les arrêts du conseil pour ce rendus, pourvu et moyennant par le sieur Taffin, ici présent et acceptant, tant pour lui que ses associés, de rendre et payer par chaque année, entre les mains du trésorier de la ville, la somme de 480 livres, monnaie de Hainaut, pour reconnaissance à la ville.... sans aucune diminution.... à moins d'avoir été trois mois bien avéré sans en tirer, par malheur ou empêchement légitime.

Ayant aussi été conditionné que si les dits entrepreneurs viennent à faire des fosses dans les fonds appartenant en propriété à cette ville, ils seront tenus et obligés de la dédommager à dire d'experts, de même qu'il en vient avec les particuliers.

Arrêt du Conseil d'Etat du 29 mars 1735.

(Ministère des travaux publics. — Bureau des mines.)

N° 123.
—

Prorogation
jusqu'en 1760
de la concession accordée
par arrêt
du 8 mai 1717,

Sur la requête présentée au roi, étant en son conseil, par J. Désandrouin, capitaine à la suite de Valenciennes, et P. Taffin, secrétaire du roi, audiencier en la chancellerie près le parlement de Flandres, entrepreneurs des mines à charbon de terre ouvertes près Condé et Valenciennes, contenant que par arrêt.... (de 1717 et suivant), qu'en conséquence de ces différents arrêts, et pour se rendre dignes de la protection dont il a plu à S. M. d'honorer cette entreprise, les supplians, qui y étaient intéressés dès les commencements, et qui, par les arrangements qui ont été faits depuis avec le sieur Désandrouin Desnoelles, s'en trouvent

1736
—
au profit
de Désaubois
Désandrouin
et Taffin.

aujourd'hui chargés seuls, n'ont épargné ni soins ni dépenses pour la faire réussir ; qu'indépendamment des dépenses journalières qu'exige l'exploitation des fosses ouverte à Fresnes, sous Condé, ils y ont, depuis environ deux ans, fait construire à grands frais une machine à feu pour tirer les eaux qu'ils trouvent dans les dites fosses et dont le succès est connu du sieur intendant de la province qui vient souvent visiter leurs ouvrages ; que depuis ils ont fait ouvrir plusieurs fosses proche Valenciennes, et une entr'autres le 24 juin de l'année dernière, qui est dans sa pleine perfection, et d'où l'on a tiré le plus beau et le meilleur charbon qui ait encore paru ; que les habitants des environs de Mons, dont le principal commerce consiste dans le débit du même charbon qu'ils vendent aux sujets du roi, sont si effrayés de la réussite des dites fosses, que pour faire tomber cette entreprise, ils ont diminué considérablement le prix de leur charbon, ce qui a obligé les suppliants de diminuer le leur d'un cinquième ; que cependant ils sont dans le dessein de faire de nouvelles avances pour faire construire sur les fosses ouvertes près de Valenciennes une machine à feu pareille à celle qu'ils ont aux fosses de Fresnes ; mais que, comme il faut près de deux ans pour qu'elle soit dans sa perfection, et que le temps de leur privilège sera alors prêt à expirer, ils ne pourraient risquer d'ajouter cette nouvelle dépense, qui est considérable, à celles qu'ils ont déjà faites, si S. M. n'avait la bonté de proroger ce privilège en leur faveur.... requerraient.... qu'il plût à S. M.... proroger en leur faveur le privilège.... de vingt années consécutives.... Vu la dite requête, les dits arrêts.... ensemble l'avis du sieur Moreau de Séchelles, intendant et commissaire départi en Hainaut.... Le roi.... en subrogeant en tant que de besoin les sieurs J. Désandrouin et P. Taffin au lieu et place du sieur P. Désandrouin Desnoelles, a prorogé et proroge en leur faveur le privilège exclusif de l'extraction du charbon de terre dans l'étendue du terrain spécifié par les arrêts de son conseil des 8 mai 1717 et 27 août 1726, et ce, pendant le temps et espace de vingt années consécutives, à compter du 1er juillet de l'année 1740, et aux charges, clauses et conditions portées par les dits arrêts.... [Suivent l'octroi des mêmes exemptions, et l'ordre d'exécuter tous les arrêts précédents au profit des sieurs Désandrouin et Taffin].

Arrêt du Conseil d'Etat du 6 décembre 1736.

(Ministère des travaux publics. — Bureau des mines).

N° 124.
—

.... Sur ce qui a été représenté au roi.... par P. Taffin.... et J. Désandrouin.... que S. M..... aurait accordé aux suppliants le privilège exclusif de tirer, jusqu'en l'année 1760,

1737

Concession
accordée
jusqu'en 1760
à Désandrouin
et Taffin
des terrains
situés entre
la Scarpe et
la Lys.

les charbons de terre des mines qu'ils pourraient découvrir et fouiller, tant depuis Condé.... que les suppliants, après vingt ans de travaux, et avoir risqué tout leur bien, sont enfin parvenus à conduire leur entreprise à un point de perfection qui leur fait espérer de pouvoir se dédommager des dépenses immenses qu'ils ont faites, en fournissant la quantité de charbons nécessaires à la consommation, non-seulement du Hainaut, mais encore des provinces voisines. Que cependant, ils ont une notion certaine, que les veines des mines qu'ils font travailler passent de l'autre côté de la rivière de Scarpe, qui fait la limite de leur privilège, et qu'elles s'étendent jusqu'à celle de la Lys ; que n'ayant pas le privilège de fouiller le terrain qui sépare ces deux rivières, il serait d'autant plus à craindre qu'il ne fût accordé à d'autres, que les suppliants se verraient par là privés de débiter leurs charbons aux habitants des villes de Lille et Douai, et des provinces d'Artois et de Picardie, ce qui leur ferait un tort considérable ; que d'ailleurs, en divisant les mines du Hainaut de celles qui peuvent être entre les rivières de Scarpe et de la Lys, en deux compagnies, elles se détruiraient l'une l'autre par leur proximité, au lieu qu'en réunissant ce terrain à l'entreprise du Hainaut, elle en deviendra plus solide, et par conséquent plus utile pour le bien public ; que par ces raisons.... ils espèrent que S. M. voudra bien sur ce leur pourvoir.... Vu la dite requête.... le roi.... en étendant le privilège accordé aux dits sieurs P. Taffin et J. Désandrouin, leur a permis.... de tirer, exclusivement à tous autres, du charbon de terre des mines qu'ils pourront découvrir et fouiller dans le terrain qui est entre la rivière de Scarpe et celle de la Lys pendant la durée de leur privilège, et ce avec les mêmes franchises et exemptions, et aux charges, clauses et conditions portées par les arrêts du conseil et lettres-patentes sur ce intervenues.... voulant qu'en cas de contestations à l'occasion de cette nouvelle entreprise, elles soient portées par devant le sieur intendant et commissaire départi en Flandre....

Arrêt du Conseil d'Etat du 1er janvier 1737.

(Archives de la République. — Section administrative.)

N° 125.

Suppression
du dixième

.... Ordonne que l'imposition et levée du dixième ordonnés par la déclaration du 17 novembre 1733 cesseront à commencer du 1er janvier présente année....

1737

Convention entre le prince de Croy et la compagnie Désandrouin et Taffin du 25 janvier 1737.

—

(N° 3 *des pièces justificatives publiées par la compagnie d'Anzin dans son procès contre les compagnies réunies de Thivencelles, etc.* 1844, p. 4.)

N° 126.

—

Cession à la compagnie de Désandrouin et Taffin du droit seigneurial d'extraire sur Fresnes.

Pour assoupir et terminer toutes difficultés mues et à mouvoir au sujet des droits de cens et d'entre-cens appartenants au seigneur prince de Croy, en sa qualité de seigneur haut-justicier de la terre de Fresnes, sur tous les charbons de terre qui s'extraient en la dite seigneurie par le sieur Désandrouin et compagnie; il a été convenu entre le dit sieur Désan-drouin, se fesant fort pour sa dite compagnie d'une part, et le sieur Cordier, conseiller honoraire au parlement de Flandres, chargé des affaires de la maison de Croy-Solre d'autre part, que le procès intenté par-devant monsieur de Séchelles, intendant du Hainaut, par requête du 23 mai 1735, et poursuivi au conseil-d'état du roi..... demeurerait éteint et terminé, que le dit sieur Désandrouin, tant en son propre et privé nom, que se portant fort pour sa dite compagnie s'obligerait et s'oblige par ces présentes de payer pour reconnaissance des dits droits, la somme de 2,000 liv., monnaie de France, par chaque année.... que s'il arrivait cependant que le dit sieur Désandrouin et compagnie demeureraient une ou plusieurs années sans extraire de charbon, la dite somme de 2,000 liv. ne se paierait pas pour ce temps-là.

Quant aux droits de vinage dus au dit seigneur prince sur les charbons qui se chargent au rivage de Fresnes, Condé et Vieux-Condé, le dit sieur Désandrouin et compagnie ne s'oppo-sent pas à ce que le dit seigneur s'en fasse payer par qui il appartiendra.

Et comme il convient aux intérêts du dit sieur Désandrouin et compagnie que la présente convention demeure secrète, le dit sieur Cordier a consenti et consent que du prix des deux mille livres de France ci-dessus mentionné, il n'en soit délivre que 600 liv. annuellement au receveur de Condé, pour être portés dans les comptes de sa recette chaque année, et que les 1,400 liv. restant aussi annuellement soient payés par le sieur Désandrouin et associés ès mains du dit sieur Cordier ou autre à désigner.... [Ratifié par le prince le 17 février 1737].

⋯⋯≈⋙⋅⊰⋅⊱⋙⋯⋯

1740

Arrêt du Conseil d'Etat du 23 juin 1739.

(Archives de la compagnie des mines d'Anzin.)

N° 127.

—

Remise
du droit de
traite foraine
sur les mines
du
Bourbonnois.

Sur la requête présentée au roi.... par les entrepreneurs des mines de charbon de Fins en Bourbonnois, contenant que depuis une année qu'ils sont en possession de ces mines.... Le roi.... ordonne que les charbons des mines de Fins en Bourbonnois, jouiront de la même exemption que celle accordée par les arrêts du conseil des 27 juin 1672 et 12 septembre 1690 pour les charbons des mines d'Auvergne et de Nivernois....

⟞⟝⟝⟝⟞⟞⟞⟝

Arrêt du Conseil d'Etat du 28 juin 1740.

(Examen du droit des seigneurs, p. 689.)

N° 128.

—

Concession
accordée
au sieur de la
Bretonnière
et associés
des mines de
houille de trois
paroisses de
l'Anjou.

Sur la requête présentée au roi.... par Cochard François Bacot de la Bretonnière et autres ses associés, contenant qu'ils ont formé une compagnie dans le dessein de mettre en valeur des mines de charbon de terre qui se trouvent dans l'étendue des paroisses de Saint-Georges, Chatelaison et Concourson, dans lesquelles les propriétaires des fonds où elles sont situées tirent depuis plusieurs siècles du charbon de terre, mais que ces propriétaires n'ayant ni l'intelligence, ni les facultés nécessaires pour épuiser les eaux de ces mines, ils ne prennent que la superficie....

. . . .

Le roi.... permet au dit sieur de la Bretonnière et à ses associés de faire exploiter les dites mines de charbon de terre dans l'étendue des paroisses de Saint-Georges, Chatelaison et Concourson, près la ville de Doué en Anjou, à la charge par eux d'indemniser les propriétaires des terres où sont situées les dites mines eu égard au préjudice que les ouvertures,

1741 creusages et les dépôts des dits charbons, ensemble le transport d'iceux pourront occasionner, lesquels dédommagements seront liquidés à l'amiable entre les parties, sinon par le sieur intendant et commissaire départi en la dite province que S. M. commet à cet effet....

Arrêt du Conseil d'Etat du 15 janvier 1741.

(Code des mines, p. 342. — Archives de la République. — Section administrative.)

N° **129.**

—

Ordre
aux exploitans
de mines
ou minières
de remettre
leurs titres
aux intendans.

Le roi.... s'étant fait représenter l'arrêt rendu le 28 octobre dernier, par lequel il a plu à S. M. d'accorder à M. le prince de Condé, le remboursement du prix de l'office de grand-maître et surintendant des mines et minières de France, dont feu M. le duc de Bourbon son père avait été pourvu par lettre du 30 août 1717. Et voulant expliquer ses intentions sur ce qui concerne l'administration des dites mines et minières.... ordonne que tous ceux qui exploitent actuellement, ou prétendent avoir droit d'exploiter des mines et minières, remettront incessamment, et au plus tard dans six mois, ès mains des sieurs intendants de la province ou généralité dans l'étendue de laquelle les dites mines et minières se trouvent situées, copie duement collationnée des lettres-patentes, arrêts, concessions, privilèges et autres titres qui leur ont été accordés ; ensemble un mémoire dans lequel les concessionnaires ou entrepreneurs des dites mines et minières exposeront sommairement l'état présent de leurs entreprises, la quantité, espèce et qualité des métaux qui ont été tirés dans le cours de l'année dernière, des mines qu'ils exploitent, et le nombre des divers ouvriers qui y sont actuellement employés, sauf à ajouter aux dits mémoires tels autres éclaircissements particuliers qui pourront leur être demandés par les dits sieurs intendants. Veut S. M. que les copies des titres et les dits mémoires.... soient envoyés au conseil par les dits sieurs intendants, avec leur avis sur l'état actuel, l'importance et l'utilité des dites entreprises ; pour le tout vû et examiné, être par S. M. ordonné ce qu'il appartiendra....

Arrêt du Conseil d'Etat du 6 juin 1741.

(Archives de la République. — Section administrative.)

N° 150.

—

Droit de traite
à 30 sols
par les ports
de Flandre et
de Picardie.

Le roi s'étant fait représenter.... les arrêts rendus.... les 6 septembre 1704 et 28 novembre 1730.... et les raisons qui ont déterminé à cette modération ne subsistant plus pour les charbons qui entreront dans le royaume par Saint-Valery, Dunkerque, Boulogne, Calais et autres entrées de la Picardie et de la Flandre, et S. M. désirant y pourvoir....

Le roi.... ordonne qu'à l'avenir.... et conformément à l'arrêt du 6 septembre 1704, il sera payé 30 sols sur chaque baril de charbon de terre du poids de 250 livres poids de marc, venant d'Angleterre, d'Ecosse et d'Irlande et entrant par Saint-Valery, Dunkerque, Boulogne, Calais et autres entrées de la Picardie et de la Flandre et des directions des fermes d'Amiens et de Lille....

Arrêt du Conseil d'Etat du 15 août 1741.

(Archives de la compagnie des mines d'Anzin.)

N° 151.

—

Idem
par les ports
de la
Normandie.

Le roi s'étant fait représenter.... les arrêts rendus.... les 6 septembre 1704, 28 novembre 1730, et 6 juin 1741,.... et S. M. étant aussi informé que la même modération ne doit plus avoir lieu pour les charbons qui entrent dans le royaume par les différents ports de Normandie, et voulant sur ce faire connaître ses intentions.... ordonne qu'à compter du jour de la publication du présent arrêt, et conformément à l'arrêt du 6 septembre 1704, il sera perçu 30 sols sur chaque baril de charbon de terre du poids de 250 livres, poids de marc, venant d'Angleterre, d'Ecosse et d'Irlande, et entrant par les différents ports de Normandie....

1741

Convention, entre le prince de Croy et les frères Désandrouin, du 28 août 1741.

——

(N° 4 des pièces justificatives publiées par la compagnie d'Anzin, dans le procès contre les compagnies réunies de Thivencelles, etc. 1844, p. 5.)

N° 132.

—

Cession
à J. et P.
Désandrouin
du droit
seigneurial
d'extraire sur
Condé et
Vieux-Condé.

Furent présents Messire P. F. Cordier.... d'une part, le vicomte Désandrouin.... demeurant à Fresnes près Condé, tant pour lui que pour Messire P. Désandrouin, seigneur Desnoelles, son frère, demeurant à Hardenghen près Calais, dans le Boulonnais, dont il se fait fort d'autre part; lequel sieur Cordier.... a accordé et accorde au dit sieur Désandrouin la permission d'extraire à ses frais les charbons de terre qui pourront se trouver dans l'étendue des hautes-justices de la ville de Condé et Vieux-Condé.... à charge par eux de payer au dit seigneur prince, héritiers et successeurs, la somme de 1,000 livres de France chaque année, dont la première commencera au jour que le charbon sera découvert et en état d'être tiré,.... bien entendu cependant qu'après l'écoulement des six premières années de paiement ainsi que dit est, il sera payé au dit seigneur prince.... la somme de 2,000 liv. de France chaque année.... si mieux n'aiment le dit sieur Désandrouin... abandonner la dite entreprise au profit du dit seigneur prince après l'écoulement des dites six premières années....

Conditionné que le dit sieur Désandrouin et ayant-cause seront tenus desintéresser le dit seigneur prince et tous particuliers des dommages qu'ils leur pourront causer par les ouvertures de terre et autrement....

Stipulé que la reconnaissance de 1,000 ou 2,000 liv. mentionnée ci-dessus, demeurera suspendue et non exigible, si par évènement après que le charbon aura été découvert et même tiré pendant une ou plusieurs années, il survenait des causes ou embarras qui empêchassent l'extraction du charbon pendant une année entière....

Mais le cas arrivant que le dit sieur Désandrouin.... désisteraient volontairement et sans nulle raison légitime, de travailler à l'extraction du dit charbon pendant le terme de six années, pour lors les présentes permission et convention seront tenues pour résolues et comme non avenues et le dit seigneur prince rentrera dans ses droits à effet d'exploiter par lui-même ou par autres s'il le trouve bon, l'entreprise commencée par le dit sieur Désandrouin et jouira même des fosses existantes sans que le dit sieur Désandrouin ni les siens puissent répéter aucun frais ni dépenses faites à ce sujet, à l'exception des agrais et machines que le dit seigneur prince pourra retenir en refondant l'estimation au dire d'experts, si mieux n'aime les laisser suivre au dit sieur Désandrouin.

.15

1742 Conditionné que la présente permission d'extraire le charbon sur Condé et le Vieux-Condé n'aura rien de commun avec celle accordée pour l'extraction des charbons sur la haute-justice de Fresnes, qui subsistera en son entier...... [Ratifié par le prince le 12 septembre 1741].

Déclaration du Roi du 29 août 1741.

(Recueil des édits, etc., enregistrés au parlement de Flandre, t. 6, p. 21.)

N° 153.
—
Rétablissement du dixième.

Art. 1er. Ordonnons que tous propriétaires, nobles ou roturiers, privilégiés ou non privilégiés.... paieront le dixième du revenu de tous les fonds, terres, prés...... moulins, forges, fourneaux et autres usines.... et généralement pour tous autres droits ou biens, de quelque nature qu'ils soient....

Arrêt du parlement de Flandre du 23 janvier 1742.

(N° 6 des pièces justificatives publiées par la compagnie d'Anzin, comme il est dit aux précédents numéros. p. 8.)

N° 154.
—
Arrêt qui donne acte au prince de Croy de la reconnais-

Louis.... vu en notre cour de parlement de Flandre le procès entre Messire Emmanuel de Croy-Solre.... demandeur aux fins de sa requête du 20 septembre dernier, d'une part, Messire P. Taffin, chevalier de l'ordre royal de Saint-Michel, conseiller-secrétaire du roi, audiencier-vétéran en la chancellerie près la cour, défendeur d'autre part, sur ce qu'Emmanuel de Croy....... aurait présenté requête en notre cour de parlement de Flandre, le 20 septembre 1741, par laquelle il aurait exposé qu'en sa qualité de seigneur du Vieux-Condé,

1744
—

sance
de son droit
seigneurial
sur
Vieux - Condé
par Taffin
et à Taffin
de son
désistement
aux travaux
par lui
commencés
sur sa
propriété.

il avait le droit d'avoir en terre non extrayé, c'est-à-dire charbon, pierre et autre semblable trouvés en terre comme un droit attaché à sa haute-justice, selon les articles 1 et 2 du chapitre 130 de la coutume générale du Hainaut, ce qui était si constant et si commun à tous seigneurs hauts-justiciers dans la dite province, que tous ceux qui y tiraient du charbon ne le fesaient et ne pouvaient le faire qu'avec leur permission, et leur payaient certaines sommes annuelles ou quantités de charbons de ceux qui se tiraient des fosses en chaque seigneurie, ce qui était arrivé à l'égard des sieurs Taffin et Désandrouin, vers et au profit du suppliant, pour les charbons qu'il fesait tirer en sa terre et seigneurie de Fresnes, il était cependant que le dit sieur Taffin s'était avisé, de sa propre autorité, le 12 du dit mois de septembre, de faire extrayer terre et fossoyer dans le Vieux-Condé pour en tirer charbon, sans en avoir obtenu la permission du dit suppliant, et par conséquent sans titre, droit ni qualité, n'en ayant certainement pas pour en user ainsi au dit Vieux-Condé, et comme cette conduite donnait atteinte aux droits de ce dernier, sujet qu'il s'était adressé en notre dite cour, pour qu'il lui plût déclarer que le dit sieur Taffin était sans droit d'extrayer terre au dit Vieux-Condé et y faire fosse pour en tirer charbon, ce fesant le condamner à réparer et mettre en état ce qu'il en avait fait et lui faire défense d'y travailler davantage.... sur laquelle requête notre dite cour aurait ordonné aux parties de comparoir par-devant conseiller-commissaire le 27 du même mois de septembre 1741.... et M. Bellenghien, procureur, pour et au nom du sieur Taffin, défendeur.... aurait dit que.... ne pouvait ignorer que nous avions ordonné par arrêt de notre conseil que tout ce qui regardait l'extraction des charbons dans notre province du Hainaut, était renvoyé à la connaissance de l'intendant de la dite province, de manière que le dit sieur défendeur suppliait notre cour de ne pas trouver mauvais.... le déclinatoire sur lequel il demandait droit avant tout.... que sans préjudice à ce le sieur défendeur ne disputait pas le droit au sieur demandeur qui lui était donné par les chartes dans les articles cités, mais qu'il déniait être dans le cas, étant permis à tout propriétaire des terres de fossoyer son champ, soit pour faire un puits ou autre chose, et s'il arrivait qu'il rencontrât quelque mine de charbon.... il devait en avertir le seigneur haut-justicier et convenir avec lui pour le droit seigneurial qui lui était attribué par les mêmes chartes, déniant encore le dit sieur défendeur que la fosse en question ait été ordonnée pour tirer le charbon, ce dernier ayant autres droits que celui-là, il n'était question de rien, et celui du haut-justicier n'était ici aucunement lésé, et que s'il avait fait faire quelque disposition d'ouvrage, il les aurait fait défaire le 20 du dit mois de septembre.... et que si dans la suite il y fesait travailler, ce ne serait point au préjudice du seigneur haut-justicier, parmi quoi il requerrait congé en cour avec dépens; le demandeur aurait observé..... que le sieur défendeur..... déniait que la fosse en question aurait été ordonnée pour tirer charbon.... que cette dénégation était faite d'une mauvaise foi..... que cependant déclarait de la prendre à profit et en requerrait acte..... que si elle était sincère elle mettrait fin au procès..... La cause en cet état, le dit sieur Taffin.... aurait dit.... qu'il était permis à tout propriétaire de faire fossoyer dans son champ.... pourquoi il concluait et requerrait de nouveau congé de cour avec dépens.... Le sieur demandeur... aurait dit qu'en sa qualité de seigneur haut-justicier du Vieux-Condé, il y avait le droit exclusif d'avoir charbon, pierres et autres choses semblables trouvées en terre, suivant la dite coutume générale du Hainaut, qu'au préjudice de ce droit attaché à sa haute-justice, le défendeur s'étant ingéré et sans permission de faire extrayer terres et

1744 fossoyer dans le Vieux-Condé pour en tirer charbon le 12 septembre dernier, cette emprise l'obligea de se pourvoir en notre cour.... que cette demande était fondée sur la coutume même et sur une jurisprudence commune dans la dite province.... le sieur demandeur avait eu raison de dire que la dénégation n'était point faite de bonne foi, qu'en effet si la dite fosse n'avait point été faite pour tirer le charbon, il n'était point naturel que le défendeur l'aurait fait remplir.... que les déclarations du sieur défendeur étaient autant de reconnaissances du droit du seigneur demandeur et sa dénégation qu'un faux-fuyant pour sauver la condamnation.... quoiqu'il en soit le sieur demandeur continuant de la prendre à profit et d'en requérir acte, et consentant au congé de cour requis il concluait.... à rapport en notre cour.... pour par son arrêt décréter les déclarations, désistement et consentement des parties.... le dit sieur défendeur aurait.... dit qu'en fossoyant son propre champ au Vieux-Condé.... sans en avoir tiré charbon.... aurait-il donné atteinte aux droits qui étaient accordés au seigneur demandeur par les articles 1 et 2 du chapitre 130 des chartes d'Hainaut, en sa qualité d'haut-justicier du même lieu, nullement.... et suivant ce, il était vrai que l'on ne pouvait tirer charbon sans permission du seigneur haut-justicier et sans le reconnaître par un droit seigneurial, mais le sieur défendeur avait-il *trouvé* du charbon.... parmi quoi il concluait à ce qu'il plût à notre cour débouter le demandeur de ses fins et conclusions et le condamner aux dépens.

Notre dite cour.... a donné et donne acte aux parties de leurs déclarations, désistements et consentements respectifs, compense les dépens jusques et compris le procès-verbal du 27 septembre dernier, condamne le dit Taffin au surplus des dépens....

Arrêt du Conseil d'Etat du 14 janvier 1744.

(*Archives de la République. — Section administrative. — Code des mines,* p. 346. — *Recueil général des anciennes lois Françaises,* t. 22, p. 166).

N° 135.

Arrêt portant règlement pour l'exploitation des mines de houille.

Le roi s'étant fait représenter.... les différents édits.... faits.... par les rois ses prédécesseurs.... ensemble l'édit de Henri IV, du mois de juin 1601, et l'arrêt du conseil du 13 mai 1698. S. M. aurait reconnu, qu'avant l'édit de 1601, les mines de charbon de terre qui, par l'article 2 de cet édit, ont été affranchies du droit royal du dixième, étaient, comme les mines de métaux et minéraux, sujets au même droit dépendant du domaine de sa couronne et souveraineté. Que l'exception portée par cet édit et fait par grâce spéciale en faveur des

1744 propriétaires des lieux où se trouveraient les mines de charbon de terre, a eu pour objet d'en faciliter l'extraction, et d'encourager les dits propriétaires à l'entreprendre, à l'effet de procurer dans le royaume l'abondance des charbons de terre,..... que c'est dans les mêmes vues et par les mêmes motifs que le feu roi, par le dit arrêt de son conseil d'état du 13 mai 1698, aurait permis à tous propriétaires de terreins où il se trouverait des mines de charbon de terre, ouvertes et non ouvertes, en quelqu'endroit et lieux du royaume qu'elles fussent situées, de les ouvrir et exploiter à leur profit, sans qu'ils fussent obligés d'en demander la permission, sous quelque prétexte que ce pût être, pas même sous prétexte des privilèges qui pouvaient avoir été accordés pour l'exploitation des dites mines ; pourquoi il aurait été dérogé à tous arrêts, lettres-patentes, dons, cessions et privilèges à ce contraires. Et S. M. étant informée que ces dispositions sont presque demeurées sans effet, soit par la négligence des propriétaires à faire la recherche et exploitation des dites mines, soit par le peu de facultés et de connaissances de la part de ceux qui ont tenté de faire sur cela quelqu'entreprise ; que d'ailleurs la liberté indéfinie, laissée aux propriétaires par le dit arrêt du 13 mai 1698, a fait naître en plusieurs occasions une concurrence entre eux, également nuisible à leurs entreprises respectives ; et voulant faire connaître sur cela ses intentions, et prescrire en même temps les règles qui devront être suivies par ceux qui, après en avoir obtenu la permission, entreprendront à l'avenir l'exploitation des mines de charbon de terre..... ordonne ce qui suit :

ART. 1er. A l'avenir, et à commencer du jour du présent arrêt, personne ne pourra ouvrir et mettre en exploitation des mines de houille ou charbon de terre, sans en avoir préalablement obtenu une permission du sieur contrôleur-général des finances, soit que ceux qui voudraient faire ouvrir et exploiter les dites mines, soient seigneurs hauts-justiciers, ou qu'ils aient la propriété des terreins où elles se trouveront : dérogeant S. M. pour cet effet à l'arrêt du conseil du 13 mai 1698, et à tous autres règlements à ce contraires, et confirmant néanmoins, en tant que besoin, l'exemption du droit royal du dixième portée par l'article 2 de l'édit du mois de juin 1601, à l'égard des dites mines de houille ou charbon de terre.

2. Veut S. M. que ceux qui exploitent et font valoir actuellement des mines de houille ou charbon de terre, soient tenus de remettre au plus tard dans six mois du jour de la publication du présent arrêt, aux sieurs intendants et commissaires départis dans les provinces et généralités du royaume, chacun dans son département, leurs déclarations contenant les lieux où sont situées les mines qu'ils font exploiter, le nombre des fosses qu'ils ont en extraction, et le nombre d'ouvriers qu'ils occupent à leur exploitation, les quantités de charbon de terre qu'ils auront d'extraites, et ce qu'ils en font tirer par mois, ensemble les lieux où s'en fait la principale consommation, et les prix des dits charbons, pour, sur les dites déclarations envoyées au dit sieur contrôleur-général des finances par les dits sieurs intendants, avec leur avis, être ordonné ce qu'il appartiendra, à peine, contre ceux qui n'auront pas satisfait aux dites déclarations dans le délai prescrit, de confiscation des matières extraites, que des machines et ustensiles servant à l'extraction, même de révocation des privilèges et concessions à l'égard de ceux qui peuvent en avoir obtenu, et en vertu desquelles ils font exploiter les dites mines.

1744

3. Les puits des mines qu'on exploitera, s'ils sont de figure ronde, pourront être de tel diamètre que les entrepreneurs jugeront à propos; s'ils sont carrés, ou carrés longs, ils ne pourront avoir plus de six pieds de dedans en dedans, et s'ils sont carrés longs, ils seront étrésillonnés carrément de dedans en dedans.

4. Les puits carrés et carrés-longs seront revêtus de bois contretenus et étrésillonnés de bons poteaux de bois de brin, et cuvelés de forts madriers, de façon que l'exploitation puisse se faire sans aucun danger pour les ouvriers qui seront obligés de les fréquenter; tous les poteaux et étrésillons ne pourront être que de bois de chêne. Permet S. M. d'employer pour les madriers ou planches servant à doubler ou cuveler les dits puits, d'autres bois que de chêne, sous la condition néanmoins que les dits madriers ou planches auront au moins deux pouces d'épaisseur.

5. Lorsque les mines pourront être exploitées par des galeries de plein pied, en entrant dans les montagnes où elles se trouveront situées, les ouvertures des dites galeries, si elles ne peuvent être taillées dans le roc de bonne consistance, seront ou revêtues de maçonnerie, ou étayées si solidement, qu'elles puissent être fréquentées avec toute sûreté.

6. Soit que les mines soient exploitées par des puits ou par des entrées de plein pied, il ne sera pas permis d'y former des galeries pour en extraire la houille ou charbon de terre, qu'après que la veine, soit qu'elle soit droite, plate ou oblique, aura été percée ou suivie jusqu'au fond du sol, et qu'il aura été creusé un puisard de 24 pieds de profondeur, pour rechercher s'il n'y aurait point d'autre veine au-dessous, laquelle en ce cas sera encore percée et suivie comme la supérieure, et ne pourra être mise en extraction que la dernière veine, au-dessous de laquelle le puisard de 24 pieds ayant été fait, il n'en sera pas trouvé d'autre.

7. Les galeries qu'on formera dans les mines qu'on extraira, ne pourront être plus larges de 8 pieds, quelque bonne que soit la consistance du charbon et celle du ciel ou sol de la dite mine : seront les dites galeries d'autant plus étroites, que le charbon, le ciel et le sol de la mine auront une consistance moins solide, et sera faite l'extraction en découvrant toujours le sol de la mine.

8. Les galeries formées dans les veines de houille ou de charbon de terre, seront espacées, de façon qu'il y ait d'une galerie à l'autre un massif de charbon au moins de même épaisseur que la largeur de la galerie, même plus fort, si le peu de solidité de la houille ou charbon le demande.

9. Les galeries seront solidement étayées et pontelées, pour la sûreté des ouvriers et autres qui les fréquenteront; à l'effet de quoi les poteaux servant d'étayement seront de bois de brin, et mis entre deux sols ou couches, lesquelles seront équarries sur deux faces, et ne pourront être d'autre bois que de chêne, et auront la même largeur et épaisseur des poteaux.

10. Tout entrepreneur qui se trouvera dans le cas de faire cesser l'extraction du charbon

1744 de terre dans une mine actuellement en exploitation, soit par l'éloignement où se trouverait la mine de charbon, des puits ou fosses qu'il aura fait percer pour la dite extraction, soit par le défaut d'air, ou par quelqu'autre cause, ne pourra cesser d'y travailler qu'après en avoir fait la déclaration au subdélégué du sieur intendant de la province la plus à portée du lieu de l'exploitation ; et sera tenu, avant d'abandonner les fosses ou puits, et les galeries actuellement ouvertes, de faire percer un touret ou puits de dix toises de profondeur, le plus près du pied de la mine que faire se pourra, pour connaître s'il n'y aurait point quelqu'autre filon au-dessous de celui dont l'exploitation aurait été faite jusqu'alors.

11. Ceux qui entreprendront l'exploitation des mines de charbon de terre, en vertu des permissions qu'ils en auront obtenues, seront tenus d'indemniser les propriétaires des terrains qu'ils feront ouvrir, de gré à gré, ou à dire d'experts, qui seront convenus entre les parties, sinon nommés d'office par les sieurs intendants et commissaires départis dans les provinces et généralités. Veut au surplus S. M. que pendant le temps et espace de cinq années, les contestations qui pourront naître entre les propriétaires des terrains et les entrepreneurs, leurs commis, employés et ouvriers, tant pour raison de leurs exploitations, que pour l'exécution du présent arrêt, soient portées devant les dits sieurs intendants, pour y être par eux statué, sauf l'appel au conseil ;.... enjoint S. M. aux dits sieurs intendants de tenir, chacun en droit soi, la main à l'exécution du dit arrêt, qui sera lu, publié et affiché partout où besoin sera ...

⸺⸺⸻⸻⟨⸺◦⟩⸻

Ordonnance de l'intendant du Hainaut du 28 mars 1744.

⸺⸻⸻

(Bibliothèque de Valenciennes. — Recueil de pièces en 5 volumes).

N° 136. . . . .

Ordre
aux bateliers
de Condé
de transporter
tout le charbon
du Hainaut
sous peine de
perdre leur
privilège.

Nous ordonnons aux dits bateliers de la navigation de Condé de transporter de la dite ville dans celles des provinces de Flandre et d'Artois, toutefois et quantes ils en seront requis, les charbons de terre suivant l'usage ordinaire,.... et faute par eux d'y satisfaire, permettons en vertu de la présente ordonnance.... aux bateliers de la navigation de la Scarpe et de la Haute-Deûle indistinctement, d'aller charger des charbons de terre au dit Condé et de les conduire dans les dites provinces de Flandre et d'Artois.....

DE MACHAULT.

⸺⸻⸻⟨⸺◦⟩⸻

1746

Ordonnance de l'intendant du Hainaut du 29 juin 1746.

(Onzième registre pour servir à l'enregistrement des choses communes de la ville de Valenciennes, commencé le 1ᵉʳ avril 1734. p. 99, v°— Bibliothèque de la ville de Valenciennes).

N° 137.

Rejet de la demande de P. Taffin en exemption des droits d'octroi à Valenciennes.

De par le roi, Jacques Pineau, chevalier et baron de Lucé....

Vu l'instance pendante par devant nous, entre le sieur Félix-Ignace de Taffin, intéressé dans l'entreprise des fosses à charbon de terre situées à Anzin et à Fresnes, demandeur d'une part.

Et les sieurs du Magistrat de cette ville de Valenciennes, défendeurs et opposans d'autre part.

La requête présentée par le dit sieur de Taffin tendant à ce que, pour les causes y contenues, il nous plût d'ordonner au sieur Seigneuret, directeur de la ferme des octrois de cette dite ville de Valenciennes, de le laisser jouir de l'exemption des dits droits d'octroi sur les vins et bierres nécessaires à sa consommation,....

.... Ensemble, un exemplaire imprimé du règlement du 23 novembre 1686, contenant le dénombrement des exempts des droits d'octroi de la dite ville de Valenciennes.

Tout considéré, nous, faute par le dit sieur Taffin d'avoir justifié que l'exemption qui lui a été accordée, comprenne celle des droits d'octroi de cette ville de Valenciennes, l'avons débouté et déboutons de sa demande.

Edit du Roi de décembre 1746.

— ◆◆◆◆◆ —

(*Recueil des édits, etc., enregistrés au parlement de Flandre*, t. 6, p. 190).

N° 138.
—
2 sols
pour livre
ajoutés au
dixième.

ART. 1er. Le dixième que nous avons ordonné être annuellement levé par notre déclaration du 29 août 1741, continuera de l'être, pour cesser d'être perçu aussitôt après la publication de la paix.

2. Voulons qu'à l'avenir, et pendant dix années consécutives,.... tous ceux qui par notre dite déclaration, sont sujets au paiement du dixième, soient tenus de nous payer en sus les 2 sols pour livre des sommes pour lesquelles ils ont été ou seront compris dans le rôle de ce dixième....

— ◆◆◆◆◆ —

Arrêt du Conseil-d'Etat du 10 mars 1747.

— ◆◆◆ —

(*Archives de la République. — Section administrative.*)

N° 139.
—
Concession
de la province
d'Artois
au sieur
Devillers
jusqu'en
1777.

, Sur ce qui a été représenté au roi.... par le sieur Louis-Joseph de Villers, demeurant au bourg de Frévent, situé dans la province d'Artois, et compagnie; qu'ils ont commencé en vertu de la permission qui leur en a été accordée, à faire exploiter à leurs frais une mine de charbon de terre dont ils ont fait la découverte et qui est située aux environs de la ville de Pernes en Artois.

Qu'ils ont d'ailleurs fait sonder en plusieurs endroits de cette province, entr'autres aux environs d'Arras.......

Le roi..... permet aux sieurs Louis-Joseph de Villers et compagnie,.... de faire fouiller et exploiter, exclusivement à tous autres, pendant le temps et l'espace de 30 années consécutives..... les mines de charbon de terre qu'ils ont commencé à faire ouvrir et travailler aux

..18

1747 environs de la ville de Pernes en Artois, et celles qu'ils pourront découvrir par la suite dans l'étendue de la dite province d'Artois, à la charge par eux d'indemniser les propriétaires.....
et en outre à condition suivant leurs offres...... de remettre annuellement à titre gratuit pendant la durée de leur privilège, au profit de l'hôpital général qui doit être établi à Versailles...... le vingtième du produit net de la dite exploitation..... et de se conformer au surplus aux règlements......

Edit du Roi de décembre 1747.

(Recueil des édits etc., enregistrés au parlement
de Flandre, t. 6, p. 291.)

N° 140.

Etablissement des patars au florin en Flandre et en Hainaut.

.... Les besoins de la guerre nous obligent d'avoir recours à tous les moyens d'augmenter nos revenus, et ayant d'ailleurs envie de répartir avec autant d'égalité qu'il se pourra, les différents impôts que les circonstances nous obligent de lever sur nos peuples, nous avons considéré que les 4 sols pour livre qui se lèvent en sus des droits principaux de toutes nos fermes, n'avaient pas été établis dans nos provinces de Flandre et de Hainaut, ni dans celle de la Weest-Flandre,.... et étant juste que nos sujets des dites provinces contribuent, comme les autres, aux besoins de l'état, nous nous sommes déterminés à y établir les 4 patars au florin sur tous les droits appelés les quatre membres de Flandres.... et autres compris dans les baux de nos fermes de Flandre et de Hainaut.... à ces causes.... nous plaît.

ART. 1er.... Il soit levé et perçu à notre profit un 5e en sus, ou 4 patars au florin d'augmentation, sur tous les droits....

Convention entre le prince de Croy et J. Désandrouin des 7 et 13 avril 1747.

(N° 5 des pièces justificatives publiées par la compagnie d'Anzin dans son procès contre les compagnies réunies de Thivencelles, etc. 1844, p. 7.)

N° 141.

—

Modification à la cession faite à Désandrouin du droit seigneurial sur Condé et Vieux-Condé.

Nous, Emmanuel de Croy.... ayant accordé la permission à M. le vicomte Désandrouin d'extraire du charbon dans notre terre de Condé et Vieux-Condé, à charge de nous payer pour reconnaissance 1000 livres de France chaque année pendant les six premières années et 2000 livres dans les suivantes pour autant que durerait l'extraction.

Déclarons renoncer à cette première convention et consentir comme nous consentons par ces présentes que le prix de la dite reconnaissance demeurera fixé pour l'avenir à la somme de 1500 livres monnaie de France chaque année, pendant tout le temps que durera la dite extraction.... Fait à Condé le 7 avril 1747.

[Accepté et ratifié par J. Désandrouin, le 13].

Arrêt du Conseil d'Etat du 18 juin 1748.

(Recueil des édits, déclarations, etc., enregistrés au parlement de Flandres, t. 10, p. 524.)

N° 142.

Suppression du tour de rôle de la navigation de Condé.

Le roi étant informé des inconvénients qu'occasionne le tour de rolle autorisé par l'arrêt .... du 4 novembre 1718, entre les bateliers de la navigation de Condé, destinés à faire le transport des charbons de Mons et de Condé, par les abus que commettent les maîtres de la navigation et les dits bateliers....

1749

.... Etant nécessaire de faire cesser de pareils abus, également préjudiciables au commerce et au bien du service de S. M., en ce que les entrepreneurs des ouvrages qui se font par ses ordres dans les places de Flandres, Artois et Picardie, se trouvent obligés, tous les jours, de les interrompre, faute de charbon pour cuire la chaux et les briques dont ils ont besoin, ou dans la nécessité d'en acheter à un prix beaucoup au-dessus de la valeur de ceux qui ont eu la acilité d'obtenir des wragues de la chambre de la navigation, sans aucune distinction; pendant que les marchands et entrepreneurs des fosses à charbon se voient aussi hors d'état de remplir leurs engagements, faute de pouvoir faire leurs livraisons dans les termes dont ils sont convenus;.... le roi.... ordonne que le tour de rolle établi entre les bateliers de la navigation de Condé.... sera et demeurera supprimé, et qu'à l'avenir il sera libre à tous bateliers de cette navigation de remonter à Condé, dès qu'ils auront remis leurs charges de charbon à leur destination, pour y être rechargés de nouveau, et aussitôt qu'ils trouveront à être employés; à l'effet de quoi, permet, S. M., à tous entrepreneurs et marchands de se servir des premiers bateliers qu'ils rencontreront au port, et avec lesquels ils conviendront, sans qu'il puisse y être apporté aucun empêchement.... dérogeant S. M. à cet égard seulement au dit arrêt de règlement de son conseil du 4 novembre 1718....

Edit du Roi de mai 1749.

(Recueil des édits etc., enregistrés au parlement de Flandres, t. 6, p. 332.)

N° 145.
—
Substitution
du vingtième
au dixième.

ART. 1er. Le dixième établi par notre déclaration du 29 août 1741, cessera d'être imposé à compter du 1er janvier 1750.

2. Les 2 sols pour livre du dixième, dont la perception a été ordonnée par notre édit de décembre 1746, continueront d'être levés....

3. Voulons qu'à compter du dit jour 1er janvier 1750, le vingtième soit annuellement levé à notre profit sur tous les revenus et produits des sujets et habitants de notre royaume... sans exception.

4. Tous propriétaires ou usufruitiers.... privilégiés et non privilégiés.... paieront le vingtième du revenu de tous les fonds, terres.... forges, fourneaux et autres usines.... et

1749 généralement de tous autres droits et biens de quelque nature qu'ils soient, tenus à rente, affermés ou non affermés.

5. .... De manière que le vingtième ne soit levé sur chaque nature des biens contenus dans le présent et dans le précédent article, qu'eu égard au revenu, déduction faite des charges sur lesquelles les dits propriétaires ou usufruitiers ne pourraient être autorisés à faire la retenue du vingtième ; et, à l'égard des forges, étangs et moulins, ils ne seront imposés au vingtième que sur le pied des 3/4 du revenu.

Enregistrement au parlement de Flandres.

(*Même recueil*, t. 8, p. 491.)

La cour, en procédant à l'enregistrement du dit édit, a arrêté qu'il sera fait au roi de très-instantes et très-respectueuses remontrances sur le contenu d'icelui.

————

Contrat de société de la compagnie des mines de Mortagne, du 18 juillet 1749.

———

(Original appartenant à M. Derasse, de Tournai.)

N° 144.
—
Création d'une compagnie pour exploiter les mines de la terre de Mortagne.

A tous ceux.... pardevant Me Louis-François-Joseph Vanderhaghen, notaire royal résidant à Tournai.... furent présents le sieur Pierre-Joseph Dubois, licencié ès lois, bailli de Mortagne, le sieur Charles Vanderhigdon, ancien juré de cette ville de Tournai, le sieur Pierre-François Lamesnier, négociant y demeurant, le sieur Nicolas-Joseph Dubois, licencié ès lois et chanoine de la co léziale de Saint-Pierre à Douai, et Me Philippes-Joseph Lescohier, aussi licencié ès lois et avocat au parlement de Flandre, séant à Douai, demeurant à Saint-Amand, lesquels sieurs comparans ayant résolu de faire tirer du charbon en la terre et seigneurie de Mortagne, tant en deçà qu'au-delà de l'Escaut, sous l'agréation et consentement de M. le comte de Montboisier, seigneur du dit lieu, ils se sont associés ensemble comme par cette ils s'associent pou faire la dite entreprise qui devra durer l'espace de vingt ans consécutifs à la perte ou au gain des dits associés.... *(Suit le règlement des parts par vingtième).*

————

1749

Arrêt du Conseil d'Etat du 14 octobre 1749.

(Ministère des travaux publics. — Bureau des mines.)

N° 145.

—

Permission
au prince
de Croy
d'exploiter
la houille sur
ses terres
de Condé et
Vieux-Condé
sans termes.

.... Sur la requête présentée au roi.... par Emmanuel de Croy-Solre.... seigneur haut-justicier de Condé et Vieux-Condé, département du Hainaut, contenant que les charbons de terre dont l'extraction se fait aux environs de Valenciennes par J. Désandrouin et compagnie .... en vertu des concessions que S. M. leur a accordées, ne suffisant pas pour la consommation de ses sujets, on est obligé d'en tirer beaucoup de l'étranger. Le suppliant qui, en sa qualité de seigneur haut-justicier, et suivant les coutumes et chartes du pays confirmées par le feu roi et par S. M. et non révoquées par aucune loi, peut faire extraire de ses terres de Condé et Vieux-Condé des charbons de terre, en a, depuis l'année 1741, fait faire la recherche en pratiquant plusieurs fosses, ce qui l'a exposé à une dépense prodigieuse ; mais craignant qu'à défaut de permission de S. M., il soit troublé dans la suite du travail qu'il fait faire, attendu les dispositions du règlement du 14 janvier 1744, bien qu'il n'ait été dérogé aux chartes et coutumes du Hainaut, ce qui lui serait très-préjudiciable et encore plus aux sujets du roi, il requérait qu'en approuvant les ouvertures de fosses et les extractions de charbon qu'il a fait faire dans ses terres de Condé et Vieux-Condé, il plût à S. M. de les continuer ; et pour les soutenir par l'autorité et les bienfaits de S. M., déclarer communes pour l'établissement fait par le suppliant dans ses terres de Condé et Vieux-Condé, les exemptions et remises de droits qui ont été accordées aux entrepreneurs des mines à charbon de terre ouvertes près Condé et Valenciennes.... vû la dite requête, l'arrêt du conseil du 14 janvier 1744, portant règlement pour l'exploitation des mines de houille ou charbon de terre, ensemble l'avis du dit sieur intendant et commissaire départi en la province du Hainaut....

Le roi.... permet au sieur de Croy, ses hoirs et ayant-cause, de faire fouiller et exploiter exclusivement à toutes personnes les mines de charbon de terre qui sont actuellement découvertes et celles qu'ils pourront découvrir par la suite dans l'étendue de ses terres de Condé et Vieux-Condé au-delà de l'Escaut,.... à la charge par eux de se conformer aux dispositions du règlement du 14 janvier 1744. Veut, S. M., qu'à commencer du 1er janvier 1751, et pendant neuf années et demie qui finiront le 1er juillet 1760, celui qui exploitera les dites mines au nom du dit sieur de Croy et son principal commis.... jouissent comme les sieurs Désandrouin et Taffin,.... de l'exemption de tous droits domaniaux,... ordonne au surplus que les contestations qui pourraient naître.... seront portées devant le dit sieur intendant et commissaire départi en Hainaut....

Déclaration du Roi du 3 mars 1750.

*(Recueil des édits, etc., enregistrés au parlement
de Flandres, t. 6, p. 463.)*

N° 146.
—
Continuation
des 4 patars
au florin.

.... Voulons et nous plaît que les quatre patars au florin des droits qui se perçoivent dans nos provinces de Flandre et de Hainaut.... continuent d'être levés et perçus jusqu'au dernier décembre 1756....

Arrêt du Conseil d'Etat du 10 mars 1750.

(Archives de la République. — Section administrative.)

N° 147.
—
Privilége
accordé
à deux
verreries
à Dunkerque,
à charge
de n'user que
de charbon
Français.

Vu.... l'arrêt..... par lequel S. M., en révoquant le privilége accordé..... au sieur de Claverie, a permis au sieur Colnet d'établir exclusivement à tous autres une verrerie dans la ville et territoire de Dunkerque....... requête du dit sieur Pierre de Claverie....... autre mémoire du dit sieur Colnet, tendant à ce que, pour terminer les contestations qui sont entre lui et les dits sieurs de Claverie, de Villette et de Saint-Vallery, il soit permis aux uns et aux autres de faire valoir leur verrerie concurremment....

Le roi.... a permis et permet tant aux dits sieurs Villette et de Saint-Vallery qu'au dit sieur Colnet de faire valoir chacun les verreries dont ils ont obtenu la concession et de travailler en concurrence aux conditions de ne se servir les uns et les autres que du charbon de terre provenant des mines du royaume, sans pouvoir employer celui d'Angleterre ou autre charbon étranger, sous quelque prétexte que ce puisse être....

1751

Arrêt du Conseil d'Etat du 20 avril 1751.

(Ministère des travaux publics. — Bureau des mines.)

N° 148.

—

Permission au prince de Croy d'exploiter la houille sur la terre d'Hergnies, sans terme.

.... Sur la requête présentée au roi.... par Emmanuel de Croy-Solre.... seigneur haut-justicier de Condé, Vieux-Condé, Hergnies et autres lieux, département du Hainaut, con-tenant que depuis 1741, il a fait la recherche des mines de charbon dans ses terres de Condé et Vieux-Condé, où il a, à cet effet, fait pratiquer plusieurs fosses, ce qui l'a exposé à une dépense très-considérable. Pour assurer invariablement le succès du travail qu'il fait faire, il a eu recours à S. M. qui, par arrêt de son conseil du 14 octobre 1749, lui a permis........ Depuis cet arrêt, le suppliant a continué de faire travailler à la découverte des dites mines, ce qui lui a coûté des sommes immenses, sans néanmoins beaucoup de succès, attendu que les veines se trouvaient en faute du côté de Condé, il a fait commencer d'autres fosses beau-coup plus au nord que les précédentes, et on a découvert une veine de charbon dont le suppliant espère tirer avantage après qu'il aura perfectionné ces dernières fosses, ce qui lui coûtera encore plus de 40,000 liv., mais cette veine prenant sa direction sur le village d'Her-gnies, qui est enclavé dans ses terres de Condé et Vieux-Condé, et qui est le seul terrain restant sur la rive droite de l'Escaut, il craindrait qu'encore que ce lieu soit tout-à-fait hors du privilège accordé au sieur Désandrouin et compagnie, d'être troublé dans son exploitation sous prétexte de défaut de dénomination expresse dans l'arrêt du 14 octobre 1749 ; requérait, à ces causes, qu'il plût à S. M., en interprétant en tant que besoin est ou serait, l'arrêt du conseil du 14 octobre 1749, permettre au suppliant, ses hoirs ou ayant-cause, de fouiller et exploiter exclusivement à toutes personnes, les mines de charbon de terre qui sont actuelle-ment découvertes et celles qu'ils pourront découvrir par la suite dans tout le territoire d'Hergnies ; avec exemption de tous droits domaniaux... Vu le dit arrêt et la dite requête... ensemble l'avis du sieur intendant et commissaire départi en la province du Hainaut..... le roi...... a permis et permet au sieur de Croy, ses hoirs ou ayant-cause, de faire fouiller et exploiter exclusivement à toutes personnes, les mines de charbon de terre qu'il a découvertes et celles qu'il pourra découvrir par la suite dans tout le territoire du village de Hergnies : veut, S. M., qu'à compter du jour du présent arrêt et jusqu'au 1er juillet 1760, celui qui exploitera les dites mines et son principal commis jouissent des mêmes exemptions,.... qui ont été accordées par le dit arrêt du conseil du 14 octobre 1749......

Arrêt du Conseil d'État du 28 janvier 1752.

(Recueil des édits, etc., enregistrés au parlement de Flandre, t. 10, p.584.)

N° 149.
—

Réglement
pour
la navigation
de Douai
à Lille
et de Lille
dans la Lys
par la
Basse - Deûle.

. . . .

ART. 14. S. M..... ordonne que le corps des bateliers de la navigation de la Haute-Deûle, sera réuni à ceux de la Basse-Deûle et d'Aire, pour ne former ensemble qu'un seul et même corps ; permet en conséquence aux bateliers d'Aire et aux bateliers de la Basse-Deûle de charger dans le rivage de la Haute-Deûle, et à ceux de la Haute-Deûle, de charger dans le rivage de la Basse-Deûle, dans celui d'Aire et dans le pays intermédiaire, et à tous marchands de se servir de tels bateaux de ces trois navigations réunies en une seule, qu'ils jugeront convenir, sans observer aucun tour....... conserve, S. M., à ces trois corps de navigation réunis, le droit exclusif de charger dans les rivages de la Haute et Basse-Deûle, et d'Aire..... Les bateliers de ces trois navigations auront la faculté de transporter les dites marchandises à Douai, à Saint-Amand, à Condé, à Arras, et partout où ils voudront, et de charger en retour les marchandises qu'ils voudront, pourvu que ces chargements ne soient faits, ni dans la ville et dependance de Condé, ni dans la ville et échevinage de Douai.

15. Les bateliers de la navigation de Douai, conserveront pareillement le droit exclusif de charger dans la ville et échevinage de Douai, et de transporter les marchandises dont ils seront chargés pour la Haute-Deûle, et par le nouveau canal de jonction, où ils jugeront à propos, sans être assujettis à rompre charge, sous quelque prétexte que ce soit ; mais, dans ce cas, les dits bateliers seront tenus de revenir à vide..... les chargements de la Basse-Deûle et de la Lys étant entièrement réservés aux bateliers de Lille et d'Aire.

16. Les bateliers de la navigation de Condé, ayant seuls, à l'exclusion de tous autres, le droit de charger les charbons de terre de Mons, de Fresnes et d'Anzin, le long de l'Escaut, ils pourront les transporter par la Scarpe, la Deûle et la Lys, en traversant le nouveau canal de jonction, et sans être assujettis à rompre charge ; mais ils ne pourront en aucun cas charger sur la Lys, et sur les Haute et Basse-Deûle, des marchandises en retour......

———⊂►◦◄⊃———

. . 17

Arrêt du Conseil d'Etat du 7 mars 1752.

(Ministère des travaux publics. — Bureau des mines.)

N° 150.
—

Concession
à W. Turner
et compagnie
en Flandre
entre la Scarpe
et la Lys.

Sur la requête présentée au roi.... par le sieur Guillaume Turner, négociant à Valenciennes et ses associés contenant...... que le moyen le plus propre de ramener l'abondance du charbon en Flandre et d'y diminuer la consommation du bois, serait d'ouvrir les mines de charbon qui se trouvent situées entre la Scarpe et la Lys.... requéraient à ces causes les supplians qu'il plût à S. M. leur permettre d'ouvrir et d'exploiter les mines de charbon de terre situées à la rive gauche de la rivière de Scarpe, depuis sa source jusqu'à son embouchure dans l'Escaut, et de là, sur la Deûle et la Lys, nonobstant la concession qui en a été faite les 29 mars 1735 et 16 décembre 1736 aux sieurs Désandrouin et Taffin, laquelle sera déclarée nulle et comme non avenue à cet égard attendu qu'ils n'en ont fait aucun usage jusqu'à présent....... Le roi....... permet aux dits sieurs Guillaume Turner et ses associés d'ouvrir et d'exploiter exclusivement à tous autres, les mines de charbon de terre situées à la rive gauche de la rivière de la Scarpe, depuis sa source jusqu'à son embouchure dans l'Escaut et de là sur la Deûle et la Lys, nonobstant la concession qui en a été faite les 29 mars 1735 et 16 décembre 1736, aux dits sieurs Désandrouin et Taffin, laquelle demeure nulle et comme non avenue à cet égard, et ne pourra avoir lieu dorénavant que pour les mines de charbon situées à la rive droite de la Scarpe et dans tout le pays qui se trouve entre cette rivière, l'Escaut et la Sambre, fesant très expresses inhibitions et défenses aux dits sieurs Désandrouin et Taffin, ainsi qu'à tous autres de quelque qualité et condition qu'ils soient, de troubler le dit Turner et ses associés dans la dite exploitation, ni d'en former de semblables dans le terrain à eux concédé pendant l'espace de vingt ans..... Veut S. M. qu'en cas de contestations....... elles soient portées par devant le sieur intendant et commissaire départi en Flandre.... sauf l'appel au conseil.

1753

Mémoire.

ROLES ARRÊTÉS AU CONSEIL POUR L'ANNÉE 1750.

(Archives de la compagnie des mines d'Anzin.)

N° 151.

—

Droit
de vingtième
payé par
la compagnie
d'Anzin.

. . . .
Décision
du conseil du
2 mars 1753.

. . . .
Copie
collationnée
par nous di-
recteur du 20ᵉ.
Morel.

ART. 35. Les propriétaires du privilège
exclusif d'extraire le charbon
de terre des fosses d'Anzin... 2360 livres.

36. Les propriétaires du privilège
exclusif d'extraire le charbon
de terre des fosses de Fresnes. 2536 livres.

. . . .

Arrêt du Conseil d'Etat du 21 août 1753.

(Archives de la République. — Section administrative.)

N° 152.

—

Demande
des sieurs
Chavanne,
Lacombe
compagnie
de la

Sur la requête présentée au roi.... par les sieurs Guillet de Chavanne, La Combe Dumoulins et compagnie, contenant qu'il se trouve dans les paroisses de Saint-Génis, Terre-Noire et Rive-de-Gier, situés dans le Forest, généralité de Lyon, des mines de charbon de pierre très-abondantes.... Mais comme l'exploitation en est très-difficile et presqu'impossible par rapport aux eaux qui inondent les puits aussitôt qu'ils sont ouverts.... De deux mille puits environ qui y ont été ouverts successivement, soit avant, soit depuis l'arrêt de 1744, pein en subsiste-t-il quelques uns,.... quoique les supplians soient propriétares ou con-

1785
—
concession
des mines
de Gravenand,
du Mouillon
et environs
dans
le Lyonnais.

cessionnaires de plus de la moitié de ces territoires et de ceux situés une demi-lieue à la ronde, ils n'ont pu eux-mêmes conserver que deux puits, encore ne peuvent-ils être exploités qu'avec le secours d'un grand nombre de chevaux, occupés tous les jours à retirer les eaux. Au moyen de ces difficultés, les mines ne sont pas exploitées comme il conviendrait, ni conformément aux dispositions de l'arrêt du conseil de 1744.... Occupés depuis long-temps à chercher les moyens de mettre leurs mines en valeur, les supplians.... sont persuadés qu'ils parviendraient à desséchor ce terrain par des saignées et des canaux qui procureraient aux eaux un écoulement dans la rivière de Gier. Il serait question pour y parvenir d'ouvrir dans l'intérieur de la montagne de Gravenand un canal de plus d'un quart de lieue, dans lequel, par le moyen de différentes branches d'autres canaux, on réunirait toutes les eaux qui s'écouleraient ensuite dans la rivière.... mais comme il ne serait pas naturel qu'ils fissent cette dépense sans en retirer aucun fruit, ils supplient S. M. de leur accorder le privilège exclusif pour cette extraction dans les territoires ci-dessus désignés....

Requéraient à ces causes les supplians qu'il plût à S. M. leur accorder pour eux, leurs hoirs successeurs et ayant-cause à perpétuité, le privilège exclusif d'exploiter et faire exploiter les mines de charbon de pierre dans l'étendue des territoires de Gravenand, du Mouillon et une demi-lieue à la ronde d'iceux, dans les paroisses de Saint-Genis, Terre-Noire et Rive-de-Gier, en conséquence et sous le bénéfice des offres qu'ils font : 1° de laisser les propriétaires qui ont des puits ouverts avant et depuis l'arrêt du conseil de 1744, dans l'étendue du privilège demandé, en continuer l'exploitation, pourvu néanmoins que ces puits n'aient pas été abandonnés depuis qu'ils ont été ouverts, et qu'ils soient actuellement exploités. 2° De faire à leurs frais et dépens.... tous les canaux et tranchées.... 3° D'indemniser, de gré à gré, sinon à dire d'experts,.... les propriétaires soit des terrains où ils creuseraient leurs tranchées ou canaux, soit de ceux où ils ouvriront de nouveaux puits et en reprendront d'abandonnés.... avec défenses à toutes personnes, autres que les supplians, de faire ouvrir aucuns nouveaux puits, ni reprendre l'exploitation d'aucun de ceux qui sont abandonnés dans l'étendue de leur privilège.... Vû la requête.... le roi.... avant faire droit.... ordonne que par le sieur intendant.... en la généralité de Lyon, ou celui qui sera par lui subdélégué, il sera dressé procès-verbal des dires et réquisitions des propriétaires des mines de charbon de terre qui sont ouvertes dans les territoires de Gravenand et du Mouillon, dépendans des paroisses de Saint-Génis, Terre-Noire et Rive-de-Gier, ensemble de ceux qui les exploitent, comme aussi de tous autres qui pourraient être intéressés à la dite concession....

Convention entre le prince de Croy et J. Désandrouin
du 5 octobre 1753.

(Archives de la compagnie des mines d'Anzin.)

N° 153.

—

Cession
à J. Désan-
drouin
du droit
d'extraire sur
les terres
de Blaton et
de Bernissart.

Convention formelle entre M. le prince de Croy, ses hoirs ou ayant-cause , et M. Désan-drouin, ses hoirs ou ayant-cause , au sujet de l'extraction du charbon de terre sur les terres de Blaton et de Bernissart.

M. Désandrouin, ses hoirs ou ayant-cause , s'engage de donner tous les ans mille livres de France à M. le prince de Croy, ses hoirs ou ayant-cause , pour que ni lui . . . . ni qui que ce soit n'ouvre des fosses de charbon sur la totalité des terres de Bernissart et de. Blaton , et M. le prince de Croy, ses hoirs ou ayant-cause , s'engage à empêcher que de son consentement personne n'y en ouvre, et dans le cas où M. Désandrouin, ses hoirs ou ayant-cause voudraient ouvrir des fosses dans les plaines des dites terres, M. le prince de Croy, ses hoirs ou ayant-cause , y consent par la présente à condition qu'il ne pourra ouvrir qu'à six toises de distance au moins de tous les bois et étangs, et qu'à commencer du jour où il commencera à trouver du charbon et à en tirer, M. Désandrouin, ses hoirs ou ayant-cause, paiera au dit prince, ses hoirs ou ayant-cause, quinze cents livres de France par an pour tout. La présente convention aura lieu entre les parties autant de temps que le dit sieur Désandrouin, ses hoirs ou ayant-cause, paiera la totalité de la redevance ci-dessus, au premier de chaque année à commencer au premier janvier 1754, pour la première année qui échéra au premier janvier 1755, laquelle présente convention cessera dès que le dit sieur Désandrouin , ses hoirs ou ayant-cause, cesseront de payer la dite reconnaissance pendant une année entière.

Fait en double à l'Hermitage le 5 octobre 1753.

Arrêt du Conseil d'Etat du 8 janvier 1754.

(Archives de la République. — Section administrative.)

N° 154.

—

Concession
de Montrelais
(Bretagne).
accordée
au duc
de Chaulnes
jusqu'eu
1784.

Sur la requête présentée au roi...... par le duc de Chaulnes, contenant qu'ayant fait la découverte de plusieurs veines de charbon de terre, sur les confins de la province de Bretagne et de celle d'Anjou, il a déjà fait des dépenses considérables....

Qu'il a fait venir du pays de Liège, à des appointements très-considérables, un des maîtres les plus expérimentés dans la fouille....

Requérait.... qu'il plût à S. M. lui permettre exclusivement à tous autres, pendant trente années consécutives, d'exploiter les dites mines, d'en fixer et limiter la concession depuis....... suivant les limites de la concession accordée au sieur Jarry pour la paroisse d Nort........

Le roi....... permet au dit sieur duc de Chaulnes d'exploiter exclusivement à tous autres pendant trente années les mines de charbon situées depuis Chanteaucé en descendant la rivière de Loire jusqu'à Oudon....

Arrêt du Conseil d'Etat du 8 janvier 1754.

(Examen du droit des seigneurs, p. 682.)

N° 155.

—

Concession
accordée

Sur la requête présentée au roi...... par le sieur Bault et compagnie, entrepreneurs des mines de charbon situées dans les paroisses de Saint-Aubin de Luigné, Chalonnes et Chaudefonds, en Anjou contenant qu'ils auraient obtenu, le 19 mai 1753, du sieur intendant de Tours, la permission d'exploiter les dites mines de charbon,....... ils se seraient mis en

1734

—

au sieur Bault
et compagnie
des mines
de houille
dans quatre
paroisses
de l'Anjou.

devoir de commencer..... lorsque les propriétaires des terrains ont réclamé contre la dite permission et ont représenté qu'elle préjudiciait à l'usage où ils sont depuis long-temps de faire valoir eux-mêmes les dites mines, quoique la plupart les aient travaillé jusqu'ici en contravention au réglement, sans prendre les précautions nécessaires pour la conservation des ouvriers...... Vu la dernière requête...... le procès-verbal dressé...... par le sieur de Voglie, ingénieur, contenant l'état des mines de charbon.......

Le roi... permet aux sieurs Bault et compagnie de faire fouiller et exploiter exclusivement à tous autres les mines de charbon ouvertes et non ouvertes qui sont situées dans les paroisses de Saint-Aubin de Luigné, Chalonnes et Chaudefonds,.... n'entend néanmoins S. M. qu'en vertu de la dite concession, le dit sieur Bault et compagnie puissent troubler ni empêcher de travailler ceux des propriétaires qui sont en possession d'exploiter de pareilles mines antérieurement au dit arrêt du 14 janvier 1744, ni faire fouiller dans les trous qu'ils ont ouverts, ni à 50 toises de distance, si ce n'est qu'ils prétendissent que les dits particuliers exploitent mal.....

Arrêt du Conseil d'Etat du 8 janvier 1734.

(Examen du droit des seigneurs , p. 683.)

N° 156.

—

Permission
accordée au
sieur Viéville
d'exploiter
les mines
de houille
dans
la baronnie
de Montejean
en Anjou.

Sur la requête présentée au roi.... par Henri-François de Viéville, baron de Montegeau, ... contenant qu'il a sacrifié tous ses biens de patrimoine pour acquérir,.... la baronnie de Montejean, située en Anjou ;.... que depuis son acquisition il a fait faire l'exploitation des mines..... qu'il y a fait travailler avec d'autant plus de confiance,.... qu'étant seigneur en toute justice haute, moyenne et basse, foncière et directe, il avait cru ne pouvoir être troublé,.... mais parce qu'aux termes d'un arrêt du conseil du 14 janvier 1744, il est défendu d'exploiter.... sans la permission de S. M., le suppliant.... a recours à S. M. pour demander..... qu'il lui plaise lui accorder le privilège exclusif de pouvoir faire exploiter dans l'étendue de sa terre de Montejean les mines de charbon....

Le roi...... permet au sieur de Viévil, d'ouvrir et exploiter exclusivement à tous autres les mines de charbon qui pourront se trouver dans l'étendue de sa baronnie de Montejean ..... n'entend néanmoins S. M., qu'en vertu de la dite concession le sieur de Montejean puisse troubler ni empêcher de travailler ceux des propriétaires, qui sont en possession de

1754 pareilles mines, antérieurement à l'arrêt du 14 janvier 1744, ni faire fouiller dans les trous qu'ils ont ouverts et à 50 toises de distance, si ce n'est qu'il prétendit que les dits particuliers exploitent mal et en contravention aux règlements en n'approfondissant pas suffisamment leurs fouilles, ce qu'il sera tenu de justifier par des sondes qui seront faites pour prouver qu'il y a des charbons plus profondément, autres que ceux qu'ils tirent de la superficie,....

Arrêt du Conseil d'Etat du 21 mai 1754.

(Examen du droit des seigneurs, p. 685.)

N° 157.
—
Permission au sieur Guérin d'exploiter les mines de houille de ses propriétés dans la concession de Bault et compagnie en Anjou.

Sur la requête présentée au roi...... par Réné Guérin de la Guimonière,...... seigneur d'Eglerie, contenant qu'à cause de sa femme, il lui est échu,.... différents héritages situés dans les paroisses de Chaudefonds et Saint-Aubin de Luigné, qui ont été estimés au-dessus de leur valeur à cause de la faculté que les propriétaires ont par la coutume d'Anjou de pouvoir tirer du charbon de leur terre.... Il a.... fait différents essais qui n'ont pas encore réussi ;..... cependant, il est informé que S. M. aurait accordé aux sieurs Bault et compagnie un privilège exclusif pour en tirer dans les paroisses de Chaudefonds, Saint-Aubin de Luigné et Chalonnes ;....... il ose donc espérer de la justice de S. M., qu'en condération de ses services..... et ceux de son fils mort au service de S. M., elle voudra exempter ses fonds de la disposition de l'arrêt du conseil rendu en faveur du sieur Bault et compagnie, et en conséquence, par grâce, maintenir le suppliant dans le droit d'en tirer des charbons de terre, avec défenses au sieur Bault et compagnie de l'y troubler....

Le roi.... permet au sieur Guérin de la Guimonière d'exploiter les mines de charbon, situées dans la terre de l'Eglerie ainsi que dans les autres terres et vignes à lui appartenant dans les paroisses de Chaudefonds et Saint-Aubin de Luigné.......... non obstant et sans préjudice de l'arrêt du conseil du 8 janvier dernier, portant concession au sieur Bault et compagnie..... fait S. M. défenses au sieur Bault et compagnie et à tous autres de le troubler dans la dite exploitation et de faire aucune ouverture de mines à 50 toises des puits que le dit sieur de la Guimonière peut avoir déjà ouvert ou qu'il ouvrira dans la suite sur ses héritages.....

Ordonnance de l'Intendant du Hainaut du 28 septembre 1754.

—◦◦◦◦◌—

(*Bibliothèque de Valenciennes.* — *Recueil de pièces en 5 volumes.*)

N° 158.
—
Défense
d'embarquer
le charbon
d'Anzin
à Saint-Amand
et fixation du
prix du frêt de
Valenciennes
à Condé.

Vu la requête à nous présentée par les maîtres et corps de la navigation de Condé (contenant qu'ils ont le privilège exclusif du transport de la houille)....... que cependant les entrepreneurs des fosses d'Anzin ou les marchands qui en font commerce, voulant se soustraire à cette obligation, font journellement embarquer sur la Scarpe, au port de St.-Amand, les charbons extraits des dites fosses d'Anzin....... que les représentations par eux faites à M..de Lucé, notre prédécesseur, avaient attiré son attention, qu'il s'était occupé, avant d'y statuer par un réglement, de mettre le port du Noir-Mouton, près Valenciennes, en état de servir à l'embarquement des dits charbons, que les entrepreneurs d'Anzin ont même contribué à cette dépense, conjointement avec le corps, dans la proportion qui fut réglée par M. de Lucé; qu'il ne peut plus y avoir de difficultés ni d'obstacle à y commencer la navigation .... avons ordonné...... ce qui suit :

ART. 1er. Qu'à l'avenir et à commencer du jour de la publication de notre présente ordonnance, tous les embarquements des charbons provenant des fosses d'Anzin qu'on voudra faire transporter par eau aux différentes destinations où ils se consomment, ne pourront se faire qu'au port du Noir-Mouton, près Valenciennes; fesons défenses aux entrepreneurs des dites fosses d'Anzin et à ceux qui en font commerce, de faire voiturer aucuns charbons à Saint-Amand, ni a aucun autre port de la Scarpe pour y être embarqués.....

2. Ordonnons que les dits embarquements ne pourront se faire au port du Noir-Mouton que par les bateliers de la navigation de Condé exclusivement, conformément aux arrêts du conseil des 4 novembre 1718 et 28 janvier 1752.

.   .   .   .

7 Le prix des transports des charbons des fosses de Fresnes se trouvant réglé par l'ordonnance de M. de Séchelles du 6 septembre 1731 et par la convention faite le 31 mars 1733, entre les entrepreneurs des fosses et les maîtres de la navigation, la dite convention, vue et approuvée par M. de Séchelles le 3 avril suivant, pour tous les lieux où les dits charbons peuvent être destinés et transportés, il ne nous reste à déterminer que le supplément de prix de la voiture et transport depuis le port du Noir-Mouton que nous avons fixé à 9 livres Hainaut par chaque cent de wagues, fesant 60 rasières.....

—━━◆◗●◗◆━━—

1754

Arrêt du Conseil d'Etat du 13 décembre 1754

(Ministère des travaux publics. — Bureau des mines.)

N° 159.
—
Permission
au marquis
de Cernay
d'extraire la
houille sur
sa terre
de Raismes
(sans terme).

Sur la requête présentée au roi.... par le sieur marquis de Cernay, contenant qu'il a découvert dans la paroisse de Raismes, près Valenciennes, dont il est seigneur, une mine de charbon, qu'ayant reconnu, par les fouilles qu'il a fait faire de cette mine, que le charbon qu'elle contient est abondant et de bonne qualité, il désirerait de la faire exploiter à son profit et rendre par là cette espèce de charbon plus abondante dans les environs ; mais que l'article 1er du règlement du 14 janvier 1744, fesant défense à toutes personnnes d'entreprendre de pareilles fouilles sans en avoir obtenu la permission, il ne peut entreprendre celle dont il s'agit sans y être autorisé. Requérait à ces causes le suppliant, qu'il plût à S. M. lui permettre exclusivement à tous autres de faire exploiter la mine de charbon qu'il a découverte et celles qu'il pourra découvrir à l'avenir dans la paroisse de Raismes, près Valenciennes, pendant tel nombre d'années qu'il plaira à S. M. de fixer, se soumettant à se conformer dans la dite exploitation à ce qui est prescrit par le dit règlement du 14 janvier 1744 ; ordonner qu'il jouira, pendant la durée de sa concession, des mêmes privilèges et exemptions dont jouissent les autres entrepreneurs de mines de charbon dans le Hainaut ,............ Vû la dite requête..............

Le roi.... permet au dit sieur marquis de Cernay de faire exploiter exclusivement à tous autres les mines de charbon qu'il a découvertes et qu'il pourra découvrir à l'avenir dans l'étendue de la paroisse de Raismes, à la condition de se conformer pour les dites exploitations aux dispositions du règlement du 14 janvier 1744. Veut S. M. qu'à compter du jour du présent arrêt jusqu'au 1er juillet 1760, celui qui exploitera les dites mines au nom du dit sieur Cernay et son principal commis jouissent comme les autres concessionnaires de pareilles mines dans le Hainaut de l'exemption de tous droits domaniaux....... ordonne au surplus S. M. que les contestations qui pourraient naître....... seront portées devant le sieur intendant et commissaire départi en Hainaut.....

Arrêt du Conseil d'État du 18 mars 1755.

(Ministère des travaux publics. — Bureau des mines.)

N° 160.

Autorisation
au marquis
de Cernay
de suivre ses
travaux
de Raismes
à une
demi-lieue
sur les
seigneuries
voisines.

Sur la requête présentée au roi...... par le sieur marquis de Cernay, lieutenant-gnéral des armées du roi, seigneur haut-justicier de la paroisse de Raismes en Hainaut, que par arrêt du conseil du 3 décembre dernier.... qu'ayant, pour mettre la dite exploitation en vigueur, employé nombre d'ouvriers, fait monter des machines à pompes, construire des bâtiments à usage d'écurie pour 40 chevaux et des forges à deux soufflets, les plus éclairés de ses ouvriers, après avoir travaillé l'espace de dix-huit mois à grands frais, lui ont rapporté que les veines de Raismes les conduiraient sur quelques seigneuries voisines sur lesquelles il était indispensable de faire des ouvertures, des fosses et conduits, tant pour en extraire le charbon, s'il est possible, que pour dessécher les eaux et donner de l'air aux ouvriers, autrement que les ouvrages commencés et dont la dépense monte à plus de 35,000 liv., deviendraient totalement inutiles. Requérait à ces causes le suppliant qu'il plût à S. M. lui permettre de continuer ses travaux et de les étendre au moins à une demi-lieue de la fosse de Raismes sur les seigneuries de ses voisins, en indemnisant les propriétaires des terrains sur lesquels il fera des ouvertures.... offrant au surplus.... de n'extraire aucun charbon, en cas qu'il en trouve, dans l'étendue d'une demi-lieue de la fosse de Raismes, ni en faire aucun commerce en gros ou en détail avant le mois de juillet 1760..... Vu la dite requête .... ensemble l'avis du sieur de Blain de Boisemont, commissaire départi en Hainaut......

Le roi.... permet au sieur marquis de Cernay, ses hoirs ou ayant-cause, de continuer les ouvrages par lui commencés et de les étendre sur les seigneuries voisines à une demi-lieue de distance de la fosse de Raismes; d'y faire des ouvertures, puits, fosses et conduits,....... à condition néanmoins qu'il ne pourra extraire aucun charbon des dites nouvelles fosses, ni en faire aucun commerce en gros et en détail avant le mois de juillet 1760;.... renvoie par-devant le sieur intendant et commissaire départi en Hainaut pour par lui être jugées..........

Ordonnance de l'Intendant du Hainaut du 1er septembre 1755.

(N° 7 des pièces justificatives publiées par la compagnie d'Anzin , dans son procès contre les compagnies réunies de Thivencelles, etc. 1844, p. 10.)

N° 161.

—

Autorisation
au marquis
de Cernay
de continuer
ses travaux
sur Anzin.

Louis-Guillaume de Blair, chevalier seigneur de Boisemont..... Vu la requête à nous présentée par les sieurs vicomtes Désandrouin , Taffin et associés.... expositive qu'au préjudice des arrêts du conseil des 27 août 1726 et 29 mars 1735.... les sieurs Renaud et associés dans l'entreprise des fosses à charbon du village de Raismes, auraient fait commencer une fosse à charbon sur le territoire d'Anzin sur lequel les supplians ont le privilège exclusif, requéraient à ces causes qu'il nous plût faire très expresses défenses aux dits sieurs Renaud et associés de les troubler, tant sur le dit territoire d'Anzin que sur les autres terrains compris dans l'étendue de leur privilège exclusif.

La réponse du sieur marquis de Cernay, seigneur de Raismes, prenant le fait et cause du sieur Renaud, et les deux arrêts du conseil des 3 décembre 1754 et 18 mars 1755......

Nous intendant du Hainaut avons déclaré les dits supplians mal fondés dans les fins et conclusions de leur requête dont nous les avons déboutés ; autorisons en conséquence le sieur marquis de Cernay à continuer les ouvrages par lui commencés en se conformant à ce qui est proscrit par les dits arrêts des 3 décembre 1754 et 18 mars dernier. Fesons défense aux dits sieurs Désandrouin, Taffin et associés et à tous autres de le troubler ni inquiéter en façon quelconque dans les dites exploitations.

Déclaration du Roi du 2 octobre 1755.

(Recueil des édits, etc., enregistrés au parlement de Flandre, t. 6, p. 595).

N° 162.

—

Prorogation
des patars
au florin.

.... Voulons et nous plait que les 4 patars au florin des droits qui se perçoivent dans nos provinces de Flandres et du Hainaut........ continuent d'être levés et perçus jusqu'au dernier décembre 1762.....

Ordonnance de l'Intendant du Hainaut du 26 décembre 1755.

—

(N° 8 *des pièces justificatives publiées par la compagnie d'Anzin, comme il est dit aux précédents numéros.* p. 11.)

N° 165.
—
Maintien
des travaux
du marquis
de Cernay sur
Saint-Vast.
Défense
à Désandrouin
et compagnie
d'y continuer
les leurs.

Louis-Guillaume de Blair....

Vu la requête présentée par les sieurs vicomte Désandrouin, Taffin et associés [celle de la précédente ordonnance]..... notre ordonnance du 1er septembre 1755..... la dite ordonnance signifiée aux dits Désandrouin et associés....... le 18 octobre 1755...... acte fait et signifié le même jour..... aux dits Désandrouin et consorts à la requête du dit sieur marquis de Cernay, seigneur haut-justicier de Raismes et aussi seigneur de la paroisse de St.-Vast-là-Haut, en vertu de subrogation et cession à lui faite par acte capitulaire du 23 septembre 1754, accordé par les doyen et chapitre de St.-Géry, pour jouir dans la dite paroisse du droit seigneurial accordé aux seigneurs hauts-justiciers par les articles 1 et 2 du chapitre 130 des chartes et coutumes du Hainaut, contenant qu'au mépris des droits du dit sieur marquis de Cernay et de l'arrêt du conseil du 18 mars 1755, les dits Désandrouin et consorts ont ouvert deux fosses sur la dite seigneurie de St.-Vast, les sommant à ce qu'ils aient à discontinuer.... à peine de tous dépens, dommages et intérêts ; autre sommation faite.... le 28 octobre 1755 à la requête du dit marquis de Cernay aux dits Désandrouin et consorts, à ce qu'ils aient à abandonner les ouvrages par eux commencés sur la seigneurie de St.-Vast aux quels ils continuent de travailler au mépris des droits du dit sieur marquis de Cernay et de la sommation à eux faite le 18 du dit mois d'octobre , en ce que les dits ouvrages préjudicient aux établissements qu'a formé le dit sieur marquis de Cernay sur sa dite seigneurie de St.-Vast qu'il entend continuer à son profit à l'exclusion de tous autres , la dite sommation contenant assignation.... à comparoir devant nous.... pour voir ordonner qu'ils seront tenus d'abandonner les dits ouvrages et en outre condamnés aux dépens, dommages-intérêts résultant de leur refus ; mémoire présenté par le dit sieur marquis de Cernay contenant qu'indépendamment des droits que lui donne l'arrêt du 18 mars 1755 de faire des ouvertures dans les seigneuries voisines.... il aurait acquis des doyen chapitre et chanoines de St.-Géry le droit seigneurial qui leur appartient, suivant les articles 1 et 2 du chapitre 130 des chartes et coutumes du Hainaut....... l'acte de cession fait par les doyen et chanoines de St.-Géry, le 23 septembre 1754 , au dit sieur marquis de Cernay, des droits seigneuriaux à eux appartenans dans la dite seigneurie de St.-Vast, pour en jouir par le dit sieur de Cernay pendant 20 années conformément aux articles 1 et 2 du chapitre 130 des chartes et coutumes du Hainaut..... Notre ordonnance du 18 novembre 1755, par laquelle nous aurions donné défaut contre les dits sieurs Désandrouin et associés...... requête à nous présentée par les dits sieurs Désan-

1756   drouin et consorts, contenant que c'est sans aucun fondement que le dit sieur marquis de Cernay entreprend de vouloir obliger les dits entrepreneurs de discontinuer les ouvrages par eux commencés sur la terre de St.-Vast, sur laquelle il n'a d'autre droit que l'acquisition qu'il a faite des chanoines de St.-Géry, seigneurs de St.-Vast, consistant seulement en une reconnaissance seigneuriale que les dits entrepreneurs ont offert de payer, ce qu'ils sont prêts d'effectuer, soit aux dits chanoines de St.-Géry ou au marquis de Cernay, en vertu de son acquisition, que c'est à ce seul objet que doivent se réduire toutes ses prétentions...... qu'à l'égard de celle [la concession] qu'a obtenu le sieur marquis de Cernay par l'arrêt du 18 mars 1755 d'étendre ses ouvrages à une demi-lieue de la fosse de Raismes sur les seigneuries voisines, elle l'autorise seulement à faire cette extension de l'est à l'ouest en suivant les veines de charbon qu'il a pu découvrir sur sa terre de Raismes et non sur les terrains étant au midi de la dite terre, sur lesquels les dits entrepreneurs ont fait ouvrir des fosses pour la recherche de la continuation de leurs premières veines en vertu des privilèges et concessions accordés auxquels on ne peut présumer que l'intention de S. M. ait été de déroger après les dépenses immenses qu'ont fait les dits entrepreneurs..... répliques fournies par le dit sieur marquis de Cernay, contenant que les dits entrepreneurs n'ont eu d'autre vue que d'éluder les dispositions de nos ordonnances des 1er septembre et 18 novembre 1755...... qu'ils n'ont d'autre dessein que de ruinér les ouvrages du dit sieur marquis de Cernay...... que la continuation de telles entreprises, outre le préjudice qu'elles ont déjà causé au dit sieur marquis de Cernay, achèverait la ruine entière de ses ouvrages.....

Nous intendant susdit, avons maintenu et gardé le dit sieur marquis de Cernay dans la jouissance du privilège à lui accordé par l'arrêt du 18 mars 1755, d'étendre ses ouvrages sur les seigneuries voisines à une demi-lieue de distance de celle de Raismes, et notamment dans la paroisse de St.-Vast-là-Haut, à la même distance, fesons défense aux dits Désandrouin et à tous autres de le troubler dans la dite exploitation, comme aussi de continuer soit intérieurement, ou extérieurement ou de quelque manière que ce puisse être, les ouvrages par eux commencés sur la dite seigneurie de St.-Vast, trois jours après la signification de notre présente ordonnance, à peine de 3,000 liv. de dommages et intérêts envers le dit sieur marquis de Cernay......

Arrêt du Conseil d'Etat du 20 janvier 1756.

(Archives de la République. — Section administrative.)

N° 164.

Exécution

Sur la requête présentée au roi..... par les sieurs vicomte Désandrouin, Taffin et autres, entrepreneurs des mines de charbon de terre de la province du Hainaut, contenant que, pour favoriser les recherches qui se fesaient de cette matière, en conséquence du projet formé par le sieur Désandrouin, l'un des supplians, qui en avait d'abord obtenu le privilège exclusif sous le nom du sieur Désaubois, par arrêt······· que sur la foi de cet arrêt de prorogation (1735), confirmatif de tous les précédents arrêts, les supplians qui depuis 1717 avaient fait des dépenses immenses et infructueuses jusqu'en 1723, qu'ils trouvèrent du charbon qui ne pouvait servir qu'à la cuisson des briques et de la chaux, crurent pouvoir se livrer aveuglé_ ment à de nouvelles recherches avec d'autant plus de raison qu'en l'année 1734, avant l'ob- tention de ce dernier arrêt, ils avaient déjà découvert, sur la terre d'Anzin, une veine de charbon d'une qualité supérieure à celui de l'étranger et propre à toutes sortes d'ouvrages. Que depuis 1735 jusqu'à présent, ils ont fait ouvrir, principalement sur les terres d'Anzin et de St.-Vast, voisines l'une de l'autre, plusieurs fosses qui sont actuellement en pleine extrac- tion et qu'ils exploitent à grands frais, attendu qu'ils ont été contraints de placer sur ces deux terres plusieurs machines à feu, pour l'épuisement des eaux qui y sont d'autant plus abon- dantes que les fosses à charbon y sont très-profondes; qu'indépendamment des frais d'ac- quisition et d'entretien de ces machines a feu, ils ont fait construire pour l'écoulement de toutes leurs eaux, un aqueduc qui, après avoir traversé la terre d'Anzin, se continue sur celle de St.-Vast, conformément à la direction naturelle des veines, et sert à l'exploitation générale de ces deux terres; qu'outre ces travaux, et par suite des veines trouvées sur Anzin et continuées sur St.-Vast, ils ont été contraints de percer sur cette dernière terre une galerie de 280 toises de longueur dans le rocher qui sert de communication à leurs ouvrages sou- terrains: que par la manière dont ils ont dirigé leurs travaux autant que par la quantité de fosses qu'ils ont ouvertes et le nombre des ouvriers qu'ils ont employés, ils se sont mis en état de remplir les objets que S. M. s'était proposés en favorisant leur entreprise, puisqu'ils ont fourni non-seulement une bonne partie de la consommation, mais encore ils ont pro- curé la diminution de plus d'un tiers du prix où étaient les charbons étrangers avant les découvertes des supplians······· que ces avantages qui auraient dû n'être enviés que des étrangers, ayant excité la jalousie de quelques particuliers, ils ont formé une compagnie qui sous le nom du sieur marquis de Cernay, se porte depuis long-temps à des entreprises que S. M. ne saurait réprimer avec trop d'éclat et de célérité (1).······

· ·

········ A ces causes requéraient les suppliants qu'il plût à S. M. les recevoir comme opposans aux arrêts des 3 décembre 1734 et 18 mars 1735, surpris sur requêtes non commu- niquées du sieur marquis de Cernay, et en tant que de besoin, appelant des ordonnances du sieur Blair de Boisemont, intendant du Hainaut, des 1er septembre, 18 novembre et 26 décembre 1735; ce fesant, sans s'arrêter aux demandes du sieur de Cernay, dans lesquelles il sera déclaré non recevable, ou dont subsidiairement il demeurera débouté, ni aux dites

---

(1) Suivent de longs détails sur les travaux respectifs des deux compagnies, sur les arrêts et ordon- nances relatifs à leurs prétentions consignées dans le mémoire imprimé en 1756.

1756   ordonnances, qui seront cassées et annulées, ainsi que tout ce qui a suivi et pourrait s'en suivre ; ordonner que les arrêts du conseil et lettres-patentes rendus au profit des suppliants et de leurs auteurs..... seront exécutés selon leur forme et teneur ; en conséquence faire défense au sieur marquis de Cernay..... de troubler les suppliants.... et de faire aucuns travaux, ni extraction des mines à charbon dans les terres y nommées, à peine de 20,000 liv. d'amende pour chaque contravention et de tous dépens, dommages et intérêts, même de permettre aux suppliants de faire emprisonner les contrevenans et leurs ouvriers : condamner dès à présent le sieur marquis de Cernay en 100,000 liv. de dommages-intérêts envers les suppliants, si mieux il n'aime, suivant l'état et l'estimation par experts, et aux dépens : et au cas où S. M. y trouverait quant à présent quelque difficulté, ce que les suppliants n'estiment pas, et ordonnerait la communication de la présente requête au dit sieur de Cernay, en ce cas, ordonner que toutes choses demeureront en état, attendu que l'exécution provisoire des dits arrêts des 3 décembre 1754 et 18 mars 1755, et des dites ordonnances serait irréparable et définitive.

Vu la dite requête..... le roi.... ordonne que la dite requête sera communiquée au sieur marquis de Cernay, pour y répondre dans les délais des réglements, et cependant par provisoire les ordonnances du sieur intendant et commissaire départi à Valenciennes.... seront exécutées selon leur forme et teneur.

Arrêt du Conseil d'Etat du 16 mars 1756.

(Ministère des travaux publics. — Bureau des mines.)

N° 165.
—
Permission
au prince
de Croy
d'exploiter
la houille sur
sa terre
de Fresnes
jusqu'en
1786.

Sur la requête présentée au roi.... par le sieur Emmanuel de Croy.... contenant qu'en vertu des concessions à lui faites.... il aurait fait exploiter avec succès les mines de charbon situées dans ses terres de Condé, Vieux-Condé et Hergnies, qu'il désirerait augmenter cet établissement en y joignant l'exploitation de pareilles mines qui se trouvent sur ses terres de Fresnes et de Breuil dans le Hainaut ; que quelques-unes de ces mines se trouvent à la vérité enclavées dans la concession du sieur Désandrouin, laquelle doit durer encore jusqu'au 1er juillet de l'année 1760 ; que n'ayant jusqu'à la fin de la dite concession que le temps de préparer les ouvrages pour se mettre en état de fournir alors du charbon au public, il commencerait dès à présent à former cet établissement, s'il plaisait à S. M. lui faire concession

1756 des dites mines de charbon. Requérait à ces causes le suppliant qu'il plût à S. M. lui permettre ainsi qu'à ses hoirs ou ayant-cause, de faire dès à présent fouiller et exploiter exclusivement à tous autres les mines de charbon découvertes et à découvrir, dans ses terres de Fresnes et de Breuil, et un quart de lieue aux environs, à condition de n'extraire des charbons des mines situées dans la concession du sieur Désandrouin qu'après l'expiration de son privilège .... ordonner que celui qui exploitera les dites mines au nom du sieur de Croy et son principal commis jouiront..... de l'exemption de tous droits domaniaux......

Vu la dite requête....., ensemble l'avis du sieur intendant en Hainaut...... le roi...... permet au sieur de Croy, ses hoirs et ayant-cause, de faire fouiller et exploiter exclusivement à tous autres, pendant l'espace de trente années, les mines de charbon de terre qui sont actuellement découvertes et qu'il pourra découvrir par la suite dans ses terres de Fresnes et de Breuil et un quart de lieue aux environs ; à la charge par lui....... de n'extraire aucun charbon des mines de Fresnes comprises dans la concession du dit sieur Désandrouin jusqu'au 1er juillet 1760, jour que doit finir la dite concession, et de commencer la dite exploitation dans un an, à compter du jour de la date du présent arrêt : Veut S. M. que celui qui exploitera les dites mines au nom du sieur de Croy et son principal commis jouissent........... jusqu'au 1er juillet 1760, de l'exemption de tous droits domaniaux......... ordonne....... que les contestations....... seront portées devant le sieur intendant et commissaire départi en Hainaut......

⸻⊷⊶⊷⸻

Déclaration du Roi du 7 juillet 1756.

(*Recueil des édits*, etc., *enregistrés au parlement de Flandre*, t. 6, p. 612.)

N° 166.

—

Continuation
des sols
pour livre
du dixième.

ART. 1er. L'imposition des 2 sols pour livre en sus du dixième, que nous avons ordonné pour dix années,...... continuera,.... d'être levée pendant dix autres années consécutives, qui finiront le dernier décembre 1766......

Enregistrement.

(Voir la déclaration suivante.)

..19

1756

Déclaration du roi du 7 juillet 1756.

(Recueil des édits, etc., enregistrés au parlement
de Flandres, t. 6, p. 619.)

N° 167.

—

Création
d'un second
vingtième.

..... Voulons et nous plaît, que l'imposition du second vingtième soit levée, à compter du 1er octobre prochain, pour finir trois mois après la publication de la paix..... ordonnons que le dit premier vingtième continuera d'être perçu comme il l'a été jusqu'à présent.......

Enregistrement.

(Même recueil, t. 8, p. 494.)

La cour, en procédant à l'enregistrement des deux déclarations du 7 juillet dernier, lequel elle a ordonné dans la confiance où elle est que la bonté paternelle du roi pour ses sujets l'engagera à faire cesser des impositions aussi onéreuses que les vingtièmes mentionnés ès dites déclarations, avant même le terme fixé par icelles, dès que les affaires de l'état le permettront, a arrêté que le dit seigneur roi sera supplié d'accorder aux administrations du pays, l'abonnement des dits vingtièmes.

Ordonnance de l'intendant du Hainaut du 30 juillet 1756.

(N° 10 des pièces justificatives publiées par la compagnie d'Anzin dans son
procès contre les compagnies réunies de Thivencelles, etc., 1844, p. 18.)

N° 168.

—

Nomination

Louis-Guillaume de Blair.....

Vu la requête à nous présentée par le sieur marquis de Cernay expositive qu'au préjudice

1756
—
d'experts
pour des
travaux
d'une fosse de
la compagnie
Désandrouin
sur Anzin,
qui se prolon-
geraient
sur St.-Vast.

de nos ordonnances contradictoires des 1er septembre, 18 novembre et 26 décembre 1755, confirmées par arrêt du conseil du 20 janvier dernier, par lesquelles il est gardé et maintenu exclusivement à tous autres dans l'exploitation des mines et extraction de charbon sur la seigneurie de St.-Vast, avec défense, à peine de 3,000 liv. d'amende, au sieur Désandrouin et associés dans l'entreprise des fosses d'Anzin, de travailler intérieurement ou extérieure-ment sur la dite seigneurie; il vient néanmoins d'être informé que les dits entrepreneurs font faire avec toute la diligence possible une galerie à 45 toises de profondeur, qui part du fond de la fosse en extraction sur la seigneurie d'Anzin désignée au plan................. [Ici se trouvent le détail des travaux et l'analyse de la demande d'une expertise contra-dictoire].............

Nous, intendant susdit, ordonnons qu'il sera par les dits entrepreneurs d'Anzin et le sieur marquis de Cernay nommé chacun un expert........ [Instruction relative à l'expertise à faire]....... pour être par nous ordonné ce qu'il appartiendra; enjoignons au brigadier et à deux cavaliers de maréchaussée de se trouver au jour qui leur sera prescrit........... sur l'ouverture des fosses et d'exécuter les ordres qui leur seront données.

Ordonnance de l'intendant du Hainaut du 25 août 1756.

(N° 11 des pièces justificatives publiées par la compagnie d'Anzin comme
il est dit au numéro précédent. p.19.)

N° 169.

Louis-Guillaume de Blair........

Défense à la
compagnie
Désandrouin
de continuer
les travaux
de la fosse
d'Anzin se
prolongeant
sur St.-Vast.

Vu notre ordonnance du 30 juillet dernier........ le procès-verbal dressé par le dit sieur subdélégué les 5 et 6 du présent mois des visites et rapports faits........ desquels il résulte que les entrepreneurs des fosses d'Anzin ont chassé et exploité........ le charbon jusques au-dessous la seigneurie de St.-Vast-là-Haut, où sont placées les fosses du sieur marquis de Cernay....... [analyse des faits de l'expertise]; requête à nous présentée par le dit sieur de Cernay........ pour requérir tels dommages et intérêts qu'il appartiendra; notre ordon-nance du 11 du présent mois;...... requête à nous présentée par le sieur Désandrouin et ses associés.... tendante à ce que la dite visite soit déclarée incompétente et irrégulière.... la réponse du dit sieur de Cernay...... requérait, à ces causes, le dit sieur marquis de Cernay qu'il nous plût ordonner l'exécution de nos ordonnances des 1er septembre, 18 no-

1737 vembre, 26 décembre 1755 et 27 février 1756, rendues en conformité des arrêts des 3 décembre 1754 et 18 mars 1755, par lesquelles ordonnances il est expressément défendu, et notamment par celle du 26 décembre 1755, aux anciens entrepreneurs d'Anzin de travailler .... sur la dite seigneurie de St.-Vast, à peine de 3,000 liv. de dommages et intérêts envers le dit sieur marquis de Cernay ; en conséquence les condamner........ Vu aussi nos ordonnances des 1er septembre, 18 novembre, 26 décembre 1755; l'arrêt du conseil du 20 janvier 1756, qui en ordonne l'exécution, et notre ordonnance du 27 février 1756.........

Nous, intendant, fesant droit sur le tout, avons condamné le sieur Désandrouin et ses associés au paiement de la somme de 3,000 liv. de dommages et intérêts envers le dit sieur marquis de Cernay....... leur fesons défense de continuer les dits travaux....... fesons pareillement défense...... de prolonger les deux autres galeries........

Contrat de société des mines d'Anzin du 19 novembre 1737.

Enregistré à Paris le 11 pluviose an XIII et déposé chez le notaire Montaut, à Paris, le 18 pluviose suivant.

Pour parvenir à la réunion générale des fosses à charbon de terre de Fresnes, Vieux-Condé, Raismes et St.-Vast; terminer tous les différens procès portés et indécis au conseil, vivre en bonne union, en bonne intelligence et faire l'avantage de l'état et du public en formant des établissemens solides, il a été convenu par le présent acte, à promesse de le ratifier par devant notaire, toutes fois et quantes, des articles suivants :

Art. 1er. Que la société sera composée de 24 sols de France qui seront répartis ci-après, savoir :

A M. le prince de Croy 4 sols dont 3 pour lui, ci............ 3 s. » d. ⎫
Pour M. Cordier... » 6 ⎬ 4 s. » d.
Pour M. Moreau.. » 6 ⎭
A M. le marquis de Cernay et sa compagnie, composée de MM. de Raulcourt, Laurent, Benoist, Mauroy, Renault et Raveneau, 8 sols à partager entre eux comme ils aviseront bon être, suivant leur société, ci.................... 8 »
A M. le vicomte Désandrouin, 5 sols 9 deniers, ci....................... 5 9
Aux héritiers de feu M. Taffin, représentés, M. Taffin, conseiller au parlement,

                                                A reporter.... 17 9

1737

Report.... 17 9

Taffin de Gœulzin, Taffin de Troisville, M. de Bcnazet pour son épouse, leur beau-frère, 3 sols 9 deniers, ci... 3 9

 A M. Bosquet, 6 deniers... » 6

 A la dame Reboul, 6 deniers.................................... » 6

 Aux enfants de M. Cordier, 1 sol................................ 1 »

 A M. Mathieu, 6 deniers.. » 6

      Total..................... 24 »

ART. 2. Que la société aura lieu à compter du premier octobre dernier, à compter duquel jour toutes les recettes provenant de la vente des charbons et autres choses, ainsi que les dépenses, seront partagées et supportées en commun, chacun à proportion de son intérêt, dont il sera arrêté un compte à ce premier janvier prochain, à l'effet de quoi les registres de recette, de dépense et de crédit seront continués par les préposés qui les tiennent dans les différents bureaux, et seront visés et paraphés incessamment par l'un des anciens entrepreneurs et l'un des nouveaux.

ART. 3. Il a été convenu que les dettes contractées par l'une ou l'autre compagnie avant le premier octobre, de même que les denrées et marchandises qu'elles pourraient avoir prises à crédit avant cette époque, seront payées séparément par ceux qui les auront contractées. Elles n'entreront point dans la communauté, non plus que les crédits faits pour vente de charbon avant la dite époque, n'y ayant absolument que les recettes et crédits réels et effectifs faits depuis le premier octobre.

ART. 4. Qu'à compter du dit jour premier octobre dernier, les bâtiments, tant neufs que vieux, écuries, magasins, forges, édifices, fosses en extraction ou non, terres, héritages, soit de louage, d'achat ou tenus par baux emphytéotiques sur lesquels les établissements de toutes espèces sont faits, en ayant rapport aux ouvrages et commerce de charbon dans tel endroit qu'ils soient situés, les fers, ferrailles, outils, bois employés ou non, manivelles, machines ou pompes à feu ou à molettes, chevaux, harnais, chariots, charettes, tombereaux, et brouettes, pompes de fer ou de bois, approvisionnement de toute espèce soit en foin, paille, avoine, chandelle, huile, cordages, chaînes, pavés employés ou non employés et généralement tout ce qui a servi, sert ou servira pour l'exploitation des fosses réunies, ouvertes et à ouvrir sur les seigneuries de Vieux-Condé, Fresnes, Anzin, Raismes, Saint-Vast et autres, ainsi que le commerce du charbon sans en rien excepter, seront en commun et appartiendront à la société chacun à proportion de son intérêt, sans retour de part et d'autre, à la réserve néanmoins des biens fonds qui seront payés sur le prix de l'acquisition par ceux qui n'y ont pas contribué à proportion de chacun son intérêt.

ART. 5. Qu'il sera incessamment dressé un inventaire double par deux des intéressés, dont un d'un côté et un de l'autre, de tous les agrès, bâtiments, autres ustensiles expliqués ci-dessus, lesquels intéressés pourront se faire assister par qui bon leur semblera.

ART. 6. Que ceux qui sont dépositaires de titres, baux, accords et conventions seront tenus

1757 de les représenter pour en être dressé un inventaire particulier et être le tout déposé dans un endroit à convenir.

Aɴᴛ. 7. Qu'à compter du 1er janvier prochain les registres seront renouvelés dans tous les bureaux, cotés et paraphés par l'un des intéressés.

Aɴᴛ. 8. Que la régie restera montée comme elle l'est. Les directeurs, contrôleurs, receveurs et autres employés resteront en place, sauf à y pouvoir dans la suite, si le cas le requiert.

Aɴᴛ. 9. Il n'y aura que six associés qui assisteront aux assemblées, sans compter M. le prince de Croy et M. le marquis de Cernay (et après eux leurs enfants) (1), qui y assisteront quand ils voudront. Ces associés seront : M. Désandrouin, et après lui son fils, M. Cordier, M. Moreau ou M. Bosquet, M. de Benazet ou M. de Troisville, M. Laurent et M. Mauroy; ils auront seuls, à l'exclusion de tous autres, la nomination des employés généralement quelconques et la manutention de toute l'entreprise; ils s'assembleront au moins tous les premiers dimanches de chaque mois, et ils feront d'autres assemblées toutes les fois que le bien de la chose l'exigera; ils y appelleront aussi les principaux employés et ouvriers quand ils le jugeront nécessaire, et il ne pourra être rien délibéré d'essentiel par l'assemblée des six associés, sans qu'ils soient présents tous six, ou qu'on les ait dument informés de l'affaire dont il sera question, et qu'on leur ait donné le temps suffisant pour s'y rendre ou donner leur avis. On y décidera à la pluralité des voix; et dans le cas où ils seraient d'avis partagé, on s'en rapportera aux décisions de M. le prince de Croy et de M. le marquis de Cernay.

Aɴᴛ. 10. Quand il viendra à manquer un des six régisseurs, les cinq autres choisiront celui des intéréssés le plus capable de le remplacer, à l'intervention de M. le prince de Croy et M. le marquis de Cernay ou leurs enfants.

Aɴᴛ. 11. Qu'en cas de décès de quelqu'un des intéressés, son intérêt appartiendra à ses héritiers, à condition toutefois qu'il n'en paraîtra qu'un, sauf, s'ils sont plusieurs, de s'arranger entre eux comme ils aviseront bon être.

Aɴᴛ. 12. Qu'aucun des intéressés ne pourra vendre tout ou partie de son intérêt sans en avertir la compagnie qui sera libre de prendre par préférence le dit intérêt à égalité de prix, lequel sera réparti sur la totalité au prorata de l'intérêt d'un chacun.

Aɴᴛ. 13. A été convenu qu'aucun des intéressés ne pourra, sous quelque prétexte que ce soit ou puisse être, former aucun établissement ou commerce de charbon directement ou indirectement, ni s'associer avec aucune compagnie pour en extraire en quelqu'endroit que ce soit sur France, que de société et de concert avec les intéressés dans la présente réunion, à peine d'être privé de son intérêt sans aucun remboursement ni répétition.

---

(1) Ces mots sont ajoutés en marge.

1757   Art. 14. Qu'il sera dressé le plus tôt que faire se pourra un état des frais de régie dans lequel les noms des directeurs, receveurs, contrôleurs et autres employés seront rappelés, leurs fonctions et appointements réglés.

Art. 15. Que les droits seigneuriaux appartenans aux seigneurs hauts-justiciers convenus et à convenir, soit avec quelqu'un des intéressés ou autres, seront payés suivant les conventions faites et à faire, sans égard aux parts des intéressés et supportés par toute la société.

Art. 16. Convenu que dans le cas où il serait nécessaire de faire des fonds, chacun devra y contribuer par cote-part quinze jours après qu'il en aura été averti, suivant les délibérations des assemblées.

Art. 16. Chacun des intéressés pourra prendre connaissance de l'arrêté des recettes et dépenses et de la division qui aura été faite du restant afin que chacun puisse voir qu'il tire ce qui lui revient suivant son intérêt.

Art. 18. La présente société durera et ne pourra se diviser tant et si long-temps qu'on trouvera du charbon à extraire, tant et si long-temps que les arrêts de concession obtenus de part et d'autre et à obtenir auront lieu. Et dans le cas où il serait nécessaire d'obtenir dans la suite quelques nouvelles concessions ou permissions en France, elle seront sollicitées par toute la société et subsisteront à son profit.

Art. 19. Tous les anciens accords, actes de société, conventions qui ne sont pas nécessaires au moyen du présent acte et qui n'y sont pas repris directement ou indirectement seront et demeureront nuls.

Toutes les clauses et conditions stipulées dans les dix-neuf articles de la présente société et réunion ont été acceptées et agréées par toutes les parties contractantes soussignées et ci-après dénommées, savoir : M. le prince de Croy. MM. Laurent et Mauroy, stipulant pour M. le marquis de Cernay, eux, le surplus de leur compagnie, sous ratification. M. Cordier, tant pour son intérêt particulier que pour celui qu'il a avec ses frères et sœurs, dont il est fondé de procuration d'une partie et se fesant fort pour l'autre. Mon dit sieur Cordier, encore acceptant pour M. le vicomte Désandrouin, comme porteur de son pouvoir et sous ratification, M. de Benazet pour madame son épouse dont il se fait fort. M. Taffin de Guelzin, tant pour lui que-comme porteur de procuration de M. Taffin de Troisville, icelui fondé de la procuration de M. Bosquet. La dame Reboul. M. Moreau et M. Mathieu. Et ont les parties signé en triple dont un pour M. le prince de Croy, un pour M. le marquis de Cernay, et le troisième pour être déposé aux armoires de la compagnie, duquel chacun des intéressés pourra prendre quand bon lui semblera copie qui sera collationnée par le dépositaire. Fait et arrêté à l'Hermitage, près Condé, le 19 novembre 1757. Approuvé les cinq mots mis en marge de l'art. 9. Depuis il en a été fait une quatrième pour M. Désandrouin.

Ainsi signé : Le prince de Croy et de Solre. Laurent. Mauroy. Cordier. Benazet. De Taffin de Guelzin. Bosquet. de Reboul. Moreau. De Mathieu. De Taffin. De Benazet. Le vicomte Désandrouin

1758 · Est ensuite écrit : Nous soussignés approuvons, agréons et ratifions le présent acte, ce 27 novembre 1757, signé : le marquis de Cernay, Ramsault de Raulcourt, Benoist et Renaud.

Convention entre le prince de Croy et la compagnie d'Anzin
du 10 décembre 1758.

(Archives de la compagnie des mines d'Anzin.)

N° 171.
—
Cession à la compagnie d'Anzin du droit d'extraire sur Blaton et Bernissart

Les entrepreneurs généraux des mines de charbon en Hainaut, de société avec M. le prince de Croy, étant forcés par des raisons particulières de former des établissements sur les seigneuries de Blaton et Bernissart, appartenant à mon dit seigneur le prince de Croy, envers qui les dits sieurs entrepreneurs s'obligent de payer annuellement et en société la somme de deux mille livres, par forme de reconnaissance de son droit seigneurial dans toute l'étendue des dites seigneuries ; la dite somme de deux mille livres payables à commencer du premier janvier prochain, c'est-à-dire que l'année 1759 sera la première année, et ainsi continuer tant et si long-temps que l'extraction durera, et attendu qu'il est indispensable de travailler dans les bois de Bernissart, les dommages qui y seront causés seront payés à M. le prince de Croy suivant l'estimation qui en sera faite par experts connaisseurs à nommer de part et d'autre, promettant les dits sieurs entrepreneurs tous leurs soins à conserver les routes, chasses, bois, et le choix des ouvriers comme il a été convenu verbalement, ce qui a été accepté par mon dit seigneur le prince de Croy et les dits entrepreneurs soussignés. Fait en double à Anzin, ce dix décembre 1758,

Signé : Le prince de CROY et de SOLRE, CORDIER, le marquis de CERNAY, le vicomte DÉSANDROUIN, LAURENT, BENAZET, MAUROY.

Arrêt du Conseil d'État du 1ᵉʳ mai 1759.

———

(Ministère des travaux publics. — Bureau des mines.)

N° 172.

—

Concession
accordée
jusqu'en 1800
à la compagnie
d'Anzin
de l'Escaut
à la Scarpe,
de Condé
à Abscon,
excepté
Mortagne et
Saint-Amand.

Sur la requête présentée au roi........ par le sieur Emmanuel de Croy...... le marquis de Cernay........ le vicomte Désandrouin......... les sieurs Taffin et compagnie....... contenant que par arrêts du conseil des 29 mars 1735 et 16 décembre 1736, S. M. aurait accordé aux sieurs Désandrouin et P. Taffin...... que par autres arrêts du conseil des 3 décembre 1754, 18 mars 1755 et 16 mars 1756, S. M. aurait accordé tant au prince de Croy qu'au marquis de Cernay le privilège exclusif de faire exploiter les mines de charbon qui se trouvent dans leurs terres respectives de Fresnes, Breuil et Raismes, à condition cependant de ne pouvoir extraire qu'en l'année 1760, fin du privilège accordé aux dits sieurs Désandrouin, Taffin et compagnie.

Les supplians, connaissant la dépendance qu'il y a entre les deux établissements, ont cru ne pouvoir rien faire de plus avantageux pour le public, que de se réunir, afin d'être plus en état de fournir aux dépenses nécessaires à l'agrandissement des ouvrages, à économiser la régie, procurer l'abondance et la diminution de prix d'une matière dont la nécessité pour le commerce et l'agriculture est notoire, et qui fait passer chaque année des sommes considérables du royaume à l'étranger. Que pour parvenir à cet objet, ils ont encore cru nécessaire de s'associer tous ensemble, comme ils l'ont fait, tant pour terminer les contestations qui subsistaient déjà depuis long-temps entre le marquis de Cernay et compagnie, et les anciens entrepreneurs, que pour prévenir celles qui auraient pu s'élever en 1760. D'ailleurs leurs connaissances et facultés réunies ne pourront former qu'une compagnie solide, capable des plus grandes entreprises pour la perfection et l'agrandissement des ouvrages du Hainaut Français où l'extraction de cette matière n'a lieu que depuis environ 34 ans, tandis qu'elle se fait depuis 300 ans dans le Hainaut Autrichien, au grand préjudice des sujets de S. M. qui sont forcés de faire passer leur argent à l'étranger. Les supplians ne s'y sont prêtés qu'après avoir été convaincus que l'extraction du charbon ne pouvait être soutenue et augmentée qu'avec une grande expérience et à force de dépenses, à cause de l'abondance des eaux, de l'enfoncemen des veines et de leur bisarrerie, en ce qu'elles y tombent souvent en défaut, au lieu qu'il en est tout autrement dans le Hainaut Autrichien.

Que pour commencer à donner une preuve de leur bonne volonté pour le bien public, ils ont adopté un projet d'économie au moyen de laquelle ils ont diminué le prix du charbon, principalement de ceux servant au chauffage du peuple, et ils espèrent même le diminuer encore, s'ils ont un plus grand débit, seul objet qui puisse les mettre en état de supporter

. . 20

1759 les avances considérables qu'ils sont obligés de faire pour parvenir au but qu'ils se proposent.

Mais pour exposer leur fortune au bien de la patrie, il est juste qu'ils puissent travailler avec sûreté et tranquillité dans un certain espace de terrain proportionné à l'entreprise que la compagnie réunie est en état de conduire. C'est d'après une semblable assurance que les anciens entrepreneurs sont venus faire les premières découvertes dans le Hainaut Français et qu'ils ont suivi jusqu'à présent leurs travaux dans l'étendue des terrains qui leur ont été concédés. Le terrain que les suppliants se proposent d'exploiter ne contient pas la vingtième partie de celui accordé aux anciens entrepreneurs. Il est renfermé et forme une petite île entre les rivières de l'Escaut, de la Scarpe et la petite rivière de la Censée. Et comme les suppliants ont intérêt avant de commencer à faire faire de nouvelles machines à feu, et d'ouvrir de nouvelles fosses, de ne point être troublés dans l'étendue des terrains qu'ils demandent ils ont été conseillés de se pourvoir.

Requéraient à ces causes les suppliants qu'il plût à S. M. leur permettre et à leurs hoirs et ayant-cause, de faire fouiller et exploiter exclusivement à tous autres les mines de charbon de terre découvertes et à découvrir dans l'étendue de terrain situé et bordé des rivières de l'Escaut, la Scarpe, la Censée, et le canal de Moulines depuis Condé jusqu'à Douai, le tout formant une petite île entre ces rivières, se soumettant de payer les droits dûs aux seigneurs tels qu'ils ont été payés jusqu'à présent..... ordonner que celui des entrepreneurs qui conduira ces travaux et leur principal commis jouiront de l'exemption......

Vû la dite requête et les pièces justificatives d'icelle, ensemble l'avis du sieur de Blair de Boisemont, intendant et commissaire départi en Hainaut..... Le roi..... ayant aucunement égard à la dite requête, a permis et permet aux dits sieurs prince de Croy, marquis de Cernay, vicomte Désandrouin, Taffin et compagnie, leurs hoirs ou ayant-cause, de continuer d'ouvrir et d'exploiter exclusivement à tous autres pendant l'espace de quarante années, à compter du 1er juillet 1760, toutes les mines de charbon qui sont ou pourront se trouver à l'avenir dans l'étendue du terrain compris entre la Scarpe et l'Escaut, et borné d'un bout par la terre de Mortagne exclusivement, et de l'autre par le chemin qui va de Marchiennes se réunir à celui de Douai à Bouchain, depuis le point de jonction jusques à Bouchain, à la charge par eux de se conformer au règlement..... du 14 janvier 1744 et à condition qu'ils ne pourront en ouvrir sur les terres des seigneurs hauts-justiciers qui auront une demi-lieue de terrain sur les veines contiguës et d'une seule pièce, qu'après les avoir fait sommer d'exploiter eux-mêmes les mines qui pourraient se trouver sous les dits terrains, et faute par eux de s'être mis en devoir d'exploiter les dites mines, après en avoir obtenu la permission de S. M., qui leur est nécessaire, dans six mois à compter de la sommation qui leur en aura été faite, les dits sieurs prince de Croy et compagnie pourront exploiter leurs mines en vertu du présent arrêt et sans qu'il en soit besoin d'autres,....... ordonne S. M. que ceux qui obtiendront ces permissions d'exploiter ne pourront ouvrir des trous qu'à la distance de 1,000 toises des travaux des dits concessionnaires, lesquels de leur côté seront tenus d'observer la même distance à l'égard des nouveaux concessionnaires, comme aussi que les dits concessionnaires actuels jouiront de l'exemption de tous droits sur le charbon qui sera extrait des dites mines

1760   de même et ainsi qu'ils en jouissent à présent.... Veut aussi S. M. que toutes les demandes
et contestations..... soient portées par devant le sieur intendant et commissaire départi.....

Edit de février 1760.

(Recueil des édits etc. enregistrés au parlement de Flandres, t. 6, p. 704.)

N° 173.

—

Création d'un
troisième
vingtième
avec 2 sols
pour livre.

ART. 1er. Voulons que sur les mêmes rôles, et de la même forme et manière que se perçoit le 20e établi..... il soit levé sur nos sujets, à compter du 1er octobre dernier, et pendant le cours de la présente année... un nouveau 20e, avec les 2 sols pour livre d'icelui : exceptons les parties comprises dans les rôles d'industries.....

Déclaration du Roi du 3 février 1760.

(Recueil des édits et c. enregistrés au parlement de Flandres, t. 6, p. 707.)

N° 174.

—

Nouveau sol
pour livre.

..... Voulons et nous plaît.

ART. 1er. Que pendant dix années, à compter du 1er mars prochain, et jusqu'au dernier septembre 1770, il sera perçu et levé..., un 20e ou sol pour livre d'augmentation.....

ART. 2. Ordonnons pareillement que , pendant le même tems, il sera perçu la même augmentation sur tous les droits d'entrée ou de sortie qui se lèvent sur les marchandises et denrées dans l'étendue des 5 grosses fermes.... et tous autres droits d'entrée, sortie, ou passage. qui se perçoivent actuellement à notre profit.

1760

Contrat de société pour les mines de Mortagne, du 28 avril 1760.

(Copie authentique appartenant à M. Derasse, de Tournai.)

N° 175.
—
Reconstitution de la compagnie pour l'exploitation des mines de charbon en la terre de Mortagne et autres.

Pardevant..... furent présens le sieur Christophe Mathieu, ingénieur pour les mines...; le sieur Jacques Henri Derasse, négociant et juré de cette dite ville... le sieur Robert Jacques Carrey, ingénieur pour les mines... lesquels comparans sont convenus de ce qui suit, savoir : que le sieur Mathieu ayant reconnu qu'il passe des mines de charbon de terre sur la seigneurie de Wihers en Hainaut, et sur celle de Mortagne et dépendances, et qu'ayant ensuite obtenu le consentement de monseigneur le maréchal prince de Soubise et de M. le comte de Montboisier, seigneurs hauts justiciers des terres de Wihers et Mortagne, aux fins d'exploiter les veines de charbon qu'il y pourra découvrir, il a en vertu des susdits consentements, l'un en date du 13 novembre 1759, passé... au chatelet de Paris, l'autre en date du 6 octobre 1759, passé au château de Forest, terre de Mortagne.................................

En conséquence de ladite association le sieur Mathieu a cédé au sieur Derasse..... 6 sols d'intérêt dans 20, et audit sieur Carrey..... un sol d'intérêt aussi dans 20.

Le sieur Derasse sera pareillement associé pour 6 sols d'intérêt dans 20, et le sieur Carrey pour un sol à la perte et au profit de l'entreprise qui pourra se faire dans la suite de l'exploitation des veines de charbon qui passent sur le Hainaut français, dans toute l'étendue qui se trouve entre Douai et le chemin de Marchiennes à Bouchain, et qui est limité par la lettre de monseigneur le contrôleur général adressée à M. l'intendant de Valenciennes, en date du 15 de mars dernier.....

Consentement du Seigneur de Mortagne du 20 mai 1760.

(Copie appartenant à M. Derasse de Tournai.)

N° 176.
—
Avis aux

Nous Philippe Claude de Montboisier Beaufort Canillac, comte de Montboisier, lieutenant

4760
—

vassaux de la
terre de
Mortagne et
consentement
donné par le
seigneur à
l'exploitation
de sa terre.

général des armées du roi....... seigneur haut justicier de Mortagne, Flines, Château-l'Abbaye, Notre-Dame-au-Bois et seigneuries circonvoisines dépendantes de notre comté de Mortagne .... faisons savoir à nos vassaux et à tout autres qu'il appartiendra que nous avons donné notre consentement au sieur Christophe Mathieu, ingénieur pour les mines, à l'effet qu'il ait à se retirer par devant le conseil pour être autorisé de procéder à la découverte et ouverture de toutes les mines de charbon qui passent dans l'étendue de nos dites seigneuries et qu'en conséquence nous entendons sous le bon plaisir de S. M. et de nos seigneurs de son conseil qu'il exploite lui seul et à l'exclusion de tous autres, lesdites mines au moyen de quoi nous enjoignons à tous nos vassaux et habitans de nos dites seigneuries de laisser le Sr Mathieu librement passer et repasser dans tous les lieux où il jugera à propos de faire ses recherches en payant équitablement le dommage qu'il pourra faire, leur défendons de lui donner aucun empêchement ni de le molester, mais au contraire leur enjoignons de lui porter toute aide et secours, enjoignons pareillement à tous nos officiers de tenir la main à ce que le sieur Mathieu ne soit troublé dans ses opérations ni qu'il lui soit fait dommage dans ses travaux, magasins ou ateliers....

────── ⋙◈⋘ ──────

Ordonnance de l'Intendant du Hainaut du 25 mai 1760.

───── ◆ ─────

(*Original appartenant à* M. Derasse *de Tournai.*)

N° 177.
—

Permission
provisoire à
Ch. Mathieu
pour la
recherche de
la houille
entre
Bouchain et
Douai.

Louis Guillaume de Blair...... vu la requête présentée au conseil par le Sr Christophe Mathieu tendant à ce qui lui soit accordé, à ses hoirs ou ayant cause le privilége exclusif de faire ouvrir et exploiter pendant 40 ans toutes les mines qui pourront être découvertes dans l'étendue du terrain compris entre le chemin de Marchiennes et Bouchain et la ville de Douai .... vu aussi la lettre à nous écrite par M. le contrôleur général le 15 mars 1760.....

Nous, intendant susdit avons permis et permettons audit sieur Mathieu, de fouiller suivant les règles la portion du terrain dont il demande la concession dépendante de notre département, pendant un an ou quinze mois au plus pour y rechercher les mines de charbon de terre qui pourront s'y découvrir, et en cas qu'il s'en trouve de véritable lui enjoignons d'en faire constater la découverte par le sieur Darlot notre subdélégué à Bouchain, que nous avons nommé et commis à cet effet, lequel en dressera son procès-verbal qu'il enverra avec un échantillon de deux ou trois livres dudit charbon dans un sac cacheté pour, sur le renvoi du tout qui sera par nous fait à M. le contrôleur général, être statué définitivement sur la concession demandée par ledit sieur Mathieu, lequel sera en outre tenu de se munir du

1760   consentement des seigneurs hauts-justiciers pour les droits seigneuriaux au cas qu'il leur en soit dû, comme aussi d'indemniser les propriétaires des terrains . . . .

— ◀◕◉◕▶ —

Arrêt du conseil d'état du 3 juillet 1760.

— ◀◕◉◕▶ —

(*Archives de la République. — Section administrative.*)

N° 178.

—

Abonnement
pour le
troisième
vingtième à
percevoir en
Hainaut.

Le roi ayant fait examiner en son conseil les représentations qui lui ont été adressées par les magistrats des villes de Valenciennes, le Quesnoy, Maubeuge, Bavay, Landrecy, Avesnes, Givet, Philippeville, Mariembourg et Condé, tendantes à ce qu'il plut à S. M leur accorder pour le troisième vingtième et les 2 s. pour l. d'icelui un abonnement semblable à celui qu'ils ont obtenu pour chacun des deux premiers vingtièmes . . . .

Le Roi . . . . ordonne que le troisième vingtième . . . . sera et demeurera fixé par forme d'abonnement pour lesdites villes de Valenciennes . . . . et pour les paroisses qui en dépendent à la somme de 145,300 l. par an, défalcation faite de ce que les contribuables au vingtième de l'industrie auraient dû supporter dans ledit abonnement et à celle de 14,530 l. aussi par an, pour les 2 s. pour l. dudit troisième vingtième, déduction faite également de la portion qui aurait dû en être imposée sur les contribuables au vingtième de l'industrie, lesquelles deux sommes . . . . . faisant ensemble celle de 159 830 l. pour le troisième vingtième et les 2 s. pour l. d'icelui seront payées régulièrement par année. . . . .

— ◀◕◉◕▶ —

Ancien
Hainaut,

Année 1760.

Subdélégation de Valenciennes. — Fosses d'Anzin.

— ◀◕◉◕▶ —

(*Archives de la compagnie d'Anzin.*)

N° 179.

De par le Roi . . . . .   Louis-Guillaume de Blair . . . . intendant. . . . .

1761

Part contributive de la compagnie des mines d'Anzin dans l'abonnement du Hainaut au troisième vingtième.

Etant nécessaire de pourvoir au recouvrement des sommes, que S. M. a ordonné... être imposées en l'année 1760. Sur les corps d'états, villes qui composent notre département, pour la levée d'un troisième vingtième et des deux sols pour livre d'icelui..... et fixé pour l'ancien Hainaut par arrêt du 3 juillet 1760, par chaque année ; lesquelles impositions doivent être faites sur les biens fonds de quelque nature qu'ils puissent être, ... à l'exception néanmoins de l'industrie dont la contribution a été distraite sur le présent abonnement.....

Nous, après avoir fait la répartition de ce que chaque corps d'états, villes, paroisses et administrations de notre département doit supporter dans la totalité desdites impositions ; ordonnons aux mayeurs, échevins et gens de loi de la communauté *fosses d'Anzin* (1) d'imposer sur tous les biens fonds et revenus situés dans l'étendue de leur paroisse.....

SAVOIR :

. . . .

La somme de 1775 l. 11 s. 6 d. monnaie de France, pour la part et portion..... dans celle de 145,300 l. d'une part, ordonnée être imposée en 1760 et fixée par arrêt du 3 juillet 1760, pour l'abonnement du troisième vingtième de l'ancien Hainaut, déduction faite de ce que les contribuables au vingtième de l'industrie auraient dû supporter dudit abonnement, et dans celle de 7,265 l. d'autre part pour frais de recouvrement à raison d'un sol pour l.....

Plus celle de 177 l. 11 s. 3 d. dans celle de 14,530 l. d'une part, ordonnée être imposée en 1760 et fixée par arrêt du conseil du 3 juillet 1760, pour l'abonnement desdits 2 s. pour l. du troisième vingtième, et dans celle ..... pour frais de recouvrement.....

Fait le premier août 1760.   (Signé, Blair de Boisemont.)

Un escalin au porteur.

━━━━◦══◦═◦◦━━━━

Contrat de société pour les mines de Mortagne
du 24 janvier 1761.

━◦══◦━

(*Copie authentique appartenant à* **M. Derasse**, *de Tournai*.)

N° 130.

Nouvelle réorganisation de la compagnie pour l'exploi-

Pardevant.... comparurent personnellement le sieur Christophe Mathieu, ingénieur pour

---

(1) On voit bien que le texte est une formule remplie par les deux mots soulignés. On ne s'est pas donné la peine de faire la modification nécessaire quand l'avertissement n'était point envoyé au *mayeur*.

1761

tation de la
terre de
Mortagne et
autres.

les mines, natif de Sart, près de Charleroi,.... le sieur Jacques Henri Derasse, négociant et juré de cette ville (Tournai), et le sieur Pierre Dominique Joseph Recq , natif de Brenne-le-Comte,.... lesquels sieurs comparans ayant reconnu.... qu'il passe des mines de charbon de terre tant sur la seigneurie de Wiers.... que sur celle de Mortagne..... ont fait fossoier par le ministère et les lumières du dit sieur Mathieu, deux fosses au village de Wiers, et deux autres au village de Bruille pour découvrir les veines...... opération qui a coûté jusqu'à ce jour la somme de 15,000 florins, argent courant de Brabant.... les dits sieurs comparans ont formé le projet de contracter entre eux une société pour l'avancement et le progrès de la dite découverte....

. . . .

2° Que, du bénéfice à en résulter, le dit sieur Mathieu aura pour sa part et portion 8 patars dans 20 qui fait le florin courant, que le sieur Derasse aura aussi 7 patars dans le nombre que dessus, et le dit sieur Recq aussi 5 patars et que la perte se supportera dans cette proportion.

3° .... Que le dit sieur Mathieu s'est réservé le pouvoir de disposer seulement de 3 patars en faveur d'un tiers, le sieur Derasse d'un patar et le dit sieur Recq aussi d'un patar, bien entendu cependant que ces cessions devront, pour valoir, être faites du consentement de la compagnie....

Arrêt du Conseil d'Etat du 5 février 1761.

(Archives de la République. — Section administrative.)

N° 161.

Droit
de traite
à 30 s. par les
ports de
Flandre , Pi-
cardie , Nor-
mandie et
Bretagne , et
à 18 s. par-
tout ailleurs.

Le Roi... s'étant fait représenter..... les arrêts rendus..... les 6 septembre 1701, 28 novembre 1730, 6 juin et 15 août 1741..... informé que l'exploitation des mines de charbon de terre est augmentée dans son royaume et notamment dans la province de Bretagne et voulant donner à ceux de ses sujets qui exploitent les dites mines des marques de sa bienveillance..... ordonne qu'à compter du jour de la publication du présent arrêt et conformément à ceux des 6 décembre 1701 et 15 août 1741, il sera perçu 30 s. par chaque baril de charbon de terre de 250 liv., poids de marc , venant d'Angleterre, d'Ecosse et d'Irlande ou autres pays étrangers et entrant par Saint-Valery, Dunkerque , Boulogne, Calais et autres entrées de la Picardie et de la Flandre, les directions des fermes d'Amiens et de Lille, et les différents ports de la Normandie. Ordonne en outre que le même droit de 30 sols sera aussi perçu dans les différents ports de la province et de la Bretagne, comme aussi qu'au lieu du droit de 12 sols, ordonné être perçu sur les charbons de terre par le dit arrêt du 28 novembre

1761 1730 dans l'étendue des cinq grosses fermes et dans les provinces réputées étrangères, il sera perçu un droit de 18 sols par baril du poids de 250 liv. venant de l'étranger. Permet S. M. aux concessionnaires et entrepreneurs des dites mines de charbon de terre, d'établir si bon leur semble, à leurs frais, dans les dits ports et lieux par lesquels le dit charbon de terre étranger peut entrer, des commis et préposés, à l'effet de veiller à l'exacte perception des dits droits....

Déclaration du Roi du 16 juin 1761.

(Recueil des édits, etc., enregistrés au parlement de Flandre, t. 6, p. 759.)

Nº 182.

Prorogation
des
vingtièmes.

...... Voulons et nous plaît.

ART. 1er. Que notre édit du mois de février 1760, dont l'exécution devait cesser à la fin de l'année 1761, continuera d'être exécuté pendant le cours des années 1762 et 1763....

Enregistrement.

(Même recueil, t. 8, p. 495.)

La cour, procédant à l'enregistrement de cette déclaration, a arrêté que le roi sera très-humblement et très instamment supplié d'ordonner que la prorogation des impositions mentionnées en la dite déclaration, cessera avant le terme fixé par la dite déclaration, si la guerre, qui en est le motif, vient à cesser avant le dit terme.

..**21**

Lettre de M. le chancelier,

contenant la réponse du roi à la lettre écrite au dit seigneur roi, par sa cour de parlement
de Flandre, suivant son arrêt du 5 août 1761 (enregistrement ci-dessus).

—◦◦◦◦—

(Même recueil, t. 6, p. 761).

Messieurs,

N° 185.
—

Lettre
du chancelier
au parlement
de Flandre,
relative à la
déclaration
précédente.

J'ai remis au roi la lettre que vous lui avez écrite le 6 de ce mois, au sujet de sa nouvelle
déclaration que vous venez d'enregistrer. S. M., qui connaît depuis longtemps le zèle éclairé
et la conduite sage et modérée qui vous distingue, m'a chargé de vous assurer de toute sa
protection et de toute sa bienveillance ; elle s'est rappelée, dans cette occasion, que vous lui
aviez donné à l'enregistrement de son édit de février 1760, la même preuve d'attachement et
de fidélité, qu'à celui de la nouvelle déclaration. C'est en considération de cette conduite
soutenue, et de l'exemple que vous avez donné à cet égard à ses peuples de Flandre, qu'elle
vous a accordé ce que vous lui demandez, d'une façon si digne de magistrats fidèles et de
bons Français ; et comme elle veut qu'aucun motif ou événement imprévu, ne puisse déran-
ger l'exécution de ce qu'elle a résolu à ce sujet, elle me charge de vous mander précisément,
qu'il sera fait remise d'une partie des impositions dont il s'agit, aux peuples de votre ressort,
du moins dans le cas où elle ne serait pas forcée de faire les frais de la campagne prochaine,
et que dans la répartition ou règlement qui serait fait de cette remise, on aura surtout égard
aux efforts qu'auront fait les contribuables, qui auront acquitté jusqu'alors leurs charges avec
exactitude. A cette première marque de bonté, S. M. veut en ajouter une autre, sans doute
aussi flatteuse pour vous, en vous rendant les dépositaires de ses dispositions ; en conséquence, elle ordonne que vous en fassiez registre, et s'en rapporte à vous, pour en donner
connaissance, si vous le jugez à propos, aux sièges de votre ressort.

1761

Déclaration du Roi du 13 décembre 1761.

(Recueil des édits , etc. , enregistres au parlement de Flandre, t. 6, p. 775.)

N° 184.
—
Prorogation
des patars au
florin.

.... Voulons et nous plaît , que les 4 patars au florin qui se perçoivent dans nos provinces de Flandre et de Hainaut..... compris dans le bail de notre ferme des domaines de Flandre, Hainaut et Artois, continuent d'être levés et perçus jusqu'au dernier décembre 1768.

Ordonnance de l'Intendant du Hainaut du 26 septembre 1761.

(Archives de la compagnie d'Anzin.)

N° 185.
—
Décharge
du troisième
vingtième
accordée à la
compagnie
des mines
d'Anzin.

Vu la requête à nous présentée par les intéressés dans l'entreprise des mines de charbon de terre situées à Anzin, Fresnes et Vieux-Condé, expositive, que quoiqu'ils soient imposés sur les rôles desdites paroisses, concernant l'abonnement des deux premiers et du troisième vingtièmes pour raison des terrains qu'ils y occupent et sur lesquels ils ont formé les établissemens nécessaires à l'exploitation du charbon, ils se trouvent néanmoins taxés séparément pour lesdites mines, suivant les rôles par nous arrêtés desdites impositions, depuis leur établissement; que cette cotisation qui a pour objet les revenus qu'ils retirent de leur exploitation souterraine ne paraît pas devoir subsister par les raisons ci-dessus, et surtout en ce qui concerne le troisième vingtième, puisque l'exploitation desdites mines ne pouvant être considérée que comme une pure et simple industrie, elle se trouve dans le cas de jouir de l'exemption du troisième vingtième, conformément aux art. 1 et 2 de l'édit de février 1760, portant établissement de cette imposition dont les parties d'industrie ont été expressément déclarées exemptes. Requérant à ces causes qu'il nous plût les décharger des sommes auxquelles ils ont été imposés pour les deux premiers et troisième vingtièmes concernant l'exploitation

1761 desdites mines; vu les ordres de la cour à nous adressés le 19 juillet dernier, desquels il résulte que l'édit qui a ordonné la perception des deux premiers vingtièmes y a assujetti non seulement tous les fonds réels et fictifs qui produisent des revenus, mais encore l'industrie de toute espèce . . . . que pour l'objet du troisième vingtième, au moyen de ce que l'édit d'établissement de cette dernière imposition en a déclaré exempter les parties d'industrie ; vu aussi les rôles de répartition par nous arrêtés, concernant l'abonnement du troisième vingtième depuis qu'il a été établi, savoir : le rôle pour le quartier d'octobre 1759, par lequel lesdits intéressés sont imposés à la somme de 1,418 fr. 15 s. 6 d., tant en principal que 2 s. pour... et frais de recouvrements, et les rôles des années entières 1760 et 1761, suivant lesquels la cotisation des intéressés se monte dans la même proportion à la somme de 11,350 fr. 3 s. 6 d., à raison de 5,675 fr. 8 s. 9 d. par chaque année, de manière que l'objet des trois vingtièmes, dont lesdits intéressés demandent décharge, forme un total de 12,768 fr. 19 s . . . . les avons déchargé du payement de la somme de 12,768 fr. 19 s., montant de . . . . . . l'abonnement du troisième vingtième . . . . à l'effet de quoi ladite somme . . . . . sera réimposée en l'année prochaine 1762, sur la totalité du département, suivant la répartition qui en sera par nous arrêtée ; au surplus, avons débouté lesdits intéressés de leur demande en décharge . . . . . de l'abonnement des deux premiers vingtièmes . . . . .

Convention entre l'Abbaye de Saint-Amand et la Compagnie de Mortagne du 18 décembre 1761.

(Copie appartenant à M. Derasse de Tournai.)

N° 186.
Permission de l'abbaye de Saint-Amand accordée à Christophe Mathieu et associés de tirer du charbon sur les deux parties de Saint-Amand.

Pardevant les notaires royaux à la résidence de St.-Amand, soussignés, furent présens les grand prieur et religieux de l'Abbaye dudit St.-Amand . . . . . d'une part.

Les sieurs Christophe Mathieu, ingénieur pour la découverte des mines de France et entrepreneur des fosses au charbon, aux bois des haies, terres de Mortagne, joints à lui comme associés le sieur J. Henri Derasse, négociant juré à Tournai, et le sieur Recq, négociant résidant à Lille . . . . . d'autre part.

Lesquels sieurs comparans . . . . . sont convenus comme s'ensuit, savoir :

1° Que le grand prieur et religieux consentent à ce que lesdits sieurs Mathieu et associés

1762   sollicitent et obtiennent de S. M. ou des gens de son conseil des lettres de concessions ou le privilége de pouvoir seuls, à l'exclusion de tous autres, ouvrir et exploiter les mines de charbon de terre qu'ils pourront découvrir dans la partie de la terre de St.-Amand dite Contentieuse, ou continuer l'exploitation de celles qu'ils peuvent avoir découvert dans la terre de Mortagne, et qui s'étendent dans ladite terre de St.-Amand, sauf néanmoins que lesdits sieurs Mathieu et associés ne pourront..... ouvrir des fosses dans la forêt de St.-Amand......... et en considération du susdit consentement et pour le bénéfice que lesdits grand prieur et religieux pourraient espérer dans ladite exploitation et entreprise exclusives, sans entrer en aucuns détails ni discussion, soit que le charbon se tire sur ladite terre de St.-Amand, soit qu'il se tire sur celle de Mortagne, lesdits sieurs Mathieu et associés s'obligent de payer annuellement aux sieurs grand prieur et religieux la somme de 1500 l. de France, à faire le premier paiement de ladite somme dans un an, à compter du jour que l'extraction du charbon aura commencé.....

2° Que si après ladite exploitation lesdits sieurs Mathieu et ses associés voulaient tirer du charbon dans l'autre partie de la terre de St.-Amand dite non Contentieuse, lesdits grand prieur et religieux consentent que la faculté exclusive leur en soit aussi accordée............ en ce cas, lesdits sieurs Mathieu et associés paieront à ladite abbaye la somme de 2,000 l. de France du jour que l'extraction du charbon se fera.....

Convention entre la dame d'Odomez et le sieur Christophe Mathieu et compagnie, du 24 décembre 1762.

(Original appartenant à M. Derasse de Tournay.)

N° 187.
—
Cession
à Christophe
Mathieu
et compagnie
du droit
d'extraire
sur la terre
d'Odomez.

Pardevant le notaire royal de la résidence de Cambrai soussigné, furent présents dame Marie-Louise de Carondelet, comtesse douairière de Clairmont, dame du Doumet et autres lieux . . . .

Le sieur Christophe Mathieu ingénieur des mines de France, seigneur de Noyant en Bourbonnais etc, demeurant en la ville de Condé, d'autre part,

Lesquels comparans ont déclaré être convenus de ce qui suit, savoir :

Que ladite dame comtesse consent que ledit sieur Mathieu sollicite et obtienne du conseil la

1762 concession du privilège pour l'ouverture et exploitation des mines de charbon de terre qu'il pourra découvrir dans la terre et seigneurie du Doumet et toutes ses dépendances, promettant même ladite dame première comparante, d'employer tout son crédit et les droits qui lui appartiennent pour lui faire obtenir ladite concession, du bénéfice de laquelle ledit sieur Mathieu, ses associés, ou ayant cause, jouiront en toute propriété, paisiblement et conformément auxdites lettres de concession, à condition de faire entrer dans sa société ladite dame comtesse pour un patar d'intérêt en vingt un......

Que le dit sieur Mathieu fera payer annuellement à ladite dame comtesse la somme de 1,200 livres de France pour son droit de seigneur de la dite terre du Doumet et dépendances à compter du jour que la mine sera découverte et que l'exploitation s'en fera.

. . . .

Que si, pendant deux ans à compter de ce jour, ledit sieur Mathieu et ses associés ne fesaient pas travailler pour parvenir à la découverte dudit charbon, et qu'au contraire ils restassent pendant ce tems dans l'inaction, ou abandonnassent volontairement l'opération, le présent contrat demeurera pour lors nul et comme non avenu, de manière qu'il sera libre à la dite dame comtesse de contracter avec un autre.....

Déclaration du Roi du 24 décembre 1762.

(Code des mines p. 431. — Edits etc. enregistrés au parlement de Flandre t. 7 p. 9.)

N° 188.
—
Durée
des privilèges
accordés sans
terme fixée
à 15 ans.

Louis..... Les privilèges en fait de commerce, qui ont pour objet de récompenser l'industrie des inventeurs, ou d'exciter celle qui langissait dans une concurrence sans émulation, n'ont pas toujours le succès qu'on en peut attendre soit parce que ces priviléges, accordés pour des tems illimités, semblent plutôt être un patrimoine héréditaire qu'une récompense personnelle à l'inventeur, soit parce que le privilège peut être souvent cédé à des personnes qui n'ont pas la capacité requise, soit enfin parce que les enfans, successeurs et ayant cause du privilégié, appelés par la loi à la jouissance du privilège, négligent d'acquérir les talens nécessaires ; le défaut d'exercice de ces priviléges peut avoir aussi d'autant plus d'inconvénients, qu'ils gênent la liberté, sans fournir au public les ressources qu'il en doit attendre ;

1763 enfin le défaut de publicité des titres du privilège, donne souvent lieu au privilégié de l'étendre et de gêner abusivement l'industrie et le travail de nos sujets.. à ces causes......

ART. 1er. Tous les privilèges en fait de commerce, qui ont été ou seront accordés à des particuliers, soit en leur nom seul, soit en leur nom et compagnie, pour des temps fixés et limités, seront exécutés selon leur forme et teneur, jusqu'au terme fixé par les titres de concession d'iceux.

2. Tous lesdits privilèges qui ont été ou seraient dans la suite accordés infiniment et sans terme, seront et demeureront fixés et réduits au terme de 15 années de jouissance, à compter du titre de concession, sauf aux privilégiés à obtenir la prorogation....................

6. Tous les privilèges, dont les concessionnaires ont inutilement tenté le succès, ou dont ils auront négligé l'usage et l'exercice pendant le cours d'une année, ainsi que les arrêts et lettres patentes, brevets ou autres titres constitutifs desdits privilèges, seront et demeureront nuls et révoqués, à moins que l'exercice desdits privilèges n'eût été suspendu pour quelques causes ou empêchement légitimes, dont les privilégiés seront tenus de justifier.

7. Et afin que lesdits privilégiés soient connus de tous ceux qui peuvent y avoir intérêt, voulons qu'après l'enregistrement desdits privilèges dans nos cours, il soit,... envoyé copie collationnée d'iceux aux baillages, dans le ressort desquels ils doivent avoir leur exécution.

Si donnons .   .   .   .

Convention entre le duc d'Arenberg et la compagnie d'Anzin, du 20 janvier 1763 (1).

(*Archives de la compagnie d'Anzin.*)

N° 189.
—
Cession à la compagnie d'Anzin du droit extraire sur Wallers la Franche-Forêt de Raismes

Convenu.....

.   .   .   .
4° Que lesdits sieurs entrepreneurs ne pourront ouvrir des fosses dans les forêts dépendant

(1) On trouve dans cette convention comme dans toutes les autres à peu près les mêmes clauses et les mêmes termes que dans les conventions déjà citées.

1763 desdites terres, mais ne pourra ledit seigneur duc d'Arenberg permettre à d'autres d'ouvrir, ni ouvrir lui-même dans cesdites forêts pendant la durée de l'octroi desdits sieurs entrepreneurs.

. . . .

──◁▷◈◁▷──

Arrêt du conseil d'état du 15 février 1763.

────

(Archives de la République. — Section administrative.)

N° 190.

—

Permission
accordée à
Joseph Vitalis
de continuer
son
exploitation
au lieu de
Suveau
(Provence)
sans terme.

Sur la requête présentée au roi... par le sieur Joseph Vitalis, prêtre, cosseigneur du lieu de Suveau en Provence, contenant qu'il possède au terroir dudit lieu environ 15,000 cannes de terre où se trouvent des mines de charbon de pierre qui sont exploitées depuis environ 30 ans.

. . . .

Comme il ignorait les dispositions de l'art. 2 de l'arrêt de réglement du conseil, qui assujettit ceux qui possèdent des mines de charbon à en faire leurs déclarations, et à demander l'approbation de S. M. pour continuer leurs exploitations, il n'a pu ci-devant se conformer à cette règle, mais sitôt qu'il en a été informé, il a remis au sieur intendant de Provence la déclaration.......

Requérait.... qu'il plut à S. M. lui accorder la faculté d'exploiter les mines de charbon de terre au terroir de Suveau ouvertes dans son propre fonds . . . . tant qu'elles dureront.......

Le roi.... permet audit sieur Joseph Vitalis de continuer d'exploiter les mines de charbon de terre qu'il possède dans les terroirs de Suveau.......

Enjoint S. M. audit sieur intendant de Provence de tenir la main à l'exécution du présent arrêt qui sera exécuté nonobstant opposition.......

────◁▷◦▷◁────

1765

Arrêt du conseil d'état du 15 février 1763.

— —

(Archives de la République. — Section administrative.)

N° 191.

—

Permission
accordée à
Joseph Vitalis
de continuer
son
exploitation
au lieu de
Suveau
(Provence)
sans terme.

Sur la requête présentée au Roi....... par Joseph Vitalis, bourgeois du lieu de Suveau, contenant qu'il possède au terroir de Suveau, quartier des plaines, un terrain d'environ 4,000 cannes de surface dans lequel se trouve une mine de charbon de terre qui a été ci-devant affermée, qu'il exploite à présent.... comme il ignorait les dispositions de l'article 2 de l'arrêt . . . .

Requérait.... qu'il plut à S. M. lui accorder la faculté d'exploiter les mines de charbon de terre ouvertes au terroir de Suveau dans ses propres fonds, ... tant qu'elle durera.....

Le Roi..... permet audit Joseph Vitalis, de continuer d'exploiter la mine de charbon de terre qu'il possède dans ledit terroir de Suveau.........

Enjoint au sieur intendant de Provence de tenir la main à l'exécution du présent arrêt...........

— —◆◀◀◀◆ — —

Arrêt du conseil d'état du 1er mars 1763.

— —

(Archives de la République. — Section administrative.)

N° 192.

—

Permission
à l'abbaye
de Lure et aux
barons
de Ronchamp

Sur la requête présentée au Roi ,... par les abbé, grand-prieur et capitulaires de l'abbaye de Lure, et les sieurs de Reynac et d'Andlaw, baron de Ronchamps : contenant qu'il ont découvert depuis peu d'années une mine de houille ou charbon de terre dans le bois de Chavannel, sur le territoire de Champagney dépendant de la seigneurie de Passavant ou Franche-comté, qui appartient à l'abbaye de Lure. Il a aussi été fait une pareille découverte sur le territoire

. . 22

1763

d'exploiter
les mines de
houille
de leurs
seigneuries
jusqu'en 1793
Exemption
de droits de
traite.
(Franche-
Comté.)

de la seigneurie de Ronchamps, limitrophe de Champagney ; ou plutôt c'est la même mine qui s'étend sur les deux seigneuries. L'utilité connue de cette marchandise a déterminé les supplians à entreprendre l'exploitation ; ils ont présenté une requête au conseil à l'effet d'y être autorisés, et S. M. ayant adressé ses ordres au sieur de Boynes, ci-devant intendant de Besançon, la permission a été accordée aux uns et aux autres des supplians par une ordonnance de ce magistrat du 21 avril 1757. Les supplians ont, en conséquence, fait exploiter la mine dont il s'agit à frais communs...... mais pour pouvoir continuer ils ont besoin d'y être autorisés par un arrêt du conseil, ... il est d'ailleurs indispensable pour que l'entreprise soit utile à la province de Franche-Comté, et aux lieux voisins et à eux-mêmes supplians : qu'il plaise à S. M. faciliter les transports de la mine. . . . .

. . . . la valeur originaire du charbon de terre n'est que de 7 sols par quintal, par poids de marc, et les propriétaires sont obligés de céder la permission d'en tirer à un prix si modique pour que les frais d'extraction, de régie et d'exportation dans les endroits où la consommation s'en peut faire n'en portent pas la valeur au-delà de celle des charbon de bois. . . . .

. . . . . Le Roi..... permet auxdits abbé, grand-prieur, et capitulaires de ladite abbaye de Lure, et audit sieur de Reynac et Dandelaw, d'exploiter pendant le temps et espace de 30 années consécutives la mine de houille.... par eux découverte dans le bois dit de Chavanel, dépendant de la seigneurie de Passavant en Franche-Comté, et sur la troisième seigneurie de Ronchamps en exemption de tous droits sur le charbon de terre en quelqu'endroit du royaume où il puisse être transporté, à condition de se conformer dans ladite exploitation aux dispositions portées par le réglement du 14 janvier 1744......... Enjoint au sieur intendant de ladite province de Franche-Comté de tenir la main à l'exécution du présent arrêt.

Edit du mois d'avril 1763.

(Recueil des édits etc., enregistrés au parlement de Flandre, t. 7, p. 19.)

N° 193. Art. 2..... Voulons que le premier vingtième, dont la levée a été ordonnée par l'édit du

1763

Prorogation
des deux
premiers
vingtièmes,
suppression
du troisième
et addition
d'un sixième
sol pour livre.

mois de mai 1749, continue à être perçu.... pendant six années, à compter du 1er janvier 1764....

3. Le second vingtième, dont la levée a été ordonnée par la déclaration du 7 juillet 1756, continuera à être perçu pendant six années, à compter du 1er janvier prochain.......

4. Les 2 s. pour livre en sus du dixième,....... continueront pareillement à être levés et perçus...... jusqu'au 1er janvier 1770......

6. La levée et perception du troisième vingtième et des 2 s. pour livre du dit troisième vingtième..... cesseront, à compter du 1er janvier prochain.....

7. Outre et pardessus le nouveau sol pour livre des droits des fermes, octrois..... dont la perception a été ordonnée par la déclaration du 3 février 1760, il sera perçu un autre sol pour livre..... jusqu'au dernier septembre 1770, pour faire ensemble deux nouveaux sols pour livre.

Arrêt du Conseil d'Etat du 9 novembre 1763.

(Archives de la compagnie des mines d'Anzin.)

N° 194.

—

Suppression
du privilège
du baron
de Vaux,
d'expédier où
bon lui semble
ses charbons,
et règlement
pour les
charbons
à conserver
dans un rayon
de 2000 toises
autour de
Saint-Etienne.

Le Roi....... s'étant fait représenter les arrêts de son conseil d'état des 9 décembre 1724 et 1er avril 1738, par lesquels S. M., dans l'intention de conserver à la fabrique des armes et autres ouvrages de quincallerie établie dans la ville de Saint-Etienne-en-Forez, le charbon de pierre ou de terre que l'on tire dans les carrières et souterrains qui sont aux environs de la dite ville, aurait fait défenses au sieur Gardotte, lors entrepreneur de la navigation de la rivière de Loire, depuis Roanne jusqu'à Saint-Rambert, et à tous voituriers et autres, d'enlever des charbons de pierre ou de terre provenant des mines ou carrières près du château de la Rochemolière, des villages de Chambon, Firmini et des autres minières qui pourraient se trouver dans la distance de deux lieues communes de France, aux environs de la dite ville de Saint-Etienne, pour être transportés ailleurs que dans la dite ville ;.... S. M. étant informée que les carrières de charbon de pierre situées aux environs de la dite ville de Saint-Etienne peuvent suffire pour alimenter les différentes fabriques de la dite ville, dont les mines de la Rochemolière..... et autres sont trop éloignées..... Vu les mémoires des marchands de charbon de terre pour la provision de Paris, tendans à ce qu'il soit permis à tous propriétaires de mines de charbon dans la dite province de Forez, de les exploiter ou faire exploiter, et à

1763   tous marchands de Paris et autres........ d'acheter et sortir le charbon de la province de Forez....... sans aucun obstacle de la part de qui que ce soit, même de celle du sieur baron de Vaux, sous prétexte de la permission qu'il a obtenue par les arrêts du conseil des 10 juin et 21 octobre 1738, d'exploiter les mines qu'il possède aux environs de la dite ville de St.-Etienne, et d'en faire transporter les charbons qui en proviendraient jusqu'à Paris ; le mémoire du dit sieur baron de Vaux, servant de réponse à celui des marchands pour la provision de Paris ; celui des fermiers du privilège du dit sieur baron de Vaux, tendant à ce que le dit privilège ne soit pas révoqué jusqu'à l'expiration de leur bail; les requêtes......... Le Roi..... ordonne que le charbon tiré des mines situées dans l'étendue de 2,000 toises, à partir de la place de la ville de Saint-Etienne, continuera à être porté dans la dite ville de Saint-Etienne, pour servir à alimenter la dite manufacture, et ce par provision, jusqu'à ce que par S. M. il en ait été autrement ordonné...... permet dès à présent à tous extracteurs des mines de charbon de pierre ou de terre, situées hors l'étendue des dites 2,000 toises........ de vendre, voiturer et faire voiturer les dits charbons ainsi et à qui ils aviseront bon être. Permet pareillement à tous marchands, voituriers, tant par terre que par eau, d'acheter des dits extracteurs et de voiturer les charbons de leurs mines.......

Arrêt du Conseil d'Etat du 18 septembre 1763.

(Archives du Royaume. — Section administrative. — Morand, p. 719.)

N° 195.

Droit de traite à 12 livres par tonneau dans tous les ports.

Le Roi.... s'étant fait représenter.... l'arrêt rendu.... le 5 février 1761, par lequel S. M. aurait ordonné..... et qu'à l'égard des autres entrées du royaume, il serait payé 18 sols par le même baril, au lieu du droit de 12 sols qui avait été ordonné par arrêt du 28 novembre 1730; et S. M. étant informée que cette perception au baril est susceptible de discussion et d'abus dans les différents ports, en ce qu'il arrive souvent que les capitaines de navires qui apportent des charbons, et les négociants à qui ils sont adressés, demandent à être dispensés d'en faire la déclaration, sous prétexte qu'ils ignorent la quantité de barils de 250 livres que peuvent contenir les dits navires;......... qu'au moyen de l'inexactitude dans les déclarations qui sont remises et des difficultés, longueurs et embarras qu'entraîne nécessairement le mesurage des dits charbons,..... on parvient à éviter le paiement de partie des dits droits d'entrée; que ces droits se trouvant atténués, l'objet dans lequel ils ont été imposés n'est pas rempli, à quoi étant nécessaire de pourvoir, et S. M. voulant pour cet effet établir une perception plus certaine et uniforme dans tous les ports du royaume; désirant encore donner des preuves plus particulières de sa protection à l'exploitation des mines du royaume, et

1763 facilitant la circulation des charbons de terre dans les différentes provinces...... Le Roi.....
ordonne qu'à l'avenir........ il sera perçu dans tous les ports du royaume, sur les charbons
de terre qui y viendront par mer, de l'étranger, 12 livres par tonneau de mer, suivant la
contenence à morte charge des navires par lesquels ils seront apportés ; veut néanmoins S. M.
que le dit droit ne soit levé que sur la contenence de la calle entière, s'il n'y a aucuns charbons chargés sur l'entrepont..... à l'égard des charbons de terre qui viendront de l'étranger
par terre, les droits d'entrée continueront à être payés comme par le passé. Ordonne S. M.
que les charbons de terre qui seront transportés dans les différentes provinces du royaume,
tant des cinq grosses fermes que des provinces réputées étrangères, jouiront, à leur circulation
dans ces différentes provinces, de l'exemption de tous droits de traites......

Déclaration du Roi du 21 novembre 1763.

(Recueil des édits etc., enregistrés au parlement
de Flandres, t. 7, p. 33.)

Nº 196.
—
Prorogation
du second
vingtième
et injonction
de payer un
sixième sol
pour livre.

ART. 6..... Voulons que le second vingtième, que nous avons reconnu indispensablement
nécessaire jusqu'au 1er janvier 1770, ne soit néanmoins prorogé, quant à présent, que jusqu'au
1er janvier 1768....... comme aussi que les 2 sols pour livre du dixième continuent d'être
perçus jusqu'au 1er janvier 1770......

7...... Ordonnons que jusqu'au dernier septembre 1770, il soit perçu un 6e sol pour livre
des droits des fermes........

1764

Arrêt du Conseil d'Etat du 12 juin 1764.

*(Archives de la compagnie d'Anzin — Copie appartenant
à M. Derasse de Tournai.)*

N° 197.
—

Demande par
la dame
de Clermont
et associés
d'être autori-
sée à extraire
la houille de
sa seigneurie
d'Odomez en
Hainaut.—

Ordre de
communiquer
la requête
à la compa-
gnie d'Anzin.

Sur la requête présentée au Roi...... par Marie Anne Louise de Carondelet, comtesse de Clermont, dame d'Audomez en Hainaut, et par Christophe Mathieu et leurs associés, contenant qu'ils sont obligés de recourir à la justice de S. M. pour faire cesser l'obstacle que le prince de Croy....... et compagnie ont entrepris de mettre à l'exercice des droits qui appartiennent aux suppliants dans la terre d'Audomez, dont la comtesse de Clermont est propriétaire, fondée à ce titre et de plus par une disposition expresse de la coutume du Hainaut à faire exploiter les mines de charbon de terre dont cette terre est remplie. Le double avantage que l'extraction de ces charbons devait procurer à l'état et au public a engagé S. M. à permettre cette extraction. Cette permission fut concédée au sieur Taffin et à ses associés. Elle fut aussi accordée, en 1747, au sieur comte de Montboisier, lequel avait formé une première société pour faire les recherches du charbon qui pourrait se trouver dans sa terre de Mortagne, limitrophe de celle d'Audomez et qui est aujourd'hui en société avec les supplians. L'entreprise du sieur Taffin et de sa compagnie a été heureuse; celle du sieur de Montboisier et de ses associés a été jusqu'à présent désavantageuse..... en conséquence de la permission accordée à la compagnie des supplians, les premières opérations ont été faites en 1747, dans la paroisse de Flines. On y a établi trois fosses, dont l'une a été creusée jusqu'à 28 toises de profondeur mais sans succès. La compagnie, au lieu de se décourager, s'est établie sur le village de Breuil. Mais à peine la fosse a-t-elle été commencée que le sieur Barré, entrepreneur des eaux de Saint-Amand, à l'instigation de la compagnie du sieur Taffin, a obtenu du sieur de Séchelles, intendant de la province, des défenses aux supplians de continuer les travaux, sous prétexte qu'ils pouvaient être préjudiciables à la source des dites eaux. Le motif était frivole; on a obtenu la mainlevée des défenses. Dans l'intervalle.......... la fosse s'est écroulée; on a été contraint de l'abandonner et on a entamé de nouveaux travaux sur le village de Forest, à moins de 100 toises d'Audomez. On y a ouvert deux fosses en 1749, lesquelles ont occasionné une dépense de 125,000 liv. au moins. On y a trouvé du charbon, mais en si petite quantité, qu'on a reconnu l'impossibilité de subvenir par le produit. Cette infortune engagea quelqu'uns des supplians de se retirer de la compagnie; les autres néanmoins ne se sont pas rebutés, ils n'ont suspendu leurs opérations que pour s'associer Christophe Mathieu, connu pour son expérience en genre de mines de charbon. Alors ils ont avec lui continué les recherches et ont, en 1760, ouvert une fosse sur Breuil, puis une seconde en 1762. Ils ont reconnu, après des dépenses immenses que le terrain s'enfonçait si considéra-

1764 blement dans cette partie, qu'en vain ils redoubleraient leurs efforts pour y survaincre l'abondance des eaux. Elle est telle qu'en peu de mois leur dépense se trouva monter à 80,000 livres. Sans avoir tiré d'autre fruit de leur persévérance que de reconnaître que les veines s'élevaient insensiblement en allant vers la terre d'Audomez, contigue à celle de Mortagne .... Cette connaissance les a déterminés à faire transporter leurs machines sur cette terre pour y continuer leurs recherches. La dite dame de Clermont est entrée dans leur société et c'est comme propriétaire et dame du dit lieu d'Audomez qu'elle et compagnie fait commencer l'exploitation sur sa propre terre. Mais à peine a-t-on eu entamé les opérations .... qu'on a été arrêté par une opposition du prince de Croy et compagnie et par des défenses provisionnelles qu'ils ont surpris du sieur Blair de Boisemont, intendant du Hainaut. le 28 novembre 1762...... Les causes de cette opposition sont puisées dans l'arrêt du conseil du 1er mai 1759......... le prince de Croy et ses associés sont forcés de convenir que le charbon extrayable dans l'étendue du territoire d'Audomez, appartient à leur exclusion à la comtesse de Clermont, par la disposition expresse de la coutume........ chap. 130, art. 1er .... Il est vrai que le prince de Croy a prétendu que la terre et seigneurie d'Audomez, relevant de lui à cause de sa terre de Fresnes, il pouvait, en sa qualité de seigneur suzerain, profiter du charbon qui se trouvait dans la seigneurie de son vassal. Mais forcé de respecter la loi qui, d'un côté, attribue aux seigneurs hauts-justiciers indistinctement l'avoir en terre non extrayé, et qui, d'un autre, dispose, art. 14 du même chap. 130, que les seigneurs hauts-justiciers suzerains ou vassaux sont, dans la province du Hainaut, égaux en tous cas de leur haute-justice, si par fait spécial n'a preuve du contraire, il a été forcé d'abandonner ce moyen qui lui était personnel pour réclamer avec ses associés l'arrêt de 1759...... (suit une longue discussion sur les termes et la valeur de l'arrêt, notamment sur l'étendue qu'il exige pour que les seigneurs puissent exploiter)... .... Si le prince de Croy veut s'attacher à la lettre de la concession faite par l'arrêt de 1759, on lui opposera que le comte de Montboisier, ayant consolidé ses recherches et ses intérêts à ceux de la dame de Clermont, leurs hautes-justices font un ensemble d'une lieue et demie de terrain sur les veines contiguës et d'une seule pièce .... Requérant à ces causes les suppliants qu'il plût à S. M. les recevoir en tant que besoin opposans à l'exécution de l'arrêt du conseil du 1er mai 1759........... les autoriser d'ouvrir des fosses et d'exploiter à leur profit les mines de charbon qui peuvent se trouver dans la terre et seigneurie d'Audomez...... Le Roi....... avant faire droit....... ordonne qu'elle (la requête) sera communiquée aux dits sieur prince de Croy et ses associés........

Arrêt du Conseil d'Etat du 18 juillet 1764.

━━━

(Code des mines, p. 358.)

N° **198.**

—

Droit de traite
à 9 liv. par
tonneau pour
les généralités
de Bordeaux
et la
Rochelle.

Sur ce qui a été représenté au roi..... par les directeurs des chambres de commerce des villes de Bordeaux et de la Rochelle, que la paix ayant ramené la circulation et le mouvement dans le commerce de leurs provinces, les propriétaires et entrepreneurs des manufactures de fer, de verrerie et de raffinerie qui se servent de charbon de terre pour les exploiter, ne pouvant tirer des mines du royaume la quantité de cette matière qui leur est nécessaire, en seront nécessairement privés, si S. M. n'a la bonté de lever l'obstacle qui les empêche d'en tirer de l'étranger, en révoquant l'arrêt... du 18 septembre 1763....., à quoi S. M. voulant pourvoir, en attendant qu'elle ait pu se procurer les éclaircissemens qu'elle a jugé devoir prendre, tant sur les différentes exploitations des mines de charbon de terre, sur la facilité du transport de cette matière dans les différentes fabriques et manufactures où elle est nécessaire, que pour conserver la proportion des droits sur le charbon de terre, qu'elle a établi par l'arrêt de son conseil du 5 avril 1761, entre les différents ports du royaume...............
.... Le roi..., ordonne par provision, et en attendant qu'il en soit autrement ordonné, qu'à compter du jour de la publication du présent arrêt, il ne sera plus perçu sur les charbons de terre venant de l'étranger par mer, dans les ports des généralités de Bordeaux et de la Rochelle, que neuf livres par tonneau de mer,... au lieu de douze livres...............

━━◆◆◆━━

Arrêt du Conseil d'Etat du 12 février 1765.

━━━

(Archives de la République. — Section administrative.)

N° **199.**

Vu au conseil d'état du roi, l'arrêt contradictoirement rendu du icelui le 10 avril

1765
—

Maintenue du
sieur
Lacombe
et Cie dans
leur
concession
es mines de
Gravenand
et environs.
(Lyonnais.)

1759 (1), sur les requêtes et mémoires successivement et respectivement présentés en icelui par les sieurs Guillet de Chavanne, Lacombe, Dumoulin et Cie d'une part, ledit Guillet de Chavanne, Mathieu Bonnaud, bourgeois de Lyon, et le sieur Blumenstein, opposant d'autre part, et les sieurs Lacombe, Bertelot, Ruffin, Grange et Chambeyron, d'autre part. Lesdits requêtes et mémoires tendants en général à obtenir sous différentes conditions la concession des mines de charbons de terre qui se trouvent dans les territoires de Gravenand et du Mouillon, près Rive de Gier... Ledit arrêt aussi rendu sur le vu des pièces y énoncées, dont entr'autres un procès-verbal de l'état et tableau desdites mines, dressé en exécution d'une ordonnance du sieur de la Michodière, intendant de Lyon..... par lequel arrêt... S. M. aurait homologué l'acte de société passé le 1er juillet 1758 entre lesdits sieurs Lacombe, Bertelot, Ruffin, Grange et Chambeyron;..... et les traités faits par Chambeyron avec les propriétaires des terrains où sont situés les mines dont il s'agit, et sans s'arrêter aux autres actes de société précédemment faits.... qu'aux oppositions formées, tant de la part du sieur Blumenstein que desdits sieurs de Chavanne et Bonnaud..... et ayant égard à la soumission faite par lesdits associés de faire construire une galerie d'écoulement dans lesdites mines et autres ouvrages en dépendants..... S. M. aurait concédé aux sieurs Lacombe, Bertelot, Grange et Chambeyron les mines de charbon situées dans les territoires de Gravenand et du Mouillon, et toutes celles qui pourraient se découvrir à demi-lieue à la ronde desdits territoires... pour, lesdits sieurs Lacombe et Cie, faire l'exploitation desdites mines, en jouir, faire et disposer à leur profit... à l'exclusion de tous autres, et ce pendant le temps et espace de trente années..... à condition de se conformer à l'arrêt... du 14 janvier 1744, et encore à la charge de faire faire à leurs risques, périls et fortunes... dans huit années... la galerie d'écoulement à laquelle ils se sont soumis et les autres ouvrages en dépendants suivant et dans les temps mentionnés dans le devis qui en a été dressé le 20 février 1756 par le sieur Deville, ingénieur, que S. M. a commis et commet pour suivre l'exécution dudit devis......... et aussi à condition..... d'entretenir ladite galerie d'écoulement et autres ouvrages... pendant tout le temps de ladite exploitation. Voulant au surplus S. M. que du consentement desdits concessionnaires il en soit usé avec ceux des propriétaires et tenanciers desdits territoires qui n'ont point traité avec lesdits concessionnaires, même avec ceux sous le terrain desquels il pourrait se découvrir des mines à une demi-lieue à la ronde, comme et ainsi qu'il en a été usé avec les propriétaires des terrains qui ont traité avec lesdits concessionnaires; fait S. M. défense à toutes personnes de quelque qualité et condition qu'elles soient, autres que lesdits associés d'exploiter en façon quelconque aucune desdites mines... Leur permet S. M. de construire sur les territoires d'icelles, non bâtis ni enclos, tels édifices et bâtimens qui seront jugés nécessaires par ledit sieur intendant, en payant par eux aux propriétaires des terrains la superficie qu'ils en pourront prendre..... veut aussi S. M. que toutes les demandes et contestations qui pourraient naître sur l'exécution du présent arrêt..... soient portées pardevant ledit sieur intendant..... en attribuant à cet effet pendant huit années toutes cour, juridiction et connaissance......... Quittance du sieur Guillet de Chavanne au sieur Chambeyron, l'un des concessionnaires du 12 mai 1759, de ce qui lui revenait pour l'exploitation de ses mines, faite

---

(1) N'existe pas aux archives du royaume.

1765   en vertu d'un traité passé entre le défunt sieur Bochu du Colombier, son auteur et le père et ayeul dudit Chambeyron, le 16 décembre 1735. La copie dudit traité....... L'assignation donnée à la requête dudit sieur Chavanne et de Marie-Anne Bochu du Colombier, son épouse..... audit Chambeyron, le 1er octobre 1759, en la justice de Seneval..... exceptions et défenses dudit Chambeyron..... sentence d'appointé..... du 25 février 1760. Autre sentence par forclusion..... du même juge du 10 mars de la même année, portant que le traité du 16 décembre 1735 a été déclaré nul et résolu, que Chambeyron a été condamné entr'autres choses à rendre compte du produit desdites mines, depuis le 19 avril 1759. Permis à Guillet de Chavanne et sa femme de reprendre l'exploitation desdites mines et d'en disposer comme maîtres et propriétaires..... Procès-verbal d'expulsion des concessionnaires fait avec violences, le 13 dudit mois de mars, à la requête de Marie-Anne Bochu, veuve dudit sieur Guillet de Chavanne, décédé dans l'intervalle des deux sentences du juge de Senevas..... requête présentée audit sieur intendant de la généralité de Lyon, pour lesdits concessionnaires contenant leurs plaintes..... ordonnance du subdélégué général... en l'absence dudit sieur intendant du 14 dudit mois de mars par laquelle... par provision ordonné que l'arrêt du conseil du 10 avril 1759..... seraient exécutés.... à l'effet de quoi l'huissier porteur desdits arrêt et ordonnance pourrait se faire assister de cavaliers de maréchaussée... procès-verbal de continuation de prise de possession desdites mines par lesdits concessionnaires.... du 18 dudit mois de mars..... arrêt du conseil du 22 avril 1760..... par lequel ... S. M. avant faire droit sur la requête aurait ordonné qu'elle serait communiquée à la dite veuve Guillet de Chavanne..... toutes choses demeurantes en état, ordonnés néanmoins ledit arrêt du conseil du 10 avril 1759 serait exécuté suivant sa forme et teneur..... copie d'un arrêt du parlement obtenu sur la requête de ladite veuve Guillet de Chavanne le 23 mai 1760, tendant à ce qu'il plût à ladite cour attendu qu'il s'agit de l'exécution des arrêts d'icelle du 7 janvier 1695 et 11 janvier 1704 qui ont maintenu ses auteurs..... par lequel arrêt du parlement aurait été ordonné commission être délivrée à ladite veuve Guillet de Chavanne pour faire assigner en ladite cour qui bon lui semblerait aux fins de ladite requête ..... et cependant par provision fait défense auxdits Chambeyron, Lacombe et autres, de continuer ladite exploitation.... l'arrêt du conseil du 24 juin 1760 rendu sur la requête desdits concessionnaires.... par lequel arrêt S. M., sans s'arrêter audit arrêt du parlement du 23 mai 1760, que S. M. aurait cassé et annulé, a ordonné que lesdits concessionnaires continueraient comme auparavant...... comme aussi..... les parties procéderaient au conseil avec défense de procéder ailleurs. . . . .

Sentence des requêtes du palais du 6 mai 1704, rendue entre Gilles Bochu du Colombier; auteur de ladite veuve de Chatelus et de S. Faudras, comte de Lyon, qui essayait de la troubler dans la possession de ses mines dans laquelle elle le maintient conformément à un arrêt du parlement du 7 janvier 1695 . . . .

la requête desdits concessionaires contenant production nouvelle et leurs conclusions définitives tendant à ce que, sans avoir égard à la sentence du juge de Senevas... qui sera cassée et annulée ainsi que tout ce qui s'en est ensuivi ou pourrait s'ensuivre, ordonner que l'arrêt du conseil du 10 avril 1759, sera exécuté selon la forme et teneur .... en ce qui concerne la rétribution qui peut être due aux propriétaires des lieux où se trouvent les mines, lesquels n'ont point traité avec le sieur Chambeyron l'un des concessionnaires, donner actes aux concessionnaires de ce qu'ils consentent payer auxdits propriétaires qui n'ont point traité, la

1765 rétribution du sixième franc du charbon qui sera extrait de leurs carrières, à l'exception de ceux desdits propriétaires qui avaient des puits en extraction lors dudit arrêt du 10 avril 1759, auxquels les concessionnaires se soumettent de payer la rétribution du cinquième franc qui sera extrait des carrières qui étaient alors en extraction ; ordonner du consentement desdits concessionnaires qu'il sera par eux payé à ladite dame de Chavanne la rétribution de un quart franc du charbon qui proviendra des puits de la succession du sieur de Chavanne qui était en extraction lors dudit arrêt du 10 avril 1759, et qu'à l'égard des puits qui étaient alors noyés et abandonnés et de ceux qu'ils ont fait creuser depuis l'arrêt de concession, ou qu'ils pourront faire creuser par la suite, sur le domaine dépendant de la succession dudit feu sieur de Chavanne, il sera seulement payé à la dame dudit de Chavanne, le sixième franc du produit desdits puits ,.... à la charge néanmoins par ladite dame de Chavanne, et non autrement. de justifier préalablement....... qu'elle est propriétaire desdites mines, soit comme héritière du feu sieur de Chavanne son mari, ou autrement....... requête présentée... par Marc-Antoine Trollier de Senevas, baron de Saint-Romain, seigneur haut justicier de Chagnau et Pierre Trollier de Faugrène......... la requête de Jean Cadier et de Jean-François Buer, habitants du lieu de la Cantonnière en Lyonnois..... tendante à être reçue parties intervenantes....   .   .   .   .

Le Roi en son conseil a reçu.... lesdits Trollier de Senevas.... parties intervenantes.... contre lesdits concessionnaires; et fesant droit sur le tout sans s'arrêter à leurs interventions et demandes ni à celles de ladite veuve Guillet de Chavanne dont S. M. les a déboutés et déboute, et sans avoir égard à la sentence du juge de Senevas, du 10 mars 1760 que S. M. a cassée et annulée ainsi que tout ce qui s'en est ensuivi,... ordonne que l'arrêt du conseil du 10 avril 1759, sera exécuté suivant sa forme et teneur, en conséquence.... maintient et garde lesdits Lacombe, Bertelot, Grange et Chambeyron dans le droit d'exploiter et faire exploiter généralement et indistinctement toutes les mines de charbon situées dans l'étendue desdits territoires de Gravenand et du Mouillon, et demi-lieue à la ronde,.... tant celles qui étaient noyées et abandonnées au jour de ladite concession, que celles qui étaient en extraction audit jour ayant aucunement égard au consentement desdits concessionnaires,... on ordonne qu'il sera par eux rendu aux propriétaires des terrains sur lesquels il y avait des puits qui n'étaient point en extraction, lors de l'arrêt de concession, le sixième franc de charbon qui sera tiré desdits puits ainsi qu'aux propriétaires des terrains sur lesquels ils feront de nouveaux puits, si ce n'est qu'il eut été fait des conventions contraires entre lesdits concessionnaires et lesdits propriétaires, ordonne pareillement qu'il sera rendu par lesdits concessionnaires le cinquième franc du charbon en nature, à ceux desdits propriétaires dont les puits étaient en extraction lors dudit arrêt..... si mieux n'aiment les propriétaires desdits puits en extraction lors de l'arrêt de concession être payés suivant les baux pardevant notaires, et exécutés entre eux et leurs fermiers lors dudit arrêt; ordonne pareillement S. M. qu'il sera rendu par lesdits concessionnaires à la dite dame Guillet de Chavanne le quart franc du charbon qui a été et qui sera par eux extrait dans les terrains dépendant de la succession dudit sieur de Chavanne, par les puits ouvert et qui étaient en extraction lors dudit arrêt de concession.... à la charge par ladite veuve de Chavanne de justifier préalablement.... qu'elle est propriétaire d'icelles (mines) soit comme héritière dudit défunt de Chavanne, ou autrement........

Arrêt du conseil d'État du 8 février 1766.

(Archives de la République. — Section administrative.)

N° 200.

—

Opposition de Demaizières à l'arrêt de 1759 et demande de permission pour les seigneuries de Maing, Trith et Verchineul. Ordre de communiquer à la compagnie d'Anzin.

Sur la requête présentée au Roi... par Louis Joseph Desmaizières, écuyer, seigneur de Templeuve, contenant que la concession ou plutôt la permission qu'il lui a plu d'accorder à la compagnie d'Anzin, d'exploiter les mines de charbon qui existent dans la vaste étendue du terrain qui se trouve entre la Scarpe, l'Escaut, les terres de Mortagne et le chemin de Marchiennes à Bouchain étant une pure grâce, puisque cette compagnie par elle -même n'a ni titre, ni droit, a eu pour objet d'exciter l'émulation qui anime toutes choses, d'établir la concurrence si avantageuse dans le commerce, et de procurer l'abondance du charbon de terre dont le pays ne peut se passer. Ces seules vues supérieures du bien public ont pu faire accorder à des tierces personnes le pouvoir d'exercer le droit d'autrui dans le cas qu'il ne voulut pas le faire valoir; néanmoins, par un effet tout contraire, la compagnie d'Anzin s'est bornée à l'exploitation du charbon dans les petits territoires d'Anzin et de Saint-Vast où elle avait commencé des travaux. Assurée, par des arrangements, du droit de la plupart de ceux qui pourraient lui faire ombrage et extraire du charbon, elle n'en tire qu'à mesure qu'il convient à ses intérêts et lui donne le prix qu'elle veut; que sert que les droits des propriétaires des mines de charbon soient réservés dans la permission qu'à obtenu la compagnie d'Anzin ? ceux qui n'ont pas aimé de traiter avec elle et de se contenter d'une reconnaissance légère et annuelle pour laisser leurs mines de charbon infructueuses jusqu'à ce qu'il convienne d'en faire l'extraction, ne sont restés les maîtres qu'en apparence de les exploiter.

La compagnie d'Anzin a eu le secret de faire insérer dans ses concessions des clauses favorables à elle seule qui lui donnent lieu......... de rétrécir les droits d'un chacun et de s'en rendre l'arbitre souveraine.......

En vain les mines de charbon appartiennent aux seigneurs hauts-justiciers dans le Hainaut, en vain l'exploitation de ces mines y est un droit seigneurial qui fait partie de leur domaine et de leur patrimoine.....

Dans le Hainaut autrichien, les hauts-justiciers exploitent en toute liberté les mines de charbon qui passent dans leurs terres ; ils ne sont tenu qu'à s'écarter de quelques toises de la limite de leur territoire.....

L'équité l'ordonne et la faveur du bien général le demande que les droits des hauts-justiciers ne soient ni retrécis ni gênés.........

Le suppliant sachant que le charbon traverse sa terre de Trith , Maing et Verchineul dit St.-

1766 Léger, située en Hainaut près Valenciennes, composée de deux paroisses et d'une église suc-
cursale qui est d'une étendue très vaste, a cru qu'il devait songer à la faire fouiller pour y
chercher du charbon.

Quoique l'arrêt du conseil du 14 janvier 1744 n'ait point dans le pays, cette publicité légale
qui donne l'activité aux lois, le suppliant n'a pas négligé d'obtenir la permission requise par
l'art 1er, laquelle lui fut expédiée le 3 octobre 1765, aux conditions par lui d'indemniser......
mais il a ajouté : comme aussi de se conformer dans ses exploitations à ce qui est prescrit par
l'arrêt du 1er mai 1759, surtout en ce qui concerne la distance à observer entre ses fosses et
celles des exploiteurs concessionnaires, ses voisins. Il n'y en a pas d'autres que la compagnie d'Anzin et l'arrêt du 1er mai 1759 est la concession faite à cette compagnie, ainsi la condition la regarde uniquement. Quand elle l'aurait dictée elle-même, elle n'aurait pu rien
mettre de plus fort en sa faveur et de plus préjudiciale au suppliant....

. . . .

Il est permis à la compagnie d'Anzin , par l'arrêt de 1759, de continuer d'ouvrir et exploiter exclusivement à tous autres les mines de charbon qui sont ou pourront se trouver à
l'avenir dans les bornes des limites qui lui sont donnés, « à la charge........ (suit la condition relative aux seigneurs hauts-justiciers »... n° 172).....

Cette disposition paraît réciproque ; la suite fera voir qu'elle ne l'est rien moins et que la
compagnie d'Anzin n'a sollicité de pareilles clauses que dans l'espérance de rendre illusoires
toutes les permissions que les seigneurs pourraient obtenir........

La compagnie d'Anzin a la permission d'exploiter les mines de charbon ; elle est arrangée
avec la plupart des seigneurs hauts-justiciers, nommément avec le chapitre de St.-Géry, seigneur de St.-Vast qui confine d'un côté à Trith et les abbé et religieux de Vicogne, seigneurs
d'Erin qui confine aussi à Trith du côté opposé à St.-Vast , lesquels abbé et religieux se disent aussi seigneurs de la ferme d'Urtebise et de quelques parties de terres enclavées et épar-
ses par morceaux çà et là dans la paroisse de Trith. Ses machines , ses ustensiles, ses ouvriers
sont toujours prêts à travailler........

Aussitôt que la compagnie d'Anzin a su que le suppliant songeait à extraire les mines de
charbon qui peuvent se rencontrer dans sa terre de Trith, Maing et Verchineul , surtout
dans la paroisse de Trith , elle s'est empressée de faire ouvrir une fosse dans le territoire
de St.-Vast , à 100 toises ou environ de la limite du côté de Trith, laquelle n'est pas encore
achevée. Au premier avis que le suppliant devait avoir la permission qu'il sollicitait depuis
quelque tems, elle ne se borna pas là. Elle osa arpenter et mesurer toute la terre du suppliant , en un mot , en user comme si elle lui appartenait. Au lieu de sommer le suppliant
d'exploiter les mines de charbons qui sont dans sa terre, elle ne craignit pas de faire ouvrir
une fosse au milieu de cette terre, ensuite elle en fit commencer une seconde dans une pièce
de terre de l'abbaye de Vicoigne et elle se dispose d'ouvrir une troisième fosse dans la paroisse
d'Erin , en sorte que le suppliant se trouve enveloppé, et resserré de tous côtés, de manière
qu'il pourrait à peine placer une fosse dans une grande étendue de terrain. Cependant cette
compagnie, si entreprenante aujourd'hui , se bornerait à exploiter les mines des petits ter-

1766 rains d'Anzin et de St.-Vast , où il y a encore du charbon pour longtemps, sans même approcher de Trith, si le suppliant ne l'était pas disposé à faire valoir ses mines de charbon

.... par une injustice aussi frappante que criante , elle (la compagnie d'Anzin) rejette
entièrement sur le terrain du suppliant les 1,000 toises de distance qu'il faudrait laisser entre
ses travaux et les fosses que le suppliant ouvrirait........ non seulement les seigneurs ne
pourraient pas exploiter les veines de charbon de la longueur d'une demie lieue qui leur
sont réservées expressément par la permission accordée à la compagnie d'Anzin , mais il seraient tous privés de leur droit d'extraire le charbon dans leurs terres. Le suppliant laisse un
moment sa terre à l'écart....... Le suppliant demande à la compagnie d'Anzin quel seigneur pourra tirer du charbon de sa terre? aussitôt qu'il y penserait , les travaux de cette
compagnie se trouveraient portés dans tous les environs de sa terre, jusque dans les limites,
la distance qu'il faudrait laisser dans le pourtour de sa terre absorberait souvent plus que la
totalité de son terrain......

L'arrêt du conseil du 13 mai 1698, non seulement a permis aux propriétaires des mines de
charbon en France d'en faire l'extraction sans en demander la permission , mais aussi non
obstant tout privilège et concession à ce contraire .

La première disposition a été changée par l'art. 1er premier de l'arrêt du 14 janvier 1744 ,
mais n'ayant pas été dérogé à la seconde, elle subsiste encore dans toute sa force; de sorte,
que si les propriétaires de mines de charbon doivent se munir d'une permission pour les exploiter, il est toujours vrai de dire qu'ils ne peuvent être arrêtés par aucun titre de concession. . . . .

..... Le seigneur particulier et local qui n'est pas fondé en territoire, dont les terres divi-
sées çà et là dans une paroisse ou territoire qui ne lui appartient pas, ne peut pas exploiter les
veines de charbon, à cause que son terrain lui suffit à peine pour ouvrir une fosse et que le
charbon qu'il pourrait tirer ne paierait pas les frais qu'il aurait dû faire. Comme il ne doit
pas donner la loi au seigneur principal et fondé en territoire , encore moins l'emporter sur
lui , et , à la faveur d'un droit inutile, s'emparer de celui du seigneur principal que rien
n'empêche de faire valoir, l'équité et le bien public veulent qu'il ne soit pas arrêté dans ses
opérations par quelques morceaux de terre dont il n'est pas seigneur et qui se trouvent enclavées dans son enceinte ; mais alors il faut que le seigneur territorial indemnise le seigneur
particulier de son droit de charbon qu'il tirera sous sa terre, afin de conserver le droit de
chacun. Là valeur de la chose est due lorsqu'on ne saurait pas l'avoir en nature.

Ainsi , si on donne à l'abbaye de Vicoigne la haute justice sur quelques parties de terre séparées les unes des autres dans la paroisse de Trith , ne pouvant faire usage de son droit de
charbon , il faut qu'elle cède au plus considérable, sauf à en demander la valeur le cas échéa-
ant. Deux ou trois cents mencaudées enclavées en différentes parties dans un territoire ne
l'emporteront jamais sur huit mille et plus.

.... Requerrait à ces causes, le suppliant , qu'il plut à S. M. lui permettre de faire
exploiter librement les veines de charbon qui pourront se rencontrer dans sa terre de Trith ,

1766 Maing et Verchineul dit St.-Léger, en s'éloignant seulement des limites à la même distance que les fosses de la compagnie d'Anzin vient d'ouvrir dans le territoire de St.-Vast, sauf à indemniser l'abbaye de Vicoigne,........

Vû ladite requête....... le roi.... avant faire droit..... ordonne qu'elle sera communiquée au seigneur prince de Croy et à sa compagnie concessionnaire des mines de charbon dans le Hainaut français, pour y fournir des réponses dans le délai du réglement.....

Arrêt du Conseil d'Etat du 5 juillet 1766.

(Archives de la République. — Section administrative.)

N° 201.

Permission à la dame de Clermont de rechercher provisoirement la houille dans sa terre d'Odomez, en Hainaut.

Vu au conseil d'Etat du Roi l'arrêt rendu en icelui le 12 juin 1764 sur la requête présentée à S. M. par Marie Anne Louise de Carondelet, comtesse douairière de Clermont, dame d'Odomez, et par Christophe Mathieu et leurs associés, tendant à ce qu'il plût à S. M. les recevoir en tant que de besoin opposans à l'exécution de l'arrêt du conseil du 1er mai 1759 obtenu par le prince de Croy et consorts, sur requête non communiquée, fesant droit sur l'opposition, les autoriser d'ouvrir des fosses et exploiter à leur profit les mines de charbon qui peuvent se trouver dans la terre et seigneurie d'Odomez; en conséquence débouter le prince de Croy et ses associés de l'opposition formée par leur requête du 28 août 1763 ; leur faire défense de troubler la dite dame comtesse de Clermont et consorts dans leur exploitation ; lever les défenses qu'ils ont provisionnellement obtenues et les condamner à tous dépens, dommages et intérêts...... la requête présentée par le prince de Croy...... et autres associés pour l'extraction du charbon de terre dans le Hainaut Français...... tendant à ce qu'il plût à S. M.. sans avoir égard à la demande de la dame comtesse de Clermont et consorts, les débouter de leur opposition au dit arrêt du 1er mai 1759............ déclarer définitives les défenses provisionnelles portées contre la dame de Clermont et consorts par l'ordonnance du sieur intendant du Hainaut du 28 novembre 1762......... Le Roi........ fesant droit sur les conclusions de la dite dame de Clermont et consorts, les reçoit opposans à l'arrêt du 1er mai 1759, en ce qu'il y est ordonné que ceux qui obtiendront des permissions d'exploiter ne pourront ouvrir des trous qu'à la distance de 1000 toises des travaux du prince de Croy et consorts ; et avant faire droit sur la demande de la dame de Clermont et consorts, à ce qu'il lui soit permis d'exploiter exclusivement à tous autres les mines de sa terre d'Odomez, S. M., sans s'arrêter à l'ordonnance du sieur intendant de Hainaut, ordonne par provision que la dite dame de Clermont et consorts pourront faire faire la recherche des mines de

1766 charbon qui sont dans l'étendue de la terre d'Odomez ; qu'il leur sera permis de s'approcher dans leurs recherches jusqu'à 250 toises des travaux du prince de Croy et ses associés, dérogeant en cela seulement à l'arrêt du 1er mai 1759 ; et que dans le cas qu'il se rencontrât des mines de charbon dans l'étendue de la terre et seigneurie d'Odomez, et dans les limites susdites, il en sera extrait, en présence du subdélégué du sieur intendant du Hainaut, plusieurs morceaux dont il sera par lui dressé procès-verbal, pour le dit procès-verbal rapporté être par S. M. statué sur la dite demande de la dame de Clermont et consorts, ainsi qu'il appartiendra......

Arrêt du Conseil d'Etat du 16 juillet 1766.

(Archives de la compagnie des mines d'Anzin.)

N° 202.

Modification du droit de domaine perçu à Condé sur la houille belge.

Le Roi, s'étant fait représenter les procès-verbaux de saisies faites par les fermiers du domaine de S. M. et celui des traites foraines...... de plusieurs bateaux chargés de charbon de terre provenant des fosses de Mons et destinés pour la Flandre autrichienne, lesquelles saisies ont eu pour fondement l'inexactitude des déclarations, soit dans la qualité, soit dans la quantité des charbons dont ces bateaux se trouvaient chargés.......... Ordonnance du dit sieur Blair (intendant du Hainaut)....... par laquelle il aurait ordonné que vingt-sept bateaux saisis seraient relâchés sous caution et à la charge par les marchands de charbon de Mons, suivant leurs offres de faire leur déclaration de 150 muids de charbon de terre par chaque bateau pour en payer les droits sur le pied de la dite déclaration ;...... les placards et criées du Hainaut suivant lesquelles les droits dus sur les charbons sont de 2 patars à la wague du poids de 150 livres, de 8 patars au muid de cochez et de 2 patars au muid de forges ou de menu charbon ; l'arrêt du conseil du 20 juin 1682, par lequel il est ordonné que les droits mentionnés aux dits placards continueront d'être perçus sur tous les charbons qui seront voiturés par eau pour être consommés dans les pays d'Artois, Hainaut, Flandre et autres, de l'obéissance de S. M., même sur ceux qui seront transportés dans les pays étrangers ; autre arrêt du conseil du 22 août de la même année, par lequel il est ordonné que les dispositions du précédent arrêt seront exécutées, dans le pays du Hainaut et autres lieux du département du sieur Fautrier, comme aussi les tarifs........ arrêt du conseil.......... concernant les droits d'entrée et de transit............ et S. M. ayant reconnu que toutes les difficultés qui sont survenues jusqu'à présent dans la perception de ses droits sur les charbons de terre procèdent· 1° de l'incertitude et de la variation qu'il y a eu de tous tems sur la véritable mesure qui doit servir à la perception des dits droits, lesquels non obstant qu'ils

1766   fussent fixés, par différents arrêts du conseil, à 5 sols par baril du poids de 300 livres pour la partie des traites, n'ont cependant jamais été payés qu'à raison et sur le pied de deux barils par muid de fosse, laquelle mesure au muid de fosse fait la règle de la perception des droits du domaine suivant et conformément aux placards et criées du Hainaut; 2° de la distinction qui a été faite par les dits placards des différentes qualités de charbon gros et menu, et de la diversités des droits, suivant les différentes espèces et qualités de cette marchandise........
Le Roi.......... ordonne qu'à l'avenir, au lieu de 2 patars à la wague de gros charbon du poids de 150 livres, de 8 patars au muid de cochez, et de 2 patars au muid de forge ou de menu charbon que le fermier du domaine de S. M. a été en droit de percevoir jusqu'à présent, sur tous les charbons provenant des fosses de Mons et des pays autrichiens et passant par eau par la ville de Condé pour être transportés et consommés dans les provinces étrangères et dans celles de l'obéissance de S. M., il ne sera plus perçu qu'un seul et même droit de 2 patars par muid de charbon du poids de 600 livres, sans distinction de gros ni de menu charbon ni de gaillettes ; ordonne pareillement qu'à l'avenir les déclarations seront faites par les marchands ou voituriers à raison de 450 muids du poids de 600 livres par chaque bateau de la dimension de 91 pieds 8 l. de longueur, de 12 p. 10 p. 7 l. de largeur, et de 7 p. 8 p 9 l. 1∤2 de hauteur, le tout mesure de France, et pêchant 12 paulmes d'eau, et ainsi des autres bateaux à proportion de leur longueur, largeur et profondeur, plus ou moins grande. N'entend, au surplus, S. M. rien innover dans la perception des droits des traites et de transit qui continuera d'être faite à raison de 5 sols par baril du poids de 300 livres pour les charbons entrant dans le royaume pour y être consommés et de 2 sols 6 d. par baril du même poids pour les charbons passant en transit........

Arrêt du Conseil d'Etat du 31 juillet 1766.

(Archives de la République. — Section administrative.)

Vu........ l'arrêt rendu......... le 8 février 1766, sur la requête présentée au roi par Louis Joseph Demaizières............ la requête du prince de Croy et consors............ tendant à ce qu'il plût à S. M. ordonner que les arrêts du 14 janvier 1744 et 1er mai 1759 seront exécutés selon leur forme et teneur, et fesant, débouter le sieur Demaizières des fins et conclusions portées par la dite requête insérée dans l'arrêt du 1er février 1766............ autre requête du sieur Desmaisières.......... tendant à ce qu'il plaise à S. M., sans s'arrêter aux demandes, fins et conclusions des dits concessionnaires des mines de charbon de Hainaut.... adjuger au sieur Desmaisières celles par lui prises et y ajoutant et corrigeant, le recevoir, en
. . 24

1767 tant que de besoin, opposant à l'arrêt du conseil du 1er mai 1759, et icelui expliquant, le maintenir et garder dans le droit d'exploiter seul et librement les mines de charbon qui se trouveront dans l'étendue de sa haute-justice et universalité du territoire de Trith, Maing et Verchineul dit Saint-Léger, à l'effet de quoi il lui sera permis d'ouvrir et creuser toutes fosses nécessaires dans l'étendue du dit territoire, et à une distance des limites d'icelui égale à celle que les dits concessionnaires ont observée en fesant pratiquer une fosse sur le territoire de Saint-Vast, faire défense aux dits concessionnaires de s'immiscer en aucune manière ni dans la superficie ni dans les galeries souterraines dans le dit territoire de Trith, sous prétexte des traités particuliers qu'ils auront pu faire avec les abbé et religieux de Vicoigne aux offres faites par le dit Desmaizières et qu'il réitère d'indemniser les dits abbé et religieux ... le tout relativement et proportionnellement aux fonds épars appartenant à la dite abbaye dans l'enclave du dit territoire de Thrith........ procès-verbal du 18 mars 1766...... qui constate que la compagnie d'Anzin a fait ouvrir une fosse sur une pièce de terre appartenant à l'abbaye de Vicoigne........

...... Le Roi..... reçoit par provision en tant que de besoin, le sieur Desmaisières, seigneur de Templeuve, opposant au dit arrêt du 1er mai 1759, et avant faire droit sur la demande du dit sieur Desmaisières.......... S. M, ordonne par provision que le dit sieur Desmaisières pourra faire faire la recherche des mines de charbon qui sont dans toute l'étendue de sa terre de Thrith, Maing et Verchineul, à la charge d'indemniser les propriétaires des terrains sur lesquels il fera les dites recherches, s'il y a causé des dommages....... lui permet S. M. de s'approcher, dans ses recherches, jusqu'à 250 toises des travaux du duc de Croy et ses associés, non obstant ce qui pourrait y être contraire dans les dispositions de l'arrêt du 1er mai 1759, que S. M. veut être exécuté au surplus selon sa forme et teneur, et dans le cas où le dit sieur Desmaisières rencontrerait dans ses recherches des mines de charbon sur la terre de Thrith, Maing et Verchineul et dans les limites susdites, ordonne S. M. qu'il en sera extrait, en présence du subdélégué du sieur intendant de Flandre, plusieurs morceaux dont il sera par lui dressé procès-verbal, pour, le dit procès-verbal rapporté, être, par S. M,, statué sur la dite demande du sieur Desmaisières.... ainsi qu'il appartiendra....

Arrêt du Conseil d'Etat du 27 janvier 1767,

(Archives de la République. — Section administrative.)

N° 204. Sur la requête présentée au Roi......... par le sieur Laurent, chevalier de Saint-Michel,

1767

—

Concession
au sieur
aurent par le
roi, comme
eigneur, de
son droit
d'eutrecens
ur des terres
de la rive
droite
de l'Escaut
près
Valenciennes,
jusqu'en
1805.

contenant que le droit d'extraire des mines de charbon dans l'étendue de la rivière du Hainaut est une dépendance de la haute-justice, suivant les art. 1 et 2 du chapitre 130 de la coutume du Hainaut, ce droit en conséquence connu dans la province sous le nom de droit d'entre cens, appartient incontestablement à S. M. dans la banlieue de Valenciennes ; le suppliant, connu par ses talents dans la mécanique et son expérience dans l'exploitation des mines, étant dans l'intention d'entreprendre cette extraction dans l'étendue de cette banlieue, ... requérait à ces causes le supplant qu'il plût à S. M. lui faire, pour 36 ans, à compter du 1er janvier dernier, la concession du droit d'entrecens et faculté d'extraire les mines de charbon de terre qui peuvent se trouver dans la partie de la banlieue de Valenciennes, sise à la rive droite de l'Escaut, y compris Saint-Saulve, la Briquette et Marly, aux offres qu'il fait de payer............... Le Roi................ ayant égard à la requête, a fait et fait concession au suppliant, pour 36 ans, à compter du 1er janvier dernier, du droit d'entrecens appartenant à S. M., et la faculté d'extraire les mines de charbon qui pourront se trouver dans la partie de la banlieue de Valenciennes qui s'étend le long de la rive droite de l'Escaut y compris Saint-Saulve, la Briquette et Marly, à la charge de se conformer aux réglemens, faits pour l'exploitation des mines de charbon de terre ; de payer, suivant ses offres, au domaine de S. M., une rente de 300 livres, à compter du jour du 1er janvier dernier, jusqu'à celui de la première extraction, et de celle de 2000 livres depuis le jour où il parviendra à extraire du charbon jusqu'à l'expiration des dites 36 années, et de dédommager les propriétaires des terrains qu'il prendra pour faire les recherches et établir ses ouvrages...............

Transaction sur des différents entre les membres de la compagnie de Mortagne, du 6 mars 1767.

(Copie authentique appartenant à M. Derasse, de Tournai.)

N° 205.

—

Séparation
de l'affaire
d'Odomez de
celle de
Mortagne.

Pardevant......... sont comparus dame Marie-Angélique Bernard de Rasoir, autorisée à l'effet des présentes de messire Jean Louis de Carondelet, baron de Noyelles....... dame Marie-Anne-Louise de Carondelet.......... messire Henri Joseph Thieffry, écuyer seigneur de Rœux, le sieur Christophe Mathieu, seigneur de Noyaut en Bourbonnois........ le sieur Jacques Henri Derasse, négociant........ le sieur Pierre Dominique Joseph Recq, négociant demeurant en la ville de Lille, et Me Piat Joseph Houzé, avocat au parlement de Flandre.... tous intéressés dans l'exploitation des mines de charbon sur les villes, terres et seigneuries de Mortagne et Saint-Amand, leurs appendances et dépendances, Forest, Audomez et autres

1767 lieux, qui pour mettre fin à la division entre les intéressés, tant au sujet de l'emplacement de la fosse commencée sur la terre et seigneurie de Forest, dépendance de Mortagne, que par rapport à la continuation des recherches et exploitations sur la terre et seigneurie du dit Audomez, sont convenus par forme de transaction.........

Premièrement que toute société prendra fin dès ce jour concernant l'exploitation des dites mines sur les dites villes, terres et seigneuries de Mortagne et Saint-Amand........ et que la dite société ne continuera que pour l'exploitation de la dite terre et seigneurie d'Audomez, conformément au contrat.

Qu'en second lieu, pour opérer cette séparation des associés, la dite dame comtesse de Clairmont. et le dit sieur Mathieu, renoncent au profit du dit sieur baron de Noyelles, du dit seigneur de Rœux et des dits sieurs Derasse, Recq et Houzé, au droit qu'ils ont ou peuvent avoir comme ci-devant associés dans l'exploitation des mines sur les dites villes, terres et seigneuries de Mortagne et Saint-Amand.........

En quatrième lieu que la machine qui a ci-devant servi à la fosse commencée sur la terre et seigneurie d'Audomez y sera rapportée dans l'état où elle se trouve actuellement pour y être employée au profit de la société qui continuera pour cette terre et seigneurie seulement et aux opérations et exploitations qui y seront faites et continuées en-dedans le terme de deux années à compter de la date de l'arrêt du conseil d'Etat du Roi obtenu par la dite société, à péril que le terme écoulé sans avoir travaillé sur la dite terre d'Audomez, la dite société sera résolue à cet égard et que la dite dame comtesse de Clairmont rentrera en tous ses droits, pour par elle disposer de la dite terre ainsi et comme elle le trouvera convenir.............

Edit de juin 1767.

(Recueil des édits, etc., enregistrés au parlement de Flandre, t. 7, p. 179).

N° 206.
—
Prorogation du second vingtième.

.... Ordonnons que le second 20e..... sera levé et perçu, à compter du 1er janvier 1768 jusqu'au 1er janvier 1770, le tout conformément aux abonnements précédemment faits.......

Enregistrement.

(*Même recueil*, t. 8, p. 500.)

La cour, en procédant à l'enregistrement de cet édit, a arrêté qu'il sera fait au roi de très-humbles, très-respectueuses et très instantes remontrances, sur le contenu en icelui.

⎯⎯⎯⎯⎯⎯⎯⎯

Déclaration du Roi du 25 juin 1767.

⎯⎯⎯⎯

(*Recueil des édits , etc., enregistrés au parlement
de Flandre*, t. 7, p. 181.)

N° 207.
—

Prorogation
des sols pour
livre et des
patars
au florin.

. . . . Voulons et nous plaît.

ART. 1er. Que les anciens 4 s. pour livre du droit de nos fermes continuent d'être levés et perçus jusqu'au dit jour dernier décembre 1774, sur ceux de nos droits de traite qui y sont sujets. . . . . . .

2. Ordonnons que les 2 s. pour livre dont l'établissement a été ordonné par nos déclarations dès 3 février 1760 et 21 novembre 1763, continuent d'être perçus jusqu'au dernier... décembre 1774. . . . .

3. Ordonnons pareillement que les 4 patars au florin. . . . . ainsi que les 5e et 6e patars... perçus à notre profit dans nos provinces de Flandre et de Hainaut. . . . . . . continuent d'être levés et perçus jusqu'au dernier décembre 1774. . . . .

Enregistrement.

(Même recueil, t. 8, p. 500.)

La cour, en procédant à l'enregistrement de cette déclaration, a arrêté que ledit enregistrement sera sans approbation des arrêts du conseil y mentionné ; et que très-humbles et très-respectueuses remontrances seront faites audit seigneur roi sur le contenu de ladite déclaration.

───────⟨◉⟩───────

Edit de décembre 1768.

───⟨◦⟩───

*(Recueil des édits etc., enregistrés au parlement
de Flandre, t. 7, p. 251.)*

N° 208.

Prorogation
du second
vingtième.

....'.... Ordonnons que le second vingtième....'. sera levé et perçu.... jusqu'au 1er juillet 1772.

Enregistrement.

(Même recueil, t. 8, p. 501.)

La cour, après de très-humbles et très-expresses remontrances faites au roi, et du très-exprès et absolu commandement dudit seigneur roi, contenu en ses lettres de jussion du 17 du présent mois de mars, a ordonné que ledit édit sera lu..... sans néamoins qu'il puisse être rien innové dans la manière de percevoir ledit second vingtième, lequel, en exécution de l'édit de juin 1767, sera levé et perçu conformément aux abonnemens précédemment faits.

───────⟨◦⟩───────

1759

Arrêt du Conseil d'Etat du 29 janvier 1769.

(Examen du droit des seigneurs, p. 690.)

N° 209.
—
Permission au
sieur Foulon,
d'exploiter
sa terre
de Doué, en
Anjou,
jusqu'en
1799.

Sur la requête présentée au roi... per le sieur Foulon... contenant que dans la terre et seigneurie de Doué en Anjou, dont il est propriétaire, se trouve plusieurs mines de charbon .... requérait..... le suppliant qu'il plût à S. M. lui accorder la permission d'exploiter exclusivement à tous autres pendant l'espace de 30 années les mines de charbon qui peuvent se trouver dans l'étendue de sa terre et seigneurie de Doué,..... le roi.... permet au sieur Foulon..... d'exploiter exclusivement à tout autre pendant l'espace de 30 ans les mines de charbon qui peuvent se trouver dans l'étendue de sa terre et seigneurie de Doué, à l'exception néanmoins des terrains dépendans de sa seigneurie qui pourraient se trouver compris dans la concession accordée par arrêt du 28 juin 1740 au sieur de la Bretonniere et Cⁱᵉ, pour l'exploitation des paroisses de St.-Georges, Chatelaison et Concourson, et à la charge par le sieur Foulon de payer annuellement et pendant la durée de sa concession..... la somme de 400 l. pour subvenir à l'entretien de l'école des mineurs, comme aussi de se conformer dans son exploitation aux règlemens rendus sur le fait des mines, et notamment à celui du 14 janvier 1744, et dédommager les propriétaires des terrains auxquels il pourra causer quelque préjudice...............

Arrêt du Conseil d'Etat du 31 janvier 1769.

(Ministère des travaux publics. — Bureau des mines. —
Examen du droit des seigneurs, p. 661.)

N° 210.
—
Concession au
sieur
Laurent, par

Sur la requête présentée au roi..... par le sieur Laurent..... contenant qu'il appartient à S. M., en Hainaut, à cause de sa haute justice, un droit d'entrecens qui, suivant la coutume de cette province, consiste dans la faculté d'extraire les mines de charbon; que par un arrêt du conseil du 27 janvier 1767, S. M. lui aurait fait concession.... de ce droit sur les mines

1769
—
le roi,
comme
seigneur, de
son droit
d'entrecens
sur des terres
à la rive
gauche de
l'Escaut, entre
Valenciennes
et Condé,
jusqu'en
1803.

de charbon qui pourraient se trouver dans la partie de la banlieue de Valenciennes qui s'étend le long de la rive droite de l'Escaut ;..... qu'il se trouve des enclavemens ou petits terrains appartenant a S. M., tels que le bois le Prince, une autre partie de bois provenant de la terre de Fresnes, proche Condé, à elle cédée par le prince de Croy, à titre d'échange, et qu'il peut appartenir à S. M., dans la banlieu de Valenciennes à la rive gauche de l'Escaut, d'autres parties de terres sur lesquelles il serait à désirer qu'il pût porter ses recherches.....
.... requérait....... le suppliant qu'il plût à S. M. lui faire concession pour 34 années,... du droit d'entrecens et faculté d'extraire les mines charbon de terre qui peuvent se trouver dans les terrains appelés le bois le Prince, et dans les autres parties de terre appartenant à S. M., dans la partie de la banlieue de Valenciennes qui s'étend le long de la rive gauche de l'Escaut, aux offres qu'il fait de payer........................... Le roi.....
fait concession au suppliant pour 34 années, à compter du 1er janvier de la présente, du droit d'entrecens appartenant à S. M., et faculté d'extraire les mines de charbon qui pourront se trouver dans le terrain appelé le bois le Prince, dans celui provenant de la terre de Fresnes, près Condé, et dans les autres parties de terre appartenant à S. M. dans la partie de la banlieue de Valenciennes qui s'étend le long de la rive gauche de l'Escaut, à condition de se conformer aux règlemens faits pour l'exploitation des mines de charbon de terre, et de ne pouvoir faire aucuns travaux ni puits dans les bois, et de suivre seulement sous terre les veines de charbon qu'il aura pu découvrir dans le terrain de son entreprise, de manière qu'il n'en puisse résulter aucun préjudice pour les bois de S. M., et en outre à la charge de payer au domaine de S. M. une rente de 150 l , à compter dudit jour jusqu'à celui de la première extraction, et celle de 1,000 l. depuis le jour où il parviendra à extraire du charbon jusqu'à l'expiration desdites 34 années, et de dédommager les propriétaire des terrains.....

Arrêt du conseil d'État du 27 mars 1769.

(Archives de la République. — Section administrative.)

N° 211.
—
Concession
accordée au
sieur de la
Chaise de sa

Sur la requête présentée au Roi... par François de la Chaise, seigneur de la Baronie de Moncenis en Bourgogne, dépendant du domaine de S. M. contenant qu'il se trouve dans l'étendue de ladite Baronie des mines de charbon de terre.... à la découverte desquelles le suppliant n'a cessé de faire travailler depuis qu'il en est en possession. Comme lesdites mines étaient inondées par les travaux irréguliers que ses prédécesseurs avaient permis de faire, le suppliant a commencé par appeler des mineurs étrangers........

1769

—

seigneurie de
Montcenis et
environs, en
Bourgogne,
jusqu'en
1819.

Le suppliant persuadé que des recherches de cette importance et de cette difficulté ne sont possibles qu'à des personnes instruites de la partie des mines de charbon de terre, s'est adressé au gouvernement pour lui demander les sujets dont il avait besoin pour l'exécution de son projet, aux offres qu'il a fait de contribuer aux frais de l'école royale de génie pour les mines dont il a plu à S. M. de commencer l'établissement.

. . . .

... requerait... qu'il plût à S. M. accorder à lui, ses héritiers, successeurs ou ayant cause pour le tems et espace de 50 années le privilège d'exploiter eux seuls, et à l'exclusion de tous autres, les mines de charbon de terre qui peuvent ou pourront se trouver dans la Baronie de Montcenis et dans l'étendue ci-après bornée........... à la charge par le suppliant d'indemniser les propriétaires des terrains où les travaux seront ouverts du tort qui pourrait leur être causé,...............

. . . .

Le Roi... permet au seigneur de la Chaise, à ses hoirs, successeurs ou ayant cause d'exploiter exclusivement à tous autres pendant le temps et espace de 50 années les mines de charbon de terre qui se trouvent ou pourront se trouver dans la baronie de Montcenis et dans l'étendue bornée au sud..............

...,.............. à la charge par ledit seigneur de la Chaise, d'indemniser les propriétaires des terrains auxquels il pourra causer quelque dommage....... comme aussi d'entretenir à ses frais deux élèves dans l'école royale de génie pour les mines ou de payer annuellement à ladite école la somme de 800 livres pendant la durée de son privilège....... renvoie pardevant le sieur intendant..... sauf l'appel au conseil.......

—————————

Édit de décembre 1769.

—

(*Recueil des édits et enregistrés au parlement*
de Flandres, t. 7 p. 340.)

N° 212.

—

Prorogation
des 2 s. pour
livre, du
dixième.

..... Voulons et nous plait, que les 2 sols pour livre du dixième, continuent d'être levée et perçue jusqu'au premier juillet 1772.......

. . 25

Enregistrement.

(*Même recueil, t. 8 p.* 502.)

Registré, sans néanmoins qu'il puisse être rien innové dans la manière de percevoir lesdits 2 sols pour livre, lesquels en exécution de l'édit du mois de juin, seront levés et perçus conformément aux abonnements précédemment fait ; sera néamoins supplié ledit seigneur roi de considérer l'enregistrement du présent édit, comme le dernier effort d'un peuple qui ne peut espérer de soulagement, qu'autant que ledit seigneur roi daignera établir dans la perception de ses revenus, l'ordre le plus exact et le moins dispendieux et dans les dépenses l'économie la plus prompte et la plus générale.

Avis des médecins de Valenciennes du 15 janvier 1770.

(*Mémoires sur la nature, les effets etc. du feu de charbon de terre* par Morand, p. 206.)

N° 213

Sur les maladies prétenduement occasionnées par le feu de charbon de terre.

Nous docteurs en médecine et les plus anciens de ceux qui exercent dans la ville de Valenciennes au Hainaut français, convoqués expressement par M. notre doyen, pour entendre la lecture d'une lettre que nous adresse M. Morand, écuyer, docteur-régent, et ancien professeur de la faculté de médecine de Paris, par laquelle il requiert notre sentiment sur cette question : la *Péripneumonie, l'Asthme sec, la Phthisie et autres affections morbifiques , sont-elles dans le territoire de Valenciennes, des maladies endémiques, et peut-on les regarder occasionnées par l'usage du charbon de terre ?*

La matière mise en délibération et posée attentivement, nous déclarons et assurons que les maladies ci-dessus dénommées , loin d'être ici endémiques depuis l'année 1740 (1), qu'on a commencé à se servir du charbon de terre, s'y observent au contraire plus rarement depuis

_____

(1) Cette date est sans doute une faute d'impression.

1770 cette époque : différence que nous jugeons provenir, tant de la grande consommation du charbon de terre qui se fait ici, que des impôts mis sur la bière et l'eau-de-vie, qui réduisent les pauvres habitants de cette ville à ne boire que de l'eau.

Mais une chose que nous avons observé, c'est que depuis l'usage du charbon de terre, nous n'avons plus vu de maladie épidémiques comme ci-devant, ce que nous attribuons aux parties *bitumineuses* du charbon, enlevées avec la fumée, et qui corrigent les qualités contagieuses de l'air qui nous vient des marais dont la ville est environnée à l'orient et au septentrion.

Pourquoi nous avons donné la présente déclaration munie de notre sceau.

> P.-J. Lagon, doyen et médecin de l'hôpital-général.
> J.-H. Simon.
> J. Macartein.
> André Dufresnoy, docteur en médecine de la faculté de Montpellier, ancien médecin des camps et armées de S. M. en Allemagne, et présentement médecin de l'hôpital-royal militaire de Valenciennes.

Convention entre la compagnie d'Anzin et la compagnie Desmaizières du 14 février 1770.

(Archives de la compagnie d'Anzin.)

N° 214.

Fixation des droits d'entre cens à payer à M. Desmaizières pour les terres de Maing, etc. et de l'indemnité à payer à sa compagnie par la

La compagnie de Trith étant dûment assemblée et composée, après avoir bien examiné la proposition de la compagnie d'Anzin dont la teneur s'ensuit :

La compagnie d'Anzin paiera à M. Desmaizières la somme de 300 l. par année tant qu'on n'extraira pas de charbon sur la terre de Trith et Verchimel et 4,800 l. en cas que ladite compagnie y en tire, le tout monnaie de France sous condition que la compagnie aura la faculté de renoncer au droit d'extraction après l'écoulement des 15 années et non avant et aussi la faculté de continuer pendant 15 autres années, au prix convenu et si la compagnie le désire ; il sera aussi payé à la compagnie de M. Desmaizières par celle d'Anzin comme pure générosité de sa part dans les vues de la paix et de plaire au ministre, la somme de 55,000 l. payable quatre mois après l'expédition de l'arrêt du conseil en faveur de ladite compagnie d'Anzin

—

compagnie
d'Anzin pour
l'aider à
obtenir un
arrêt favorable
à ses
prétentions.

conforme à l'avis rendu au bureau du commerce sans lequel arrêt ladite compagnie adhé-
rera à sa soumission du 10 juillet dernier et la présente sera nulle, moyennant cette somme
de 55,000 l. tous les effets, bâtimens, bois, tuyaux de fer, chevaux et généralement tout ce
qui appartient à la compagnie de Trith relativement à son entreprise sera remis à celle d'Anzin aussitôt l'expédition de l'arrêt. Fait à Paris le 9 février 1770. Signé Laurent au nom de la
compagnie.

A été résolu d'accepter les dites offres, la compagnie préférant sa tranquillité à tout autre
chose, en conséquence elle supplie M. Taboureau de vouloir bien continuer ses bons offices
pour terminer l'arrangement et mander au ministre que c'est l'effet et le résultat de la con-
ciliation faite entre les parties afin que rien n'arrête l'expédition de l'arrêt dont il s'agit.

Signé Demaizières de Trith pour lui et sa compagnie.

Pour copie : Taboureau.

Arrêt du Conseil d'Etat du 4 mars 1770.

(Examen du droit des seigneurs p. 670.)

—

Permission au
sieur de
Champmorin
d'exploiter sa
propriété de
Fins en Bour-
bonnais jus-
qu'en 1800.

Sur la requête présentée au roi.... par le sieur Pierre Chesnon, de Champmorin....
contenant qu'il est devenu propriétaire de la terre et seigneurie de Fins en Bourbonnais, aux
droits de son épouse, fille et unique héritière du sieur Pluyette, ancien concessaire des mines de charbon connues sous le nom de mines de Moulins ; que la concession du sieur Pluyette étant expirée, le suppliant a recours à S. M. pour être autorisé à poursuivre l'exploitation des mines situées sur le terrain dont la propriété lui appartient, requérait à ses causes
qu'il plût à S. M. à accorder à lui, ses hoirs ou ayant cause, le privilège de faire exploiter
exclusivement à tous autres pendant l'espace de 30 années.... les mines de charbon situées
dans l'étendue de sa terre de Fins; ordonner que les particuliers qui pourront obtenir des
permissions d'exploiter de semblables mines ne pourront ouvrir leurs puits qu'à la distance
de 50 toises........

Le roi.... accorde au sieur Chesnon de Champmorin... le privilège de faire exploiter exclusivement à tous autres pendant l'espace de 30 années.... les mines de charbon de terre,
dans les terrains qui lui appartiennent, situés dans l'étendue de sa terre de Fins...... à la
charge de ne pouvoir ouvrir de puits à la distance de 50 toises des limites de la concession
accordée par l'arrêt de ce jour au sieur Christophe Mathieu, sieur de Noyant, dans les ter-

1770 rains qui lui appartiennent.......... et sera tenu ledit sieur Champmorin de se conformer aux arrêts et réglemens...... notamment à celui du 14 janvier 1744, comme aussi d'indemniser les propriétaires des terrains auxquels il pourrait causer quelques dommages.....

⎯⎯⤖⎯⎯

Arrêt du Conseil d'Etat du 4 mars 1770.

⎯⬥⎯

(Archives de la République. — Section administrative.)

N° 216.
—

Permission au sieur Mathieu d'exploiter sa propriété de Noyant en Bourbonnais jusqu'en 1800.

Sur la requête présentée au roi... par le sieur Christophe Mathieu, ingénieur pour les mines, contenant qu'il n'aurait fait l'acquisition de la terre et seigneurie de Noyant en Bourbonnais, que dans l'espérance de pouvoir un jour exploiter les mines de charbon qui s'y trouvent; que le tems fixé pour la durée de la concession du sieur Pluyette étant révolu, personne n'avait plus le droit au mines du suppliant qui espérait, obtenir la permission de les exploiter, en récompense des différens établissemens qu'il a fournis dans ce même genre. Requerait à ses causes... qu'il plût à S. M. accorder à lui, ses hoirs, successeurs ou ayant cause, le privilège de faire exploiter exclusivement à tous autres pendant l'espace de 30 années...... les mines de charbon situées dans l'étendue de sa terre de Noyant, à la charge par lui de ne pouvoir ouvrir des puits à la distance de 50 toises des terrains des particuliers qui pourraient obtenir des permissions...... comme aussi d'indemniser les propriétaires des terrains auxquels il pourrait causer quelques dommages . . . .

.. Le roi.... accorde au sieur Christophe Mathieu, ses hoirs, successeurs ou ayant cause, le privilège de faire exploiter exclusivement à tous autres pendant l'espace de 30 années.... les mines de charbon de terre situées sur les terrains dont la propriété lui appartient dans la paroisse de Noyant..... à la charge de ne pouvoir ouvrir de puits qu'à la distance de 50 toises des limites de la concession accordée par arrêt de ce jour au sieur Chesnon de Champmorin seigneur de Fins, dans les terrains qui lui appartiennent........ et sera tenu le dit Mathieu de se conformer aux arrêts et réglemens..... notamment à celui du 14 janvier 1744, comme aussi d'indemniser les propriétaires des terrains auxquels il pourrait causer quelques dommages.....

⎯⎯ ⎯⎯⎯⬤◉◉⬤⎯⎯

Arrêt du Conseil d'Etat du 4 mars 1770.

╌╌╌╌

(Examen du droit des seigneurs p. 608.)

N° 217.

—

Concession
accordée
au sieur
Liébiger jus-
qu'en 1800
des mines de
houille de la
seigneurie de
Grange en
Franche
Comté.

Sur la requête présentée au roi..... par simon Jacques Liébiger, directeur des mines de Chateaulambert ,..... contenant que les connaissances très étendues qu'il a acquises.... lui ont fait découvrir il y a quelques années les mines de charbon de terre situées dans le territoire de Saulnot........ requérait... qu'il plût à S. M. lui accorder à lui ses hoirs et ayant cause pour l'espace de 30 années la permission d'exploiter exclusivement à tous autres les mines de charbon de terre qui se trouvent ou pourront se trouver dans le territoire de Saulnot et autres lieux de la seigneurie de Grange et dans l'étendue seulement de 2,400 toises de rayon à partir des deux puits principal (*sic*).......... Le roi... permet au sieur Liébiger, à ses hoirs ou ayant cause d'exploiter exclusivement à tous autres pendant l'espace de 30 années les mines de charbon qui se trouvent ou pourront se trouver dans le territoire de Saulnot et autres lieux de la seigneurie de Grange , et ce , dans une étendue seulement de 2,400 toises de rayon à partir de chacun des deux puits principaux que le sieur Liébiger choisira pour centre de sa concession..... à la charge d'indemniser les propriétaires des terrains auxquels il pourrait causer quelques dommages..... comme aussi de se conformer dans son exploitation... et l'arrêt du conseil du 14 janvier 1744.

╌╌╌╌

Arrêt du Conseil d'Etat du 6 mai 1770.

╌╌╌

(Archives de la République. — Section administrative.)

N 218.

—

Distraction
des

Vu.......... l'arrêt rendu.......... le 31 juillet 1766.............. le procès-verbal fait le 12 août 1766 par un notaire et jurisconsulte de la ville de Valenciennes , qui constate l'ouverture des nouvelles fosses dans le territoire de Trith par les associés d'Anzin ;......... la requête de la compagnie d'Anzin au sieur intendant en Hainaut , tendant à ce qu'il fût

1770

—

seigneuries de M. Desmaisières de la concession de la compagnie d'Anzin du 1er mai 1759, à charge de se conformer aux conditions de l'arrêt qui donne cette concession (sans terme).

ordonné au sieur de Templeuve de faire remplir incessamment trois fosses ouvertes contre la disposition de l'arrêt du 31 juillet 1766 et de se conformer à l'avenir au dit arrêt.........., l'ordonnance du sieur intendant du 15 octobre de la même année qui,.......... renvoie les parties à se retirer vers S. M. pour y être pourvu. La requête du prince de Croy et consors tendant à ce qu'il plût à S. M. ordonner que l'arrêt du 1er mai 1759 fût exécuté selon sa forme et teneur ;............... en conséquence, attendu qu'il n'aurait point et ne pourrait avoir une demi-lieue de terrain à l'endroit où il aurait commencé sa fosse sur la veine découverte par les supplians à la fosse Longpré, et qu'il ne s'agirait même que d'une recherche provisoire ordonnée par l'arrêt du 31 juillet 1766, laquelle serait toute faite par l'existence certaine de la veine, faire défenses dès à présent et à l'avenir au dit sieur Desmaisières de continuer les travaux par lui commencés sur la dite veine, ensemble à toutes les autres fosses où il n'aurait point la dite demi-lieue de terrain sur la veine contiguë et d'une seule pièce, ordonner que les dites fosses fussent remplies et condamner le sieur Desmaisières à dix mille livres de dommages et intérêts.............. autre requête du sieur Desmaisières tendant à ce qu'il plût à S. M................ ordonner que les arrêts de son conseil des 8 février et 31 juillet 1766 fussent exécutés selon leur forme et teneur, en conséquence maintenir et garder le suppliant dans le droit............ de continuer l'ouverture des fosses par lui commencées, et toutes autres qui pourraient être nécessaires en observant la distance de 250 toises des travaux déjà anciens de la compagnie d'Anzin, ce fesant sans s'arrêter aux demandes, fins et conclusions de la dite compagnie............... lui faire provisoirement défense de s'immiscer en aucune manière dans l'extraction des mines du dit territoire et de continuer l'ouverture des fosses tracées et commencées sur les fonds dépendans de la ferme ou prétendu fief d'Urtebise, appartenant à l'abbaye de Vicoigne;................. l'acte de protestation du 8 novembre 1766 signifié à la requête du sieur Desmaisières au sieur Mathieu directeur de la compagnie d'Anzin, contre l'ouverture d'une nouvelle fosse, à droite de l'ancien chemin de Valenciennes à Douai, sur une portion de terre occupée par le fermier de la ferme d'Urtebise, située dans le territoire de Thrith...............

Le Roi.......... fesant droit sur l'instance, sans s'arrêter à l'opposition formée par le sieur Desmaisières, à l'arrêt du conseil du 1er mai 1759 dont S. M. l'a débouté, lui défend de continuer les travaux par lui commencés dans la fosse qui se trouve dans la direction de la fosse Longpré appartenant à la compagnie d'Anzin ; comme aussi d'en ouvrir, creuser ni continuer d'autres qu'à la distance et aux autres conditions prescrites par le dit arrêt de 1759, lui permet seulement d'en ouvrir conformément au dit arrêt dans les parties de sa terre de Thrith, Maing et Verchineul qui auraient une demi-lieue d'étendue du levant au couchant, à la charge d'indemniser de gré à gré ou à dire d'experts.......... les abbé et religieux de Vicoigne pour les portions de terrain d'Urtebise qui y seront enclavées. Sur le surplus des conclusions a mis les parties hors d'instance..........

1770

Arrêt du conseil d'État du 16 septembre 1770.

━━◦━━

(Archives de la République. — Section administrative.)

N° 219.

—

Concession
au sieur
Martho et
compagnie
à la rive
droite de
l'Escaut près
Valenciennes
jusqu'en
1800.

Sur la requête présentée au Roi.... par hypolite-Joseph Martho, ingénieur et compagnie, contenant que les connaissances qu'il a acquises dans l'exploitation des mines de charbon de terre et les recherches qu'il a faites de celles qui pourraient se trouver entre la rivière de l'Escaut et celle du Honneau lui en ont fait découvrir plusieurs dans la banlieue de Valenciennes et dans les terrains situés entre l'Escaut et le Honniau depuis Valenciennes jusqu'à Crespin,..... et le sieur Laurent s'étant désisté du droit d'entrecens que le Roi lui avait concédé par arrêt de son conseil du 27 janvier 1767 sur la partie de la banlieue de Valenciennes située sur la rive droite de l'Escaut,..... au moyen de ce désistement le suppliant est disposé à entreprendre l'exploitation des mines qu'il a découvertes..... requérait . . . . vu ladite requête, l'arrêt du 27 janvier 1767, le désistement du sieur Laurent ...... Le Roi...... permet au sieur Martho, ses hoirs ou ayant cause d'exploiter exclusivement à tous autres pendant l'espace de 30 années consécutives toutes les mines de charbon de terre qui se trouvent ou pourraient se trouver dans la partie de la banlieue de Valenciennes qui s'étend le long de la rive droite de l'Escaut y compris Saint-Saulve, la briquette et Marly et dans tous les terrains situés entre l'Escaut et la rivière du Honneau depuis Valenciennes jusqu'à Crespin. Ordonne S.M. que le sieur Martho, ses successeurs ou ayant cause, ensemble leurs commis, préposés et ouvriers employés à l'exploitation desdites mines, jouiront de tous les privilèges.... dont jouissent et doivent jouir les entrepreneurs et ouvriers de mines ; le tout à la charge par le sieur Martho ou ses ayant cause, d'exécuter envers le domaine de S. M. les engagements contractés par le sieur Laurent et mentionnés dans ledit arrêt du 27 janvier 1767 ; comme aussi de dédommager de gré à gré ou à dire d'experts convenus, sinon nommés d'office, les propriétaires des terrains auxquels il pourra faire quelques dommages, de se conformer dans son exploitation aux réglements rendus sur le fait des mines, notamment à l'arrêt du conseil du 14 janvier 1744, et enfin de payer suivant ses offres, annuellement, pendant la durée de la concession la somme de 400 l. pour l'entretien de l'école des mines ; évoque S. M...... toutes les contestations.... renvoie pardevant le sieur intendant..... de Hainaut pour y être fait droit sauf l'appel au conseil.......

━━◦◉◦━━

Arrêt du Conseil d'Etat du 17 mars 1771.

—◦◦◦—

(Archives de la République. — Section administrative.)

N° 220.

—

Concession
à la
demoiselle
d'Ornacieux
et au sieur
Bruno Micoud
de la
montagne des
Foyères
et environs
(Dauphiné)
jusqu'en
1801.

Sur la requête présentée au roi..... par la demoiselle d'Ornacieux et le sieur Bruno Micoud, ingénieur, contenant que par ordonnance du sieur intendant..... dans la province du Dauphiné, les suppliants ont été autorisés à exploiter provisoirement les mines de charbon de terre qu'ils ont découvertes dans la montagne des Foyères située paroisse de St.-Barthélemy en Dauphiné ; qu'en conséquence, ils ont déjà fait creuser.....

Requéraient........ qu'il plût à S. M. leur accorder à eux, leurs associés, leurs hoirs, successeurs ou ayant cause la permission d'exploiter exclusivement à tous autres pendant l'espace de 30 années, les mines de charbon qui se trouvent et pourront se trouver dans la montagne des Foyères..... et dont une étendue de 1,000 toises de rayon à partir du puits principal qui sera ouvert dans ladite montagne......... à la charge.... de se conformer.... à l'arrêt du conseil du 14 janvier 1744, comme aussi de dédommager les propriétaires des terrains auxquels ils pourront causer quelque dommage.....

. . . .

Le roi..... parent à la demoiselle d'Ornacieux et au sieur Bruno Micoud, leurs hoirs successeurs ou ayant cause d'exploiter exclusivement à tous autres pendant l'espace de 30 années les mines de charbon qui se trouvent dans la montagne des Foyères........ et dans une étendue de 1,000 toises de rayon à partir du puits principal qui sera ouvert dans la dite montagne.....

. . . . à la charge par la dite demoiselle Dornacieux et le sieur Bruno Micoud de se conformer dans leur exploitation aux réglements rendus sur le fait des mines, notamment à l'arrêt du 14 janvier 1744, de dédommager les propriétaires des terrains auxquels ils pourraient causer quelques dommages,..... et encore à la charge de payer annuellement pendant la durée de leur concession pour l'entretien de l'école royale des mines la somme de 400 liv............ renvoie par devant le sieur Intendant....... sauf l'appel au conseil.......

—◦▩◦◦—

Arrêt du Conseil d'Etat du 17 mars 1771.

(Archives de la République. — Section administrative.)

N° 221.

—

Demande de
confirmation
de la
concession de
St.-Saulve,
par Martho et
Cie, et
annulation des
prétentions
du sieur
Laurent sur
cette
concession.

Sur la requête présentée au roi..... par Hippolyte-Joseph Marto, ingénieur et Cie, contenant, que les supliants ayant une connaissance particulière des mines de charbon du Haynaut, et que les veines des mines exploitées exclusivement par la compagnie d'Anzin tra-
versaient l'Escaut et s'étendaient au-delà de cette rivière se serait pourvu au conseil au mois
d'octobre mil sept cent soixante-neuf, pour demander le privilège de l'exploiter, afin d'établir
une concurrence nécessaire pour faire diminuer le prix du charbon dont la compagnie
d'Anzin était la maîtresse depuis quarante ans. Que, sur cette demande, le sieur commissaire
départi en la province du Haynaut donna son avis, mais qu'au moment où le supliant se
flattait d'obtenir ce privilège, le sieur Laurent se présenta avec l'arrêt et les lettres patentes
qu'il avait obtenus en 1767, qui lui accordaient le droit d'entrecens avec faculté d'extraire les mines de charbon qui pourraient se trouver dans la banlieue de Valenciennes le long
de la rive droite de l'Escaut, y compris Ste-Sauve, la Briquette et Marly..... Que cet arrêt
parut au supliant surpris à la religion du conseil, puisque le sieur Laurent étant principal
associé de la compagnie d'Anzin, cette compagnie se trouvait avoir obtenu par cet arrêt une
exclusion de privilège si considérable qu'elle était par là en état d'arrêter toute autre exploitation concurrente. Le supliant par ses mémoires au conseil démontra le danger d'une concession de cette espèce donnée, si on ose le dire, secrètement et inutilement au sieur Laurent,
puisque depuis trois années il n'en avait fait aucun usage et qu'elle aurait toujours été ignorée
sans la demande du supliant, qui réveilla ses craintes et celles de sa compagnie. Cependant,
le sieur Laurent prévoyant bien qu'il succomberait dans sa prétention, donna le vingt-cinq
juin mil sept cent soixante-dix son désistement sous signature privée avec offre de le donner
en meilleure forme et de telle manière qu'on l'exigerait. Que ce désistement ayant levé la
difficulté qui aurait pu suspendre la grâce demandée par le supliant, S. M. par arrêt du conseil du seize septembre dernier, lui aurait permis d'exploiter exclusivement à tous autres les
mines de charbon dans la partie de la banlieu de Valenciennes qui s'étend le long de la rive
droite de l'Escaut, y compris St.-Sauve, Marly et la Briquette, et dans tous les terreins situés
entre l'Escaut et la rivière du Honneau, depuis Valenciennes jusqu'à Crépain..... Qu'en
conformité de cet arrêt, le supliant s'est mis en état d'exploiter ces mines, qu'il y a fait des
fosses profondes et des dépenses considérables qui se montent déjà à plus de soixante mille
livres. Que ces travaux se poursuivaient depuis cinq mois avec autant d'activité que de tranquillité, lorsqu'au mois de février dernier le supliant a été informé que le sieur Laurent, au
mépris de son désistement formé, avait obtenu des lettres de surannation sur les lettres patentes de mil sept cent soixante-sept, devenues non seulement caduques par le laps de temps,

1771 mais par le défaut absolu d'exploitation dans les deux années de la concession, aux termes de l'arrêt du conseil de mil sept cent quarante-sept, et qu'il s'était pourvu au parlement de Flandres pour en requérir l'enregistrement. Que le supliant y ayant formé opposition le vingt-cinq février dernier, le parlement de Flandres aurait passé outre à l'enregistrement pour l'arrêt du vingt-sept février suivant, sauf au supliant à réitérer son opposition s'il s'y croyait fondé, défenses au contraire. Qu'une conduite aussi irrégulière et déplacée de la part du sieur Laurent et la crainte d'être troublé dans son exploitation obligent le supliant à recourir à l'autorité de S. M.; ... requérait le supliant qu'il plut à S. M. révoquer en tant que de besoin la concession et faculté accordées au sieur Laurent d'extraire les mines de charbon dans la banlieu de Valenciennes du côté de la rive droite de l'Escaut, St.-Sauve, Marly et la Briquette.... En conséquence ordonner que les lettres patentes du vingt-sept février mil sept cent soixante-sept obtenues sur ledit arrêt et les lettres de surannation accordées sur icelles le trente-un janvier mil sept cent soixante-onze seront rapportées comme nulles et de nul effet; ..... en conséquence ordonner que ledit arrêt, lettres patentes et lettres de surannation seront et demeureront révoquées en ce qui concerne le droit d'extraire les mines de charbon dans les lieux sus-mentionnés; ..... ordonner en outre que l'arrêt accordé au supliant le seize septembre mil sept cent soixante-dix sera exécuté selon sa forme et teneur.....

Le roi..... avant faire droit sur ladite requête a ordonné et ordonne qu'elle sera communiquée au sieur Laurent pour y fournir réponse dans le délai du règlement pour ce fait ou faute de ce faire être ensuite statué ainsi qu'il appartiendra.

Arrêt du Conseil d'Etat du 12 mai 1771.

(Examen du droit des seigneurs , p. 595.)

N° 222.
—
Permission
au sieur
Foulon
d'exploiter
sa propriété
le Doué, dans
sa paroisse de Vu au conseil d'Etat du Roi la requête présentée............:.. par le sieur Jean François Alexandre David, tendant à ce que , pour se conformer aux termes de l'adjudication à lui faite le 24 juillet 1769, par le sieur intendant de Paris,....... de la subrogation au privilège de l'exploitation des mines de charbon de terre de St.-George, de Chatelaison, et Concourson en Anjou, à la charge d'obtenir l'agrément de S. M. pour la continuation de l'exploitation des dites mines, il supplie S. M. de lui accorder, pour le temps de 30 années consécutives....... la continuation du privilège accordé au sieur Bacot de la Bretonnière et à ses associés....... par l'arrêt du......... 28 juin 1740 ; le mémoire .... du sieur Foulon..... formant

Concourson
en Anjou,
malgré le pri-
vilége du sieur
Bacot,
sans terme.

opposition en sa qualité de seigneur et propriétaire de la paroisse de Concourson , située dans sa seigneurie de Doué........... Le Roi.......... ayant aucunement égard à la requête du sieur David,.......... permet au dit sieur Foulon d'exploiter exclusivement à tous autres les mines de charbon situées dans la paroisse de Concourson qui avaient été exceptées dans l'arrêt du conseil par lui obtenu le 29 janvier 1769......... à la charge...... d'indemniser préalablement le sieur David de tous les bâtiments , bois,..........

Arrêt du Conseil d'Etat du 25 juin 1771.

(Recueil des édits , etc. , enregistrés au parlement de Flandre, t. 10, p. 762.)

N° 225.

Confirmation
des priviléges
de la
navigation
de Condé.

Vu au conseil d'Etat du Roi l'arrêt rendu en icelui, le 17 août 1762, sur la requête des bateliers des villes de Lille et d'Aire , tendant à ce qu'il plût à S. M. ordonner que l'ordonnance provisoire du sieur intendant du Hainaut du 28 septembre 1754 , cesserait d'avoir son exécution, en ce qui concerne le droit exclusif accordé aux bateliers de la navigation de Condé, de faire le transport du charbon provenant des fosses d'Anzin , dont l'embarquement serait ordonné au port du Noir-Mouton ; en conséquence , ordonner que les suppliants auraient le droit de faire la navigation et le transport, tant des dits charbons tirés aux fosses d'Anzin , que de ceux des fosses de Fresnes et de Vieux-Condé , et de tous autres charbons dont l'extraction se ferait ou pourrait se faire dans le Hainaut Français ou ailleurs , pour être transporté, soit par le bras de l'Escaut, sur lequel serait situé le port du Noir-Mouton , soit par le fleuve de l'Escaut, les rivières de la Scarpe , des Deûles, de la Lys et autres, aux différentes destinations où ils se consommeraient ; ce fesant , déclarer la navigation de toutes les dites rivières libre pour les bateliers de toutes les navigations des Pays-Bas Français, en Flandre et en Hainaut............ ordonner que les marchands seront libres de se servir de tels bateliers qu'ils jugeront à propos, et de convenir de gré à gré avec les dits bateliers du prix de leur transport..........

.... L'arrêt du conseil du 4 novembre 1718 contenant règlement de la navigation de Condé;........ l'ordonnance du sieur de Méliand, intendant des provinces de Flandre et du

1771 Hainaut du 9 février 1718 (1), qui aurait confirmé les privilèges de la dite navigation, en déboutant les entrepreneurs des fosses du charbon de Fresnes de leur requête, tendant à obtenir la liberté de prendre tels bateaux et bateliers qu'ils jugeraient à propos, pour le transport de leur charbon. Autre ordonnance rendue par le dit sieur intendant, le 7 septembre 1724, sur la requête des mêmes entrepreneurs, par rapport au prix du transport.... La convention faite le 31 mars 1733, entre les dits entrepreneurs et les maitres de la dite navigation de Condé, pour le prix du transport des charbons; laquelle convention aurait été approuvée par le dit sieur intendant, le 3 du mois d'avril suivant : autre convention du 5 mars 1750, pour les charbons d'Anzin, avec les mêmes entrepreneurs : l'arrêt du conseil du 28 janvier 1752.....
l'ordonnance du sieur de Moras, intendant du Hainaut, du 28 septembre 1754, portant que les embarquements des charbons d'Anzin ne pourraient se faire qu'au port du Noir-Mouton, et par les bateliers de Condé, exclusivement à tous autres, conformément aux arrêts du conseil, du 4 novembre 1718 et 28 janvier 1752................ l'ordonnance du sieur Blair, intendant du Hainaut, du 18 octobre 1755, qui débouterait les dits entrepreneurs des fosses d'Anzin, les marchands d'Arras et les entrepreneurs des verreries de Lille, de leurs demandes respectives, tendantes à obtenir que les bateliers des autres navigations eussent la faculté de venir charger les charbons des mines d'Anzin :...................... la copie du traité fait à l'abbaye de Crespin entre l'abbé de Bonne-Espérance, député des états de Mons, et le sieur Valincourt, subdélégué à Condé, le 14 août 1686................ Le Roi, en son conseil, sans avoir égard à l'incident formé par les bateliers de Condé, a reçu et reçoit les états de Lille, Douai et Orchies, opposans à la dite ordonnance du 28 septembre 1754, et tout ce qui s'en est suivi; reçoit les états d'Artois parties intervenantes; fesant droit sur les dites oppositions, intervention, ensemble sur les demandes de toutes les parties; déboute les états de Lille, Douai et Orchies, les états d'Artois, et les bateliers de Lille et d'Aire........ ordonne .... que la dite ordonnance du sieur de Moras du 28 septembre 1754, sera exécutée suivant sa forme et teneur.........

⊸⊰⊱⊰⊱o

_____

(1) Nous ne connaissons pas cette ordonnance, mais bien celle ci-dessus rapportée du 7 septembre 1724.

Arrêt du Conseil d'Etat du 18 août 1771.

(*Examen du droit des seigneurs*, p. 597.)

N° 124.

—

Le sieur
David,
successeur
de Bacot
et compagnie
déclaré non-
recevable
dans son
opposition
à la permis-
sion accordée
au sieur
Foulon.
(Anjou.)

Sur la requête présentée au Roi.......... par J. F. A. David.......... contenant que le suppliant, dépouillé de son patrimoine, sans avoir été appelé à se défendre, a le plus juste sujet de porter aux pieds de S. M. sa réclamation contre un arrêt surpris à sa religion.......

Qu'en 1737 le sieur Bacot de la Bretonnière, aujourd'hui représenté par le suppliant, avait obtenu du grand-maître des mines la concession de celles dont il avait fait la découverte à Chatelaison, et à 6 lieues à la ronde : qu'un arrêt du conseil du 28 juin 1740 avait confirmé la concession........... : que sur la foi de ce titre la société a fait des dépenses énormes.... : que le poids des frais,...... ayant dégoûté ou divisé les associés du sieur Bacot, on a cru que les longues discussions élevées entre eux ne pouvaient être terminées que par la vente de leurs droits............. qu'il est intervenu le 24 mai 1766 un arrêt............ que la première clause de cet arrêt porte........... qu'il sera procédé à la vente de la subrogation au privilége............ un autre arrêt du 29 janvier 1769 a encore prescrit en termes positifs la vente de la subrogation au privilége,............ que le même jour où l'arrêt .... a été rendu, le sieur Foulon, nouveau possesseur de la terre de Doué, a demandé la permission d'y ouvrir des mines, et que le conseil, en lui concédant cette grâce, a voulu de son pur mouvement conserver et consacrer le droit des propriétaires des autres mines............ que c'est d'après ces garanties solennelles et multipliées que le suppliant s'est présenté pour acquérir cette subrogation au privilége, si souvent, si publiquement annoncée.......... qu'un mémoire fugitif répandu dans le public lui a fait connaître que les gens d'affaires de ce concessionnaire (Foulon) prétendaient faire annuler et son propre titre et celui du suppliant : que le suppliant n'a point répondu à ce mémoire qui n'était tombé que fortuitement dans ses mains : qu'il s'est contenté de faire remettre au ministre des observations pour annoncer qu'il n'était effectivement pas dans le cas d'y répondre et de déduire ses moyens parce qu'il n'était point provoqué juridiquement............ qu'un arrêt intervenu au conseil de S. M. le 12 mai dernier a permis au sieur Foulon d'exploiter............ que l'on s'est hâté de mettre cet arrêt à exécution et d'arrêter les travaux de la mine du suppliant, ce qui lui cause un préjudice inappréciable...............

Requérait à ces causes le suppliant qu'il plût à S. M. le recevoir opposant à l'exécution de l'arrêt du 12 mai dernier ; en tant que de besoin, recevoir ses très humbles représentations contre le dit arrêt.........

.... Le Roi........... a déclaré le sieur David non recevable dans sa demande et ordonne que l'arrêt du 12 mai dernier sera exécuté suivant sa forme et teneur..............

Arrêt du Conseil d'Etat du 10 novembre 1771.

(Examen du droit des seigneurs, p. 687.)

N° 225.
—
Confirmation
au sieur
David
et compagnie
de la
concession de
Bacot, moins
les terres de
la seigneurie
de Doué
jusqu'en 1780
(Anjou).

Sur la requète présentée au Roi...... par J. F. A. David, adjudicataire des mines de St.-Georges et de Concourson.......... Le Roi........ permet au sieur David et à ses associés, leurs hoirs, successeurs ou ayant cause, d'exploiter pendant l'espace de 30 années consécutives.......... les mines de charbon qui peuvent se trouver dans l'étendue des paroisses de Saint-Georges, Chatelaison, à l'exception toutefois de celles des dits mines qui seraient situées dans les terres appartenant au seigneur de Doué à raison de sa seigneurie, conformément à l'arrêt du 12 mai dernier....... à la charge........ d'indemniser préalablement les propriétaires des terrains auxquels il pourra causer quelques dommages,............. et de se conformer dans la dite exploitation à ce qui est prescrit par l'arrèt de réglement de 1744.... et à la charge........ de payer annuellement.......... 400 livres pour l'entretien de l'école royale des mines............

Edit de novembre 1771.

*(Recueil des édits etc. enregistrés au parlement
de Flandres, t.7, p.434.)*

N° 226.
—
Prorogation
des deux
vingtièmes.
Les sols pour
livre portés
à huit.

Art. 1ᵉʳ. Le premier vingtième, établi par notre édit de mai 1749...... sera perçu...... jusqu'à ce que, par la libération de partie des dettes de notre état, nos revenus ordinaires puissent suffire à nos autres charges et dépenses.

2. Les 2 s. pour livre des dixièmes cessant d'être perçus au 1ᵉʳ juillet 1772, ordonnons que, pour en tenir lieu, les 4 s. pour livre du premier vingtième seront levés à notre profit, en outre du principal.......... aussi long-temps que le dit premier vingtième.

1772

3. Les fonds............... sujets au vingtième établi............... seront en outre assujettis à un second vingtième, jusqu'au 1er janvier 1781.

. . . .

6. Voulons pareillement que les 6 s. pour livre établis............. ainsi que les 6 patars au florin........... soient........... levés et perçus........ en sus du principal de tous les droits, de quelqu'espèce et nature qu'ils puissent être......... même ceux qui jusqu'aujourd'hui auraient été exempts de la totalité ou partie des dits sols pour livre ou 6 patars au florin...........

7. Voulons que sur les droits qui , par l'article précédent , sont déclarés assujettis à 6 s. pour livre ou 6 patars au florin, en sus du principal, il soit en outre levé et perçu.......... 2 s. pour livre ou 2 patars au florin de plus, jusqu'au........ dernier décembre 1780....... pour faire en tout........ 8 s. pour livre ou 8 patars au florin........

(Enregistré au parlement de Paris.)

Arrêt du Conseil d'Etat du 13 janvier 1772.

(Examen du droit des seigneurs, p. 671.)

N° 227.

Rectification d'une erreur en l'arrêt du 4 mars 1770, en faveur du sieur de Champmorin.

Sur la requête présentée au roi.... par le sieur Pierre Chesnon de Champmorin........ contenant que par arrêt de son conseil du 4 mars 1770................. que, dans l'exposé de cet arrêt, il s'est glissé une erreur, en ce qu'il est dit que le suppliant est devenu propriétaire de la terre et seigneurie de Fins aux droits de son épouse, ... tandis que cette terre appartient personnellement au suppliant, au moyen de l'acquisition qu'il en a fait des enfans du sieur Maréchal. Que cette erreur provient vraisemblablement de ce que le premier privilège pour l'exploitation des mines en question avait été accordé effectivement sous le nom du feu sieur Pluyette, beau-père du suppliant et Cie.... et que, comme cette erreur pourrait donner lieu par la suite à des contestations, quoique mal fondées, il paraît intéressant au suppliant de les prévenir.

Requérait..........

Le roi.... ordonne que l'arrêt du 4 mars 1770 sera exécuté selon sa forme et teneur, sans

1775 néanmoins quoiqu'il ait dit dans le préambule dudit arrêt.... puisse nuire audit sieur Chesnon de Champmorin, ni à ses héritiers et représentans, ni préjudicier aux droits de propriété qui lui appartiennent de son chef sur ladite terre et seigneurie de Fins, conformément à ses titres.

Arrêt du Conseil d'Etat du 3 juin 1773.

(Archives de la République. — Section administrative.)

N° 228.

Modifications apportées aux limites de la concession accordée au sieur Martho, près Valenciennes, et prorogation jusqu'en 1803.

Sur la requête présentée au roi.... par François Louis Martho, entrepreneur de mines, contenant que par arrêt.... du 16 septembre 1770, S. M. a permis à Hypolite Joseph Martho........ que depuis, ledit Hypolite-Joseph Martho étant décédé, le suppliant, son frère et son héritier, a fait des travaux immenses pour parvenir à la découverte du charbon en perçant, non sans peine, 41 toises d'eau qui couvraient les mines, et après avoir dépensé au-delà de 400,000 l., il est enfin parvenu à découvrir les filons, que les échantillons qu'il en a présentés sont d'une qualité supérieure à ceux de la province et ne le cèdent point aux charbons de Newcastle les plus parfaits; que pour profiter de cette découverte aussi avantageuse pour la province du Hainaut que pour tous les pays circonvoisins, il lui est indispensable d'ouvrir d'autres fosses pour suivre et exploiter ces veines, mais que ces travaux ne peuvent se conduire dans tous les endroits nécessaires à cette exploitation, parce que l'arrêt du 16 septembre 1770 n'accorde que des terrains qui ne suivent qu'une très-petite partie de la direction des veines.... le suppliant, dans une précédente requête sur laquelle M. l'intendant a été consulté, avait demandé un arrondissement plus considérable.... mais ayant de nouveau examiné le cours des veines qu'il exploite, il s'est borné aux terrains qui lui sont absolument indispensables.... à ces causes requérait............

... Le roi.... confirmant en faveur du suppliant la concession faite par l'arrêt de son conseil du 16 septembre 1770 au sieur Hypolite Joseph Martho son frère et y ajoutant, a permis et permet audit sieur François Louis Martho, ses hoirs ou ayant cause, d'exploiter exclusivement à tous autres pendant l'espace de 30 ans les mines de charbon de terre qui se trouvent et pourraient se trouver dans les terrains circonscrits par les limites suivantes, savoir : au couchant, depuis la Briquette le long de la rive droite de l'Escaut jusqu'au village d'Escaupont ; au nord, depuis ledit village d'Escaupont par une ligne droite tirée jusqu'à Crespin ; au levant, depuis Crespin en remontant le Honneau et suivant les limites des terres autrichiennes jusqu'au point qui se trouve vis-à-vis le village de Sebourg ; et au midi par une

.. **27**

1773 ligne droite tirée de ce point passant par le village de Sebourg à la Briquette ; à la charge par le suppliant d'abandonner, suivant ses offres, la portion de terrain concédée au sieur Hypolite, Joseph Martho, son frère.... qui se trouvent au-delà des limites ci-dessus désignées.......

Arrêt du Conseil d'Etat du 24 juin 1773.

(Archives de la République. — Section administrative.)

N° 229.

—

La compagnie d'Anzin condamnée à payer les sols pour livre du droit de domaine postérieurs à 1759.

Le roi s'étant fait représenter.... l'édit de novembre 1771 dont les art. 6 et 7 portent qu'il sera perçu 8 s. pour livre en sus des droits de ses fermes....... et S. M. étant informée qu'au préjudice de cette disposition les entrepreneurs des fosses de Vieux-Condé, de Fresnes et d'Anzin..... refusent d'acquitter la dernière imposition sur les charbons qu'ils exploitent, quoique par décision du conseil du 10 mars 1773 elle ait été réduite en leur faveur à 4 s. p. l. et se sont contentés de donner caution d'y satisfaire s'il en était ainsi définitivement ordonné, le tout sous prétexte que..... les charbons du Hainaut français ayant été affranchis du droit principal de 2 patars au muid par lettres patentes du 8 mai 1717 et...... ils doivent l'être également des sols pour livre des mêmes droits....... S. M. aurait reconnu que l'exemption accordée aux charbons du Hainaut français n'est relative qu'aux droits qui se percevaient lors de la concession du privilège, ou tout au plus à ceux existants à l'époque de sa dernière confirmation qui est de 1759 ; et non aux droits additionnels postérieurement établis en 1760, 1763, et 1771......qu'enfin l'affranchissement, tant dudit droit originaire que des 4 anciens sols pour livre d'icelui doit suffire pour conserver au charbon national la préférence sur le charbon étranger, puisque ce dernier étant assujetti aux 4 nouveaux sols pour livre, la différence dans la quotité de la perception reste la même entre le charbon de Mons et celui du Hainaut français qu'elle était en 1759 ; qu'ainsi la prétention des entrepreneurs des fosses du Vieux-Condé .. etc..... est dénuée de tout fondement. A quoi voulant pourvoir et maintenir l'exécution de l'édit du mois de novembre 1771 sans néanmoins retirer la faveur accordée aux charbon du Hainaut français par les lettres patentes du 1er mai 1759, portant prorogation pour 20 années du privilége desdits entrepreneurs....... le roi..... ordonne que les charbons de terre du Hainaut français, continueront de jouir jusqu'à l'expiration du terme fixé par les lettres patentes du 1er mai 1759 de l'exemption tant du principal du droit de 2 patars par muid qui se perçoit sur les charbons dans la généralité de Valenciennes, que des 4 anciens sous pour livre du même droit établi dans le Hainaut et la Flandre par l'édit du mois de décembre 1747, dérogeant pour cet égard seulement aux art. 6 et 7 de l'édit du

1773   mois de novembre 1771, lequel, pour le surplus sera exécuté selon sa forme et teneur, ordonne en conséquence S. M. que les charbons de terre du Hainaut français, seront et demeureront assujettis aux 4 nouveaux sous pour livre dudit droit de 2 patars par muid...

Contrat de Société de la compagnie des mines de Mortagne le 20 septembre 1773.

(Copie appartenant à M. Derasse de Tournai.)

N° 250.
—
Personnel de
la société de
Mortagne
en 1773.

Pardevant..... sont comparu, le sieur Jacques Henri de Rasse, négociant et juré de la ville de Tournai, intéressé dans les houillères de Mortagne, Wiers et St.-Amand et autres lieux, en concurrence de 6 patars en 21, dame Marie Chrisostome Chenu, veuve du sieur Pierre Dominique Recq, négociant en la ville de Lille..... intéressé dans les dites houillères à concurrence de 4 patars, dame Marie Anne Lexin douairière de Henry Joseph Tieffry, écuier seigneur de Rœux et autres lieux, intéressés à concurrence de 2 patars,...... Louis Denis Hyacinthe Joseph Tieffry, officier des cent gardes suisses du roi, écuier seigneur de Rœux son fils aussi intéressé en son non particulier dans la dite exploitation à concurrence de 1 patar 6 deniers, dame Marie Angélique Bernard de Rasoir tant en son nom qu'en celui de messire Jean Louis de Carondelet, chevalier baron de Noyelles et aux lieux, intéressés à concurrence d'un patar, le sieur Piat Joseph Houzé avocat et ancien échevin de la ville de Douai intéressé à concurrence de 2 patars, le sieur François Joseph Félix Défossé, avocat et ancien échevin de cette ville de Douai intéressé à concurrence d'un patar six deniers, le sieur Alexandre Joseph Séraphin d'Aubersart, conseiller pensionnaire de la dite ville de Douai, intendant du mont-de-piété et subdélégué de M. l'intendant de Flandre et d'Artois, intéressé à concurrence d'un patar, le sieur Jacques Antoine Joseph Franquenelle, avocat et ancien échevin de la même ville de Douai, aussi intéressé à la même concurrence d'un patar, qui s'étant assemblés en la dite ville de Douai pour régler les opérations de la continuation de la recherche et de l'exploitation des mines de charbon de terre autorisée d'un côté par S. M. impériale et d'un autre par M. de Trudaine, intendant des finances et chargé du département des mines ont déclaré d'être unanimement convenus :

1° D'admettre dans la présente société le sieur Nicolas Joseph Dubois, avocat, bailli et subdélégué dudit Mortagne, à concurrence d'un des quatre liards dont la société s'était réservé la disposition et aussi Louis François Martho, ingénieur des mines aussi ici présent et acceptant

1773 un autre des dits quatre liards moyennant par eux contribuer aux mises délibérées et à délibérer à la concurrence de leurs intérêts.

2° Que les recherches et exploitations des dites mines continueront de se faire à concurrence des intéressés ci-dessus.........

Contrat d'association pour les fosses de Villers - au - tertre, (société d'Aniche) du 11 novembre 1773 (1).

(Copie collationnée appartenant à M. Lenvin *, maire d'Aniche.)*

N° 231.
—
Association
pour
l'exploitation
de la houille
aux environs
d'Aniche, en
Hainaut.

En conséquence de la lettre adressée à Monsieur de Tabourcau, intendant de la province du Hainaut, par Monseigneur Bertin, ministre des mines et minières de France, en date du 15 septembre 1773 qui autorise mondit sieur Taboureau de délivrer une permission à M. le marquis de Trainel, d'exploiter provisoirement pendant un an les mines de charbon qu'il a découvert, dans ses terres de Villers au tertre, de Bugnicourt, Monchicourt, Fressin, Chatellenie de Bouchain, et de l'ordonnance rendue par ledit seigneur intendant, le 19 du même mois, et d'ailleurs l'espérance que l'on a d'après la parole du ministre donnée à M. le marquis de Trainel d'obtenir un octroi pour la recherche et exploitation du charbon de terre non-seulement dans les quatre terres ci-dessus nommées mais encore dans les territoires et terrains adjacents qui procureront une exploitation d'une étendue plus considérable.

Nous soussigné, sommes convenus de nous associer pour ladite exploitation et extraction de charbon au gain et à la perte comme s'ensuit.

Art. 1er — La présente société sera composée de vingt-cinq sols dans lesquelles il y aura deux sols six deniers qui ne feront point de fonds et vingt-deux sols six deniers qui devront fournir à ceux qui seront délibérés comme ci-après :

Art. 2. — Des deux sols six deniers qui ne sont pas soumis à faire de fonds, il en appartiendra à M. le marquis de Trainel comme obtenteur de l'octroi, et en considération de ce

---

(1) La copie dont nous nous sommes servi ne porte point de titre ; nous l'avons prise sur une copie non signée appartenant à Mademoiselle de Thieffries-Layens.

1775

qu'il veut bien ne point exiger de droits d'entre cens, au cas que l'on extrait du charbon dans les quatres terres dont il est seigneur haut-justicier, comprises dans la démarcation du terrein pour lequel on espère obtenir l'octroi, un sol quatre deniers et demi ci. 1 s. 4 d. 1/2

A Monsieur Desvignes père, en reconnaissance de son travail, voyages etc., quatre deniers et demie ci 0 4 1/2

A une ou deux personnes qui seront choisies par mondit sieur le marquis de Trainel, pour le bien de la chose commune sans être tenu à les nommer, six deniers ci 0 6

Et les trois deniers restans à la disposition de mondit sieur marquis de Trainel et des directeurs pour une personne utile à la compagnie ci. 0 3
_____
2 s. 6 d.

Art. 3. — Quoique les deux sols six deniers ci-dessus ne soient point tenus de fournir aux avances, il est néanmoins convenu qu'en cas de réussite de l'entreprise, les fonds qui auront été faits par les autres associés pour raison desdits deux sols six deniers seront retirés à proportion de ce que chacun y aura contribué, sur les bénéfices résultant de l'entreprise, mais à raison de la moitié seulement par chaque année, c'est-à-dire que dans le cas où il y aurait un dividende du bénéfice à raison de mille livres au sol, il n'en pourra être retenu que cinq cents livres pour la restitution des avances, et les autres cinq cents livres seront payées aux copropriétaires desdits deux sols six deniers, ce qui sera suivi de même jusqu'à l'entière restition desdites avances.

Art. 4. — Au cas contraire de perte et de non réussite dans ladite entreprise, les copropriétaires desdits deux sols six deniers, ne seront tenus à aucune restitution pour raison des avances faites par les autres associés à telles sommes qu'elles puissent monter.

Art. 5. — Les autres vingt-deux sols six deniers composant le surplus de ladite société appartiendront :

A Madame la comtesse de Harville, un sol. . . . . . . 1 s. 0 d.
A M. le comte de Belsunce, trois deniers. 0 3
A M. le comte de Saint-Aldegonde, un sol . . . . . . } 1 6
A Madame la comtesse de Saint-Aldegonde, six deniers. }
A MM. Debernicourt et Cambronne, à Douai 1 0
A M. de Vitalis, commandant de Bouchain. 2 6
A M. Remi Dumesnil, à Douai . . . . } 1 0
A M. Remi Desjardin, à Douai . . . . }
A M. Deflennes de Sautrecourt 0 6
A M. de Béranger, à Douai . . . . } 1 0
A M. de Wavrechin, à Douai. . . . . }
_____
8 s. 9 d.

1773

	Report . .	8 s.	9 d.
A M. Dehaut, mayeur de Bouchain		1	0
A M. Dussart, trésorier de la ville de Valenciennes . . .		1	0
A M. Desvignes, père, à Valenciennes		3	0
A M. Gauneau, négociant, à Dunkerque.		0	6
A M. et Mademoiselle Delfosse, frère et sœur, à Saint-Omer.		0	9
A M. Desvignes, greffier de magistrat de Valenciennes . .		1	9
A M. Mathias Desvignes, fermier à Hordain.		1	3.
A M. Lenvin, fermier à Fressin. . · . ·		0	3
A M. Trescat, fermier à Monchicourt		0	6
A M. Vartel.		0	3

Il a été tenu en réserve pour des personnes connues d'une partie de la compagnie et dont les noms et intérêts seront repris à la suite du présent contrat trois sols six deniers ci 3 6

TOTAL. . . . 22 s. 6 deniers.

Art. 6. — Le nombre des directeurs sera de huit, non compris Monsieur le marquis de Trainel qui assistera aux délibérations toutes et quantes fois il jugera convenir, savoir :

Messieurs, De Beranger, Dehaut, Desvignes père, Dusart, Desvignes greffier, Mathias Desvignes, Lenvin.

Et le huitième sera choisi par les directeurs ci-dessus.

Art. 7. Les assemblées et les délibérations de la compagnie ne pourront être tenues et prises en moindre nombre de cinq des directeurs après néanmoins qu'ils auront été tous convoqués.

Art. 8. — Les délibérations prises par cinq des directeurs au moins auront la même force que si elles avoient étés prises par tous lesdits directeurs, et seront les résolutions signées par eux quand même il y aurait contrariété d'avis.

Art. 9. — En cas de mort, d'éloignement, ou de renonciation de l'un des directeurs, il sera remplacé à la pluralité des voix des directeurs restants.

Art. 10. — Ils auront la liberté de délibérer des fonds nécessaires à l'entreprise, de nommer un caissier, et autres employés et ouvriers, ordonner les achats, les ouvrages, et généralement toutes les choses nécessaires au bien de l'entreprise, ils seront aussi chargés de l'audition des comptes, et des gratifications utiles au bien de la compagnie, et les comptes par eux signés et arrêtés, tant en recette qu'en dépense ne pourront être contestés par qui que ce soit.

Art. 11. Mais pour les choses les plus importantes telles que le choix d'un directeur des ouvrages, d'un receveur ou contrôleur, l'ouverture d'une ou plusieurs fosses, établissement de machine à feu, et abandon d'une fosse ouverte, les délibérations devront être prises et signées par le dit sieur marquis de Trainel et les huit directeurs : et s'il y en avait quelqu'un

1775   qui par incommodité ou autre empêchement ne puisse se rendre à l'assemblée, on lui en demandera son avis par écrit lequel vaudra comme s'il y avait été présent.

Art. 12. Les délibérations pour faire des fonds d'avance ne pourront être plus hautes que de mille livres de France au sol; les fonds en seront remis au caissier dans trois semaines au plus tard à compter du jour de l'advertance à chaque intéressé obligé à faire des fonds; ainsi la délibération de mille livres au sol ne fera qu'un fonds de caisse de vingt-deux mille cinq cents livres à cause des deux sols six deniers qui ne doivent point faire d'avances, et à défaut de faire les fonds en temps, les directeurs seront autorisés de les poursuivre, ou d'en prendre à intérêts aux dépens du défaillant, et si les dits intéressés étaient en défaut de fournir aux fonds délibérés dans le terme de trois mois, il sera libre à la compagnie, représentée par ses directeurs, de reprendre le dit intérêt ou de le céder à qui et aux conditions qu'elle trouvera convenir avec perte des fonds faits par le défaillant, pourvu néanmoins deux advertances préalables non compris la lettre d'avis de la délibération.

Art. 13. Il sera libre à chacun des intéressés de la dite compagnie reconnus ou croupier de vendre son intérêt à qui il trouvera convenir et quand il le jugera bon, pourvu néanmoins, si c'est un croupier, d'en faire l'offre à celui de qui il tiendra le dit intérêt, ou de l'offrir à la compagnie si le cédant l'exige, et si c'est un associé connu, il lui suffira de l'offrir à messieurs les directeurs pour être repris par tous les intéressés connus et assemblés si bon leur semble, ou l'abandonner, ce qui devra se faire en dedans le terme d'un mois.

Art. 14. Il sera encore libre à chacun des associés de quitter la compagnie et son intérêt en totalité ou en partie en perdant les fonds qu'il y aura exposés à due concurrence, et jusqu'au jour de son abandonnement, et en payant sa cotte part des dettes qui se trouveront contractées par la société au moment de son abandon.

Art. 15. Les directeurs s'assembleront deux fois tous les mois dans l'endroit qu'ils auront choisi et plus souvent si les besoins de la compagnie l'exigent.

Art. 16. Tous les intéressés connus auront droit d'avoir inspection des comptes de la compagnie au bureau et sans déplacer, et les croupiers ne pourront s'adresser qu'à leurs cédants pour avoir connaissance du dividende suivant la feuille qui leur sera donnée.

Art. 17. Les directeurs ne prendront aucuns frais de voyages ni vaccations, mais seulement ceux de nourriture et de voiture.

Art. 18. Il a été convenu que la compagnie ne pourra faire de fosses dans l'intérieur du château, jardin et parc, et, au cas que l'on viendrait à établir des fosses à Villers, on ne pourra le faire qu'à cinquante toises de distance de l'enclos.

Ainsi fait, arrêté, convenu et signé en triple dont l'un pour M. le marquis de Trainel, l'autre pour le bureau, et le troisième pour M. Desvignes père, après lecture à Valenciennes, Douai et Bouchain respectivement le onze novembre mil sept cent soixante treize.

Signé : Vitalis, Dehault Rémy, Rémy Desjardin, Béranger, de Wawrechin, Ruyaut de

Bernicourt, Ruyaut de Cambrone, Trainel, Desvignes, J.-B. Desvignes, Vartel, Dusart, M. Desvignes, le comte de Sainte-Aldegonde Noircarme Duhamel, comtesse de Sainte-Aldegonde, A. J. Tréca, Lenvin.

(A la suite de cette copie, on lit:)

Des trois sols six deniers qui ont été tenus en réserve par le présent contrat, la compagnie en a rendu aux personnes suivantes :

A M. le comte de Nédonchel, six deniers, ci......................	0 sols	6 deniers.
A M. Taaff, major du régiment irlandais de Dillon, trois deniers, ci..	0	3
A M. de Gheugnies, de Condé, six deniers, ci.....................	0	6
A M. Dehault, pour deux personnes connues de la compagnie, neuf deniers, ci..	0	9
A M. Pierre Desvignes, quatre deniers, ci........................	0	4
A M. Quenneson fils, à Bugnicourt, trois deniers, ci...............	0	3
A M. Dumont fils, à Bouchain, quatre deniers, ci..................	0	4
A M. le baron de Nédonchel, trois deniers, ci.....................	0	3

Signés: Dehault, de Gheugnies de Quiévy, le comte de Nédonchel, Dumont, de Beaufort, Taaff, Quenneson.

Nota. Des quatre deniers restants, deux ont été cédés à M. de Mont-chevreuil, demeurant à Paris, par la délibération du 13 décembre 1778, quittes de toutes mises jusqu'au dit jour, moyennant la somme de 10,000 l., ci..   0   2

Les deux autres deniers ont été donnés au sieur Castille, receveur particulier des dites fosses par la dite délibération, aux conditions portées par sa commission, ci..   0   2

                              3   6

⸺⸺⸺◖◗❀◗◖⸺⸺⸺

1774

Arrêt du conseil d'Etat du 10 mars 1774.

(Archives de la République. — Section administrative.)

Sur la requête présentée au roi.... par le marquis de Trainel, contenant qu'il est propriétaire de plusieurs terres à clocher dans la province du Hainaut français entre Bouchain et Douai;.... il a formé le dessein d'y ouvrir et exploiter sous le bon plaisir de S. M. des fosses à charbon, et a fait déjà même sonder le terrain jusque près de 400 pieds de profondeur, et il s'est mis en état d'ouvrir deux fosses pour exploiter les veines qui s'y rencontrent et a commencé les approvisionnemens nécessaires pour cet objet, ce qui a déjà constitué le suppliant dans une dépense de plus de 100,000 l..... mais une entreprise de cette importance, et les risques qui en sont inséparables, procureraient infailliblement la ruine du suppliant s'il n'y était expressément autorisé par S. M. et si elle n'avait la bonté d'ôter à ses voisins jaloux de sa découverte l'envie et le pouvoir de lui nuire en les empêchant de former de pareils établissemens dans une distance capable de préjudicier à ceux du suppliant......... requérait à ces causes qu'il plût à S. M. lui accorder le privilège exclusif d'exploiter pendant cinquante années,... les dites mines de charbon de terre qui se trouvent ou pourront se trouver comprises dans ledit terrain situé entre............

.... Le roi... accorde au sieur marquis de Trainel, ses hoirs ou ayant cause, la permission exclusive d'exploiter, pendant 30 années à compter du 1er janvier 1775, les mines de charbon de terre qui se trouvent et pourront se trouver comprises dans le terrain situé entre les rivières de la Sensée et la Scarpe, borné à l'est par la chaussée de Marchiennes et celle de Bouchain, à l'ouest par la Sensée et le Canal qui conduit à Douai, au nord par la Scarpe et au midi par la Sensée; ordonne S. M. que ledit sieur de Trainel,.... jouiront de tous les privilèges.... dont jouissent et doivent jouir les entrepreneurs et ouvriers de mines, à la charge par lui de se conformer aux arrêts et réglemens du conseil concernant l'exploitation des mines de charbon, et en outre de dédommager préalablement,..... les propriétaires des terrains qu'il pourra endommager, et encore de payer annuellement la somme de 400 livres pour l'entretien de l'école des mines...... enjoint S. M. au sieur intendant,... en sa province du Hainaut, de tenir la main à l'exécution du présent arrêt, lui attribuant à cet effet toute cour, juridiction et connaissance en première instance, sauf l'appel au conseil....

Arrêt du Conseil d'Etat du 7 mai 1775.

(Archives de la République. — Section administrative.)

N° 233.

—

Prorogation
jusqu'en
1780
de la conces-
sion des
terrains entre
la Scarpe,
la Deule et la
Lys.

Sur la requête présentée au roi,.... par les sieurs Havez et Lecellier, entrepreneurs des mines de charbon de terre de la rive gauche de la Scarpe, étant aux droits du sieur Guillaume Turner, contenant que par arrêté du conseil du 7 mars 1752, Sa Majesté leur a permis d'ouvrir et exploiter exclusivement à tous autres les mines de charbon de terre situées à la rive gauche de la rivière de Scarpe depuis sa source jusques à son embouchure dans l'Escaut, et de là sur la Deule et la Lys. . . . .

Comme la durée de cette permission est expirée, les suppliants ont recours aux bontés de Sa Majesté pour en obtenir la prolongation. L'utilité de leur entreprise, les dépenses immenses montant à près de cinq cent mille livres qu'ils ont été obligés de faire et dont il n'ont encore rien retiré, leur font espérer que Sa Majesté daignera leur accorder cette grace. Requeraient à ses causes les suppliants qu'il plût à Sa Majesté leur permettre de continuer d'ouvrir et d'exploiter pendant l'espace cinq années à compter du jour de l'arrêt qui interviendra, exclusivement à tous autres, les mines de charbon de terre situées à la rive gauche de la rivière de la Scarpe depuis sa source jusques à son embouchure dans l'Escaut, et de là sur la Deule et de la Lys;. . . . .

Le roi étant en son conseil a permis et permet aux sieurs Havez et Lecellier d'exploiter pendant le temps et espace de cinq années à compter de ce jour exclusivement à tous autres les mines de charbon de terre situées à la rive gauche de la rivière de la Scarpe depuis sa source jusqu'à son embouchure dans l'Escaut et de là sur la Deule et la Lys conformément et ainsi qu'il leur avait été précédemment accordé par l'arrêt du conseil du 7 mars 1752. . . . . . . en cas de contestations. . . elles seront portées par devant le sieur intendant. . . de Flandre.

Arrêt du conseil d'État du 2 novembre 1777.

⟨⟨⟨⟨⟩⟩⟩⟩

(*Répertoire de Guyot*, t. 17, au mot *vingtième*, p. 553.)

N° 254.

—

Suppression
des
vingtièmes
d'industrie.

ART. 10. A compter du 1er janvier prochain, les vingtièmes d'industrie ne seront plus perçus dans les bourgs, les villes et les campagnes.

⟨⟨⟨⟨⟩⟩⟩⟩

Arrêt du Conseil d'Etat du 26 avril 1778.

⟨⟨⟨⟩⟩⟩

(*Répertoire de Guyot*, t. 17, au mot *vingtième*, p. 556.)

N° 255.

—

Maintien
de la
suppression
des
vingtièmes
d'industrie.

ART. 3. Les étangs, moulins et forges continueront à jouir de la déduction qui leur est accordée par les édits et déclarations, et S. M. veut même que ces dispositions soient étendues aux biens de même nature, et qui exigent, pour leur conservation, des chaussées, digues et autres ouvrages d'art dispendieux.

⟨⟨⟨⟨⟩⟩⟩⟩

Arrêt du Conseil d'Etat du 11 juin 1778.

(Archives de la compagnie des mines d'Anzin.)

N° 256. ·

Création
d'une chaire
de
minéralogie
et de
métallurgie.

ART. 1er Il sera établi dans une des grandes salles de l'hôtel des monnaies à Paris, une chaire de minéralogie et de métallurgie docimastique, dans laquelle le professeur ci-après nommé par S. M. donnera des leçons publiques et gratuites de cette science.

2. Le Roi a nommé... pour professeur... le sieur Sage, de l'Académie royale des sciences, aux appointements de 2000 livres qui lui seront payés annuellement, ainsi qu'à ses successeurs à la dite chaire, par le trésorier général des Monnaies.

Arrêt du conseil d'État du 7 août 1778.

(Archives de la compagnie des mines d'Anzin.)

N° 257.
—
Privilège
accordé
au sieur Ling
pour faire du
coke.

Sur la requête présentée au Roi... par Jean Pierre Ling, natif de Saarbruck, contenant que les procédés imaginés et suivis jusqu'à présent en France, en Angleterre et dans d'autres pays, pour ôter à la houille, ou charbon de terre, la mauvaise odeur, les vapeurs et les fumées qui empêchent qu'il ne puisse être employé aux mêmes usages que le charbon de bois, étaient demeurés imparfaits jusqu'au temps où le suppliant, après des recherches et des épreuves longues et multipliées, a enfin découvert le secret d'une préparation par laquelle le charbon de terre, non-seulement est dépouillé de ses propriétés désagréables, incommodes et nuisibles, mais il acquiert en outre de nouvelles qualités, dont les effets sont même supérieurs à ceux que produit le charbon de bois, auquel il peut être, dans tous les cas, substitué avantageusement pour les consommateurs et pour les qualités des fabrications ; S. M. a reconnu, par le

1778 compte qu'elle s'est fait rendre des épreuves faites de la dite préparation , que la méthode de Jean Louis Ling, pour le désoufrement du charbon de terre, est la plus sûre et la plus prompte de celles qui ont été employées jusqu'à présent, et que le sieur Ling a d'ailleurs un procédé particulier pour travailler très avantageusement le poussier de charbon de terre, qui dans toutes les autres préparations, est une matière perdue, en sorte que la méthode est plus propre qu'aucune autre à fournir abondamment de ces charbons à un prix fort inférieur à celui du charbon de bois. Sur ce qui a été aussi représenté à S. M., que la méthode de cette préparation, quoique très simple, devait cependant être variée suivant la qualité des différentes mines, et qu'elle ne pouvait être suivie par des ouvriers ordinaires........ qu'ayant en outre formé un fonds de 1,200,000 livres pour l'établissement des ateliers, fourneaux, magasins et emplacements nécessaires à la susdite préparation, ils se sont mis en état de fournir la quantité nécessaire de ces charbons de houille désoufrés pour les provinces dans lesquelles S. M. jugera à propos de leur accorder le privilége de cette préparation. S. M....... accorde au dit sieur Ling père , ses héritiers ou ayant-cause, la permission exclusive, pendant quinze ans, de préparer et faire préparer, suivant sa méthode, dans toute l'étendue des provinces de Normandie, Dauphiné, Provence, Languedoc, et dans les généralités de Lille et de Valenciennes, le charbon de terre , de manière à le rendre propre à la fabrication des fers et aux autres usages auxquels s'emploie le charbon de bois....

Arrêt du Conseil d'Etat du 19 décembre 1778.

(Archives de la République. — Section administrative.)

N° 238.

Nouvelle concession accordée à la compagnie de St.-Saulve, jusqu'en 1815, entre la Scile et l'Escaut.

Sur la requête présentée au roi...... par les sieurs de Croix, Pierrard et autres associés, formant la compagnie des mines de charbon de terre de St.-Saulve. Contenant que, par arrêt du conseil d'état du roi, du seize septembre mil sept cent soixante dix, Sa Majesté aurait accordé au feu sieur Joseph Hyppolyte Martho et Cie la permission d'exploiter exclusivement à tous autres, pendant l'espace de trente années, les mines de charbon de terre de St.-Saulve, Marly et la Briquette....; le sieur Joseph Hippolite Martho étant décédé, le sieur François Louis Martho et les autres associés formant la compagnie des mines de St.-Saulve auraient continué les travaux et découvert que la direction des veines de charbon se portait sur des terrains autres que ceux désignés en l'arrêt du conseil d'état du roi du seize septembre mil sept cent soixante dix; que pour s'assurer du recouvrement des dépenses considérables qu'ils

1779 avaient déjà faites et de toutes celles qui leur restaient à faire encore, ils auraient été dans la nécessité de demander à Sa Majesté une nouvelle démarcation conforme à la direction des filons : ce qu'il a plu à Sa Majesté de leur accorder par autre arrêt de son conseil d'état du trois juin mil sept cent soixante treize, ils ont en conséquence poussé leurs travaux avec la plus grande vigueur, et touchaient au moment d'extraire du charbon, lorsqu'ils ont vu toutes leurs dépenses perdues et leurs travaux endommagés par l'incendie du huit avril mil sept cent soixante quatorze, qui réduisit en cendres tout leur établissement; en considération des calamités qu'ils ont essuyées, et des dépenses extraordinaires que leur occasionne la trop grande abondance des eaux qu'ils ont rencontrées, en perçant leurs fosses, ils ont supplié Sa Majesté d'augmenter l'étendue de leur concession, en ajoutant aux terreins désignés en l'arrêt du conseil d'état du trois juin mil sept cent soixante treize, ceux situés entre l'Escaut, La Selle, le chemin de Cambrai et celui de Cateau Cambrésis, et de leur accorder la permission d'exploiter les mines de charbon situées dans l'étendue desdits terreins : ce que Sa Majesté leur aurait accordé en vertu d'une permission provisoire d'une année, pendant le cours de laquelle ils ont mis en usage les moyens de monter utilement leur exploitation.

Mais la dite année se trouvant expirée, ils supplient Sa Majesté de leur vouloir bien accorder une permission définitive d'exploiter dans ces nouveaux terreins. Requeraient à ces causes....

Le roi,.... a accordé aux sieurs de Croix, Pierrard et associés, hoirs et ayant cause, la permission d'exploiter exclusivement pendant trente ans à commencer de ce jour les mines de charbon de terre situées dans les terrains compris entre l'Escaut, La Selle, le chemin de Cambrai et celui de Cateau Cambrésis, à la charge par eux de dédommager...

Consentement des Etats d'Artois du 3 mai 1779.

(Archives du Pas-de-Calais.)

N° 239.

—

Consentement des états d'Artois à une augmentation de la

Les députés généraux et ordinaires des états d'Artois, vu par nous les requêtes, mémoires et plans qui nous ont été présentés par le seigneur marquis de Trainel, à l'effet d'obtenir que la partie du territoire de la province d'Artois enclose entre le chemin de Douai à Arras.....
soient ajoutés à la concession qu'il sollicite du roi; nous déclarons consentir à ce que la dite partie du territoire d'Artois soit concédée audit sieur de Trainel, pour y faire la recherche et

1779
—
concession
d'Aniche.

extraction du charbon de terre, à la charge par le dit seigneur de satisfaire aux engagemens qu'il a contractés conjointement avec les directeurs de la compagnie d'Aniche, par acte passé audit Aniche le 27 avril dernier, dont expédition est jointe aux présentes.

Consentement des Etats d'Artois du 26 juin 1779.

(Archives du Pas-de-Calais. — Copie de M. Boca père.)

N° 240.
—

Consentement
des Etats
d'Artois à
l'obtention
d'une
concession
par le duc de
Guines.

Vu par nous la requête qui nous a été présentée par M. le duc de Guines à effet d'obtenir que la partie de la province d'Artois qui n'a point été comprise dans les démarcations accordées à la compagnie d'Anzin et à M. le marquis de Trainel, lui soit accordée en renonçant par lui aux droits qu'il pourrait avoir dans les terres qui lui appartiennent et qui se trouvent enclavées dans les concessions ci-dessus.

SAVOIR :

Pour la compagnie d'Anzin dans les terrains compris par une ligne qui part de Lens, va à Houdain, Pernes, Crépy, Ambricourt et à Azincourt, suit le chemin qui va à Hesdin, remonte la rivière de Cauche jusqu'à Filièvre, va à Framecourt, à Terna, à Penin, à Thilloy, traverse Hermaville, Etrun, Roclincourt, Gavrelles, Bois-Bernard, Méricourt et Lens.

Et pour la compagnie de M. de Trainel, dans le terrain enclos par une ligne qui prend entre le chemin de Douai à Arras jusqu'à Gavrelles, la ligne droite tirée de Gavrelles à Monchy-Preux, le chemin d'Arras à Cambrai depuis la direction dudit Monchy-Preux jusqu'à Cambrai, enfin les limites de l'Artois et de la Flandre entre Cambrai et Douai.

Nous déclarons consentir à ce que le surplus de la province d'Artois, bornée par les provinces de Picardie, Boulenois, Calaisis et la Flandre maritime et walonne qui ne font point partie des concessions ci-devant accordées, soit concédé audit seigneur duc de Guines pour y faire la recherche et extraction du charbon de terre, à la charge par lui de satisfaire aux engagements qu'il a contractés avec nous ; au surplus il aura la liberté de renoncer à la prime de 200,000 liv. promise par les Etats, ou de les accepter en se soumettant aux conditions qui seront imposées.

Arrêt du Conseil d'Etat du 6 août 1779.

(Bibliothèque de M. A. Leroy. — Imprimé.)

N° 241.
—
Augmentation
de la
concession
d'Aniche.

Sur la requête présentée au roi...... par le sieur marquis de Trainel, concluant que par arrêt du 10 mars 1774, il lui aurait été accordé la permission exclusive d'exploiter......... .... qu'après cinq années de travaux les plus dispendieux, ledit sieur marquis de Trainel fut assez heureux pour découvrir des veines de charbon exploitables sur le territoire d'Aniche, dépendant de la châtellerie de Bouchain ; mais que telle avantageuse que soit cette découverte, elle deviendrait bientôt infructueuse.... si on ne lui accordait pas une augmentation de démarcation, par la raison que celle qu'il a obtenue par l'arrêt précité se trouve réduite d'après les recherches inutiles et dispendieuses qu'il a faites dans sa totalité, à une portion de terrain véritablement utile, très-bornée et insuffisante pour y former une exploitation durable et capable de l'indemniser de ses mises et avances faites et a faire ; qu'il devient d'ailleurs indispensable d'assurer à cet établissement un débouché par eau, par le canal de la Sensée, avec la faculté de pouvoir ouvrir des fosses à sa droite et à sa gauche ; qu'il serait au surplus contraire aux principes d'encouragement et de protection particulière que S. M. accorde toujours aux travaux de cette importance, lorsque surtout ils annoncent, comme ceux dudit sieur marquis de Trainel, une parfaite réussite, que d'exposer ces derniers à être bientôt anéantis par l'établissement d'une nouvelle compagnie, qui, profitant des découvertes et alignements dudit sieur marquis de Trainel, pourrait tôt ou tard lui ravir le fruit de ses opérations, en établissant et dirigeant ses ouvrages contiguëment à sa démarcation actuelle, et en lui enlevant son principal débouché et le seul par eau dont il puisse espérer de faire immédiatement usage, de manière que, dans cette position, l'exploitation dudit sieur marquis de Trainel devenant isolée et placée dans un point très resserré entre la compagnie d'Anzin à l'est, et la nouvelle qui pourrait s'établir à l'ouest, servirait à peine à fournir aux besoins de quelques villages circonvoisins, et par la suite ledit sieur marquis de Trainel se verrait forcé à tout abandonner et de supporter une dépense très-considérable, qu'il se trouverait avoir sacrifiée en pure perte. Requérait à ces causes lui accorder une augmentation de démarcation conforme au plan joint à la requête........... Le Roi...... accorde audit sieur marquis de Trainel, ses hoirs, ou ayant cause, une augmentation de démarcation telle qu'elle se trouve figurée au plan joint à ladite requête,.... veut en conséquence et ordonne S. M. que l'ensemble de la totalité de la démarcation dudit sieur marquis de Trainel soit et demeure à l'avenir bornée à l'est par la chaussée de Marchienne à Bouchain, et celle dudit Bouchain à Cambrai, au midi par le chemin de Cambrai à Arras jusques vers le village de Monchy-le-Preux, à l'ouest par une ligne directe à tirer dudit chemin de Cambrai à Arras, et à diriger sur les clochers dudit Monchy-le-Preux et de Gravelle jusqu'à la chaussée de Douai à

1779 Arras, au Nord par ladite chaussée de Douai à Arras, depuis ledit village de Gavrelle jusqu'audit Douai, et par la Scarpe depuis cette dernière ville jusqu'à Marchiennes, sans néanmoins que ledit sieur marquis de Trainel ni tous autres entrepreneurs de mines qui pourront s'établir aux environs, puissent approcher leurs travaux de plus de 600 toises des susdites limites : .... Enjoint S. M. aux sieurs intendants et commissaires respectivement départis dans les provinces du Hainaut, Cambrésis, Flandre et Artois, de tenir chacun pour ce qui les concerne la main à l'exécution du présent arrêt, leur attribuant.... toute cour, juridiction.......

———————

Arrêt du Conseil d'Etat du 25 septembre 1779.

———

(Examen du droit des seigneurs , p. 673.)

N° 242.
—
Maintien des sieurs Lacombe et compagnie dans leur concession des mines de Gravenand et environs (Lyonnais.)

Vu au conseil du roi.... la requête présentée.... par les propriétaires et extracteurs des carrières de charbons de terre des territoires de Gravenand, le Mouillon et lieux circonvoisins, situés dans l'étendue des paroisses de rive de Gier, St.-Génis terre noire, St.-Martin la plaine, St.-Paul en Lyonnais, tendante à ce qu'il plût à S. M. ordonner que les arrêts de son conseil des 21 août 1753, 10 avril 1759, 12 février 1765, portant concession en faveur des sieurs Lacombe et Consors, des carrières de Mouillon , Gravenand et demi lieux à la ronde, ainsi que les lettres patentes du 5 juillet 1765 enregistrées au parlement de Paris le 2 juin 1767, soient déclarées obreptices et subreptices, faire défense au dit Lacombe et Consors de s'en servir..... en conséquence ordonner que les dits propriétaires et extracteurs seraient et demeureraient gardés et maintenus dans la pleine propriété et jouissance des carrières en question.... aux offres qu'ils font, si S. M. l'ordonne, ou d'indemniser.... les dits sieurs Lacombe et Consors....... 2° de construire tous les ouvrages et machines hydrauliques nécessaires pour l'écoulement des eaux, même de continuer la galerie commencée.... 3° de faire faire des bennes conformes à celles échantillonnées.... 4° pour faire cesser les reproches qu'on pourrait faire aux propriétaires et extracteurs, de ne pas exploiter les mines de charbon.... suivant les principes de l'art, leur donner acte........... L'arrêt du conseil du 9 décembre 1770, par le quel S. M..... ordonne que la sus dite requête serait communiquée aux sieurs Lacombe et Consors.... pour y fournir leurs réponses............ signifié à la requête des concessionnaires.... que ne connaissant point de corps ni communautés des propriétaires qui contestassent la concession, il était d'un préliminaire essentiel d'établir les qualités des prétendus propriétaires et extracteurs qui avaient sollicité l'arrêt du conseil du 9 décembre 1770 ;

..29

1780 l'ordonnance dudit sieur intendant du 27 juin 1771, portant que les communautés de St.-Martin la plaine....... seront tenues de s'assembler pour déclarer si elles avaient donné pouvoir de présenter au conseil la requête donnée sous leur nom, délibérer de quelle manière elles entendraient en poursuivre l'effet et faire le remboursement des avances faites par les concessionnaires pour la dite galerie d'écoulement ; délibération prise par la communauté des habitans de St.-Martin la plaine.... par la quelle ils auraient arrêté qu'il serait prélevé une rétribution de 6 deniers par benne de charbon............ que la dite rétribution serait abandonnée aux personnes qui se chargeraient des remboursements que les concessionnaires pouvaient prétendre, à condition 1° qu'elle n'aurait lieu qu'à dater du jour que les propriétaires rentreraient dans la jouissance et propriété de leurs mines ; 2° de rembourser aux concessionnaires les répétitions et indemnités qu'ils pourraient demander pour raison de la galerie d'écoulement ; 3° de ne répéter contre la communauté de St.-Martin-la-Plaine, aucuns frais de quel genre que ce puisse être pour raison de la poursuite de l'instance dans le cas où la concession ne serait pas révoquée ; 4° de continuer la galerie.... la communauté aurait nommé pour syndic François Moutelier,... auquel elle donnait pouvoir de traiter avec les personnes qu'il jugerait à propos relativement aux objets de la dite délibération, leur céder la rétribution fixée par icelle........ pourvu que la dite rétribution n'excédât pas un espace de 60 ans..... *(Suit la mention des délibérations des autres communautés et la nomination des syndics sans relater le contenu desdites délibérations... mention de procès-verbaux constatant qu'aucune plainte ne s'élève contre les concessionnaires soit de la part de leurs ouvriers, soit de la part des acheteurs)......* Le roi... sans s'arrêter aux demandes formées par les propriétaires des carrières de charbon de terre situées... dans lesquelles S. M. les... déclare non recevables... ordonne que les arrêts du conseil des 21 août 1753, 10 avril 1759, 12 février 1765.... seront exécutés suivant leur forme et teneur ; en conséquence maintient les dits sieurs Lacombe, Berthelot et consorts dans le droit d'exploiter et faire exploiter généralement et indistinctement toutes les mines de charbon situées dans l'étendue des territoires de Gravenand et du Mouillon et demi-lieue à la ronde, conformément aux limites désignées par lesdits arrêts à la charge par eux de se conformer aux clauses et conditions y énoncées.

———⟨❦⟩———

Lettres patentes du 11 février 1780.

—⟨❦⟩—

(Recueil des édits, etc., enregistrés au parlement
de Flandre, t. 8, p.288.)

N° **243.**
—
Droit sur le

Art. 1ᵉʳ Les houilles ou charbons de terre préparés par le sieur Ling..... seront, lors de

1780
—

coke assimilé
au droit sur le
charbon de
bois.

leur circulation, passe de bout , vente ou débit , soit dans l'intérieur , soit à la sortie du royaume , assimilés au charbons de bois : voulons en conséquence que..... lesdites houilles ou charbons ne puissent être assujettis à d'autres et plus forts droits que ceux qui se perçoivent sur les charbons de bois, à l'exception néanmoins des droits ci-devant attribués aux officiers porteurs de charbons de bois, lesquels seront augmentés de 3 sols, par mine ou voie, attendu le plus fort poids du charbon de terre préparé, et sera la totalité desdits droits diminués de 4 s. par voie , dans le cas où ledit charbon ne serait transporté que du bateau à terre......

⊷⊶⧽⧼⊷⊶

Edit de février 1780.

—

(Recueil des édits, etc. , enregistrés au parlement de Flandre, t. 8, p. 290.)

N° 244.

Prorogation
du second
vingtième et
des 8 sols et
patars.

Art. 1ᵉʳ. Le second vingtième..... continuera d'être perçu jusqu'au 1ᵉʳ janvier 1791.

. . . .

3. Les 2 sols pour livre, ou 2 patars au florin dont la perception devait cesser au 1ᵉʳ octobre 1780 seront levés et perçus jusqu'au 31 décembre 1790 inclusivement, ... pour , avec les 6 premiers sols pour livre , ou 6 patars au florin , faire, jusqu'à ladite époque, 8 sols pour livre, ou 8 patars au florin....

Arrêt du Conseil d'État du 28 mars 1780.

(Archives de la République. — Section administrative.)

N° 243.
—

Reconnais-
sance au profit
du prince
de Grimberg,
du droit
d'entrecens
sur la
seigneurie
d'Aniche.

Sur la requête présentée au roi... par Othon Henri, prince d'Ougnies de Grimberghe, comte de Mastaing... contenant que le suppliant a acheté de M. le comte de Ste-Aldegonde .... la terre, seigneurie et haute justice d'Aniche, chatellenie de Bouchain, tenue en engagère de S. M. à laquelle il en a fait le relief, payé les droits seigneuriaux, prêté foi et hommage et servi dénombrement pardevant les officiers du bureau de bienfaisance de Lille......... qu'ayant été ainsi en bonne et légitime possession de cette terre, seigneurie et haute justice, le suppliant croyait ne rencontrer aucun obstacle dans la jouissance de tous les droits attachés à semblables seigneuries dans toute l'étendue de la province du Hainaut ; que l'un de ces droits, suivant l'art. 2 du chapitre 130 des chartes générales de cette province, est celui d'entrecens sur les houillères qui s'ouvrent dans la circonférence de chaque seigneurie ; qu'en conséquence, une compagnie autorisée par S. M. ayant ouvert des fosses à houille dans le territoire d'Aniche, le suppliant a fait sa demande de ce droit d'entrecens ; que cette compagnie refuse de prendre aucune espèce d'arrangement avec le suppliant pour raison de ce droit, sous prétexte que sa seigneurie d'Aniche n'étant qu'une engagère, ce droit ne concerne point le suppliant, mais uniquement S. M.; que c'est pour la première fois qu'on entend alléguer un pareil paradoxe dans la province du Hainaut, dans laquelle que dans toutes les autres provinces des Pays Bas français, les seigneurs engagistes jouissent absolument des mêmes droits que tous les autres seigneurs hauts-justiciers, entre lesquels et lesdits engagistes il n'y a aucune différence, si ce n'est que les premiers sont propriétaires perpétuels et incommutables, au lieu que les autres ne le sont qu'autant que S. M. ne juge point à propos de leur rembourser la finance payée par eux ou par leurs auteurs aux seigneurs rois prédécesseurs de S. M.; que dans l'intérieur du royaume, à la vérité, on ne pense pas tout à fait ainsi des seigneurs engagistes............... mais qu'il en est tout autrement dans les Pays Bas où les souverains en aliénant leurs domaines ont concédé aux acquéreurs tous les droits dont ils avaient eux eux-mêmes, sauf les droits de souveraineté........ droits dans lesquels plusieurs capitulations, et notamment l'art. 40ᵉ de celle faite au camp devant Lille le 27 août 1667, les ont maintenus et confirmés ; que si le suppliant peut réclamer avec succès le droit général à tous les seigneurs engagistes des Pays Bas français, il n'est pas moins fondé à se prévaloir en particulier des termes dans lesquels est conçu l'engagement de la seigneurie d'Aniche fait par Philippe IV roi d'Espagne...............................
.... qu'on ne peut douter à la vue de telles énonciatiations que le suppliant, comme représentant celui à qui Philippe IV a vendu sa terre et seigneurie d'Aniche ne soit fondé à prétendre jouir dans toute son étendue du droit

1780 d'entrecens qui n'est en Hainaut qu'un droit seigneurial ordinaire ; que si cependant, contre toute attente, S. M. pouvait penser autrement, le suppliant ose se flatter qu'elle voudra bien au moins le préférer à tout autre, sous l'offre que fait le suppliant de payer une reconnaissance annuelle de 30 l. envers le domaine de S. M............... requérait à ces causes le suppliant qu'il plût à S. M. le garder, maintenir et confirmer dans tous les droits tant honorifiques qu'utiles attachés à la terre et seigneurie et haute justice d'Aniche ; et nommément dans les droits d'entrecens sur les houillères ; pour, par le suppliant, en jouir ainsi qu'en jouissent tous les seigneurs haut justiciers du Hainaut ; et dans le cas où S. M. jugerait à propos de ne l'ordonner ainsi qu'à la charge d'une redevance annuelle, donner acte au suppliant des offres qu'il fait de payer chaque année la somme de 30 l. à titre de redevance envers le domaine, au-delà des conditions apposées à l'engagement de la dite terre.........................
Le roi.... maintient le suppliant dans la jouissance du droit d'entrecens dû dans la terre et seigneurie d'Aniche, conformément aux termes du contrat d'engagement de la dite terre et seigneurie..... ordonne en conséquence S. M. que les entrepreneurs des houillères dans la dite seigneurie d'Aniche seront tenus de se pourvoir au conseil pour être procédé à la liquidation dudit droit d'entrecens et à la fixation d'une rente annuelle qui en sera représentative ; à quoi faire ils seront contraints à la requête et diligence du suppliant, lequel jouira de la dite rente tant que son engagement subsistera.

Convention entre le Comte de Vanderburck et la Compagnie d'Anzin, du 20 octobre 1780.

(Archives de la Compagnie des mines d'Anzin.)

N° 246.

Cession à la compagnie d'Anzin du droit d'extraire sur Aubry.

Pardevant les notaire royal,.... fut présent haut et puissant seigneur Messire Charles Marie François, comte de Vanderburck, lequel a déclaré d'avoir cédé, abandonné et transporté à MM. le duc de Croy, marquis de Cernay, vicomte Désandrouin, Taffin et compagnie y réunie, acceptant par MM. Taffin D'Hordain et Mathieu, directeurs et régisseurs de la dite compagnie à ce autorisés..... tous et tels droits qui sont dus au dit comte de Vanderburck, seigneur d'Aubry et accordés par les articles 2 et 3 du chapitre 130 des chartes générales du Hainaut concernant les mines et extractions de charbon seulement à l'effet de l'exploiter, en extraire dans toute l'étendue de la dite terre et seigneurie d'Aubry, tant et si longtems que la compagnie d'Anzin en extraira dans les terres de St.-Vaast, Raismes et Anzin, subrogeant

1781 même les dits seigneur et compagnie aux lieu et place du dit sieur comte de Vanderburck en tant que besoin est, ou serait, pour par eux en jouir et user ainsi qu'il est porté par
les dits articles 2 et 3 du chapitre 130 des dits chartes générales du Hainaut, sans pouvoir
faire aucune ouverture dans ladite terre; à charge de rendre et payer pour reconnaissance
par chacun an au dernier de décembre.... la somme de six cents livres monnoye de France
jusqu'au jour où après avoir ouvert des fosses sur ladite terre on y extraira du charbon; et
du jour de l'extraction du charbon par fosses ouvertes sur la dite terre, celle de quinze
cent livres monnoye dite par chaque année aussi longtems que ladite extraction durera sur
la dite terre d'Aubry...... convenu qu'après la ratification faite des présentes par le seigneur comte de Vanderburck seigneur d'Aubry, tous autres actes antérieurement passés
entre les seigneurs d'Aubry et la compagnie d'Anzin pour cession du droit d'extraire du
charbon sur la dite terre d'Aubry, seront et demeureront pleinement et entièrement annulés
et revoqués.....

≈≫◄◄≪≈

Arrêt du Conseil d'Etat du 21 mars 1781.

(*Code des mines*, p. 186. — *Répertoire de Guyot*, t. 9, p. 295.)

N° 247.
—
Création de
quatre inspec-
teurs des
mines.

.... Le roi.... a créé et établi quatre inspecteurs des mines et minières de son royaume,
auxquels il sera expédié des commissions, et dont le traitement sera déterminé par l'adminis-
trateur général de ses finances. Veut S. M. que les dits inspecteurs, d'après les ordres qui leur
seront donnés par l'administration, se transportent tous les ans dans les provinces qui leur seront indiquées, à l'effet de vaquer aux opérations portées dans les instructions qui leur seront données, et de dresser un journal, tant des dites opérations, que des découvertes qu'ils
feront et qui seront de nature à mériter l'attention du gouvernement. Veut pareillement
S. M. que lors de la visite qu'ils feront des mines et fouilles ou exploitations, ils veillent à
ce qu'il soit promptement remédié aux travaux défectueux et qui pourraient mettre en danger
la vie des ouvriers, ou occasionner quelques autres accidens. Défend S. M. à toutes personnes de quelque qualité qu'elles puissent être, de troubler les dits inspecteurs dans l'exercice de leurs fonctions.... ordonne en outre S. M. que les dits inspecteurs jouiront des priviléges, exceptions et prérogatives dont jouissent les inspecteurs, tant généraux que particuliers des manufactures.....

≈⟶◐◯◑⟵≈

Edit d'août 1781.

(Recueil des édits etc., enregistrés au parlement de Flandre, t. 8, p. 375.)

N° 248.

—

Les sols pour
livre portés
à 10.

Art. 1er. Il sera perçu à notre profit, à compter du jour de l'enregistrement et publication de notre présent édit, jusqu'au dernier décembre 1790 inclusivement, outre et par-dessus les 8 sols pour livre énoncés en notre édit du mois de février 1780, deux nouveaux sols pour livre en sus du principal de tous nos droits indistinctement quelconque.....

Enregistrement.

(Même Recueil, t. 8, p. 509.)

La cour, les chambres assemblées, attendu les circonstances de la guerre, et les besoins de l'état, intimement persuadée que le seigneur roi voudra bien faire cesser à la paix, la perception des droits établis par ledit édit et plein de confiance que la bonté paternelle dudit seigneur roi pour ses sujets, l'engagera d'accorder aux provinces et administrations du ressort, que la perception des deux nouveaux sols pour livre,..... n'aura lieu que conformément et à la même proportion des abonnemens existans pour les sols pour livre ci-devant établis.... ...... ordonne l'enregistrement de cet édit.

Arrêt du Conseil d'Etat du 17 juillet 1781.

(Archives de la République. — Section administrative.)

N° 249.

—

Fixation à
2,000 liv. du
droit d'entre-
cens dû au
prince de
Grimberghe
pour sa
seigneurie
d'Aniche.

Vû..... l'arrêt rendu... le 12 décembre 1780, sur la requête d'Othon Henri, prince de Ougnies de Grimberghe, comte de Mastaing....... tendante à ce qu'il plût à S. M. fixer et liquider à la somme de 2,000 liv. par chaque année le droit d'entrecens dû par les entrepreneurs des houillières, sur la terre et seigneurie d'Aniche, ainsi et de même que paient au sieur prince de Grimberghe pour sa terre et seigneurie de Mastaing, la compagnie d'Anzin, près Valenciennes..... par lequel arrêt S. M. aurait ordonné que ladite requête serait communiquée audit sieur marquis de Trainel, pour y répondre dans le délai du réglement ..... le certificat... par lequel le sieur Debaut, caissier et directeur de la compagnie du sieur marquis de Trainel ...... reconnaît que le sieur Desprez, chargé des affaires dudit sieur prince de Grimberghe, lui a remis,...... copie exacte dudit arrêt dont il a déclaré au nom de ladite compagnie se tenir bien et valablement signifié. . . . .

Le Roi...... faute par le sieur marquis de Trainel d'avoir satisfait à l'arrêt du conseil dudit jour 12 décembre 1780, et d'avoir fourni des réponses à la requête y insérée,... fixe et liquide à la somme de 2,000 liv. par chaque année le droit d'entrecens dû, par les entrepreneurs des houillères sur la terre et seigneurie d'Aniche, ainsi et de même que paie au sieur prince de Grimberghe pour sa terre et seigneurie de Mastaing la compagnie d'Anzin,.........

1781

Arrêt du Conseil d'État du 21 août 1781

(Archives de la République. — Section administrative.)

N° 250.

Concession en
Artois
accordée à la
compagnie
d'Anzin
jusqu'en
1831.

Sur la requête présentée.... par le duc de Croy.... et compagnie, contenant que d'après les travaux qu'ils ont fait faire pour la recherche des mines de charbon de terre dans une partie de l'Artois, en conséquence de la permission provisoire qu'ils en ont obtenue de S. M. au mois de janvier 1780, ils ont espéré qu'en continuant leurs opérations et leurs recherches avec la dépense nécessaire, ils parviendraient à remplir les vues de S. M. et celles des Etats de la province d'Artois, mais que leur compagnie craignant de se déterminer à faire les sacrifices considérables qu'exige cette entreprise, si elle n'obtenait auparavant la concession définitive du terrain circonscrit par la ligne de démarcation désignée par le plan ci-joint à leur dite requête et convenu avec les Etats d'Artois, et attendu qu'il fallait un terme très-long pour monter l'entreprise et y faire des établissements solides, durables et fructueux, et que la compagnie a renoncé à la récompense de 200,000 liv. promise par lesdits états d'Artois, et pour prouver que son intention n'est point de s'en faire un titre pour surprendre un privilège dont elle ne voudrait point sincèrement faire usage en travaillant efficacement et de bonne foi, elle se soumettait à la nullité de la concession qu'elle demandait si dans huit ans... elle n'avait point fait la découverte du charbon et mis au moins deux fosses en extraction, Requeraient

. . . .

..... Le roi... accorde aux suppliants la permission d'exploiter exclusivement à tous autres pendant le temps et espace de 50 années à compter de ce jour les mines de charbon découvertes ou à découvrir dans les terrains qui sont situés entre Lens, Houdain, Pernes, Azincourt, Hesdin, Fillières et Gravelle conformément au plan annexé à la minute du présent arrêt. Ordonne S. M. que lesdits entrepreneurs et leurs ouvriers jouiront des privilèges et exemptions..... à la charge par les suppliants de se conformer dans leur exploitation au réglement de 1744, de dédommager.... les propriétaires des terrains..... et de payer annuellement pendant la durée de leur privilège entre les mains du trésorier des objets divers la somme de 1,000 liv., comme encore à la charge de mettre leur entreprise et valable extraction de manière à établir la vente du charbon dans l'espace de huit années passé lequel délai ladite concession demeurera révoquée en vertu du présent arrêt. Evoque..... et envoie pardevant le sieur intendant et commissaire départi en la généralité de Flandre.....

..30

1782

Ordonnance de l'Intendant de Flandre et d'Artois
du 9 mai 1782.

(Archives du Pas-de-Calais. — Copie de M. Boca père.)

N° 251.

—

Prorogation d'une permission provisoire en Artois au duc de Guines.

Vu les ordres à nous adressés par la lettre de M. Joly de Fleury ministre des finances, du 30 avril dernier.

Nous avons prorogé jusqu'au 1er février 1783 la permission provisoire obtenue par M. le duc de Guines, d'exploiter les mines de charbon situées dans les terrains qui ne font pas partie de ceux concédés aux états d'Artois, à la compagnie de M. le marquis de Trainel et à celle d'Anzin; à la charge d'indemniser les propriétaires des terrains qu'il pourrait employer ou endommager par ses travaux.

Signé de CALONNE.

Arrêt du Conseil d'Etat du 9 juillet 1782.

(Ministère des travaux publics. — Bureau des mines.)

N° 252.

—

Prorogation jusqu'en 1812 de la concession accordée à la compagnie d'Anzin en 1759.

Sur la requête présentée au roi..... par le duc de Croy..... et autres associés formant la compagnie d'Anzin, contenant qu'ils voient avec peine que les corps de veines de charbon sur lesquels les puits d'extraction sont faits depuis 50 ans, s'épuisent sensiblement, ce qui leur fait connaître la nécessité d'entreprendre de nouveaux ouvrages.... les mineurs refusent de creuser plus bas dans des puits qui ont déjà mille pieds à plomb... pour cette raison la compagnie cherche depuis plusieurs années les moyens de former de nouveaux puits d'extraction pour rajeunir les anciens ouvrages; elle a commencé d'abord deux puits nouveaux près de la Maison Blanche à l'ouest du cours des veines de charbon d'Anzin, ces puits furent approfondis de 40 toises sans accident, mais le premier coup de pique donné dans les

1782 rochers qui servent d'enveloppe au charbon, fit jaillir un torrent d'eau si impétueux, que les deux puits, chacun de sept pieds carrés, furent remplis en quelques minutes; toutes les tentatives très couteuses et réitérées faites pour tarir ces eaux furent inutiles. On perdit en un instant le travail de deux ans et les sommes qu'il avait absorbé en 1777. On creusa un autre puits une lieue plus à l'ouest au village d'Oisy ; cette seconde tentative fut inutile ; elle eut pour résultat les mêmes dépenses et les mêmes pertes; les entreprises récentes et infructueuses des compagnies de Thrith et de St.-Saulve qui ont fouillé pendant quinze ans tous les terrains du sud et de l'est de l'entreprise d'Anzin prouvent sans réplique que toute cette partie est pour toujours sans espoir d'aucun charbon; il ne reste donc d'espérance que dans la partie du nord où personne jusqu'aujourd'hui n'ose se placer à cause des eaux en abondance qui en jaillissent de toute part. La compagnie d'Anzin, malgré ces obstacles, n'a pas hésité d'y commencer deux puits en 1779 et 1780 au village de Fresnes ; deux fortes machines mises en mouvement par 420 chevaux ne purent suffire à enlever les eaux, on fut forcé d'abandonner les deux puits à dix toises de profondeur. En 1780 et 1781, malgré la perte de 600,000 l. occasionnée par ces tentatives, on recommença un autre puits sur le bord d'une branche de l'Escaut près du village de Bruai, on y a placé une machine beaucoup plus forte qu'à Fresnes, elle tirait en une heure 3,460,000 l. pesant d'eau; malgré cette force prodigieuse, on ne put jamais creuser plus bas que 4 toises. Ces échecs multipliés font appercevoir à la compagnie qu'il va lui coûter des sommes immenses et peut-être 12 à 15 ans de travaux pour renouveler l'entreprise dans cette partie du nord... Cette perspective... lui fait voir que son privilège actuel... est insuffisant.... La compagnie ose se flatter que S. M. se portera d'autant plus facilement à lui accorder la grâce qu'elle sollicite, qu'au bien général qui en sera la suite, elle réunit un titre particulier qui lui assure la propriété desdites mines. Suivant la coutume du Hainaut, le droit d'entrecens, qui n'est autre chose que le droit d'extraire le charbon de terre, appartient aux seigneurs hauts-justiciers. Les chefs de la compagnie d'Anzin sont eux-mêmes propriétaires et seigneurs hauts justiciers de la plus grande partie des terrains qui forment l'arrondissement de la concession, et pour le reste, la dite compagnie a été mise aux lieu et place des seigneurs particuliers par des arrangemens faits avec eux quant au droit d'extraire le charbon, requièrent.......

Le roi.... proroge pour 30 ans la permission exclusive d'exploiter les mines de charbon de terre dans les terrains désignés en l'arrêt de son conseil du 1er mai 1579.

Edit de juillet 1782.

*(Recueil des édits etc., enregistrés au parlement
de Flandre, t. 8, p.415.)*

N° 253.

—

Création d'un
troisième
vingtième.

Art. 1er. A compter du premier janvier 1782, et jusqu'au premier décembre de la troisième année après la signature de la paix, il sera levé un troisième vingtième sur tous les objets assujettis aux deux premiers vingtièmes, et sera le dit vingtième perçu dans les mêmes termes et de la même manière que les deux premiers.

. . . .

3 Exemptons du paiement du troisième vingtième, l'industrie, les offices et les droits....

Enregistrement.

(Même recueil, t. 8, p. 509.)

Enregistré; ce jour, la cour, les chambres assemblées en procédant à l'enregistrement de l'édit de juillet dernier, a arrêté que le seigneur roi sera très humblement supplié de faire cesser, à la signature de la paix, les secours extraordinaires mentionnés audit édit......

Arrêt du Conseil d'Etat du 29 octobre 1782.

(Imprimé appartenant à M. Boca.)

N° 254.

—

Concession

Sur la requête présentée au roi.... par Adrien Louis duc de Guines contenant que..... le suppliant a demandé en 1779, au sieur intendant d'Artois, la permission de faire des fouilles dans les parties de cette province non concédées à la compagnie d'Anzin et au marquis de

1782
—
accordée au
duc de Guines
en Artois
jusqu'en
1812.

Traisnel ; cette permission lui ayant été accordée et confirmée ensuite par une lettre du ministre, du 24 février 1780, le suppliant n'a rien épargné pour s'assurer de l'existence des mines de charbon dans la contrée dont il s'agit, et le succès de ces recherches a passé ses espérances; le terme de sa permission étant sur le point de finir, il en a obtenu la prorogation par une ordonnance du sieur intendant, du 9 mai de la présente année 1782......... dans les hivers longs et rigoureux, la classe indigente du peuple est, relativement au charbon, la victime d'un monopole d'autant plus odieux, qu'il porte sur un objet de première nécessité. Le charbon, entassé dans les magasins de quelques négociants, exclusivement liés par des traités avec les compag. des mines, se vend de 25 à 30 p. % au-dessus du prix ordinaire.... les infortunés, forcés d'avoir recours à la tourbe.... y trouvent un secours, souvent plus dangereux que le froid le plus aigu.... cette considération même est du nombre de celles qui ont engagé les Etats d'Artois à promettre une prime de 200,000 liv. pour la première mine de charbon qui serait en exploitation dans la province : Ces inconvéniens ont enfin fixé l'attention des Etats d'Artois, qui sollicitent la permission de faire venir annuellement de Mons, en exemption de tous droits, une quantité considérable de charbon, pour être distribué aux pauvres à un prix raisonnable........ à ces causes requerait le suppliant qu'il plût à S. M. lui permettre et à ses héritiers..... d'ouvrir et d'exploiter, exclusivement à tous autres ; pendant 50 années consécutives.......... Le roi.... accorde au duc de Guines et associés la permission d'exploiter, exclusivement à tous autres , pendant le temps et espace de 50 années, à compter de ce jour, les mines de charbon découvertes ou à découvrir dans la province d'Artois dans tous les terrains qui n'ont pas été compris dans les concessions qui ont été accordées au duc de Croy et au marquis de Trainel et Consors, conformément au plan ci-joint ; bornés par les provinces de Flandre, Boulonnais, Calaisis , la Flandre maritime et walonne. Ordonne S. M. que les dits entrepreneurs et ouvriers jouiront des privilèges..... à la charge par le suppliant de se conformer dans son exploitation, au réglement de 1744, de dédommager.... les propriétaires des terrains qu'ils pourront endommager par leurs travaux. Evoque S. M. à soi et à son conseil toutes les contestations..... renvoit pardevant le sieur intendant et commissaire départi en la généralité de Flandre, pour les juger en première instance....

Arrêt du Conseil d'Etat du 16 mars 1783.

(Archives de la compagnie des mines d'Anzin.)

N° 255.

—

Diminution
des droits à
l'entrée de
Paris.

Le Roi étant informé que les droits qui se perçoivent sur les charbons de terre qui entrent dans la ville de Paris ou dans la banlieue, sont trop considérables....... S. M. a jugé à propos de les modérer. A quoi voulant pourvoir....... Ordonne, qu'à compter du jour de la publication du présent arrêt, les droits sur les charbons de terre, destinés pour l'approvisionnement de Paris et de la banlieue, demeureront réduits, savoir : ceux qui entreront dans la ville de Paris , à la somme de 8 livres , compris le droit de domaine et les 10 sols pour liv., au lieu de 21 livres 10 sols , et ceux qui entreront dans la banlieue, à la somme de 4 liv., compris les sols pour liv., se réservant S. M. de fixer l'indemnité qui pourra être due, tant à la ville de Paris, qu'à l'hôpital-général, et à l'adjudicataire des fermes générales.......

Arrêt du Conseil d'Etat du 19 mars 1783.

(Code des mines, p. 189. — *Répertoire de* Guyot *au mot mines,*
t. 11, p. 516. — *Recueil général des anciennes lois françaises,*
t. 27, p. 260.)

N° 256

—

Création
d'une école
des mines.

..... S. M. a résolu d'établir une école des mines, à l'instar de celle qui a été établie avec tant de succes sous le règne du feu Roi pour les ponts et chaussées. A quoi voulant pourvoir : ..... ordonne ce qui suit :

Art. 1er. Il sera incessamment nommé deux professeurs, pour enseigner les sciences relatives aux mines et à l'art de les exploiter.

1783

2. L'un des professeurs sera chargé d'enseigner la chimie, la minéralogie et la docimasie ; l'autre professeur enseignera la physique, la géométrie souterraine, l'hydraulique et la manière de faire avec le plus de sûreté et d'économie les percements, et de renouveler l'air dans les mines, pour y entretenir la salubrité ; il fera connaître les machines nécessaires à leur exploitation, et la construction des fourneaux.

Art. 3. Le cours d'études sera de trois années.......

. . . .

7. Les élèves qui se seront distingués par leur application et leur intelligence, seront envoyés par l'intendant-général des mines, dans les exploitations qui seront dans un état de grande activité, pour y rester pendant les cinq mois de vacance, et s'y occuper à s'instruire de tous les objets relatifs à la pratique de ces travaux.

8. Les concessionnaires des mines seront tenus de recevoir lesdits élèves , de les entretenir à leurs frais, à raison de 60 livres par mois, et de leur faciliter tous les moyens de s'instruire ; au moyen de quoi lesdits propriétaires seront affranchis des redevances qui leur auraient été imposées par les arrêts de concession.

9. Les directeurs des mines veilleront sur la conduite desdits élèves, et leur donneront, à leur départ, des attestations suivant qu'ils les auront méritées, tant par leur conduite que par leur application.

10. Les élèves qui auront suivi pendant trois années consécutives les leçons des professeurs, qui auront subi, chacune desdites années les examens ci-dessus prescrits, et qui se seront bien conduit dans les mines où ils auront été envoyés, seront admis au grade de sous-ingénieurs des mines.

11. Les places d'inspecteurs et sous-inspecteurs des mines, ne pourront être données , à l'avenir, qu'à ceux qui auront mérité et obtenu le brevet de sous-ingénieur.

12. Et afin d'encourager davantage l'étude d'une science aussi intéressante, S. M. se propose d'y destiner chaque année une somme de 3,000 liv. pour douze places d'élèves,.... en faveur des enfants des directeurs et des principaux ouvriers des mines, qui n'auraient pas assez de fortune pour les envoyer étudier à Paris.......

1785

Arrêt du Conseil d'Etat du 19 mars 1783.

(Code des mines, p. 363. — Recueil général des anciennes lois françaises, t. 27, p. 264.)

N° 257.
—
Arrêt portant
réglement
pour l'exploi-
tation des
mines de
houille.

Le roi s'étant fait représenter l'arrêt de son conseil du 14 janvier janvier 1744 ....
S. M. aurait reconnu qu'il était nécessaire d'en renouveler les principales dispositions, et d'y joindre une instruction sur la manière la plus avantageuse et la plus sure de procéder à l'exploitation....

Art. 1er. Il ne sera permis à aucune personne d'ouvrir et mettre en exploitation des mines de houille ou charbon de terre dans les fonds à eux appartenans , non plus qu'aux seigneurs, dans l'étendue de leurs fiefs ou justices, sans en avoir obtenu la permission de S. M.; dérogeant pour cet effet, S. M., à l'arrêt du conseil du 13 mai 1698 et à tous autres réglemens à ce contraire.

2. Les dites permissions ne seront accordées qu'en connaissance de cause, et après avoir pris toutes les précautions convenables pour s'assurer de la nature et qualité des charbons, et de la facilité ou difficulté de l'exploitation.

3.... (Comme l'article 2 de l'arrêt de 1744)....

4. Ceux qui entreprendront l'exploitation...... seront tenus d'indemniser les propriétaires ..... (comme l'article 11 de l'arrêt de 1744)..... et dans le cas où les dits experts ne s'accorderaient entre eux , l'un des inspecteurs ou sous-inspecteurs généraux des mines fera dans sa tournée l'office de tiers expert, sans néanmoins que les entrepreneurs soient obligés de suspendre leurs travaux.

5..... S. M. a fait rédiger par gens à ce connaissant, une instruction qui sera jointe au présent arrêt, et à laquelle les concessionnaires, leurs directeurs et ouvriers seront tenus de se conformer, à peine d'amende, de tous dommages et intérêts, et même , s'il y échéait, à peine de révocation de leurs privilèges et concessions.

6. Les contestations..... seront portées devant les sieurs intendants.... (comme l'art. 11 de l'arrêt de 1744).... pendant trois années seulement......

Réglement ou instruction du 19 mars 1783.

(*Code des mines*, p. 367. — *Recueil général des anciennes lois françaises*, t. 27, p. 266.)

N° 258.

—

Réglement en
conséquence
de l'arrêt
ci-dessus.

Art. 1er. Il ne pourra être ouvert qu'avec précaution, pour la sûreté des ouvriers, des puits dans les mines de houille ou charbon de terre ; et à cet effet, ils seront étrésillonnés de dedans en dedans et contretenus de bons poteaux de bois, et cuvelés de fort madriers ; tous les poteaux et étrésillons seront, autant que faire se pourra, de bois de chêne ; les madriers ou planches servant à doubler ou cuveler lesdits puits, s'ils sont d'autres bois que de chêne, auront au moins deux pouces d'épaisseur, et il y aura toujours un puits dans chaque mine, où l'on plantera des échelons pour l'entrée et la sortie des ouvriers.

Art. 2. (Comme l'art. 5 de l'arrêt de 1744).

Art. 3. Soit que les mines soient exploitées par des puits ou par des entrées de plein pied, il ne sera pas permis d'abandonner l'entreprise, ou de se livrer à d'autres fouilles, qu'après que la veine, soit qu'elle soit droite, plate ou oblique, aura été percée ou suivie jusqu'au fond du sol, et qu'il aura été creusé un puits au moins de 60 pieds de profondeur, afin de s'assurer s'il n'y aurait pas de couche inférieure à celle déjà exploitée ; et si une seconde veine extraite, l'on fera un pareil puits au-dessous de celle-ci, ainsi de suite.

Art. 4. Les galeries qu'on formera dans les mines, ne pourront être plus larges de 5 pieds ..... (Comme l'art. 7 de l'arrêt de 1744) ..... quant à la largeur des tailles ou travaux extérieurs, elle pourra être plus grande, mais toujours proportionnée à la solidité du terrain et notamment à celle du toit des veines.

Art. 5. Les galeries formées dans les veines de houille ou charbon de terre, seront espacées de façon qu'il y ait d'une galerie à l'autre un massif de charbon, de dimension convenable, suivant la nature du terrein et la solidité de la veine de charbon.

Art. 6. Les galeries et tailles seront solidement étagées de bois de brin, lorsqu'elles exigeront cette précaution pour la sûreté des travaux et des ouvriers ; et dans le cas où le même motif exigerait que les ouvrages fussent en partie comblés, on laissera les ouvertures nécessaires pour la circulation de l'air dans les autres travaux et dans ceux qu'on pourrait entreprendre par la suite.

Art. 7. Tout entrepreneur qui se trouvera dans le cas de faire cesser ...... qu'après en

..31

1785 avoir fait sa déclaration au sieur intendant et commissaire départi dans la province; ... (comme l'art. 10 de l'arrêt de 1744)...

Art. 8. S'il était reconnu par les inspecteurs-généraux ou sous-inspecteurs-généraux des mines, qu'une galerie d'écoulement fut nécessaire, il sera ordonné aux entrepreneurs ou concessionnaires de la faire à leurs frais; et, faute par eux de l'exécuter, S. M. se réserve d'y pourvoir ainsi qu'il appartiendra .....

Arrêt du Conseil d'Etat du 19 mars 1783.

(Code des mines, p. 194. — Répertoire de Guyot, t. 11, p. 516. — Recueil général des anciennes lois françaises, t. 27, p. 262.)

N° 259.
—
Arrêt portant réglement pour l'exploitation des mines de métaux.

Le roi s'étant fait représenter l'arrêt de son conseil du 15 janvier 1744, par lequel il a été ordonné que les concessionnaires des mines et minières d'or, d'argent et autres métaux, seraient tenus de représenter leurs titres; S. M. a jugé nécessaire d'en renouveler les dispositions, et d'y ajouter provisoirement celles qui lui ont paru les plus propres à mettre son conseil en état de lui proposer un nouveau réglement, qui puisse servir de règle à l'exploitation des mines déjà découvertes, et encourager ses sujets à faire de nouvelles recherches......

Art. 1er. Tous ceux qui exploitent actuellement ou prétendent avoir droit d'exploiter des mines et minières d'or, d'argent et autres métaux, seront tenus de remettre incessamment , ... copie des lettres patentes, arrêts, concessions, privilèges, et autres titres qui leur ont été accordés, ensemble un état exact de la situation de leur entreprise.....

2. Ceux qui n'auront pas satisfait aux dispositions du présent arrêt, dans le délai de 3 mois demeureront privés des privilèges dont ils jouissent , et ils ne pourront continuer leurs travaux, sans avoir obtenu une nouvelle permission de S. M.

3. Fait S. M. très expresses inhibitions et défenses à toutes personnes, de quelque qualité et condition qu'elles soient, sous peine de saisie, amende et confiscation , de faire exploiter à l'avenir aucune mine ou minière d'or, d'argent ou autres métaux et fossiles, sans en avoir préalablement obtenu la permission de S. M.

4. Les concessions des mines de métaux, demi-métaux et fossiles, dont l'exploitation n'aura

pas été commencée dans l'année de la concession, ou qui aurait été suspendue pendant le même délai, seront et demeureront révoquées en vertu du présent arrêt, sauf à ceux qui les auront obtenues, à se retirer par devers S. M. pour en obtenir, s'il y échoit, le renouvellement.

. . . .

9. Ordonne au surplus S. M. que les employés au service des mines, soient maintenus en la jouissance des privilèges, franchises et exemption qui ont été accordées par les édits et arrêts sur le fait des mines, lesquels seront exécutés en tout ce qui n'y est pas dérogé par le présent arrêt. . . . .

━━◆◆◆◆◆━━

Arrêt du Conseil d'Etat du 17 juin 1783.

━◆◆◆━

(Archives de la République. — Section administrative.)

N° 260.
—
Concession
accordée
au sieur
Godonnesche,
en Flandre,
entre la Lys et
l'Escaut,
jusqu'en
1798.

Sur la requête présentée au roi.... par Charles Sébastien Godonnesche..... contenant.... que d'après les ordres du ministre des finances adressés à M. de Calonne, intendant de Flandre et d'Artois, le suppliant fut autorisé par ordre, en date du 15 novembre 1781.... d'ouvrir et exploiter provisoirement pendant un an les mines de charbon qu'il découvrira et pourra découvrir dans la chatellenie de Lille. . . .

. . . . Après plusieurs forages qui ont été portés à 200 pieds de profondeur jusqu'au rocher il a ouvert et approfondi deux fosses, dont la première après nombre de difficultés pour vaincre les eaux a été portée à 210 pieds de profondeur en enfoncé de 12 pieds dans le rocher qui lui annonce une réussite certaine d'après les sillons de charbon qu'il y a découvert........ ce qui a déjà constitué le suppliant dans une dépense de près de 90,000 livres ainsi qu'il résulte du procès-verbal qui en a été dressé par le sieur Lagache subdélégué à Lille.....

Le terrein dans lequel le suppliant demande la permission définitive et exclusive d'exploiter les mines de charbon...... est situé entre la Scarpe et la Lys, il est borné......

Requérait à ces causes le suppliant qu'il plut à S. M. lui accorder le privilège exclusif d'exploiter pendant 40 années......

Le roi.... accorde au suppliant et à ses associés pour 15 années à compter de la date du présent arrêt la permission d'exploiter.... dans les terrains situés entre la Scarpe et la Lys,

1784 bornés à l'est par la frontière de France jusqu'à et par la chaussée de Tournai à Orchies et celle d'Orchies à Marchiennes, au midi depuis Marchiennes suivant la rive gauche de la Scarpe et les limites de l'Artois jusqu'à Beauvin, à l'ouest depuis Beauvin suivant les mêmes limites de l'Artois (1) passant par Furnes jusqu'à Armentières et suivant la rive droite de la Lys jusqu'à Deulemont, et au nord depuis Deulemont (2) passant par Tourcoing jusqu'à la frontière de France.... Evoque..... les contestations..... renvoie pardevant le sieur intendant...... en la province de Flandre pour les juger en première instance....

Arrêt du Conseil d'Etat du 14 mars 1784.

(Code des mines, p. 371.)

N° 261.

—

Arrêt portant reglement pour l'exploitation des mines de houille dans le Boulonnois.

Le roi étant informé que l'arrêt de son conseil du 6 juin 1741, portant permission au sieur duc et la dame duchesse d'Aumont de continuer d'exploiter les mines de charbon du Boulonois,..... et comté d'Ardres, avec exception du village de Fiennes et de son territoire en faveur du sieur de Fontanieu, et des terres de Rety et Austry en faveur du sieur de Bucamp, et avec faculté aux propriétaires des terreins situés dans l'étendue du privilège, d'exploiter eux-mêmes, lorsqu'ils auraient 4 arpens de terre d'une même contiguité à eux appartenant, et en ouvrant leurs fosses, tant eux les sieurs de Fontanieu et de Bucamp, à la distance de 200 perches de celles qui seraient ouvertes ou travaillées par le dit sieur privilégié ou ses représentans, et à la distance de 200 toises de celles qui seraient ouvertes par tout autre que ledit privilégié et ses représentans ; et l'arrêt du 9 juin 1771, confirmatif dudit privilège en faveur du sieur duc d'Aumont, et après lui du sieur duc de Villequier, donnaient lieu à des contestations nuisibles à la prospérité des dites mines : que les causes de ces différens consistaient à savoir si les limites des terres exceptées se bornaient au village de Fiennes, dans le marquisat de ce nom, et aux fiefs et possession du sieur de Bucamp dans les terres de Rety et Austry : si les propriétaires qui se trouvent dans l'étendue des terres exceptées ont la faculté d'exploiter le charbon de leurs possessions, comme ceux compris dans l'étendue du privilège, ou si au contraire ceux-là en sont privés : s'il est permis ou non aux propriétaires compris dans l'étendue du privilège de céder ou d'affermer la faculté d'extraire le charbon de leurs possessions : si, dès qu'une fosse est ouverte et entretenue, on a droit, quand même elle ne serait pas exploitée avec l'activité dont elle est susceptible, d'exiger que les proprié-

---

(1) Il y a dans la requête : « et tirant une ligne droite passant » etc.
(2) Il y a dans la requête . « et tirant une ligne droite passant » etc.

1784 taires des terres exceptées, et tous autres, se placent à la distance de deux cents perches ou à
celle de 200 toises......, si cette différence de distances à observer des propriétaires au
privilégié, ou de propriétaire à propriétaire, ne donne pas au concessionnaire un avantage
trop marqué sur les autres extracteurs : Enfin si en se plaçant à la surface du sol aux distances requises, on peut se rapprocher des mines voisines en extraction par la direction des
travaux souterrains. S. M. a jugé à propos de faire cesser ces doutes et ces difficultés........

Art. 1er. Les dits arrêts continueront d'être exécutés selon leur forme et teneur, en ce qui
concerne le privilège accordé au sieur duc de Villequier, et les exceptions y mentionnées en
faveur des sieurs de Fontanieu et de Bucamp, lesquels se borneront pour le village de
Fiennes, au territoire d'icelui seulement, et pour les terres de Rety et Austry, aux possessions
dont les sieurs de Bucamp ou ses représentants ont le domaine utile ou direct.

2. Les propriétaires compris dans lesdites terres exceptées, jouiront de la faculté d'extraire
le charbon de leurs possessions, tout ainsi qu'en jouissent ceux compris dans l'étendue du
privilège, après en avoir préalablement demandé, les uns les autres, la permission, conformément à l'arrêt du conseil du 19 mars 1783.

3. Ceux desdits propriétaires, qui ne voudront pas exploiter par eux-mêmes, pourront
céder à d'autres cette faculté, à la charge par leurs cessionnaires, d'obtenir la permission de
faire des fouilles, ou de se faire confirmer dans le privilège qui pourrait avoir été ci-devant
accordé auxdits propriétaires.

4. Le privilégié ou son représentant, les propriétaires des terres exceptées du privilège ou
leurs représentants, qui auront quatre arpens d'une même contiguité, à titre de propriétaires
ou de concessionnaires du droit d'exploiter le charbon de terre dans l'étendue du privilège
ou des terres qui en sont exceptées, pourront placer leurs fosses ou puits dans les endroits
qui leur paraîtront les plus commodes et les moins dispendieux, en observant toutefois, de la
part des exceptés, de ne pas excéder par leurs ouvrages souterrains, les limites des lieux
compris dans l'exception, et de la part des propriétaires celles de leurs terrains, à moins
qu'ils n'en obtiennent le consentement du privilégié ou des propriétaires voisins....

5. Ordonne S. M. aux extracteurs de charbon de laisser chacun de leur côté un massif de
l'épaisseur de 5 toises, entre l'extrémité de ses travaux et ceux de son voisin ; sauf lors de
l'entier épuisement de leurs mines respectives, à exploiter, chacun en droit soi, le charbon
qui pourrait rester dans le massif formant la partie intermédiaire des deux extractions. Ordonne pareillement qu'en cas d'abandon de l'une de ces mines avant la cessation de l'autre,
celui qui abandonnera le premier la mine fermera hermétiquement les communications, et
notamment les puits ou tourets inférieurs, avec les boisages et glaisages accoutumés en
pareille circonstance, en y appelant son voisin, à l'effet d'en constater la solidité.

7. Fait S. M. très expresses inhibitions et défenses aux entrepreneurs des mines de

charbon des Boulonnois de se débaucher leurs mineurs et ouvriers, sous peine de 500 liv. d'amende, ni de recevoir à leur service aucun ouvrier sans congé.......

Arrêt du Conseil d'État du 27 avril 1784.

(*Examen du droit des seigneurs*, p. 720.)

N° 262.

—

Concession
au sieur
Honnet
près
le Quesnoy
en Hainaut,
jusqu'en 1809.

Sur la requête présentée au Roi.... par le sieur Honnet, contenant qu'ayant obtenu successivement deux permissions provisoires d'exploiter les mines de charbon de terre situées dans l'étendue de la subdélégation du Quesnoy et dans les terrains situés entre elle et les villes de Bavay, Maubeuge et Landrecies, il n'a cessé de s'occuper avec ses associés de la recherche de ces mines, à grands frais, et qu'il ne peut s'assurer de la rentrée de ses avances sans un privilège exclusif. Requérait à ces causes le suppliant qu'il plût à S. M. lui accorder et à ses associés, pendant trente années, temps pour lequel il a traité avec le chapitre de Cambrai....

Le Roi.... accorde au suppliant et associés la permission d'exploiter, exclusivement à tous autres, pendant vingt-cinq ans à compter de ce jour, les mines de charbon de terre découvertes et à découvrir dans l'étendue de la subdélégation du Quesnoy et dans les terrains situés entre elle et les villes de Bavay, Maubeuge et Landrecies, à la charge de se conformer dans leur exploitation aux art. 2, 10 et 11 de l'arrêt du conseil du 14 janvier 1744.... Comme aussi à la charge de dédommager préalablement..... les propriétaires des terrains qu'ils pourront endommager... et d'adresser tous les ans l'état de leurs travaux, l'exposé des difficultés qu'ils ont éprouvées pour les établir, les moyens qu'ils ont employés pour les vaincre, l'état de la quantité des matières qu'ils auront extraites, des ouvriers qu'ils y auront employés et de ceux qui se seront distingués, en annonçant le plus de talents, à défaut de quoi la dite concession sera et demeurera révoquée en vertu du présent arrêt et sans qu'il en soit besoin d'autre à cet égard. Ordonne S. M. que les entrepreneurs et ouvriers des dites mines jouiront des privilèges et exemptions accordées aux mineurs par les édits, déclarations, arrêts et règlements relatés en l'arrêt du conseil du 11 juillet 1728

Evoque S. M. à soi et à son conseil les contestations......... et renvoie par-devant le sieur intendant......

Arrêt du Conseil d'Etat du 29 juillet 1784.

(Archives de la Compagnie des mines d'Anzin).

N° 263.
—
Fixation
des
appointemens
de
l'ingénieur à
envoyer
pour diriger
les mines de
St.-Étienne.

Vu........ la délibération de la Communauté de St.-Etienne, en forez... portant que sur la proposition qui lui a était faite de lui envoyer un employé des mines pour surveiller les travaux des mines de charbon de pierre, à la charge par elle de lui payer 1200 liv. d'appointements, les délibérans ont été d'avis qu'il conviendrait de prendre ces appointemens sur les derniers dix sous, fesant le nouvel octroi accordé à la ville, toute autre imposition devenant trop onéreuse aux citoyens et aux propriétaires des mines........ que cependant la communauté ne peut se dispenser d'observer que la distraction de ladite somme de 1200 liv. pourrait nuire à la continuation des réparations de la ville ; c'est pourquoi elle demanderait que cet employé fut payé de la même manière que les ingénieurs et inspecteurs-généraux des mines..................... Le Roi..., autorise ladite délibération..... ordonne que sur le produit des octrois de la ville de St.-Etienne, il sera prélevé la somme de 1200 liv., pour icelle être payée annuellement à titre d'appointements à l'employé des mines qui sera envoyé dans la communauté de ladite ville pour diriger les travaux des mines de charbon de terre.............

Arrêt du Conseil d'Etat du 31 juillet 1784.

(Archives de la Compagnie des mines d'Anzin).

N° 264.
—
Modifications
au
réglement sur

Vu...... les représentations du sieur duc de Villequier, sur le préjudice qui résulterait pour son privilège des mines du Boulonnois.... de l'exécution de l'article 4 de l'arrèt du Conseil du 11 mars dernier,....... vu pareillement les représentations du sieur Desburreaux et des héritiers du sieur De Fontanieux , tendants à ce que ledit réglement soit exécuté selon sa forme et teneur.............. ....

les mines du
Boulonnois.

ART. 1er. Le village d'Hardinghen demeurera spécialement affecté au concessionnaire des mines du Boulonnois, et les arrondissements de 200 perches continueront d'y avoir lieu en sa faveur pour les fosses qu'il a ouvertes dans ledit village et aux confins d'icelui, conformément auxdits arrêts du Conseil des 7 juin 1741 et 9 juin 1771, excepte néanmoins de la présente disposition les fosses de la Thuilerie et de Luriez-Brousta, et celle Delattre-Noirberne, qu'il sera loisible aux propriétaires d'icelles de continuer d'exploiter, sans néanmoins pouvoir pénétrer par les ouvrages souterrains dans l'enceinte du village d'Hardinghen.

ART. 2. Les fosses que le privilégié peut avoir ouvertes dans d'autres parties du Boulonnois auront pareillement un arrondissement de 200 perches, ledit arrêt de réglement du 14 mars dernier ne devant avoir d'effet que pour les cantons de cette province où ledit privilégié n'aurait encore fait aucun établissement.

ART. 3. Défend S. M. d'ouvrir de nouvelles fosses dans ladite province, qu'au préalable il n'ait été constaté si, dans leur direction, elles ne nuiraient pas aux travaux de celles déjà subsistantes. Ordonne de plus fort l'exécution dudit réglement pour ce qui n'y est pas dérogé par le présent arrêt......

Arrêt du Conseil d'Etat du 13 mai 1785.

(Examen du droit des seigneurs, p. 678).

N° 265.
—

Rejet de la
demande
de Josset ex-
ploitant
sans
concession
d'évoquer au
Conseil la
contestation
d'entre lui et
les proprié-
taires
du terrain.

Sur la requête présentée au roi.... par Nicolas Josset, entrepreneur de mines de charbon de terre, en la paroisse de Chaudefonds, en Anjou, contenant qu'il exploite depuis plusieurs années ces mines, en société avec deux autres particuliers sur les terrains desquels l'exploitation est assise, et auxquels il a été payé moitié de l'indemnité convenue entre eux amiablement, pour raison de ces terrains. Cette mine s'étend sur d'autres terrains, dont les propriétaires ont prétendu avoir le droit d'exiger une portion du charbon exploité, montant à 1/8e. Ils appellent ce droit, droit de forestage ; il n'est fondé sur aucuns titres ni aucune loi, mais seulement sur un usage abusif et directement contraire à l'esprit et à la lettre des réglements des mines et minières............................... plus de dix années avant le dernier arrêt (1783), le suppliant exploitait la mine située sur la paroisse de Chaudefonds, et comme il n'avait point de privilège, il a été obligé de subir la loi que les propriétaires ont voulu lui imposer pour pouvoir continuer sans trouble son exploitation ; l'arrêt du Conseil du 19 mars 1783, rappelant l'observation des précédens réglemens qui avait été négligée, le suppliant a d'abord présenté un mémoire contenant une déclaration de l'état de la mine.... il a en même tems refusé, comme il s'y croyait fondé d'après les réglemens, aux propriétaires des terrains sous lesquels s'étend la mine qu'il exploite, le droit de forestage par eux prétendu..... sur ce refus le sieur Le Cacheur et la demoiselle de la Guimonière sa femme, l'ont d'abord fait assigner devant les Juges Consuls d'Angers..... le suppliant a décliné la juridiction.... et a demandé son renvoi devant le Sieur-intendant.... les sieur et dame le Cacheur se sont alors pourvu devant ce magistrat.... le Sieur-Intendant a cru qu'il ne pouvait rendre de décision, parce que le suppliant n'avait point encore obtenu de permission, ni d'autorisation du Conseil pour l'exploitation de la mine ; en conséquence il a renvoyé les parties devant les Juges qui en devaient connaître.... le Cacheur et sa femme ont cru qu'ils pouvaient porter leur action au présidial d'Angers..... ils ont fait rendre par défaut, le 12 février dernier, un jugement qui a déclaré la cause présidiale et a ordonné qu'elle serait jugée en dernier ressort. Depuis, le suppliant a obtenu, par ordonnance du sieur-Intendant de Tours,.. d'après les ordres du Conseil adressés à ce magistrat, la permission de suivre pendant une année.... l'exploitation de la mine par lui ouverte.... le suppliant est ainsi valablement autorisé, et il croit qu'il peut invoquer avec espérance, la protection immédiate que le Conseil accorde aux entrepreneurs des mines, et particulièrement l'attribution accordée pour tout ce qui concerne leur exploitation Dans cette pétition (1), il ose espérer que S. M. ne laissera pas subsister devant les juges ordinaires une contestation qui n'a pour objet qu'un prétendu droit de forestage........ Requérait à ces causes le suppliant qu'il plût à S. M. .... évoquer à soi et à son conseil la demande desdits sieur et dame Le Cacheur, et y fesant droit, les déclarer purement et simplement non recevables........ Vû ladite requête........

Le Roi.... a débouté et déboute le sieur Josset de ses demandes fins et conclusions contenues en la présente requête.

Arrêt du Conseil d'État du 7 juin 1785.

N° 266.

(Archives de la République. — Section administrative).

Confirmation
et
extension

Sur la requête présentée en roi..... par Jean Feuillant l'aîné, négociant à Brassac, en Auvergne, contenant que par arrêt du Conseil du 24 juillet 1781, S. M. en confirmant

(1) C'est évidemment *Position.*

l'adjudication qui lui avait été faite par le Sieur-Intendant de la généralité de Paris, des terrains et mines de charbon de terre situés à Brassac, à Issoire et autres lieux, en la province d'Auvergne, appartenant à une ancienne compagnie, dont par adjudication il était devenu propriétaire, lui a aussi accordé le privilège exclusif d'exploiter pendant l'espace de 15 années, toutes les mines découvertes et à découvrir dans l'étendue des terrains désignés au procès-verbal d'adjudication, situés...... à la charge par lui de dédommager à l'amiable ou à dire d'experts, les propriétaires des terrains dans lesquels il ferait des exploitations.... Le sieur Feuillant... mit une partie de sa fortune à rétablir les anciennes fosses. qui, abandonnées depuis 30 années, étaient inondées....... il fit pratiquer de nouvelles fosses sur un terrain nommé *la Combelle*, dont il est propriétaire;................... Le sieur Besson, inspecteur-général des mines.... proposa au suppliant de pratiquer une galerie d'écoulement, au sein de la côte, où sont situées toutes les fosses...... L'exécution de ce projet quoique très coûteux n'arrêterait pas le suppliant ... mais avant de l'entreprendre il croit devoir supplier S. M. d'interpréter l'arrêt de son Conseil qui lui accorde le privilège exclusif. Entre les puits de la Combelle et ceux supérieurs, ainsi que dans tous les autres terrains appartenant au suppliant, il existe quelques parcelles de terre, enclavées dans ses possessions, connues sous les noms de champ de Mauras, champ de Chalambelle, champ de Vigeris, puits de Domerèze, terre de Laydou et autres lieux, dont le plus grand n'a pas un arpent et demi d'étendue. Les propriétaires de ces terrains ont autrefois ouvert des fosses, dans l'espérance d'y trouver du charbon, sans être autorisés par S. M. ; mais rebutés par les eaux, ils ont été obligés d'abandonner leurs tentatives. En construisant sa galerie d'écoulement..... il est constant que le suppliant épuisera à ses frais, les eaux contenues dans les puits des propriétaires des terrains ci-dessus énoncés. A la vérité l'arrêt du Conseil du 24 juillet 1781, lui permet d'exploiter les mines découvertes et à découvrir entre les rivières d'Alagnon et d'Aillier depuis Lampde et Vergonghon jusqu'à la jonction des deux rivières, en dédommageant les propriétaires des terrains ; mais cet arrêt par son prononcé fixe les terrains à ceux dénommés dans le procès-verbal d'adjudication, dont il est devenu propriétaire en 1780, ce qui est une erreur dans le prononcé ; et comme il est à craindre que les propriétaires des terrains enclavés n'élèvent quelques difficultés au suppliant........ Le sieur Feuillant supplie S. M. en interprètant en tant que de besoin l'arrêt de son Conseil, d'expliquer de nouveau son intention..............

Le Roi.... ordonne que ledit arrêt du 24 juillet 1781, sera exécuté selon sa forme et teneur, et l'interprètant en tant que de besoin, a permis et permet au suppliant d'exploiter exclusivement à tous autres pendant 20 années..... les mines de charbon découvertes et à découvrir dans les terrains énoncés audit arrêt, et dans un arrondissement de 1,200 toises de rayon, dans lequel arrondissement sont compris les terrains connus sous le nom de champ de Mauras, de Colombelle, de Vigeris,..... à la charge de se conformer dans son exploitation aux art. 2, 10 et 11 de l'arrêt du Conseil du 14 janvier 1744, et aux dispositions de celui du 19 mars 1783, concernant l'exploitation des mines de charbon, comme aussi à la charge de dédommager préalablement..... les propriétaires des terrains qu'il pourra endommager.....................

Evoque S. M. à soi et à son Conseil les contestations..... et renvoie pardevant ledit Sieur-Intendant.... pour les juger en premier ressort.....

Arrêt du Conseil d'état du 21 juin 1785.

(Ministère des Travaux publics. — Bureau des mines. — Archives de la République — Section administrative).

N° 267.

—

Concession à la Compagnie .'Anzin de la seigneurie d'Escaupont rive droite) en Hainaut jusqu'en 1815

Sur la requête présentée au Roi.... par les entrepreneurs des mines à charbon d'Anzin... contenant que.... ils se proposent de faire des recherches nouvelles sur le terroir du village d'Escaupont, en vertu de la concession du Roi et d'un accord particulier fait avec le seigneur dudit village qui met ladite compagnie en son lieu et place quant à l'exploitation des mines qui s'y trouveront ; mais l'art. 1er de l'arrêt du Conseil, du 19 mars 1783, défendant à tous seigneurs propriétaires d'ouvrir et mettre en exploitation les mines de charbon de terre sans en avoir préalablement obtenu la permission de S. M., oblige ladite compagnie de demander ladite permission, pour la partie du village d'Escaupont qui se trouve située à la droite de l'Escaut, et qui se trouve hors de la concession de la compagnie d'Anzin, puisque ladite rivière d'Escaut en fait la limite en cet endroit, requérant.............................
....

Le Roi.... accorde aux supplians et associés la permission d'exploiter exclusivement à tous autres, pendant 30 années, à compter de ce jour, les mines de charbon qui pourront se trouver dans les terrains situés dans la partie du village d'Escaupont qui est à la rive droite de l'Escaut, aux mêmes clauses et conditions portées dans l'arrêt de concession à eux faite de la partie gauche de cette rivière, à la charge de se conformer dans leur exploitation aux art. 2, 10 et 11 de l'arrêt du Conseil du 14 janvier 1744.... Comme aussi à la charge de dédommager.... les propriétaires des terrains qu'ils peuvent endommager, et en outre.... d'adresser tous les ans l'état de leurs travaux....... à défaut de quoi ladite concession sera et demeurera révoquée...... ordonne S. M. que les entrepreneurs et ouvriers desdites mines jouiront du privilège et exemption..... évoque..... (1).

---

(1) Toutes ces dispositions comme en l'arrêt du 27 avril 1784.

Arrêt du Conseil d'Etat du 17 juillet 1785.

—•◦•—

(Recueil des édits etc. imprimés et mis à exécution par l'intendant ou les tribunaux de Lille. — Année 1785 n° 36.)

N° 268
—
Maintien des droits sur les charbons anglais.

Le roi s'étant fait rendre compte des plaintes qui lui ont été adressées par les marchands et fabricants de son royaume, sur le préjudice que leur cause le débit qui se fait ouvertement des marchandises étrangères, et surtout de celles de fabriques anglaises, auxquelles la mode et la fantaisie font donner une préférence décourageante pour l'industrie nationale, et d'autant plus intolérable que les marchandises françaises sont exclues de l'Angleterre par les prohibitions les plus rigoureuses ;.............. Le roi étant en son Conseil a ordonné et ordonne ce qui suit :...........

Art. 2. Les marchandises de fabriques anglaises, autres que celles dont l'entrée a été nommément permis, par l'arrêt du 6 septembre 1701, ou autres subséquens, desquelles l'état sera annexé au présent arrêt, continueront d'être prohibées à toutes les entrées du royaume...................................

Etat des marchandises qui continueront d'être reçues dans le royaume, quoiqu'elles soient du cru ou fabrique d'Angleterre ; à la charge de payer les droits fixés par l'arrêt du 6 septembre 1701, et autres subséquences.

....
charbons de terre ....
....

—••◦⦿◦••—

Convention entre Messire Lehardy et la Compagnie d'Anzin
du 7 septembre 1785.

(Archives de la Compagnie des mines d'Anzin).

N° 269.

Cession
à la
Compagnie
d'Anzin
du droit d'ex-
traire la
houille sur
Hornain.

Pardevant les notaires royal.................... fut présent Messire Pierre-Antoine-Louis Lehardy, chevalier seigneur d'Hornain St.-Jean....

Lequel a déclaré et reconnu d'avoir cédé, abandonné et transporté à Messieurs les intéressés dans les entreprises d'exploitation des mines à charbon de terre à Anzin............ tous et tels droits qui sont dus audit seigneur Lehardy par les art. 2 et 3 du chap. 130 des chartes générales du Hainaut, concernant les mines et extractions de charbon, seulement à effet de le faire exploiter et extraire dans toute l'étendue de ladite terre et seigneurie d'Hornain St.-Jean à perpétuité,............ Subrogeant en conséquence ledit seigneur Lehardy, ladite compagnie en son lieu et place dans ses droits tant que besoin est ou serait; pour par eux, en jouir et user conformément auxdits articles des chartes générales du Hainaut............ à charge de rendre et payer.... pour reconnaissance par chaque an..... la somme de 1000 l. monnaie de France, jusqu'au jour de l'extraction..... et celle de 3000 l., même monnaie, à compter du jour de l'extraction.......

Arrêt du Conseil d'État du 28 octobre 1785.

(*Recueil des édits etc. imprimés et mis à exécution par ordre de l'Intendant ou des tribunaux de Lille*, 1785, n° 62).

N° 270.

Défense
de percevoir
des droits
de péage sur
la houille
non explicite-
ment compris
dans les
tarifs.

Le roi étant informé qu'il se perçoit dans différens bureaux de péages établis sur le Rhône et autres rivières navigables, des droits sur le charbon de terre, sous prétexte que cette matière est implicitement comprise dans les articles des tarifs ou pancartes .... Le Roi..... ordonne qu'il ne sera perçu, à l'avenir, dans toute l'étendue du royaume, aucun droit de péage sur le charbon de terre, nonobstant les articles généraux des tarifs ou pancartes qui assujettissent au paiement des droits de péage toutes espèces de marchandises, auxquels S. M...... déroge à cet égard par le présent arrêt....... Déclare néanmoins, S. M., qu'elle n'entend point préjudicier aux droits de péages sur les bateaux chargés de charbon de terre, si, aucuns sont dûs pour raison du corps desdits bateaux en particulier, ni aux droits qui se paient sur les canaux ou sur les rivières qui ne sont navigables que par le moyen d'écluses ou d'autres ouvrages, et qui exigent un entretien et un service journalier............

Arrêt du Conseil d'État du 21 février 1786.

N° 271.

(*Archives de la République. — Section administrative.*)

Confirmation
et extention
de la
concession
accordée à
M. De Charost,
en Forez.

Sur la requête présentée au Roi.... par le duc de Charrost contenant que S. M. lui ayant accordé par arrêt du Conseil du 11 juin 1767, la concession des mines du Forez dans un arrondissement de 1500 toises de rayon, le château de Roche-la-Morlière au centre, il n'avait pu qu'être surpris de l'entreprise qu'avait formée sur ces mêmes mines et sans l'en prévenir, le sieur Rousseau de Rimonges en vertu d'un arrêt du 20 juillet 1784.......... suppliait le

roi de rendre un arrêt qui, révoquant celui du sieur Rousseau, du 20 juillet 1784, et tous
autres s'il y en avait, déboutant tous propriétaires de leurs oppositions, le maintienne....
il supplie S. M. d'ajouter à ses bontés en ordonnant que..... pendant la durée de 30 ans
la permission d'exploiter les mines accordée au duc de Charrost, s'étende sur tout l'espace
d'un quarré long.. .. moyennant cette grâce le duc de Charrost et Compagnie, s'obligent
d'indemniser à l'amiable ou à dire d'experts les propriétaires des dommages qu'ils pourront
causer à la superficie de leurs possessions, et de payer à ceux d'entr'eux qui font extraire,
tous les charbons qu'ils ont d'extrait, aux prix auxquels ils les vendent journellement...
2° .... Requerraient à ces causes les supplians qu'il plut à S. M. sans s'arrêter à la
concession faite au sieur Rousseau..... confirmer la concession à eux faite en 1767, et ajoutant..... à la charge par eux, 1° d'indemniser les propriétaires des dommages faits à la
surface de leurs possessions, et les extracteurs actuels des charbons extraits en les leur
payant au prix auquel il les vendent ; 2° de fournir tous les charbons nécessaires à la consommation du port de St.-Just sur Loire ; 3° de rembourser dans trois mois au sieur
Rousseau et à sa Compagnie le montant des dépenses qu'ils ont faites en se chargeant de tous
les effets de leur exploitation, ainsi que des charbons extraits ; 4° de payer........ à la
décharge du sieur Rousseau et personnellement pour son compte la somme de 20,000 liv...

Le roi........ confirme pour 30 années.... la concession faite au suppliant.... par
arrêt du 11 juin 1767 et y ajoutant.... ordonne que l'arrondissement de ladite concession
sera de 6000 toises du nord au sud, et de 3000 toises de l'est à l'ouest........ à la charge...
1° d'indemniser préalablement à l'amiable ou à dire d'experts, convenus ou nommés d'office
par le Sieur-Intendant.... en la généralité de Lyon, les propriétaires des terrains qu'ils
pourront endommager par leurs travaux ; 2° de rembourser aux extracteurs actuels.....
le prix de leurs ouvrages.... et celui de leur charbon.... 3° de fournir les charbons nécessaires à la consommation du port de St.-Just-sur-Loire ; 4° de se charger de tous les effets
et ustensiles servant à l'exploitation du sieur Rousseau...... Cette concession est faite en
outre à la charge par le suppliant et ses associés.... de se conformer dans leur exploitation
aux articles 2, 10 et 11 de l'arrêt du Conseil du 14 janvier 1744 et aux dispositions de celui
du 19 mars 1783.....

Arrêt du Conseil d'État du 16 mai 1786.

(*Archives du département du Nord. — Travaux publics, liasse* 303.)

N° 272.

Concession au s'. Deulin dans les dépendances de Maubeuge et Landrecies, (Hainaut,) jusqu'en 1806

Sur la requête présentée au Roi.... par le sieur Deulin. contenant que par un premier mémoire présenté au Conseil en 1783, il a supplié S. M. de lui accorder la permission de faire, dans le canton y désigné, la recherche du charbon de terre et le privilège exclusif de découvrir et d'exploiter celui qu'il pourrait y trouver, à la charge par lui d'indemniser les propriétaires des terrains où il ferait faire la fosse nécessaire à cette exploitation et de payer à S. M. et aux seigneurs les droits accoutumés. Ce mémoire fut renvoyé à M. l'Intendant... en Hainaut, pour prendre des éclaircissements sur cette découverte ; ce magistrat ordonna au suppliant de lui fournir des échantillons du charbon qu'il avait trouvé, ce qu'il fit, ainsi que cela est constaté par le procès-verbal du subdélégué de Landrecies, qui se rendit auprès d'une fosse qui a environ 150 pieds de profondeur, que le suppliant avait fait ouvrir à St.-Remy-Chaussée. Alors le suppliant donna un second mémoire au Conseil en 1784, dans lequel il rendit compte de ces différentes circonstances et demanda de nouveau la permission de faire la recherche du charbon de terre et le privilège exclusif d'exploiter. Sur le second mémoire renvoyé à M. l'Intendant, il obtint le 26 janvier 1785, une ordonnance de ce magistrat, portant permission provisoire d'exploiter, pendant un an, les mines de charbon de terre qu'il a découvertes ou pourrait découvrir dans les lieux et territoires y désignés, à la charge de traiter et de convenir avec les seigneurs Haut-Justiciers des lieux où il voudrait avoir des fosses et à la charge pareillement de dédommager les propriétaires des terrains qu'il pourrait endommager par ses travaux. Le suppliant, encouragé par cette permission a poussé ses travaux avec la plus grande vigueur, il a trouvé du charbon à la sonde à 34 toises de profondeur, il a fait creuser plusieurs fosses pour le découvrir et l'exploiter ; mais ce travail exigeant des dépenses considérables.................. requérait..... qu'il plût à S. M. lui accorder définitivement la permission..... pendant 40 ans?..........

Le Roi..... accorde au suppliant la permission d'exploiter exclusivement à tous autres, pendant 20 années à compter de ce jour, les mines de charbon qui peuvent se trouver au village de Fayt-le-Château , Prisches et Thenières, dépendances de Landrecies, et à Saint-Remy-Chaussée, dépendance de Maubeuge, et dans les terrains limités d'un côté par la route de Landrecies à Maubeuge, et passant par Maroille, Noyelles et Bachant, de l'autre, par la grande route de Maubeuge à Rouillie, et par le chemin de la Rouillie à Femy et par la grande route de Femy à Landrecies ; à la charge par le suppliant de se conformer dans son exploitation aux art. 2, 10 et 11 de l'arrêt du Conseil du 19 mars 1783,..... Comme aussi à la charge de dédommager..... les propriétaires des terrains qu'il pourra endommager par ses travaux, et en outre..... d'adresser tous les ans l'état de ses travaux........ à défaut de quoi ladite concession sera et demeurera révoquée.... ordonne S. M. que les entrepreneurs et ouvriers desdites mines jouiront du privilège....... évoque...... (1)

Arrêt du Conseil d'État du 13 juin 1786.

(Archives de la République. — Section administrative.)

N° 273.

Concession
au s' de
Beauvois et
Compagnie
des terres de
Mortagne et
Saint-Amand,
(Flandre,)
jusqu'en 1816

Sur la requête présentée au Roi, en son Conseil, par le sieur de Beauvois, lieutenant aide-major des Cent Suisses de la garde de S. M., le sieur Derasse, ancien magistrat et négociant à Tournai, et autres intéressés en la compagnie des mines de Mortagne, contenant que depuis grand nombre d'années ils ont fait dans l'étendue des seigneuries de Mortagne et de St.-Amand, terres contentieuses et non contentieuses, les travaux les plus considérables ..... à raison desquels ils ont déjà avancé plus de 500,000 livres sur la foi d'une simple permission provisoire à eux accordée le 20 décembre 1749... et sur des arrangements particuliers avec les seigneurs de Mortagne et de St.-Amand en ce qui pouvait les concerner.... les supplians observeront qu'une partie des terres de la seigneurie de St.-Amand ne peuvent s'exploiter attendu le voisinage de la fontaine dont les boues de St.-Amand sont formées..... dans cet état il serait également juste et indispensable que S. M. voulut bien étendre le privilège que sollicitent les supplians sur la partie du Tournésis bornée par les territoires de Mortagne et de St.-Amand, par la concession du sieur Godonesche et par le dernier traité des limites, ce qui comprend les villages de Thun, Nivelle, Lecelle, Rosult, Saméon, Brillon, Beuvry,..... Requerraient à ces causes les supplians qu'il plût à S. M. leur accorder pendant 25 ans.... le privilège exclusif d'exploiter les mines de charbon.....

Le Roi... accorde aux supplians la permission d'exploiter exclusivement à tous autres pendant 30 années.... les mines de charbon qui pourront se trouver dans le territoire de la seigneurie de Mortagne, situé entre l'Escaut et la Scarpe au nord-est de la partie contentieuse de la subdélégation de St.-Amand, dans celui situé à la rive droite de l'Escaut et à la rive gauche de la Scarpe, à la charge de se conformer dans leur exploitation aux art. 2, 10 et 11 de l'arrêt du Conseil du 14 janvier 1744 et aux dispositions de celui du 19 mars 1783..... comme aussi à la charge de dédommager..... les propriétaires des terrains qu'ils pourront endommager par leurs travaux..... évoque S. M. à soi et à son Conseil les contestations....

(1) Toutes ces dispositions comme en l'arrêt du 27 avril 1784.

Arrêt du Conseil d'Etat du 7 août 1786.

N° 274.

(*Archives de la République. — Section administrative.*)

Concession
aus Sadourny
des paroisses
d'Anzat
et autres, en
Auvergne.

Sur la requête présentée au Roi.... par Guillaume Sadourny, habitant de la paroisse d'Anzat, sur l'Allier, élection d'Issoire en Auvergne, contenant........ Depuis 18 années il en exploite une (mine de charbon) dépendante du domaine de Selle, paroisse d'Anzat,.... que le Sieur-Intendant d'Auvergne a....., accordé au suppliant..... la permission d'exploiter pendant une année ; cette année est expirée ; le suppliant ose espérer qu'il lui sera accordé une concession pendant un temps assez long..... Le suppliant est propriétaire de partie des terrains du domaine de Selle sur lequel est l'ouverture de la mine ; malgré cela il a été obligé de faire des traités avec les propriétaires des terrains sous lesquels passe la mine, quoiqu'il n'en dégrade pas la superficie. Ces traités sont absolument contraires aux dispositions des réglements qui défendent de percevoir aucun autre droit que celui établi en faveur de S. M. sur le propriétaire des mines, laquelle en fait remise aux concessionnaires ; elle ne les assujettit qu'à indemniser les propriétaires des terrains qu'ils feront ouvrir ; il est très important pour le suppliant de jouir d'une disposition aussi sage, afin de ne pas être troublé dans son exploitation et de n'être point exposé aux prétentions des propriétaires qui lui enlèvent tout son profit....... Requérait.. . qu'il plût à S. M. lui accorder.... la permission et faculté d'exploiter la mine de charbon de terre située sur le domaine de Selle.... et d'exploiter toutes mines de même nature qui peuvent se trouver sur les territoires des villages de Tensac, Thiron et Anzat, avec défense à toutes personnes de s'y immiscer dans lesdits lieux et de le troubler... Comme aussi déclarer nuls et de nul effet tous traités et actes souscrits entre le suppliant et les propriétaires des terrains sous lesquels passe ladite mine ; sous les offres qu'il fait de leur payer, en cas de dégradation desdits terrains, les indemnités de gré-à-gré, ou qui seront réglées par experts...... le tout conformément à l'art. 4 de l'arrêt du Conseil du 19 mars 1783 qui sera exécuté à l'égard du suppliant selon sa forme et teneur..... .....

Le Roi.... accorde au suppliant la permission d'exploiter exclusivement à tous autres pendant 20 années... les mines de charbon qui pourront se trouver dans les terrains dépendants du domaine de Selle, paroisse d'Anzat, et dans ceux de Tensac, Théron et Anzat, avec défense à qui que ce soit de le troubler dans son exploitation. Cette concession est faite, à la charge par le suppliant de se conformer dans son exploitation aux art. 2, 10 et 11 de l'arrêt du Conseil du 14 janvier 1744, et aux dispositions de celui du 19 mars 1783, concernant les mines de charbon, comme aussi à la charge de dédommager préalablement..... les propriétaires des terrains qu'il pourra endommager par ses travaux,.. .... évoque...........

Traité de Navigation et de Commerce entre la France et la Grande-Bretagne, du 26 septembre 1786.

(Recueil des Édits etc., recueillis et mis à exécution par l'Intendant et les Tribunaux de Lille, 1787 n° 10.

N° 275.

....

Traité qui abolit entre la France et l'Angleterre le droit de tonnage et place les sujets des deux nations sur le pied de ceux des nations les plus favorisées.

ART. 5. Il sera libre et permis aux sujets de leurs dites majestés, réciproquement, d'aborder avec leurs vaisseaux, aussi bien qu'avec leurs marchandises et les effets dont ils seront chargés, et dont le commerce et le transport ne sont pas défendus par les lois de l'un ou de l'autre royaume, et d'entrer dans les terres, états, villes, ports, lieux et rivières de part et d'autre, situés en Europe, d'y fréquenter, séjourner et demeurer sans aucune limitation de temps, même d'y louer des maisons, ou de loger chez d'autres, d'acheter où ils jugeront à propos toutes sortes de marchandises permises, soit de première main, soit du marchand,............. et ne pourront lesdits sujets pour raison de la liberté de commerce ou pour toute autre cause que ce soit, être chargés d'aucuns impôts ou droits, à l'exception de ceux qui devront être payés pour leurs navires ou pour leurs marchandises, conformément à ce qui a été réglé par le présent traité, ou de ce qui sera payé par les propres sujets des deux parties contractantes;.........

....

7. Les droits énoncés ci-dessus ne pourront être échangés que d'un commun accord, et les marchandises qui n'y sont pas énoncées acquitteront dans les états des deux souverains les droits d'entrée et de sortie dûs dans chacun desdits états par les nations européennes les plus favorisées à la date du présent traité; et les navires appartenant aux sujets desdits états, auront aussi dans l'un et dans l'autre tous les privilèges et avantages accordés à ceux des nations européennes les plus favorisées.

Et l'intention des deux hautes parties contractantes étant que leurs sujets respectifs soient les uns chez les autres sur un pied aussi avantageux que ceux des autres nations européennes, elles conviennent que dans le cas où elles accorderaient dans la suite de nouveaux avantages de navigation et de commerce à quelqu'autre nation européenne, elles y feront participer mutuellement leurs dits sujets, sans préjudice toutefois des avantages qu'elles se réservent;

savoir, la France en faveur de l'Espagne, en conséquence de l'art. 24 du pacte de famille
signé le 10 mai 1761 ; et l'Angleterre, selon ce qu'elle a pratiqué en conformité et en conséquence de la Convention de 1703, signée entre l'Angleterre et le Portugal.....

....

15. Il a été convenu que les navires appartenant à des sujets de S. M. Britannique venant
dans les états de S. M. T. C. des ports de la Grande Bretagne, d'Irlande ou de quelqu'autre
port étranger, ne paieront point le droit de fret ni aucun autre droit semblable ; pareillement les navires français seront exempts dans les états de S. M. B. du droit de 5 schellings ou
de tout autre droit ou charge semblable.

Arrêt du Conseil d'État du 29 septembre 1786.

(Code des mines p. 458).

N° 276.

Maintien
de la
juridiction des
Intendans
sur les mines

Vu par le Roi... l'arrêt rendu... le 19 mars 1783, concernant l'exploitation des mines de
charbon, lequel attribue pendant trois ans aux commissaires départis.... la connaissance
des contestations..... ordonne que les contestations qui pourront naître entre les propriétaires des terrains et les entrepreneurs de mines, leurs commis, employés et ouvriers,
tant pour raison de leurs exploitations, que pour l'exécution du présent arrêt, continueront
d'être portées devant les sieurs Intendans....pour y être statué sauf l'appel au conseil , et
ce pendant trois années, à compter de ce jour........

Subdélégation de Valenciennes, — Fosses d'Anzin.

ANCIEN HAINAUT.

ANNÉE 1787.

(Archives de la Compagnie des mines d'Anzin).

De par le Roi,

N° 277.

Gabriel Senac de Meilhan.......... Intendant......

Avertissement
donné
au directeur
des fosses
d'Anzin pour
le paiement
des vingtièmes
dûs par
l'établissem.

Le Roi ayant déclaré par son édit du mois de février 1780, que la levée des 2 vingtièmes et 4 s. pour l. du premier vingtième serait prorogé pendant 10 années,... S. M. par l'arrèt du 3 juillet 1781, a fixé l'abonnement des deux vingtièmes accordé à la province du Hainaut, à la somme de 409,000 liv. par an, réduite néanmoins par arrêt du Conseil du 31 octobre 1784, à celle de 406,340 liv. pour la contribution des villes, bourgs et villages de l'ancien Hainaut, y compris celles des villes de Fumay, Revin et autres lieux réunis au Hainaut, par les échanges exécutés en vertu des conventions du 16 mai 1769 et 18 novembre 1779.

Et, étant nécessaire de pourvoir au recouvrement à faire, la présente année, de ladite somme de 476,340 liv., tant pour l'abonnement desdits 2 vingtièmes que des 4ˢ pour l. du premier vingtième, taxations et frais de recouvremens, à raison d'un sol pour l.; laquelle imposition doit être répartie sur tous les biens fonds et revenus patrimoniaux appartenants soit aux différents corps des villes et communautés de l'ancien Hainaut et autres lieux ci-dessus réunis, soit aux particuliers domiciliés en ladite province, ou autres possédant des biens en icelle, de quelque qualité et condition qu'ils puissent être, ainsi que l'industrie, offices et droits, à l'exception néanmoins *des biens des princes du sang et de l'Ordre de Malte.* « Comme aussi ceux des hôpitaux et des maisons de charité........ »

Nous, après avoir fait la répartition de ce que chaque ville, bourg et paroisse......., ordonnons aux directeurs des fosses d'Anzin de payer pour la présente année, sur tous les biens fonds et revenus situés dans l'étendue de leur paroisse.... les sommes suivantes.

SAVOIR :

La somme de 4,450 liv. monnaie de France, pour la part et portion........ montant des deux vingtièmes tant en principal que frais.............

Plus la somme de 445 liv. monnaie de France, pour la part et portion......... montant des 4ˢ pour l. du premier vingtième, y compris les frais de...........

Fait le premier janvier 1787.

(Signé : SENAC.)

Un escalin au porteur.

MANDEMENT pour les impositions ordinaires et extraordinaires, à l'exception des nouveaux vingtièmes, pour l'année 1787.

SUBDÉLÉGATION DE VALENCIENNES. — FOSSES D'ANZIN.

(Archives de la Compagnie des mines d'Anzin.)

N° 278.

Avertissement donné au directeur des mines d'Anzin pour le paiement des impositions ordinaires et extraordinaires dues par l'établissem.

Le Roi ayant jugé à propos de régler.... que toutes les natures d'impositions, suivant les différentes dénominations usitées dans les provinces, seraient à l'avenir réunies dans un seul brevet général ; S. M. ayant fixé.... la contibution de l'ancien Hainaut et pays y réunis, déduction faite de celle de Cambrai et Cambrésis, à la somme de 741,873 l. 10° qui.... doit être imposée en ladite année 1787 par trois divisions, concurremment avec la somme de 13,205 l. à quoi S. M. a fixé..... l'augmentation de l'abonnement du contrôle... Savoir :

1re DIVISION.

Pour les aides ordinaires et extraordinaires, à la somme de 222,926 l.

2e DIVISION.

Pour les impositions accessoires desdits aides, la somme de 101,048 l. 14° 1°.

3e DIVISION.

Pour la capitation....... et autres impositions établies au marc la livre de la capitation, ensemble l'abonnement du contrôle........ ensemble... 431,404 l. 1° 11ᵈ.

Et, étant nécessaire de pourvoir au recouvrement........

Nous, après avoir fait la répartition sur chaque ville, bourg, village, ... ordonnons au directeur des fosses d'Anzin de payer en la présente année la somme de 34 l. 5°. Savoir :

Pour la première division, *néant.*

Pour la deuxième division, 34 l. 5°.

Pour la troisième division, *néant.*

.... Fait le premier janvier 1787.

(Signé : SENAC.)

Un escalin au porteur.

Arrêt du Conseil d'État du 6 février 1787.

(Ministère des Travaux publics. — Bureau des mines.)

N° 279.

Concession au sr Colins de sa terre de Quiévrechain du Hainaut.

Sur la requête présentée au Roi... par le sieur Pierre-Joseph Colins, chevalier seigneur de Quiévrechain, ancien capitaine d'infanterie, demeurant audit lieu, contenant qu'il a exposé à S. M. en février 1785, que la terre et haute justice de Quiévrechain, située partie dans le Hainaut autrichien et dont la longueur du terrain situé sous la domination française est d'environ d'une lieue du levant au couchant, contient cinq mines et veines de charbon qu'il désirait pouvoir exploiter. Il a ajouté qu'il se croyait d'autant plus fondé à espérer le succès de sa demande que le chapitre 130 des chartes du Hainaut, portant expressément que les mines de charbon appartiennent au seigneur haut-justicier dans la seigneurie duquel elles se trouvent. S. M. a bien voulu en octobre 1785, sur cet exposé..... lui accorder la permission provisoire de se livrer à cette entreprise..... il a fait fabriquer les... ustensiles.... nécessaires pour pratiquer des fouilles, forages et puits d'extraction dans 6 endroits différents de sa terre de Quiévrechain jusques à des profondeurs considérables et jusqu'à ce qu'il ait atteint, dans chaque local, une couche de terre que les artistes appellent le bleu : la plupart de ces forages donnant les plus fortes probabilités pour la découverte du charbon, il a commencé à faire pratiquer une fosse près le grand chemin qui conduit de Valenciennes à Mons;..... il est actuellement arrêté par un premier niveau d'eau qui le force à faire faire une machine à feu : la dépense de ce seul article est, prix fait, de 55,000 liv......... mais il lui est impossible de se livrer à une dépense aussi importante que celle de la construction d'une machine à feu, sans avoir préalablement obtenu de S. M. un arrêt qui lui accorde définitivement un privilège que la coutume lui accorde déjà et qu'il désire tenir de S. M., pour être certain de jouir tranquillement du fruit de ses avances..... Requérait...........
Le Roi... accorde au suppliant ses hoirs et ayant cause, la permission d'exploiter exclusivement à tous autres, pendant 30 années à compter de ce jour, les mines de charbon qui pourront se trouver dans toute l'étendue de la terre de Quiévrechain en Hainaut, à la charge de se conformer dans leur exploitation aux art. 2, 10 et 11 de l'arrêt du Conseil du 14 janvier 1744..... Comme aussi à la charge de dédommager..... les propriétaires des terrains qu'ils pourront endommager par leurs travaux ; et en outre..... d'adresser tous les ans l'état de leurs travaux..... à défaut de quoi ladite concession sera et demeurera révoquée..... Ordonne S. M. que les entrepreneurs et ouvriers desdites mines jouiront des privilèges....... Evoque.......... (1)

_____

(1) Toutes ces dispositions comme en l'arrêt du 27 avril 1784.

Ordonnance de l'Intendant du Hainaut du 18 avril 1787.

(*Journal du Hainaut et du Cambrésis.* 1788 t. 1. n° 53 *aux annonces*).

N° 280.

Permission
provisoire
pour la
recherche de
la houille
sur les terres
d'Artres
et de Saméon,
en Hainaut.

Vu le mémoire adressé au Conseil de S. M. par le sieur Bleuzé, procureur à Valenciennes, pour demander d'être autorisé à faire des fouilles de charbon de terre, dans l'étendue des terres et seigneuries d'Artres et de Saméon, situées à 5/4 de lieue de Valenciennes ; vu aussi le consentement du seigneur de ladite terre d'Artres, du 11 novembre dernier, et celui de la dame de ladite terre de Saméon, du 9 décembre aussi dernier ; ensemble les éclaircissements par nous pris, l'arrêt du Conseil du 19 mars 1783, portant réglement sur l'exploitation des mines de charbon ; et la lettre à nous écrite le 3 de ce mois par M. de la Boullay, intendant des mines.

Nous Intendant susdit, avons permis et permettons provisoirement audit sieur Bleuzé, de faire pendant un an, à compter de la date de notre présente ordonnance, les fouilles et ouvertures nécessaires pour l'exploitation des mines de charbon de terre qui se trouvent ou pourront se trouver dans l'étendue desdites terres d'Artres et de Saméon, conformément au consentement qui lui en a été donné par le seigneur de ladite terre d'Artres et par la dame de ladite terre de Saméon, à la charge par ledit sieur Bleuzé de dédommager les propriétaires des terrains qu'il pourrait endommager par ses travaux et de se conformer aux dispositions dudit arrêt du Conseil du 19 mars 1783, ainsi qu'au réglement ou instruction qui y est annexé.

Signé : SENAC.

Lettres patentes du 26 juillet 1787.

N° 281.

Approbation
des conven-
tions faites
entre la

(*Examen du droit des seigneurs,* p. 588.)

Louis........ notre cher et bien aimé cousin le duc de Croy, et........ nous ont fait exposer........ que par arrêt du 1er mai 1759, le feu roi......... lui a permis de continuer d'ouvrir et d'exploiter......... dans l'étendue du terrain compris entre la

Compagnie
d'Anzin et les
abbayes
de St.-Amand
et d'Hasnon,
les Chapitres
de Denain
et de St.-Géry
de
Valenciennes,
pour le
droit d'extraire
la houille
sur Escaupont,
Escaudain,
Lourches,
Anzin.
Wavrechain,
Hasnon,
Denain,
Haulchain et
St.-Vaast,
en Hainaut.

Scarpe et l'Escaut......... à condition qu'elle ne pourrait en ouvrir sur les terres des seigneurs haut-justiciers.... qu'après les avoir fait sommer d'exploiter eux-mêmes....... Que, par un autre arrêt du 9 juillet 1782, nous avons prorogé pour 30 ans la durée du privilége accordé....... Suivant les articles 1 et 2 des chartes et coutumes du Hainaut, il est dû à ces seigneurs un droit de charbonnage qui se règle suivant l'estimation qui en est faite entre les parties ou à dire d'experts. Que, par actes des 23 novembre 1765, 21 avril 1775, 25 juillet et 15 septembre 1786, les exposans ont traité sous notre bon plaisir de ces objets avec l'abbaye de St.-Amand, celle de St.-Pierre d'Hasnon, le Chapitre noble de St.-Runfroy de Denain et le Chapitre de la Collégiale de St.-Géry à Valenciennes. Que, par le premier de ces actes, l'abbaye de St.-Amand a accordé aux exposans le droit d'extraire du charbon dans les terres et seigneuries d'Escaupont, à charge par eux, 1° de l'indemniser de tous les dommages que pourrait lui occasionner cette extraction ; 2° de lui payer annuellement une somme de 600 l. jusqu'à ce qu'ils aient trouvé du charbon et une somme de 2,000 l. au lieu de 600 l. à compter du jour que se fera l'extraction. Que, par le second ladite abbaye de St.-Amand a accordé aux exposans le même droit dans les terres et seigneuries d'Escaudain et de Lourches, à charge par eux de lui payer annuellement 1,200 l. pendant leurs recherches jusqu'à ce qu'ils aient trouvé du charbon de terre et 4,000 l., lorsqu'ils en auront trouvé à compter aussi du jour de l'extraction. Que par le 3e acte, l'abbaye d'Hasnon a cédé aux exposans tous les droits qui lui appartiennent, suivant lesdits articles 1 et 2 des chartes et coutumes du Hainaut, concernant les mines et minières, dans les terres et seigneuries d'Anzin, de Wavrechain et d'Hasnon, à charge par eux de payer annuellement pour la terre et seigneurie d'Anzin et tant qu'ils y exploiteront, 3,200 l., 50 muids de gros charbon et 50 muids de menu, et pour les terres et seigneuries de Wavrechain et d'Hasnon tant qu'on n'y extraira point, 300 l. par an, et lorsqu'on y extraira, 1,200 l. aussi par an. Que, par l'article 2 de cet acte, il est stipulé que si à l'expiration du privilége...... ils obtiennent une nouvelle prorogation, en ce cas ils paieront pendant la durée de la nouvelle prorogation 600 l. de plus par année, savoir, 400 l. pour Anzin et 200 l. pour Wavrechain et Hasnon. Que, par le 4e acte, le Chapitre noble de St.-Runfroy de Denain leur a aussi cédé les droits de charbonnage dans l'étendue des terres et seigneuries de Denain et Haulchain et autres y enclavées pendant la durée de leur privilége et celle de la prorogation qu'ils en ont obtenu et qu'ils en obtiendront, à condition de payer annuellement, savoir, tant qu'on n'extraira point sur lesdites deux terres, 600 l., tant que l'on n'extraira que sur l'une des deux terres 2,400 l., et lorsque l'on extraira sur les deux ensemble, 4,800 l. Que par le 5e acte, le Chapitre de la Collégiale de St.-Géry à Valenciennes, a cédé aux exposans son droit de charbonnage sur la terre et seigneurie de St.-Vaast, à charge par eux de lui payer une reconnaissance annuelle de 3,400 l. pendant la durée et les prorogations dudit privilége. Que les exposans en passant ces actes n'ont fait que se conformer à une obligation qui leur était imposée par les arrêts portant concession et prorogation de leur privilége ; qu'ainsi ils espéraient que nous voudrions bien les confirmer. A quoi ayant égard..... de l'avis de notre Conseil qui a vu lesdits actes..... lesquels sont ci-attachés..... Nous avons approuvé et confirmé..... Nous approuvons et confirmons lesdits actes, voulons qu'ils soient exécutés selon leur forme et teneur......

N. Ces lettres ont été enregistrées au Parlement de Flandre, le 11 janvier 1788.

..54

Arrêt du Conseil d'Etat du 27 novembre 1787.

N° 282.

(Archives de la République. — Section administrative).

Concession au
sieur Sehon
Lamand dans
la Flandre
Wallonne
jusqu'en 1807

Sur la requête présentée au Roi..... par le sieur Sehon Lamand, contenant qu'il a obtenu une permission provisoire pour ouvrir et exploiter pendant un an, à compter du 1er juillet 1766, les mines de charbon qu'il pourrait découvrir dans un terrain de la Flandre-Wallonne, situé entre Marchiennes, St.-Amand, la Scarpe et la frontière. Il n'a cessé depuis cette époque de travailler constamment..... à la recherche des veines de charbon qui, venant du Vieux-Condé, ont leur alignement dans cette démarcation. Il a fait 42 forages dans l'étendue de sa concession, jusqu'à 30 à 38 toises, le dernier au hameau de Warling près l'écluse de Beverlot, où ayant passé le tourtia jusqu'au rocher à 186 pieds de profondeur, les forêts s'étant cassés et restant enterrés..... il prit le parti d'y établir une fosse dans laquelle on travaille depuis près de 4 mois..... qu'on n'est parvenu à passer ce terrain (le sable mouvant) jusqu'à 49 pieds, qu'à l'aide de plusieurs pompes et d'un travail incroyable. Après des ouvrages aussi pénibles que dispendieux, après la certitude de l'existence du charbon...... le suppliant et compagnie..... espère...... qu'on comprendra dans sa concession une autre partie de terrain qui lui a été disputée par le sieur Godonesche, comme en étant propriétaire, par arrêt du Conseil du 17 juin 1783...... Que 1° il lui avait d'abord été accordé sans difficulté et même beaucoup au-delà, ainsi qu'il conste de la permission du sieur Intendant ; 2° que le suppliant se borne aujourd'hui à n'en demander qu'un petit coin qui est l'alignement des veines qu'il poursuit..... Que l'étendue de la démarcation du sieur Godonesche étant de plus de 8 lieues carrées, il ne paraîtrait pas équitable qu'un entrepreneur ait tout et l'autre rien, avec d'autant plus de raison qu'il est de notoriété constante, qu'à dater du mois d'octobre 1785, le sieur Godonesche a totalement abandonné la fosse qu'il avait établie au Moulin de Lequin près Lille, et qu'il n'est à la connaissance de personne que depuis cette époque il ait fait travailler dans aucun endroit de sa démarcation. A ces causes, requérait le suppliant qu'il plût à S. M. lui accorder pendant le terme de 30 années, la permission....................... Le Roi.... accorde au suppliant et à ses associés, la permission d'exploiter exclusivement à tous autres, pendant 20 années, à compter de ce jour, les mines de charbon découvertes et à découvrir dans un terrain de la Flandre-Wallonne, borné à l'ouest par le terrain d'Orchies à Tournai et par celui d'Orchies à Marchiennes, au sud par la rivière de Scarpe, à l'est par le territoire de S.-Amand et des villages en dépendans, et au nord par la frontière ; exceptant néanmoins ledit arrondissement les villages de Beuvry et Brillon enclavés dans l'étendue d'autres priviléges.

Permet en outre S. M..... d'exploiter..... dans les terrains dépendans du village de Vred, du Marais, de Six villes et de l'abbaye de Fline, lesdits terrains faisant partie du privilége accordé au sieur Godonesche..... Evoque..... les contestations..... et renvoie par devant ledit sieur intendant..... en la province de Flandre...........

Arrêt du Conseil d'Etat du 14 juin 1788.

(Archives de la République. — Section administrative).

N° 283.

Refus de casser une sentence de la Chatellenie de Bouchain.

Sur la requète présentée.... par le comte de Ste.-Aldegonde de Noircarmes, seigneur de Rieulai et autres lieux... contenant.......... Le marquis de Trainel a cédé son privilége à une compagnie qui se forma pour l'exploitation des mines et dont le suppliant fait partie, dans les coffres de laquelle il a déjà versé près de 470,000 l........ Ils (les directeurs) ont étrangement abusé de leurs pouvoirs, leurs déprédations sont devenues énormes et sont montées à un tel point qu'elles ne sauraient plus être tolérées. Le comte de Ste.-Aldegonde, qui s'aperçut de la mauvaise administration des mines, refusa sa quote-part dans les nouveaux appels que firent les directeurs, il protesta qu'il n'avancerait plus de fonds qu'on ne lui eut justifié que tous les autres actionnaires avaient fourni leurs appels, et qu'on ne lui eut donné connaissance de la caisse.... Le sieur Hassenfratz fut envoyé sur les lieux par le gouvernement........ Les directeurs firent une sommation au suppliant de fournir sa quote part, ils l'attaquèrent ensuite en la chatellenie de Bouchain....... est intervenu le 29 septembre.... une sentence qui au lieu de renvoyer les parties devant le commissaire départi par S. M. donne acte aux directeurs des mines d'Aniche des offres faites par eux de donner au suppliant, inspection des comptes de la société, ordonne au suppliant de payer..... la somme de 16,000 l. pour les deux mises délibérées.... sinon.... le déclare déchu de ses intérêts dans ladite société, libre à la société d'en disposer comme elle trouvera convenir.... Requérait... le suppliant qu'il plut à S. M. et à nos seigneurs de son Conseil, ordonner que l'arrêt de son Conseil du 10 mars 1774, qui enjoint au sieur Intendant.... de tenir la main à l'exécution dudit arrêt, lui attribuant, à cet effet, toute juridiction et connaissance..... et icelle interdit à ses autres cours et juges, sera exécuté selon sa forme et teneur, en conséquence casser et annuler la sentence rendue...... par le juge de la Chatellenie de Bouchain..........

Le Roi, en son Conseil, a débouté et déboute le suppliant de sa demande en cassation.

Ordonnance du Roi de mars 1789.

———

N° 284.
—

Lettres
de noblesse
accordées au
sieur J. L.
Mathieu
pour la part
que son père
et son
grand-père
ont prise dans
la création
des mines à
charbon
du Hainaut.

(Papiers de famille appartenant à M. Delasserre - Rhoné.)

Louis............. c'est aux recherches et aux dépenses faites par notre cher et bien aimé le sieur Jean-Léonard-Joseph Mathieu, par son père et par son ayeul, que sont dus, et la découverte des mines de charbon de terre ouvertes à Anzin dans notre province de Hainaut et le succès qu'a eu l'entreprise de leur exploitation. C'était peu de les avoir trouvées, il fallait parvenir à en extraire le charbon qui, dans les endroits où il est le plus près de la terre en est encore éloigné de 300 pieds. Il fallait, pour faire arriver des mineurs à cette profondeur, leur ouvrir un chemin à travers des bancs de pierres énormes et quantité de sources aussi abondantes que rapides; à force d'études, de travaux et d'industrie, le père du sieur Mathieu a surmonté tous ces obstacles. Le secours d'une pompe à feu lui était nécessaire. Comme il n'en existait encore aucune en France, il passa en Angleterre où avec beaucoup de peines et de risques, il obtint de voir celle que les anglais y avaient exécutée. Quoiqu'il ait eu fort peu de temps pour l'examiner et qu'il lui ait été impossible d'en dessiner le plan, il en saisit si bien l'ensemble et les détails, qu'à son retour en France, il en fit établir une semblable. Aujourd'hui la mine d'Anzin est la plus importante et la mieux travaillée qui existe en Europe. Aussi excite-t-elle la curiosité et y fait-elle l'admiration des étrangers. 4,000 ouvriers sont tous les jours employés à l'exploiter, et tout s'y passe avec le plus grand ordre. Avant qu'elle existât, la Flandre, le Hainaut, l'Artois et le Cambrésis étaient forcés de tirer des environs de Mons, le charbon nécessaire pour leur chauffage, ce qui faisait sortir du royaume un numéraire très considérable. Ce n'est pas seulement par la profondeur de ses connaissances dans toutes les sciences qui ont rapport à l'exploitation des mines que le sieur Mathieu s'est rendu recommandable, il s'est encore concilié par sa probité l'estime de tous ses concitoyens. En donnant à un sujet qui a si bien mérité de son pays un témoignage éclatant de notre bienveillance, nous aurons la double satisfaction de remplir un devoir et d'exciter l'émulation la plus utile parmi ceux qui, comme lui, se livrent à un genre d'industrie qu'il importe d'encourager.

A ces causes...., nous annoblissons le sieur Jean-Léonard-Joseph Mathieu, et des titre et qualité de noble nous l'avons décoré et le décorons, voulons et nous plait qu'il soit en tous lieux.... censé et réputé comme nous le tenons, censons et réputons tel, ensemble ses enfants descendants en ligne droite, tant de l'un que de l'autre sexe, nés et à naître en légitime mariage. Ordonnons que comme nobles et gentilshommes ils puissent prendre la qualité d'écuyers, parvenir à tous degrés de chevalerie et autres dignités, titres et qualités réservés à notre noblesse.................

Loi du 31 août 1790.

N° 285.

Maintien provisoire des privilèges de la navigation de Condé.

L'Assemblée nationale a décrété et décrète que jusqu'à ce qu'il ait été prononcé, d'après l'avis de l'administration du département du Nord ou de son directoire, sur les réclamations élevées contre les droits de navigation exclusive concédés ci-devant aux belandriers de Dunkerque et aux bateliers de Condé, toutes choses demeureront dans l'état où elles étaient avant le 4 août 1789.

Loi du 5 novembre 1790.

N° 286.

Suppression des droits de traite.

....

Art. 1. A compter du premier décembre prochain, tous les droits de traite, et tous les bureaux placés dans l'intérieur du royaume pour leur perception,..... sont abolis.

....

3. A compter du même jour premier décembre prochain, les tarifs particuliers de 1664, 1667, 1671,....................... seront remplacés par un tarif unique et uniforme, qui sera incessamment décrété... ....

Contrat de société des mines de Saint-Saulve, passé à Lille, le 4 juin 1791.

—

N° 287.

—

Reconstitution
de la
Compagnie
de St.-Saulve.

Pardevant........ furent présens :

Sieur Félix-Gaspard-Hyacinthe de Thieffries de Beauvois, demeurant à Valenciennes, étant de présent en cette ville.

Sieur Jacques Dislair, demeurant à Hapres-lez-Bouchain,

Sieur Louis-François-Marie Canneau, de Zangrie,

Sieur Charles-Alexandre-Joseph Duquesne, ces deux derniers demeurant à Douai ....

Sieur François-Bonaventure-Thierry Falligon, négociant audit Lille, et sieur Jean-François-Joseph Duquesne de Surparcq, greffier du tribunal du district de Lille, tous associés et intéressés dans la compagnie de St.-Saulve, lesquels étant dans l'intention de faire de nouvelles recherches dans les terrains qui leur ont été concédés........ sont convenus et déclarent formellement et sans aucune réserve,.... d'annuler en tout son contenu le le contrat de société du 26 octobre 1770 ; qu'ils entendent s'associer comme ils s'associent sous les clauses, devis et conditions du présent contrat.......

Art. 1er. La société sera composée de 25 sols, dont 24 fesant mise de fonds appartiendront aux comparans, à la quotité et proportion qu'ils régleront entre eux, et le 25e sol, exempt de mise jusqu'à la découverte du charbon, sera réservé pour, par délibération à la pluralité es voix de la société, en faire et disposer à sa volonté, ou en faveur des personnes utiles à la société.

2. Il se tiendra tous les trois mois à Valenciennes.... une assemblée générale..........

3..... il suffira d'être intéressé pour un sol, pour y avoir voix délibérative...........

....

5. Il sera établi un comité de trois associés votans, représentant la compagnie dans l'intervalle des assemblées générales..............

....

6. Il sera libre à tout associé de renoncer à son intérêt.................

....

8. La compagnie se réserve le droit de reprendre tous intérêts vendus.........

....

10. Les mises de chaque associé devront être payées....... dans le mois.... et si aucun était en retard,...... prononcera sa confiscation et ne pourra rien prétendre des agrès et autres objets appartenant à la société.

....

Loi du 12 juin 1791.

N° 288.

Suppression des privilèges des bateliers de Condé.

ART. 1ᵉʳ. Le privilége exclusif ci-devant accordé au corps des bélandriers de Dunkerque, des bateliers de Condé, et tous autres des départements du Nord et du Pas-de-Calais, de charger de certaines marchandises en certains lieux desdits départements, sont révoqués, ainsi que tous prétendus droits, réclamés par différentes communes, de faire exclusivement le tirage des bateaux, lequel pourra être fait par les bateliers, par qui et comme ils jugeront convenable.

2. Tous réglements relatifs au mode d'admission à l'état de navigation, au régime et à la police de la navigation dans lesdits départements seront exécutés moyennant le paiement des droits de patentes, jusqu'à ce qu'il ait été rendu par le corps législatif au décret sur la navigation fluviale pour tout le royaume.

3. L'assemblée n'entend rien innover au traité passé à Crespin entre les bateliers de Condé et ceux de Mons, le 14 août 1686.

TABLES.

SOMMAIRE.

TABLE DES AUTEURS, DES DOCUMENTS MANUSCRITS,

ET DES OUVRAGES IMPRIMÉS,

CITÉS DANS LA PREMIÈRE PARTIE DE CE VOLUME.

Nota. Nous n'indiquons pas ici les sources où nous avons puisé nos pièces justificatives. Chaque pièce portera cette justification.

A.

B.

C.

Calendrier général du gouvernement de Flandre. — Plusieurs années.

CERNAY (de). — *Mémoires* contre Désandrouin. (Voir t. 1. p. 379, article PONCHEL.)

CHERTEMPS (de), Percepteur des contributions à Onnaing. — Notes manuscrites sur des renseignements recueillis à Charleroi et Lodelinsart.

CHOPPIN. — *Mémoire pour MM. de Villedeuil* etc. (Voir t. 2. p. 341).

CLÉMENT, Chef du bureau de l'état-civil de Valenciennes. — Notes manuscrites recueillies à l'état-civil de Valenciennes et autres lieux.

CLÉMENT. — *Histoire de la vie de Colbert.* (Voir t. 1. p. 372).

CORNEILLE. — Vers sur la jonction des deux mers.

CORNU. — *Notice sur le duc de Croy..*(Voir t. 1. p. 373).

COURCELLES (de), généalogiste du roi Charles X. — *Histoire généalogique et héraldique des Pairs de France, des grands dignitaires de la couronne et des principales familles du royaume et des maisons princières de l'Europe.* — 10 volumes.

CROY (de). — *Histoire de Condé.* (Voir t. 1. p. 373).

CUNCHY (madame de); de la famille Désandrouin. — Notes manuscrites sur cette famille.

D.

Décret du 13 thermidor an X (Voir *rapport*).

DELILLE. — Vers sur P.-J. Laurent : *Les trois règnes.* — Chant 5. *Règne minéral.*

DIEUDONNÉ. — *Statistique du département du Nord.* 1804.

DINAUX. — Notice sur J. M. Désandrouin. (*Archives du Nord.* 1re série t. 5).

Nomenclature des personnages qui se sont fait remarquer dans l'arrondissement de Valenciennes. (*Mémoire de la Société d'agriculture, sciences et arts de l'arrondissement* t. 9. p. 91, et *Archives du Nord,* 2e série t. 6. p. 427).

DUMONT (Michel). — Voir t. 2. p. 343.

DUPONT, avocat à Valenciennes. — Discours prononcé sur la tombe de J. M. S. Désandrouin, imprimé à Douai. (Bibliothèque de M. A. Leroy).

DUTHILLEUL, bibliothécaire de la ville de Douai. — *Galerie des hommes remarquables de la ville de Douai.* — Voir JOUY.

ESTOURMEL, général. — Opinion sur le canal de St.-Quentin. (*Moniteur* du 28 ventôse an IX).

E.

Etat-civil de Valenciennes, de Bouchain, de Condé, d'Anzin, de Lodelinsart (Belgique), etc. (Voir Clément, Séguin, de Chertemps, Bonnier, Tilliez).

G.

Grille. — *Introduction aux mémoires de la révolution française.*

J.

Journal des mines.

Jouy. — *L'Hermite en province.* (Voir t. 1. p. 376). — On sait que la partie de cet ouvrage qui concerne nos provinces, est de M. Duthilleul de Douai.

L.

La Condamine. — Vers sur P.-J. Laurent.

Ladvocat. — *Dictionnaire historique et bibliographique,* 1822.

Lequenne-Cousin, de Cambrai. — *Découverte du charbon dans le Hainaut français.* Pièce de vers couronnée par la Société d'Agriculture, sciences et arts de Valenciennes. (*Mémoires de la société, t. 4. p. 276*).

Leroy (Onésime). — Lettre sur P.-J. Laurent.

L'Irrésolu, comédie en un acte et en vers.

Un Parisien à quinze cents pieds sous terre. (t. 13 des *Cent et un*).

Lespinasse, membre du corps législatif. — Opinion sur le canal de St.-Quentin. (*Moniteur* du 12 ventôse an IX).

Lettre de faire part de la mort de J.-M. Désandrouin (à M. Dinaux).

Liédekerke (de), membre de la Chambre des représentants de Belgique ; de la famille Désandrouin. — Notes manuscrites sur cette famille.

M.

Mathieu (Christophe). — *Projet d'une seconde entreprise.* (Voir t. 2. p. 346).

Mathieu (Jean-Pierre), petit-fils de Jacques. (Voir t. 2. p. 346).

Mathieu (Léonard). — *Réponses et observations sur l'analyse.* (Voir t. 1. p. 377).

Mathieu (Pierre). — *Mémoire sur l'établissement de l'entreprise.* (Voir t. 2. p. 347).

Mémoire par demandes et réponses. (Voir t. 1. p. 377).

Mémoire sur la constitution géologique de la portion du département de la Côte-d'Or, dans laquelle doit se trouver le point de partage du canal de Bourgogne. (*Journal des mines* t. 33).

Mémoires sur les mines et minières de la subdélégation de Valenciennes. (Voir t. 2. p. 348).

Merlin. — *Additions et corrections* etc. (Voir t. 1. p. 377).

Millevoye. — *Goffin ou le Héros Liégeois*; pièce qui a remporté, au jugement de la classe de la langue et de la littérature françaises de l'Institut impérial, le prix extraordinaire, proposé pour le meilleur ouvrage de poésie, sur le généreux dévouement d'Hubert Goffin et de son fils, 1812. (Bibliothèque de M. A. Dinaux).

MOLLEVAULT. — *Eloge de Goffin, ou les mines de Beaujonc, pièce qui, au jugement de la classe de la langue et de la littérature françaises de l'Institut impérial, a obtenu l'accessit du prix extraordinaire, proposé pour le meilleur ouvrage de poésie, sur le généreux dévouement d'Hubert Goffin et de son fils, 1812.* (Bibliothèque de M. A. Dinaux).

MONTJOIE. — *Histoire de la Conjuration d'Orléans.*

MONTMERQUÉ (de), de l'Institut, Conseiller à la cour d'appel de Paris. Notes manuscrites.

MORAND. — (Voir t. 1. p. 378).

Notes diverses du ministère des Travaux publics. (Voir t. 2. p. 349).

O.

Opinion des ingénieurs composant la minorité de l'assemblée des ponts-et-chaussées dans la décision prise par elle, le 15 ventôse an X, sur le canal de jonction de la Somme à l'Escaut. — An X.

P.

PAJOT-DESCHARMES. — (Voir t. 1. p. 379).

PINAULT (Mathieu). — *Histoire du Parlement de Tournai,* imprimée à Valenciennes, 1701.

PRADEL (Eugène de). — *Panorama de Valenciennes.* Pièce de vers imprimée a Valenciennes, 1830.

R.

Rapport du ministre de l'intérieur aux consuls sur la direction à donner au canal de Saint-Quentin, et décret du 11 thermidor an X. (*Moniteur* du 13 thermidor an X.)

Recueil des Edits enregistrés au Parlement de Flandre. Voir Six et Plouvain.

REGNARD. — *Examen du droit des seigneurs,* etc. (Voir t. 1. p. 380).

RHEIMS (de), Bibliothécaire de la ville de Calais et consul d'Espagne. — Feuilleton de *l'Industriel Calaisien* sur le duc de Croy (23 mai 1846).

RIVE. — *Précis historique et statistique des canaux et rivières navigables de la Belgique,* etc.

S.

SARS (Casimir de) de Solmont, ancien capitaine d'état-major. — *Recueil de généalogies, fragmens, notes et épitaphes des provinces du nord, recueillies d'anciens manuscrits, renseignemens particuliers et autres ouvrages, rédigé par ordre alphabétique.* — Manuscrit, 17 volumes in-f°. (Bibliothèque de Valenciennes).

SÉGUIN, maire de la commune de Fresnes. — Notes manuscrites.

SIX et PLOUVAIN. *Recueil d'édits* etc. (Voir t. 1. p. 381).

T.

TAFFIN de Givenchy, secrétaire-perpétuel de la société des antiquaires de la Morinie, à St.-Omer. — Notes manuscrites sur la famille Taffin.

Thiers. — *Histoire du Consulat et de l'Empire*

Thomas. — *Ode à M. Hérault* de Séchelles. (Œuvres complètes).

Tilliez, maire d'Ardinghen (Pas-de-Calais). — Notes manuscrites.

Tilly (de. — *Mémoire sur l'utilité du charbon* etc. (voir t. 2. p. 353).

Tricot (Désiré), de Valenciennes. — *Anselme*, (*poésies d'un fantasque* p. 36).

Villedeuil. (Thimoléon Laurent de), régisseur de la Compagnie d'Anzin. — Notes manuscrites sur la famille Laurent.

V.

Voltaire. — *Correspondance générale.*

TABLE DES RÉGLEMENTS, ÉDITS, ARRÊTS, etc.,

CITÉS DANS LA PREMIÈRE PARTIE DE CE VOLUME

ET QUI SONT INSÉRÉS AUX PIÈCES JUSTIFICATIVES.

TABLE DES PORTRAITS

CONTENUS DANS LA PREMIÈRE PARTIE DE CE VOLUME.

TABLE DES GÉNÉALOGIES

CONTENUES DANS LA PREMIÈRE PARTIE DE CE VOLUME.

TABLE DES MATIÈRES

CONTENUES DANS LA PREMIÈRE PARTIE DE CE VOLUME.

JACQUES, PIERRE ET LÉONARD MATHIEU.

AUGUSTIN-MARIE LE DANOIS DE CERNAY.

PIERRE-JOSEPH LAURENT.

EMMANUEL DE CROY.

TABLE CHRONOLOGIQUE

DES

PIÈCES JUSTIFICATIVES CONTENUES DANS LA DEUXIÈME PARTIE DE CE VOLUME. (1)

(1) Nous avons déjà donné (t. 1 et t. 2.) des tables de ces pièces, par ordre de matières, ce qui fait que nous nous bornons ici à les ranger par ordre de dates. — Voir t. 1. p. 382. et t. 2. p. 354.

296

..58

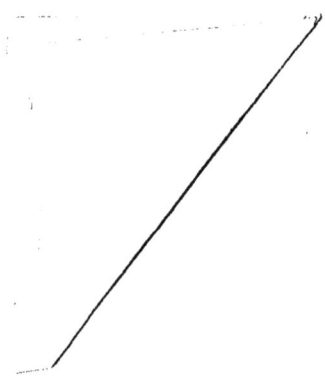

TABLE GÉNÉRALE DE L'OUVRAGE.

TABLE GÉNÉRALE DE L'OUVRAGE.

TOME PREMIER.

TOME TROISIÈME.

www.ingramcontent.com/pod-product-compliance
Lightning Source LLC
Chambersburg PA
CBHW060957280326
41935CB00009B/748